清代揚州
學術研究(上)

主編　祁龍威
　　　林慶彰

編輯　黃智明

臺灣學生書局印行

祁　序

祁龍威[*]

　　海峽兩岸學者合作研究清代「揚州學派」，產生了第一本論文集。它收集臺灣、揚州和北京、上海等地三十餘位專家的作品，內容涉及對清代乾嘉漢宋之爭、吳皖揚分派以及揚州學者關於經學、小學、史學、子學、地理、戲曲等研究的探討。這是一本絢麗多彩的論文集。

　　清代樸學的興起，乃是對明季士大夫「空談心性」的否定。懲明亡之失，顧炎武首標「知恥博文」之旨，鼓吹「理學即經學」，引導學者舍宋明語錄而返求「內聖外王」的眞道於《六經》，遂開有清一代通經致用的樸學之風。同時，閻若璩辨僞《古文尙書》，胡渭斥河圖洛書……，其鋒芒均指向宋明理學的「空疏」。乾嘉諸儒繼起，篤志於研經，其它諸學並興，著作如林，人才輩出，於是在中國學術史上，出現了眾星燦爛的「乾嘉學派」。

　　乾嘉諸儒在復興「古學」的口號下，創造新的文化。先是，以元和惠棟爲宗師的「吳派」，力求恢復自魏晉以降被顚倒廢棄的漢

---

*　　祁龍威，揚州大學人文學院教授。

儒對諸經的訓詁，其徒頌之，謂使千載沉霾，一朝復旦。繼之，以休寧戴震爲宗師的「皖派」，堅持由字以通辭，由辭以明道，力求恢復孔孟之義理。再繼之，以江都焦循、儀徵阮元和曾作揚州寓公的歙人淩廷堪爲主要代表的「揚州學派」，力求恢復三代的人倫典則。三者相繼，創建清代的經學。

　　乾嘉學派擅長考據，宗法許鄭，故稱「考據學派」。乾嘉經學又稱「漢學」，以區別於「鑿空說經」的「宋學」。吳皖揚三派雖都屬「漢學」，但頗有差異。吳派唯漢代經師的家法是從，這是眞正的「漢學」。皖派謂漢儒也有傅會，不能盲從，提倡「實事求是」。❶惠、戴相繼，使考據之學達於高峰。於是揚州學人聞風興起，先於焦、阮者，有汪中、王念孫等。汪中爲李惇撰墓銘云：「是時古學大興，元和惠氏、休寧戴氏，咸爲學者所宗。自江以北，則王念孫爲之唱，而君和之，中及劉台拱繼之。」❷焦循爲李惇作傳亦云：「乾隆六十年間，古學日起，高郵王黃門念孫、賈文學稻孫、李進士惇實倡其始，寶應劉教喻台拱、江都汪明經中、興

---

❶　〔清〕戴震：〈與某書〉云：「漢儒訓詁有師承，亦有時傅會；晉人鑿空益多；宋人則恃胸臆爲斷，故其襲取者多謬，而不謬者在其所棄。」見《戴震全書》（合肥：黃山書社，1995 年），第 6 冊，頁 495。〈與王内翰鳳喈書〉云：「六書廢棄，經學荒謬，二千年以至今……僕情僻識狹，以謂信古而愚，愈于不知而作，但宜推求，勿爲株守。」見同書，頁278。以上表明戴震既貶宋學，又不株守漢學的態度。

❷　〔清〕汪中著，葉純芳、王清信點校：《汪中集》（臺北：中央研究院中國文哲研究所籌備處，2000 年 3 月），頁 256。

化任御使大椿、顧進士九苞起而應之。」❸以上諸賢，皆響應吳皖之學而起，成為「揚州學派」的先驅者。阮元為任大椿作〈弁服釋例序〉云：「元居在江淮間，鄉里先進多治經之儒。」他在列舉上述七賢後又云：「皆耳目所及，或奉手有所受。」❹其時「漢學」也就是考據學已日益暴露其負面。於是「揚州學派」的奠基者焦循、阮元和淩廷堪，聯袂而起，枹鼓相應，力糾「漢學」末流之弊，使「揚學」成為乾嘉樸學的殿軍。

　　焦循作〈述難〉五篇，其四專斥惠氏株守「漢學」，「唯漢是求，而不求其是。」❺他〈與王引之書〉指名批評惠棟，「大約其學拘於漢之經師，而不復窮究聖人之經，譬之管夷吾，名曰尊周，實奉霸耳！」❻焦循深惡當時考據家的盲目信古之風，「以時代言，則唐必勝宋，漢必勝唐；以先儒言，則賈、孔必勝程、朱，許、鄭必勝賈、孔。凡鄭、許一言，皆奉為圭璧而不敢少加疑詞。」焦氏深憂，「此風日熾，非失之愚，即失之僞。」❼他大聲疾呼，有經學而無考據學，必也正名。

　　淩廷堪〈與胡敬仲書〉痛斥當時所謂「漢學」者的虛僞學風：「第目前侈談康成，高言叔重者，皆風氣使然，容有緣之以飾陋，

---

❸　〔清〕焦循：《雕菰集》（北京：中華書局，《叢書集成初編》本，1985年），第6冊，頁343。

❹　〔清〕阮元：《揅經室集》（北京：中華書局，1993年），頁243。

❺　〔清〕焦循：《雕菰集》，第2冊，頁105。

❻　賴貴三編著：《昭代經師手簡箋釋》（臺北：里仁書局，1999年），頁208。

❼　同前註，頁201。

借之以竊名。」對惠、戴之學，「襲其名而忘其實，得其似而遺其真。讀《易》未終，即謂王、韓可廢；誦《詩》未竟，即以毛、鄭爲宗；《左氏》之句讀未分，已言服虔勝杜預；《尚書》之篇次未悉，已言梅賾僞古文，甚至挾許愼一編，置《九經》而不習；憶《說文》數字，改《六籍》而不疑；不明千古學術之源流，而但以譏彈宋儒爲能事……其弊將有不可勝言者。」淩廷堪又反對漢學家狹隘的門戶之見：「且宋以前學術屢變，非『漢學』一語可盡其源流。即如今所存之《十三經注疏》，亦不皆漢學也。」❽也就是說，孔孟經義不盡在於漢儒訓詁。

阮元在杭州詁經精舍，督率諸生發明孔子志行，以糾正當時重「書數」輕「志行」之偏。

焦循等雖然猛烈抨擊「漢學」流弊，但是他們的步伐仍然沒有脫離「隆漢貶宋」的軌道，批判宋明理學「援禪亂儒」，不遺餘力。與前人所不同者，焦循等能及時總結漢學流弊的經驗，發明和充實面向經世的治學方法。

淩廷堪揭示學術「閱數百年而必變」的規律：「其將變也，必有一二人開其端，而千百人嘩然攻之。其既變也，又必有一二人集其成，而千百人靡然從之。夫嘩然而攻之，天下見學術之異，其弊未形也。靡然而從之，天下不見學術之異，其弊始生矣。」❾他攘臂高呼，要求矯「漢學」之弊。

---

❽　〔清〕淩廷堪：《校禮堂文集》（北京：中華書局，1998 年），頁 203－206。

❾　同前註，頁 204。

　　焦循發揮《論語》「學而不思則罔，思而不學則殆」的深意，
闡明學經之道。他〈與劉端臨教諭書〉云：「蓋古學未興，道在存
其學；古學大興，道在求其通。前之弊患乎不學，後之弊患乎不
思。證之以實，而運之於虛，庶幾乎學經之道也。」❿

　　阮元強調，稽古之學，當用之於政事，所作〈漢讀考周禮六卷
序〉云：「稽古之學，必確得古人之義例，執其正，窮其變，而後
其說之也不誣。政事之學，必審知利弊之所從生與後日所終極，而
立之法，使其弊不勝利，可持久不變。蓋未有不精於稽古而能精於
政事者也。」⓫

　　所有這些，皆言惠、戴所未嘗言，這與焦循《易》學三書、淩
廷堪〈復禮〉三篇、阮元〈論仁〉等面向人倫日用的研經著作，都
超越了吳皖學者的陳迹，從而確立了「揚州學派」的歷史地位。

　　我嘗竊論，吳、皖、揚三派的劃分，顯示了乾嘉經學連續發展
的三個階段，這是學術內在的脈絡。⓬藉此序文，進一步申此淺
見，以冀拋磚引玉，把對清代「揚州學派」的研究深入下去，並把
研究的重點引向當時學術文化的中心——經學。除焦、阮、淩等的
經學成果外，對於寶應劉氏之於《論語》、儀徵劉氏之於《左傳》
等，我們都要研究。

　　清代「揚學」以博通著稱，其內容博極「四庫」。有些經學

---

❿　〔清〕焦循：《雕菰集》，第 4 冊，頁 215。
⓫　〔清〕阮元：《揅經室集》，頁 241。
⓬　祁龍威：〈清乾嘉後期揚州三儒學術發微〉，《揚州大學學報》第 2 期
　　（2000 年 3 月）。

家，往往兼治史學，如任大椿作《吳越備史注》、劉文淇作《南北史注》，等等。尤其是對文化史的董理，碩果累累。汪中作〈荀卿子通論〉、〈荀卿子年表〉、〈墨子序〉、〈墨子後序〉、〈老子考異〉，開拓「子學」史研究的領域。江藩撰《國朝漢學師承記》、《國朝宋學淵源記》，阮元纂《疇人傳》，均屬不朽之業。如果上溯王懋竑撰《朱子年譜》，下迄劉師培編《經學教科書》，則清代揚州學人對文化史的著作，可謂源遠而流長矣。

遠在隋代，曹憲傳「《文選》學」於江淮間。「選學」冶雅訓、詞章於一爐，乾嘉揚州學者受其薰陶，彬彬稱盛。汪中、淩廷堪均善駢文，其名作爲世傳誦。而焦循、阮元之文學理論，也影響及於近代。

乾嘉揚州學者好收藏金石，辨其文字。汪中蓄古錢二百九十有七，其古金多是三晉時物，刀布圜法，迨漢而止，考其文字，可以訂正六書，益人神智。阮元纂《積古齋鐘鼎彝器款識》、《兩浙金石志》及《山左金石志》，用以補經史，訂《說文》。最近，揚州發現《古銅鏡錄》，係焦循未刊之作。

略舉數例，以見「揚學」的寶藏極爲豐富，需要海內外同行分工合作，長期研究。

我任教揚州大學及其前身揚州師範學院逾四十年，常思約集同好之士，合作研究清代「揚州學派」，以興樸學之風。但直到二十世紀的八十年代，始告起步。一九八八年，我校舉行「揚州學派」研討會，印行了《揚州學派研究》一書。相隔不久，僑居美國的史學老前輩黎東方教授回揚州探親，感謝他把此書帶到臺北，成爲我校與海峽對岸同仁交流「揚州學派」研究成果的起點。一九九九年

一月末二月初，林慶彰、蔣秋華、張壽安、賴貴三、楊晉龍、黃智
信六位專家從臺灣跨海來揚，我們歡聚一堂，座談關於清代「揚州
學派」的若干問題，並協商合作研究的步驟，由此開始資料交流，
並催生了今年四月初，在揚州舉行的「海峽兩岸清代揚州學派學術
研討會」。一位學者賦詩有句云：「大義文中出，微言席上呈。」
另一位也即興得句云：「研經思太傅，修禊訪虹橋。」這些詩篇生
動地寫出了兩岸文人雅集的盛況。這本論文集就是雅集的結晶。大
家同意賴貴三兄的提議，取名《清代揚州學派研究》。今後可能還
有續集、三集……，因為我們的合作是長期的。

　　清代揚州學人之所以能夠創造優越的學術文化，這是和他們的
高風亮節分不開的。以對訓詁學、音韻學作出卓越貢獻的王念孫為
例，他喪妻後居北京數十年，「塊然獨居，不畜妾媵，酒食游戲，
無所征逐，澹然安之，不厭岑寂。」外任河道時，有人「見其廳事
樸陋，寢室中唯古書數架而已。」❸這在腐朽的官僚群中，幾如鳳
毛麟角。學者讀書至此，能不肅然起敬，掩卷深思！

　　我祝願，揚州將有群賢繼往哲而起，敦行績學，廣師多友，在
棲靈塔下，瘦西湖畔，這塊風景如畫的土地上，為宏揚文化和哺育
英才而弦歌不息。

二〇〇〇年四月 **祁龍威** 於揚州大學
時年七十有八

---

❸　〔清〕王引之：《石臞府君行狀》（清道光 12 年木刻本，揚州大學敬文
　　圖書館藏），頁 25－26。

林　序

林慶彰*

　　當我們研究清乾嘉學術時，最常提到的學者大抵有惠棟（1697－1758）、王鳴盛（1722－1797）、戴震（1723－1777）、錢大昕（1728－1804）、段玉裁（1735－1815）、章學誠（1738－1801）、崔述（1740－1816）、汪中（1744－1794）、王念孫（1744－1832）、焦循（1763－1820）、阮元（1764－1849）、王引之（1766－1834）、馬瑞辰（1782－1853）、陳奐（1786－1863）、劉文淇（1789－1854）、劉寶楠（1791－1855）等人。他們的著作多且精，成就可說是有目共睹。由於研究乾嘉學術，一般人祇知有皖派、吳派，所以大多數人也許會以爲上述學者都是皖派或吳派中人。其實，如果仔細分析，其中的汪中、王念孫、焦循、阮元、王引之、劉文淇、劉寶楠等人，都是揚州人。他們治學的學風雖和皖派、吳派有甚多相同的地方，但誠如張舜徽先生所說：「論清代學術，以爲吳學最專，徽學最精，揚州之學最通。」❶揚州學者之博通，可從他們除研究《十三經》之外，

---

*　　林慶彰，中央研究院中國文哲研究所研究員。

❶　　《清儒學記》（濟南：齊魯書社，1991 年 11 月），〈揚州學記第八〉，頁 378。

也研究自然科學、山川地理、金石文獻、編書刻書、編撰學術史等看出來。有了這麼博通的學問面向和學術成就，在吳、皖派之外，另立一揚州學派以彰顯他們的學術特色，也是理所當然的事。

　　研究揚州學派的奠基之作，應數張舜徽先生的《清代揚州學記》❷，該書出版於一九六二年。二十多年後，揚州師範學院舉行了揚州學派研討會，印行了《揚州學派研究》專集❸，收錄研究揚州學術的論文十餘篇，使揚州學術的研究，成為乾嘉學術研究的重點之一。一九九一年，在揚州師範學院任教的趙航先生出版《揚州學派新論》❹，全面論述了王氏父子、汪中、焦循、阮元、劉文淇、劉寶楠、黃承吉、任大椿、朱彬、江藩等學者，使了解揚州學派有了較全面性的入門書。

　　中央研究院中國文哲研究所曾於一九九二年十二月舉辦「清代經學國際研討會」，由於內容涵蓋整個清代，能關照到乾嘉學術，甚至揚州學派的論文畢竟不多。為了深究乾嘉學術的內涵，於一九九三年十二月三十一日召開「乾嘉學術研究之回顧」的座談會，以便了解將來深入研究乾嘉之學的方向，同時也邀請汪嘉玲、游均晶、侯美珍學弟編輯《乾嘉學術研究論著目錄》❺，以全面了解乾嘉學術研究的成果和將來可研究的方向。

---

❷　1962 年 10 月，上海人民出版社出版。
❸　該書由揚州師範學院編輯部、揚州師院古籍整理研究室編印，1987 年 11 月出版。
❹　該書由江蘇文藝出版社出版。
❺　該書稿，先在《中國文哲研究通訊》第 4 卷 1、2 期中發表，後來增補侯美珍學弟所編《四庫學書目》，計得 3480 條，於 1995 年 5 月，由中央研究院中國文哲研究所出版。

　　一九九八年正式向所方提出為期三年的「清乾嘉學派經學研究計畫」，並於一九九八年七月一日起開始執行。為能對揚州學術有更深入的探討，我們也向中央研究院學術諮詢總會提出「清乾嘉揚州學派研究」的計畫，也於一九九八年七月開始執行。該計畫由林慶彰擔任總主持人，蔣秋華擔任計畫共同主持人及聯絡人。參與計畫之學者計有六名：臺灣師範大學的賴貴三教授研究揚州學派的《易》學，中央研究院中國文哲研究所的蔣秋華教授研究《尚書》學，楊晉龍教授研究《詩經》學，林慶彰教授研究《春秋》學，中央研究院近代史研究所的張壽安教授研究《禮》學，中央大學中文系的岑溢成教授研究訓詁與義理學，希望藉由各專經的研究來呈現揚州學者治經的貢獻。

　　為了對揚州的地理環境有所了解，並能和研究揚州學派學者有交流的機會，本計畫執行人員林慶彰、蔣秋華、楊晉龍、張壽安、賴貴三和助理黃智信一行六人，於一九九九年一月二十六日起赴揚州考察，三十日和揚州大學研究揚州學派的學者在虹橋賓館舉行「清代揚州學派學術交流會」，由祁龍威、趙葦航、田漢雲、陳文和等教授報告揚州學術研究的現況和揚州學派學者的遺迹等。雙方約定二〇〇〇年四月，由揚州大學召開一次研討會；二〇〇一年五月，由中央研究院中國文哲研究所召開另一次研討會，且研究的範圍，並不限於揚州學派的經學，而是揚州學派的一切學術。❻

---

❻　此次考察的報告，可參考黃智信撰：〈「清乾嘉揚州學派研究計畫」赴大陸考察報告〉，《中國文哲研究通訊》第 9 卷 3 期（1999 年 9 月），頁 197－204。

　　我們從揚州考察回來以後，展開了數個方面的工作：一是按各人承擔的項目開始研究；二是開始點校整理揚州學者的著作；三是翻譯日本學者有關揚州學派的著作。在點校整理揚州學者著作方面，規畫要點校的有《汪中集》（葉純芳、王清信點校）、《汪喜孫全集》（楊晉龍主編）、《詁經精舍文集》（簡逸光等點校）、《劉文淇集》（曾勝益點校）、《劉毓崧集》（陳澤泓等點校）、《劉壽曾集》（林子雄點校）。其中《汪中集》已出版，《劉壽曾集》在排印中，其他各書都將點校完成。

　　在翻譯日本學者有關揚州學派著作方面，已完成的有：⑴大谷敏夫的〈揚州、常州學術考——有關其與社會之關連〉（盧秀滿譯）；⑵濱口富士雄的〈王念孫訓詁的意義〉（盧秀滿譯）；⑶坂出祥伸的〈焦循的學問〉（廖肇亨譯）；⑷坂出祥伸的〈關於焦循的《論語通釋》〉（楊菁譯）。這些論文都分別刊於《中國文哲研究通訊》第十卷一期「揚州研究專輯」和第十卷二期「日本學者論乾嘉學術專輯」中。正在翻譯中的論文仍有多篇，將來將一併輯入《日本學者論乾嘉學術》一書中。❼

　　西元二○○○年四月二日，我們依約赴揚州參加由揚州大學人文學院主辦，本所協辦的「海峽兩岸清代揚州學派學術研討會」，這次參加的學者除原參加揚州計畫的林慶彰、蔣秋華、楊晉龍、賴貴三外，另有佛光大學龔鵬程教授、交通大學詹海雲教授、暨南國際大學周昌龍教授、臺北科技大學劉玉國教授、中央研究院文哲所

---

❼　該書計畫 2002 年上半年出版，約有 4 冊之多。

博士培育計畫候選人金培懿小姐和助理蕭開元等十人。會議是由四月三日起至四月五日止，共舉行三天，召開八場討論會，發表論文近三十篇。❽召開此次會議至少有數方面的意義：其一，這是海峽兩岸學者共同合作召開有關揚州學派的會議，是兩岸學者共同討論揚州學術的開始，也為此後的學術交流奠定了深厚的基礎。其二，在大陸學者方面，不限於揚州一地的學者參加，祇要對揚州學術有研究的，都參加了這次會議，充分顯示學術為公器的精神。其三，由於中央研究院中國文哲研究所「清乾嘉揚州學派研究計畫」的刺激，揚州大學人文學院也成立了「揚州學派學術研究中心」。

會後雙方討論論文集出版事宜，決定在臺灣找出版社出版，並約定二〇〇一年五月在臺灣舉行另一次的研討會。感謝揚州大學人文學院院長俞榮本教授、祁龍威教授、田漢雲教授統籌會議事宜的辛勞，也感謝參加這次會議的學者提供論文，臺灣學生書局願意出版這種純學術的冷門書，學術熱忱可感。另外，本計畫助理黃智明先生擔任編輯，且親自校對，也一併表達謝意。

二〇〇一年四月 **林慶彰** 誌於
中央研究院中國文哲研究所

---

❽　詳細內容，請參考楊晉龍撰：〈海峽兩岸清代揚州學派學術研討會紀實〉，《中國文哲研究通訊》第 10 卷 4 期（2000 年 12 月），頁 237－303。

清代揚州學術研究

目　次

上　冊

圖　片

祁　序 .... 祁龍威　　I

林　序 .... 林慶彰　　IX

一、揚州學術總論

清代經學學派及其異同 .... 湯志鈞　　1

清代漢學流派析論 .... 黃愛平　　21

清朝中葉的揚州學派 .... 龔鵬程　　49

關於揚州學派的幾個問題 .... 王俊義　　93

關於進一步確認揚州學派的思考 .... 田漢雲　113

揚州學派經世致用思想述論 .... 趙葦航　137

揚州書院與揚州學派 .... 陳文和　165

揚州學者的子學研究 .... 劉仲華　191

方東樹對揚州學者的批評 .... 林慶彰　211

略論揚州學派在方志學方面的成就 .... 許衛平 231

商儒轉換中的揚州學派及其經世致用 .... 王章濤 249

從揚州畫、學二派的形成看清代的士商互滲 .... 黃俶成 283

揚州學派與戲劇曲藝關係述評 .... 韋明鏵 297

鹽商群體的地域結構與揚州文化的多元性 .... 朱宗宙 313

二、揚州學者分論

全祖望與揚州學術 .... 詹海雲 343

孫喬年對《古文尚書》的考辨 .... 蔣秋華 351

王氏父子校釋群書的方法與成就 .... 郭明道 373

《廣雅疏證》與漢語詞族研究 .... 趙中方 389

王念孫的古音分部及其與段玉裁韻學之比較 .... 班吉慶 405

下　冊

阮元〈釋訓〉析論 .... 劉玉國 421

《漢學師承記》史源考辨 .... 漆永祥 445

批判繼承與創造發展——清乾嘉通儒焦循手批

　《十三經註疏》經學初稿例說 .... 賴貴三 471

解釋學與修辭學——以焦循易學的假借引申論為例 ...... 程　鋼 523

《尚書補疏》疏證 .... 錢宗武 545

試論焦循《群經宮室圖》 .... 彭　林 573

焦循〈後漢書訓纂序〉書後 .... 王永平 589

略述焦循的修志觀點 .... 黃繼林 599

焦循《集舊文鈔》考證 .... 劉建臻　607

《經義述聞》通假借之方法論............................. 張其昀　625

《經傳釋詞》簡論 .... 單殿元　659

《經傳釋詞》內《詩經》條目析論 .... 楊晉龍　677

八卷本《揚州圖經》作者質疑
　　——兼論《揚州圖經》的編纂缺陷........................ 張連生　719

附　錄

附錄一　海峽兩岸清代揚州學派學術研討會議程表 ....　741

附錄二　海峽兩岸清代揚州學派學術研討會綜述 .... 田漢雲　745

附錄三　海峽兩岸清代揚州學派學術研討會紀實 .... 楊晉龍　751

清代經學學派及其異同

湯志鈞*

在漫長的歷史長河中，經學一直是中國封建文化的主體。

清代「漢學復興」，「稽古右文，超軼前代」。它有著不同的經學流派：有宗古文經學的吳派、皖派，有主今文經學的常州學派；揚州的經學研究，也有其地區特色。探究這些學派的發生、發展，進而剖析其異同，是研究清代經學的關鍵所在。

—

「漢學復興」，是指乾嘉時期古文經學的鼎盛和今文經學的「復興」。古文經學是在空談心性的理學盛行而漢族人民遭到滿洲貴族壓迫的時代，顧炎武揭櫫倡導的，他扛起經學的大旗，說是「理學，經學也」，「舍經學無理學」，對宋學的「終日講危微精一之說」，「置四海之困窮不言」❶極爲不滿，提出「凡文之不關

---

* 　湯志鈞，上海社會科學院歷史研究所研究員。

❶ 　〔清〕顧炎武：〈與友人論學書〉，《亭林文集》（上海：中華書局，《四部備要》影印岳氏家塾本），卷3，頁93。

於六經之旨、當世之務者一切不爲」❷，主張「博學於文」和「行己有恥」，「讀九經自考文始，考文自知音始」❸，設想依附儒家經籍，保護民族意識。

隨著清政府統治的加強和文字獄的壓制，一些學者只是汲取顧炎武「博學於文」的方法，而迴避其「通經致用」的實踐內容。乾隆以後，「漢學」（東漢古文經學）流行，主要可以分爲起源於惠周惕、成於惠棟的吳派，和起源於江永而成於戴震的皖派兩大支。他們都推頌顧炎武。江永說：顧炎武是「近世音學數家」中之「特出」者，所以「最服其言」。❹吳派的王鳴盛也說：顧炎武「作《音學五書》分古音爲十部，條理精密，秩然不紊，欲明三代以上之旨，捨顧氏其誰與歸」。❺

吳、皖兩派繼承了顧炎武「讀九經自考文始，考文自知音始」的方法而加以條例發明，施之於古代典籍整理和語言文字研究，他們從校訂經書擴大到史籍和諸子，從解釋經義擴大到考究歷史、地理、天算、曆法、音律、金石，方法較顧氏精密，領域也隨之擴張，對古籍和史料的研究成果也更加豐富充實。然而，他們對顧氏的「明道救世」、「通經致用」，卻迴避或閹割了。

乾嘉年間，正當宋學高踞堂廟，漢學「如日中天」之際，今文

---

❷　〔清〕顧炎武：〈與友人論學書〉，《亭林文集》，卷 4，頁 109。

❸　〔清〕顧炎武：〈答李子德書〉，《亭林文集》，卷 4，頁 103。

❹　〔清〕江永：〈古韻標準例言〉，《古韻標準》（上海：上海古籍出版社，1987 年影印文淵閣《四庫全書》本），第 236 冊，頁 483。

❺　〔清〕王鳴盛：〈音學五書及韻補正論古音〉，《蛾術編》（道光 21 年世楷堂刻本），卷 33，《說文》19。

經學異軍突起，「翻騰一度」，莊存與揭櫫於前，劉逢祿、宋翔鳳接踵於後，形成「常州學派」。他們重在「剖析疑義」，發揮微言大義，崇奉今文，「取法致用」，講「大一統」、「張三世」、「通三統」，使湮沒二千多年的西漢今文爲之「復興」，並進而推衍出近代社會改革的藍圖，予學術界巨大震動。

吳派、皖派和常州學派，是清代最具影響的經學流派，他們之間有什麼不同？又有沒有共同點？這是研究中國經學史時必需弄清的問題。

二

作爲經學史上的一個學派，是指具有特點大體相同的一些經學家而言，單是一個人是形成不了學派的。就清代的吳派、皖派和常州學派而言，吳派、皖派繼承了顧炎武的「博學於文」而予擴展，他們推演的主要是許慎、鄭玄之學。常州學派則利用《春秋公羊傳》經義，發揮今文「微言」。他們有著不同的特點，也有著不同的成就。

然而，在分析這些學派的特點和成就的同時，卻又不能只看到他們的「異」，而忽視他們的「同」；也不能只看到他們的「同」，而忘記了他們的「異」。他們都遵奉以孔子爲代表的儒家經典，並憑藉經典加以闡釋或發揮，這是他們的「同」；而他們對孔子的看法以至對經書的理解，又有著各自的觀點，對所尊的經書也自有不同。正由於這樣，他們成爲中國經學史上不同的流派。

不同學派在治學方法和治學宗旨上是有不同特點的，然而，它

又只是主要傾向不同，沒有對別的學派一律排斥，特別是在它發端和流傳之初，還沒有嚴格區分。

從常州學派來說，它導源於莊存與，但莊存與卻不拘漢、宋，重在「剖析疑義」，既發揮今文《公羊》「微言大義」，又對古文經《周禮》《毛詩》作「說」；既尋西漢的墜緒，又不全廢宋儒經說。莊存與的父親莊柱即「邃於理學」，他從小也受其薰陶。對古文經學派崇奉的《周禮》，也採用「《尚書》、《國語》及博聞有道術之文，宣究其意，為司馬作記以附於書缺有間之義」。❻還撰有《毛詩說》四卷，《毛詩》也是古文經書。儘管他「詳於變雅」，宣揚大義，但《毛詩》畢竟是古文學派尊奉的經書。那麼，莊存與雖為常州學派的創始人，但他還沒有完全拋棄宋學，也曾為古文經書作注，和後來繼承其說的人專崇今文有別。

我們稱莊存與為常州學派的創始人，是因為他雖然沒有完全擺脫宋學和古文經學的影響，但他的主要學術傾向卻是尊奉《春秋》，纂釋大義。他認為《春秋》「非紀事之書，不書多於書，以所書知所不書」。「法可窮，而《春秋》之道則不窮」。❼其大義存乎《公羊》，「通三統」、「張三世」諸例，辨名分，定尊卑，明內外，舉輕重，撥亂反正，「捨《公羊》奚求」。他注視「大一統」，推衍《春秋》，欲使「六合同風，九流共貫」，「全至尊而

---

❻ 〔清〕莊存與：〈序冬官司空紀〉，《周官記》（清光緒 15 年上海蜚英館石印《皇清經解續編》本，1889 年），卷 160。

❼ 〔清〕莊存與：《春秋正辭》卷 10〈誅亂賊〉，《味經齋遺書》（光緒 8 年陽湖莊氏重刊本），頁 17。

立人紀」❽，雖然不拘漢、宋，卻和「高言性理」的宋學既不相同，又以「辨古籍眞僞，其術淺者近者也」。❾因此，他雖說「不拘漢、宋」，而其主要傾向則是尊《公羊》，主今文，因而被推爲常州學派的創始人；只是在創始之初，體例尚未嚴密，尚未與宋學和古文經學明確樹幟對立。

主張古文的吳派、皖派，在其初期，也沒有和宋學明確樹幟對立。

吳派導源於惠周惕，他「通經積學，治古文有名」。❿如他注釋《詩》《禮》，有人說是「博而不蕪，辨而不詭於正」。其實他對《詩》的大、小雅之分，說是「大、小雅以音別，不以政別」。「正雅、變雅，美刺雜陳，不必分〈六月〉以上爲正，〈六月〉以下爲變；〈文王〉以上爲正，〈民勞〉以下爲變」。他言之有據，不空言「正」、「變」，搜集和推演東漢經說，所以有人稱他是「毛、鄭之功臣」。但尋求漢儒經說，主張博覽群書，啓示了後來的搜集、輯錄漢儒遺說之風，只是到了其子惠士奇、孫惠棟才爲吳派奠基，並旁及史學。

皖派的江永，考釋先秦名物，有其創見；又精於音理，注重審音。他以考據見長，開皖派經學研究之風。然而，在他的《近思錄

---

❽　〔清〕莊存與：〈天子辭〉，《春秋正辭》，卷2，頁4。

❾　〔清〕龔自珍：〈資政大夫禮部侍郎武進莊公神道碑銘〉，《龔自珍全集》（北京：中華書局，1959年），頁141。

❿　〔清〕鄭方坤：〈惠吉士周惕小傳〉，錢儀吉《碑傳集》（北京：中華書局，1993年），卷49，頁1293。

集注·自序》中卻說：

> 道在天下，亙古長存。自孟子後一線弗墜，有宋諸大儒起而
> 昌之，所謂爲天地立心，爲生民立道，爲去聖繼絕學，爲萬
> 世開太平，其功偉矣。其書廣大精微，學者所當博觀而約
> 取，玩索而服膺也。……朱子嘗謂：「四子，六經之階梯；
> 《近思錄》，四子之階梯。」……晚學小生，幸生朱子之
> 鄉，取其遺編，輯而釋之，或亦先儒之志。

對宋學卻予推崇，對朱熹更示盛譽。

照此說來，無論是常州學派，還是吳派、皖派，在其創建之
初，雖已發凡起例，還未嚴立規範，還未對不同學派樹幟區分。與
之相反，在他們的撰著中，還留存著受其他學派影響的跡象，也有
採用其他學派說解的事例。只是到了他們的繼承者，才進一步發展
創始人的主旨，奠定各學派的地位。

三

學派的治學方法和思想內容，是在其繼承中逐漸豐富，具有自
己的觀點、思想方法和理論體系的；他與其他學派的差異也隨之逐
漸顯著。

莊存與雖重《公羊》，主微言，但體例尚不嚴密，到了他的外
孫劉逢祿，發揮外家莊氏之學，今文經學才卓然成家，蔚然成派。
莊存與揭櫫《春秋》微言，劉逢祿致力最深，「自發神悟」的也是

《春秋》，認爲《春秋》「垂法萬世」，「爲世立教」。在《春秋》三傳中，「知類通達，微顯闡幽」的是《公羊》。「《春秋》之有《公羊》也，豈弟異於《左氏》而已，亦且異於《穀梁》。」撰《公羊春秋何氏釋例》、《春秋公羊解詁箋》，認爲《左傳》經過劉歆之徒增飾「附會」。❶「左氏以良史之材、博聞多識，本未嘗求附於《春秋》之義，後人增設條例，推衍事迹，強以爲傳《春秋》，冀以奪《公羊》博士之師法，名爲尊之，實則誣之」。應該「審其離合，辨其眞僞」，「以《春秋》歸之《春秋》、《左氏》歸之《左氏》，而刪其書法凡例及論斷之謬於大義、孤章斷句之依附經文者，冀以奪《左氏》之本眞」❷；作《左氏春秋考證》。所撰之書，有例證，有論斷，以章太炎之信從古文，都說劉逢祿「辭義溫厚，能使覽者說繹」。❸清代今文經學，到了劉逢祿，對儒家各經有了比較全面的闡述，也有了比較系統的理論，他是直紹西漢今文，加以發揮的。接著，宋翔鳳之於「四書」、魏源之於《詩》《書》、邵懿辰之於《禮》，紹其遺緒，專經闡發，進而議政，終使常州學派「翻騰一度」。

吳派、皖派，也是在繼承者的闡發下「裒然成家」的。惠周惕之子惠士奇熟讀經史，「晚歲尤邃經學」。所撰《易說》，以爲

---

❶　〔清〕劉逢祿：〈申左氏膏肓序〉，《劉禮部集》（光緒壬辰延暉承慶堂重刊本），卷3，頁26。

❷　〔清〕劉逢祿：〈申左氏膏肓序〉，同前註。

❸　章太炎：〈清儒〉，《訄書》（共和 2746 年秋 8 月，日本翔鸞社再版本），卷12，頁25。

「漢儒言《易》，孟喜以卦氣，京房以通變，荀爽以升降，鄭康成以爻辰，虞翻以納甲，其說不同，而指歸則一，皆不可廢。今所傳之《易》，出自費直，費氏本古文，王弼盡改爲俗書，又創爲虛象之說，遂舉漢學而空之，而古文亡矣。」「其論《春秋》曰：《春秋》三傳，事皆詳於《左氏》，論莫正於《穀梁》。韓宣子見《魯春秋》曰：『周禮盡在魯矣。』然則《春秋》本周禮以紀事也。……夫《春秋》無《左傳》，則二百四十盲焉，如坐闇室之中矣。公、穀二家，即七十子之徒所傳之大義也，後之學者當信而好之。」❹惠棟守其意而撰《易漢學》、《周易述》，專宗漢說，學者推爲千五百年漢學「至是而粲然復章」，使一些人治經「無不知信古」❺，從而棄宋《易》而治漢《易》。又撰《古文尚書考》，辨證僞《古文尚書》出於晉人；《九經古義》討論古字古義。他搜集漢儒經說，加以輯集、考訂，以詳博見長，劃分漢、宋。說是「宋儒之禍，甚於秦灰」。漢學、宋學的界線，判然釐別。清代「漢學」至此自成體系，具有自己的治學規範、學術風格，「成學箸系統」，匯爲吳派。當時就有人說：「吳中以經述教授世其家者，咸稱惠氏。惠氏之學，大都考據古注疏之說而疏通證明之，與六籍之載相切，傳至定宇先生（惠棟），則尤多著纂，卓卓成一家言，爲海內談經者所宗。」❻

皖派的導源者江永，對朱熹《儀禮經傳通釋》曾予補正，但對

---

❹　〔清〕錢大昕：〈惠先生傳〉，《碑傳集》，卷46，頁1306。

❺　〔清〕王昶：〈惠定宇墓志銘〉，《碑傳集》，卷133，頁3984。

❻　〔清〕任兆麟：〈余君蕭客墓志銘〉，《碑傳集》，卷133，頁3998。

朱熹卻甚推譽。戴震則對東漢鄭玄和宋代程、張、朱子的得失，提
出自己的看法：

> 先儒之學，如漢鄭氏，宋程子、張子、朱子，其爲書至詳
> 博，然尤得失中判。其得者，取義遠，資理閎，書不克盡
> 言，言不克盡意。學者深思自得，漸近其區，不深思自得，
> 斯草薉於畦而茅塞其陸。其失者，即目未睹淵泉所導，手未
> 披枝肆所歧者也。而爲說轉易曉，學者淺涉而堅信之，用自
> 滿其量之能容受，不復求遠者閎者，故誦法康成、程、朱不
> 必無人，而皆失康成、程、朱於誦法中，則不志乎聞道之過
> 也。誠有能志於聞道，心去其兩失，殫力於其兩得，既深思
> 自得而近之矣，然後知孰爲十分之見，孰爲未至十分之見。❶

對鄭玄、朱熹等評定得失，沒有拘泥古訓，而貫「深思自得」。皖
派和吳派的差異，就在於它能在考核古訓的基礎上，闡明經典「大
義」和哲理。

戴震受江永啟示較深的，是「先生讀書好深思，長於比勘，步
算、鍾律、聲韻尤明」。❶他自己尋求治學，「計於心曰：『經之
至者，道也；所以明道者，其詞也；所以成詞者，字也。由字以通

---

❶ 〔清〕戴震：〈與姚孝廉姬傳書〉，《戴震集》（上海：上海古籍出版
社，1980 年），頁 185。

❶ 〔清〕戴震：〈江慎修先生事略狀〉，《戴震集》，頁 226。

其詞，由詞以通其道，必有漸。』」**⑲**主張以文字學爲基點，從訓詁、音韻、典章制度等方面闡明經書大義，是受到江永啓示的。但他並不像江永那樣盛譽朱熹，而對朱學的「空憑胸臆」表示反對。他說：

> 夫所謂理義，苟可以舍經而空憑胸臆，將人人鑿空得之，奚有于經學之云乎哉！惟空憑胸臆之卒無當于賢人聖人之理義，然後求之古經。求之古經而遺文垂絕，今古縣隔也，然後求之故訓。古訓明則古經明，古經明則賢人聖人之理義明，而我心之所同然者乃因之而明。**⑳**

要懂得儒家經籍就要「識字」，就要弄清「古訓」，這就比江永發展了一大步，使皖派卓然成家，而以文字學爲基點，以求古訓，以明經義，也成爲皖派的一大特點。

因此，學派是在其發展過程中逐漸豐富其內容、釐明其體例，形成本學派的特色，並爲一些人遵循、繼承、發展的。

這裡還需要指出的是，不同學派有其不同點，但不是沒有相同處。上述三派，或重今文，或主古文，而他們崇奉漢學則同。除常州學派的莊存與生前不以著作傳世，治學方法與吳、皖不同外，吳派和皖派卻都尊奉古文經學。吳派的搜尋古訓，予皖派的考據帶來方便；皖派的考據詳博，也爲吳派所稱許。如吳派錢大昕即對戴震

---

⑲　〔清〕戴震：〈與是仲明論學書〉，《戴震集》，頁183。
⑳　〔清〕戴震：〈題惠定宇先生授經圖〉，《戴震集》，頁214。

的學術精博極爲稱頌。戴震也專門訪問過惠棟，惠棟「執震之手言曰：『昔亡友吳江沈冠雲嘗語予，休寧有戴某者，相與識之也久。冠雲蓋實見子所著書。』震方心訝少時未定之見，不知何緣以入沈君目，而憾沈君之已不及覯，益欣幸獲覯先生。」㉑惠棟去世後，戴震又寫了〈題惠定宇先生授經圖〉，以爲「蓋先生之學，直上追漢經師授受欲墜未墜蓺蘊積久之業，而以授吳之賢俊後學，俾斯事逸而復興。震自愧學無所就，於前儒大師，不能得所專主，是以奠之能窺測先生涯涘。」「松崖先生之爲經也，欲學者事於漢經師之故訓，以博稽三古典章制度，由是推求理義，確有據依。」㉒松崖先生，即惠棟。他對吳派經學的奠基人惠棟是仰慕的。從清代經學流派來說，他們研習經書有不同點，但彼此還是尊重的，不能因爲他們是不同流派，就說他們什麼都不同。上述不同流派的經學家，都宗漢學，與宋學的高談性理不同，但他們從小讀四子書，科舉考試也要以朱熹《四書集注》爲宗，立身行事又何嘗完全擺脫宋學的影響。

　　這裡所以不憚其煩地判析異同，無非是說：不同學派的經學研究，有其不同特點和不同成就，但不能因爲他們是不同學派，就認爲什麼都不同；也不能因爲看到他們之間有某些共同點，就對他們是不同學派發生懷疑。同異應從主要傾向著眼，不同學派的同異是存在的，也是無容否認的。

㉑　〔清〕戴震：〈題惠定宇先生授經圖〉，《戴震集》，頁 213。
㉒　〔清〕戴震：〈題惠定宇先生授經圖〉，《戴震集》，頁 214。

四

不同學派之間，也不是沒有爭論，他們之間的爭論日趨激烈，又每與政治有關；但在某一時期，卻又站在同一陣營，儘管他們的治學方法是不同的。

章太炎和康有爲，一個治古文經學，一個援今文論政，他們之間有過多次爭論。章太炎一九〇三年的〈駁康有爲論革命書〉、一九〇六年的〈箴新黨論〉、一九一一年的〈誅政黨〉、一九一三年的〈駁建立孔教議〉，都對康有爲及其政黨進行批評，都指斥康有爲援用的今文公羊學。可是戊戌前後，章太炎卻和康有爲、梁啓超交往，並在自己的論文中有著沾尋今文的跡象。如他在《時務報》上發表的文章中說：

> 是故整齊風俗，範圍不過，若是曰大一統；益損政令，九流復貫，若是曰通三統。通三統者，雖殊方異俗，苟有長技則取之。雖然，凡所以取其長技，以爲我爪牙干城之用者，將以衛吾一統之教也。
>
> 吾聞《齊詩》五際之說曰：午亥之際爲革命，卯酉之際爲革政，神在天門，出入候聽，是其爲言也，豈特如翼奉、郎顗所推，繫一國一姓之興亡而已。大地動搈，全球播復，內曁中國，罩及鬼方，於是乎應之。……然則如之何而可？曰：以教衛民，以民衛國，使自爲守而已。變郊號，柴社稷，謂之革命；禮秀民，聚俊才，謂之革政。今之亟務，曰：以革

政挽革命。㉓

在《實學報》所刊的〈異術〉一文也說：

> 道生於五德，德生於色，色生於統。三統迭建，王各自爲
> 政。仲尼以春王正月莫絡之，而損益備矣。㉔

「大一統」、「通三統」，是《春秋》公羊家言；《齊詩》傳者喜
以陰陽五行推論時政，他們都是今文經說。

今文學派的學說，並不排斥其他學派的援用，但作爲嚴守家法
的古文學派來說，每每視若鴻溝。

和章太炎所學異途並爲他後來深詆的今文學說，在維新變法時
期一度被援用，原因何在？他的援用《公羊》、《齊詩》，旨在闡
明變法的必要性，說明「修內政」，行「新制度」的必要；是因爲
甲午戰爭後民族危機的嚴重。康有爲那時的救亡主張，代表當時中
國發展的趨勢，賦有進步意義。從挽救民族危亡，進行變法圖強來
說，他們這時的政治主張是基本一致的。

政變後，章太炎對學派不同的康、梁仍表同情，當時有人提出
異議，他有一個很好的說明：

㉓　章太炎：〈論學會大有益於黃人亟宜保護〉，《時務報》第 19 冊，光緒
　　23 年 2 月 1 日版，見拙編《章太炎政論選集》（北京：中華書局，1977
　　年），頁 13。

㉔　載《實學報》，光緒 23 年 9 月 1 日版。

或曰：子與工部學問途徑不同，往往平議學術，不異升、
元，今何相昵之深也。余曰：子不見夫水心、晦庵之事乎？
彼其陳說經義，判若冰炭，及人以偽學朋黨攻晦庵，時水心
在朝，乃痛言小人誣妄，以斥其謬。何者？論學雖殊，而行
誼政術自合也。余於工部，亦若是而已矣。

近世與工部爭學派者，有朱給諫一新，然給諫嘗以劾李連英
罷官，使其今日猶在朝列，則移宮之役，有不與工部同謀
耶？余自顧學術，尚未若給諫之墨宋，所與工部論辨者，特
《左氏》、《公羊》門戶師法之間耳，至於黜周王魯，改制
革命，則亦未嘗少異也。（自注：余紬繹周、秦諸子，知《左氏》大
義，與此數語吻合。）況旋乾轉坤，以成既濟之業乎？況夫拘儒
鄙生，餔綴糟粕，其黠者則且以迂言自益，而詩禮發冢，無
所不至，如孔光、胡廣等，余何暇引爲同學也哉！

曩客鄂中時，番禺梁鼎芬、吳王仁俊、秀水朱克柔皆在幕
府，人謂其與余同術，亦未甚分涇渭也。既數子者，或談
許、鄭，或述關、洛，正經興庶，舉以自任，聆其言論，洋
洋滿耳，及叩其旨歸，齊卷逡巡，卒成鄉愿，則始欲割席
矣。嗣數人以康氏異同就余評騭，並其大義，亦加詆毀，余
則抗唇力爭，聲震廊廡，舉室瞠眙，謂余變故，而余故未嘗
變也。及革政難起，而前此自任正學之數公者，乃皆垂頭闔
翼，喪其所守，非直不能建明高義，並其夙所誦習，若云陽
尊陰卑，子當制母者，亦若瞠焉忘之。嗚呼！張茂先有言，
變音聲以順旨，思摧翮而爲庸。今之自任正學，而終於脂韋
突梯者，余見其若是矣。由是觀之，學無所謂異同，徒有邪

正枉直焉耳。持正如工部，余何暇與論師法之異同乎？❷

　　這裡，章太炎自述與康有爲「論學雖殊，而行誼政術自合」。
「論學」，指古、今文學說不同，「行誼政術」，指維新改革、變
法圖強。還引朱熹（晦庵）、葉適（水心）爲例，說明學術上雖如
冰炭，但政治上卻不含糊。所以自己雖如東漢時范升、陳元之爭
《左傳》，至今仍舊「相昵」。自述和康、梁「論學之殊」，「所
與論辨」的，在於「《左氏》《公羊》門戶師法之間」，亦即囿於
學術上今古文學的異同，師法淵源的殊別。至於「黜周王魯，改制
革命」，亦即政治方面，「未嘗少異」。

　　章太炎進而自述政變以後仍與康、梁「相昵」，而對一些人的
「喪其所守」則加譏諷，指出「學無所謂異同，徒有邪正枉直」，
並以康有爲爲「持正」。章太炎在今文、古文的傳授得失、治學途
徑上「始終不能與彼合」，至於政治上還是同情康、梁的。只是到
了革命形勢發展，章太炎由改良轉入革命，康有爲卻停留在原來的
崗位上，章太炎才舉起革命的旗幟和康、梁鬥爭，並批評其「崇拜
《公羊》，誦法《繁露》」❷了。

　　這裡還需要指出的是，不同學派的爭論固與政治有關，即同一
學派在動盪的潮流中，態度也時有差異。例如被魯迅稱爲與章太炎
同樣「治樸學」的孫詒讓，在民族危機掀起的刺激下，也稱譽梁啓
超，想望會試時，「卓如先生講學湘中，前見所擬學約，綜貫道

---

❷　見《臺灣日日新報》，1899 年 1 月 13 日。

❷　章太炎：〈駁康有爲論革命書〉，《章太炎政論選集》，頁 196。

藝，精備絕倫，不勝欽佩。聞本科公車，當有陳論。惜弟決計不應試，未得附名紙尾也，通函時敬希道意。倘未到京人不妨列名，則無論如何亢直，弟均願附驥，雖獲嚴詰，所不計也。」❷⃝儘管他對《新學僞經考》極爲不滿，還想在「本科公車」「列名」。然而，時隔不久，政變發生，六君子就義，孫詒讓就痛言康有爲「學術之謬」，說什麼「至於本年夏秋間之新政，乃今上之聖明，與康氏何與」❷⃝，轉而攻擊維新派了。因此，在剖析清代經學學派的異同時，應該具體分析，指出異同所在。

五

　　同一學派，也不是完全因循師說，固守舊訓。就從皖派來說，「最能光大」戴震之業的，都推段玉裁和王念孫、王引之父子，但他們「之說相出入」也有不少。對此，梁啓超有一段很好的評述：

> 戴派之言訓詁名物，雖常博引漢人之說，然亦不墨守之，例
> 如《讀書雜志》、《經義述聞》全書皆糾正舊注舊疏之失
> 誤。所謂舊注者，則毛、鄭、馬、賈、服、杜也。舊疏者，
> 則陸、孔、賈也。宋以後之說，則其所不屑是正矣。是故如
> 高郵父子者，實毛、鄭、賈、馬、服、杜之諍臣，非其將順

---

❷⃝　〔清〕孫詒讓：光緒 24 年 1 月 20 日〈致汪康年書〉，《汪穰卿師友手札》（上海：上海古籍出版社，1986 年 5 月），第 2 冊，頁 1474。

❷⃝　〔清〕孫詒讓：光緒 24 年 11 月 15 日〈致汪康年書〉，同前註。

之臣也。夫豈惟不將順古人，雖其父師，亦不苟同。段之尊戴，可謂至矣，試讀其《說文注》，則「先生之言非也」、「先生之說非是」諸文，到處皆是。即王引之《經義述聞》，與其父念孫之說相出入者，且不少也。彼等不惟於舊注舊疏之舛誤絲毫不假借而已，而且敢於改經文，此與宋、明儒者之好改古書，迹相類而實大殊，彼純憑主觀的臆斷，而此則出於客觀的鈞稽參驗也。㉙

如果因循師說、固守舊訓，那麼，學術就不會創新、發展了。即使是同一個人，學術思想也不是永遠不變的。

　本文論列清代經學學派的異同，是從乾嘉學派即吳派、皖派和常州學派舉例闡述的，也就是說主要是從「漢學」立論的。以乾嘉學派分列吳、皖，似乎始於江藩《漢學師承記》；而論述近三百年學術思想，以吳、皖、常州並舉的，則是章太炎的《訄書·清儒》和梁啟超《論中國學術思想變遷之大勢》，兩文都發表在一九〇二年。江藩卒於一八三〇年，當然只能記載清代中葉以前；章太炎、梁啟超之以「吳派」、「皖派」概括乾嘉學派，也主要是從學術風尚考慮，因為吳、皖雖是地域，但兩派的創始人分屬吳中、皖南，而它的繼承者卻不都是吳人或皖人，如上述段玉裁、王氏父子就不是皖籍；而把自己列入吳派的江藩，也不籍吳中，而是揚州（甘泉）人。過去以吳、皖分派，學術風尚互有異同，而學術名稱卻又

㉙　梁啟超：《清代學術概論》12，見《飲冰室合集》專集之34，頁32。

按地區。

　　學派的地區特點，也較顯著，反映了一定歷史時期學術研究的延續性和地區的相對獨立性。從地區而言，清代揚州的經學研究卻是出了很多大家，有人主張應稱揚州學派，並從事專題研究。我可能受章太炎、梁啓超的影響太深，總覺得還是稱爲「清代揚州經學研究」比較穩定，傳統的惰力，使我不敢越雷池一步。事實上，地區的特色和影響，也是無容否認的。現在各地編寫地方志，對各該地區的風土人情、文化淵源，也會染有地區色彩。清代揚州轄境相當今江蘇寶應以南、長江以北、東臺以西、儀徵以東地，當運河交通要衝，經濟文化繁榮，經學大師輩出，稱之爲揚州學派，並從事它的經學研究，還是很有意義的。

　　舉例來說：焦循是江蘇甘泉（今揚州）人。他有《易章句》、《易通釋》、《孟子正義》等經部著作，主張「通核」，說：「通核者，主以全經，貫以百氏，協其文辭，揆以道理」。他的言《易》，就不是單純考據注輯，而是從經文詮釋大義，與一般治《易》者不同。儘管他對皖派的戴震極爲尊重，說：「循讀東原戴氏之書，最心服其《孟子字義疏證》。說者分別漢學、宋學，以義理歸之宋，宋之義理即定爲孔子之義理也。」❸也因爲《孟子字義疏證》對程、朱理學「去欲存理」、「理在事先」的批判，對於「其弊也疏」的考據，卻有意見，說是：

---

❸　〔清〕焦循：〈寄宋休承學士書〉，《雕菰樓文集》（北京：中華書局，《叢書集成初編》本，1985 年），卷 13，頁 203。

> 本朝理學盛興，在前如顧亭林、萬充宗、胡朏明、閻潛邱，
> 近世以來，在吳有惠氏之學，在徽有江氏之學、戴氏之學，
> 精之又精，則程易疇名於歙、段若膺名於金壇、王懷祖父子
> 名於高郵、錢竹汀叔姪名於嘉定，其自名一學者，著書教授
> 者，不下數十家，均異乎補苴撦拾者之所爲，是直當以經學
> 名之，烏得以不典之稱之如所謂考據者混同於其間乎？❸

他的治經，自較一般的墨守舊訓、單純考據者不同，自有其獨特見
解。他的同鄉江藩《漢學師承記》沒有專門爲焦循列傳，也不是沒
有原因的。

劉文淇、劉寶楠、柳興恩、陳立都是揚州及其附近地區人。他
們相約各治一經，結果《春秋左氏傳舊注疏證》、《論語正義》、
《穀梁大義述》、《公羊義疏》先後撰出，或由其子孫繼續纂述，
不是揚州的經濟條件和文學風尚是很難有此經學成就的。這種情
況，在全國也屬少見。以地區特點而名揚州學派，也是可取的。

章太炎是在《訄書》中記述清代經學有吳派、皖派和常州學派
的。但在晚年，有人問他：「寶應劉氏三世，既遵示移吳入皖。而
儀徵劉孟瞻（劉文淇）父子祖孫及凌曉樓、陳碩甫諸先生，雖出皖
系而篤守漢儒，實吳派之家法，亦可移皖入吳否？」章太炎是這樣
回答的：

---

❸ 〔清〕焦循：〈與孫淵如觀察論考據著作書〉，《雕菰樓文集》，頁
214。

　　儀徵劉孟瞻本淩曉樓弟子，學在吳、皖之間，入皖可也。㉜

對儀徵劉氏，以爲可「入皖」，又說是「學在吳、皖之間」。可知
吳、皖雖有分派之異，又有方法之同。揚州經學吸取了吳、皖之
長，又有自己的特色，以地區而言，清代揚州的經學研究，是有其
特色的。㉝

㉜　章太炎：〈答支偉成書〉，《清代樸學大師列傳》（長沙：岳麓書社，
　　1986 年），卷首，頁 11。

㉝　梁啓超在晚年（1924）寫的《中國近三百年學術史》，則在論述乾嘉學派
　　時說：「但漢學派中也可以分出兩個支派，一曰吳派，二曰皖派。」又
　　說：「此外尚有揚州一派，領袖人物是焦里堂（循）、汪容甫（中），他
　　們研究的範圍，比較的廣博。」他提到「揚州一派」，所指是焦循、汪中
　　之學。

清代漢學流派析論

黃愛平*

漢學是有清一代最具代表性，並且占據主導地位的學術派別。它以文字音韻、章句訓詁、典章制度爲主要研究對象，以樸實的經史考證爲研究方法，在古代典籍的整理和傳統文化的總結方面作出了卓越的貢獻。清代漢學自顧炎武開山，閻若璩、胡渭奠基，惠棟確立之後，經歷了一個產生、發展、嬗變的過程。其間學者眾多，流派紛呈，研究精深，成就輝煌。而最能代表漢學不同發展階段以及各派之間淵源流變關係的，當推以惠棟爲代表的吳派，以戴震爲代表的皖派，以及以阮元爲代表的揚派。

一、惠棟及其吳派學者

在清代學術發展史上，惠棟是首先打出漢學旗幟的學者。他遠紹清初顧炎武諸學術大師博通務實的學風，近承閻若璩、胡渭等學者的治學途徑和方法，又接續家學淵源，於學術研究中詳徵博

---

* 黃愛平，中國人民大學清史研究所教授。

考，爬梳鉤沉，致力於漢儒經學的發掘和表彰，終於使一代學術由此發皇。

惠棟（1697－1758 年），字定宇，號松崖，江蘇吳縣人，出生於官宦之家。受其祖父惠周惕、父親惠士奇世代傳經的影響，他自幼刻苦向學，博通經史百家，一生未涉仕途，以講學著述終老。

惠棟繼承家學，十分尊信和推崇漢儒經說。他的父親惠士奇已很重視漢人對經籍尤其是對《易經》的疏解，曾說：「《易》始於伏羲，盛於文王，大備於孔子，而其說猶存於漢。不明孔子之《易》，不足與言文王；不明文王之《易》，不足與言伏羲。捨文王、孔子之《易》而遠問庖羲，吾不知之矣。漢儒言《易》，孟喜以卦氣，京房以適變，荀爽以升降，鄭康成以爻辰，虞翻以納甲，其說不同，而指歸則一，皆不可廢。」又說：「康成《三禮》，何休《公羊》，多引漢法，以其去古未遠。」❶惠棟則進一步推而闡之，自謂「棟四世咸通漢學，以漢猶近古，去聖未遠故也。」❷又稱讚「漢儒通經有家法，故有五經師，訓詁之學，皆師所口授，其後乃著竹帛。所以漢經師之說，立于學官，與經並行。」❸惠棟還批評魏晉以後的學術，經義淪喪，異說紛紜，他說：「蓋魏晉以後，經師道喪，王肅詆鄭氏而禘郊之義乖，袁准毀蔡服而明堂之制亡，鄒湛譏荀諝而《周易》之學晦。郢書燕說，一倡百和，何尤乎

---

❶　〔清〕錢大昕著，呂友仁點校：〈惠先生士奇傳〉，《潛研堂集·文集》（上海：上海古籍出版社，1989 年 11 月），卷 38。

❷　〔清〕惠棟：〈上制軍尹元長先生書〉，《松崖文鈔》，卷 1。

❸　〔清〕惠棟：〈九經古義述首〉，《松崖文鈔》，卷 1。

後世之紛紜也！」❹

　　爲構築漢學的森嚴壁壘，惠棟有力地揭櫫並確立了漢學的治學宗旨。他極力強調：「五經出於屋壁，多古字古言，非經師不能辨。經之義存乎訓，識字審音，乃知其義。是故古訓不可改也，經師不可廢也。」❺戴震總結惠棟的經學思想，也說：「松崖先生之爲經也，欲學者事于漢經師之故訓，以博稽三古典章制度，由是推求理義，確有據依。」❻正是經由惠棟的倡導，由古書的文字、音韻、訓詁以尋求義理的主張，才得以正式確立，並成爲漢學家共同尊奉的宗旨。

　　在學術研究中，惠棟努力實踐自己的治學主張，致力於搜輯鈎稽漢儒經說。他彙輯《易》、《書》、《詩》、《禮》、《公羊傳》、《穀梁傳》、《論語》等經籍的古字古言、古音古義，於「賈、馬、服、鄭諸儒，散失遺落，幾不傳于今者，旁搜廣擄，裒集成書」❼，撰《九經古義》十六卷，以發明漢儒專門訓詁之學。後世學者評論是書「單詞片義，具有證據，正非曲徇古人，後之士猶可于此得古音焉，求古義焉，是古人之功臣而今人之碩師也。」❽

　　對漢人《易》說，惠棟研究尤深。鑒於「《易》爲王、韓所

---

❹　〔清〕錢大昕著，呂友仁點校：〈惠先生棟傳〉，《潛研堂集·文集》，卷39。

❺　〔清〕惠棟：〈九經古義述首〉，《松崖文鈔》，卷1。

❻　〔清〕戴震撰，趙玉新點校：〈題惠定宇先生授經圖〉，《戴震文集》（北京：中華書局），卷11。

❼　〔清〕洪榜：〈戴先生行狀〉，《戴震文集》附。

❽　〔清〕盧文弨：〈九經古義序〉，《抱經堂文集》，卷2。

亂，漢法已亡」❾他爬梳鈎沉，輯錄兩漢經師孟喜、虞翻、京房、鄭玄、荀爽諸家《易》說，並發明《易》理，辨正宋儒《河圖》、《洛書》之非，著《易漢學》八卷。又「考究漢儒之傳以發明《易》之本例」❿，著《易例》二卷。在鈎稽考證漢儒《易》說的基礎上，惠棟進而以荀爽、虞翻爲主，參以鄭玄、宋咸、干寶等各家之說，融會貫通，疏解《易》義，撰《周易述》一書。錢大昕盛讚其精研三十年，「漢學之絕者千有五百餘年，至是而燦然復章矣」。⓫

清代中葉，惠棟首倡漢學，標誌著清初的實學思潮向十八世紀漢學轉變的完成。自此而後，清代學術進入了一個嶄新的階段，空疏的理學進一步遭到唾棄和否定，樸實的注重考經證史的漢學得以蓬勃發展起來。誠如後世學者所言：「乾隆中葉，海內之士知鑽研古義，由漢儒小學訓詁以上溯七十子六藝之傳者，定宇先生爲之導也。」⓬

不過，惠棟在明確打出漢學旗幟的同時，也開始表現出其學術本身的弊病，這就是嗜博、泥古。處於漢學發軔之初，爲彰明湮沒已久的漢人經說，特別是《易》說，惠棟廣搜博探，不遺餘力，

---

❾ 〔清〕惠棟：〈沈君彤墓志銘〉，《清代碑傳全集·碑傳集》（上海：上海古籍出版社，1987年），卷133。

❿ 〔清〕紀昀等：《四庫全書總目》，卷6。

⓫ 〔清〕錢大昕著，呂友仁點校：〈惠先生棟傳〉，《潛研堂集·文集》，卷39。

⓬ 〔清〕陶澍：〈書四世傳經遺像後〉，《國朝耆獻類徵初編》（臺北：明文書局，《清代傳記叢刊》本，1985年），卷419。

不免今文古文雜糅，精華糟粕並陳，甚至對漢儒某些流於陰陽災異和讖緯的學說，也不加別擇，全盤繼承。後世學者評論惠棟之學，謂「其長在博，其短亦在於嗜博；其長在古，其短亦在於泥古也」❸是頗有見地的。

惠棟的學友和弟子，以沈彤、余蕭客、江聲、王鳴盛、錢大昕等人最為著名。由於他們恪守惠棟尊崇漢學，強調文字、音韻、訓詁的治學宗旨，「彬彬有漢世鄭重其師承之意」，又都是江南人，因此被稱之為漢學中的「吳派」。

沈彤，字冠雲，一字果堂，吳江縣諸生，與惠棟相交頗深，學術上也深受惠棟影響。他潛心經學，尤深於《禮》，其代表作為《周官祿田考》。歷來學者對「《周官》分田制祿之法，向多疑滯」，宋代歐陽修即懷疑《周禮》，認為據《周禮》所載，「官多田少，祿且不給」。沈彤「研求本經，旁覽傳記」❹，一一考證其實施情形，著〈官爵數〉、〈公田數〉、〈祿田數〉三篇，合為《周官祿田考》一書，以駁正前人的疑難，對研究《周禮》及古代制度頗具參考價值。但《周禮》成書於戰國時期，書中所言托之於周代制度，未必是當時的實際情形。沈彤據此考證周代制度的實施狀況，未免過於拘泥。

余蕭客，字仲林，別字古農，吳縣人。他博覽群書，刻苦向學，於惠棟執弟子禮，其學也深受惠棟影響。惠棟撰《九經古義》，發明漢儒專門訓詁之學，余蕭客也傾全力搜輯鈎稽唐以前諸

---

❸　〔清〕紀昀等：《四庫全書總目》，卷29。

❹　〔清〕沈彤：《周官祿田考》，卷1。

儒訓詁之說，按經書次第分卷，撰《古經解鈎沉》三十卷，起到了昌明古訓、表彰古學的作用。但由於余蕭客多年貧病交加，搜輯研究頗爲不易，再加上成書匆促，不免別擇不精，甚而「有鈎而未沉者，有沉而未鈎者」。⓯

　　江聲，字叔沄，號艮庭，吳縣人。他師事惠棟，精於小學，於《尚書》研究尤深。自閻若璩作《古文尚書疏證》，揭穿《古文尚書》之僞之後，惠棟續作《古文尚書考》，進一步疏通證明，使《古文尚書》之僞鐵案如山，不可動搖。但他們都重在辨僞，尚未及對《今文尚書》作系統研究，特別是孔安國《傳》乃晉人托名僞作，而漢人的傳注卻反而湮沒無聞。有鑒於此，江聲專意搜輯漢儒之說，對《今文尚書》二十九篇進行疏解，「漢注不備，則旁考他書，精研古訓」，撰《尚書集注音疏》十二卷，成爲《今文尚書》研究的集成之作。但江聲泥古太甚，「經文注文，皆以古篆書之」，甚而「與人往來筆札，皆作古篆，見者訝以爲天書符錄」。⓰典型地表現了吳派學者泥古的弊端。

　　王鳴盛，字鳳喈，一字禮堂，自號西莊，晚號西沚，江蘇嘉定（今上海市嘉定縣）人。歷官侍講學士、日講起居注官、內閣學士兼禮部侍郎。後以母喪告歸，定居蘇州，優游林下三十餘年，以著述自娛。王鳴盛青年早達，博學淹通，於經史子集都有相當造詣。他早年曾與惠棟講論經義，深受其影響，治經一以漢儒爲宗，甚至篤信漢儒勝於惠棟，聲稱「但當墨守漢人家法，定從一師而不

⓯　〔清〕江藩：《漢學師承記》，卷2。

⓰　同前註。

敢他徙」。❶故其治經專宗鄭玄一家,主張「守鄭氏家法」。為發揮鄭學,他費數十年心力,從群書中搜羅鄭玄有關《尚書》的注解,「凡一言一字之出於鄭者,悉甄而錄之」,撰《尚書後案》三十卷,「使世知有鄭氏之注,並使世知有鄭氏之學」。❶該書別擇精審,避免了惠棟今文、古文雜糅的弊病,對昌明、研究鄭學不無開拓之功。但漢學,特別是吳派漢學的局限在王鳴盛身上也表現得更為明顯,這就是只墨守鄭玄一家之學,使得研究的範圍更為偏枯狹窄。不過,當王鳴盛越出經學範圍,踏入史學園地之時,其思想便在一定程度上脫離了僵固、墨守的藩籬。他的《十七史商榷》,對歷代史書的文字、史實、典制、輿地等進行了細緻的校勘和考證,對歷代重要史事、人物以及史書也發表了自己的議論和看法,具有很高的學術價值。

錢大昕,字曉徵,號辛楣,又號竹汀,晚號潛研老人,江蘇嘉定人。歷官編修,侍讀、侍講學士,詹事府少詹事,提督廣東學政。後以父喪歸里,從此不復出仕,定居蘇州,以講學造士、研究著述終老。錢大昕與王鳴盛、褚寅亮、王昶等人同「以古學相策勵」,又與惠棟、沈彤引為忘年交,相互研討經義,在學術上深受惠棟影響。他尊奉漢學治學宗旨,明確主張:「窮經者必通訓詁,訓詁明而後知義理之趣。後儒不知訓詁,欲以向壁虛造之說求義理所在,夫是以支離而失其宗。漢之經師,其訓詁皆有家法,以其去

---

❶　〔清〕王鳴盛:《十七史商榷·自序》。
❶　〔清〕杭世駿:〈尚書後案序〉,《道古堂文集》,卷4。

聖人未遠。魏晉而降，儒生好異求新，注解日多，而經益晦。」❶
因而，「詁訓必依漢儒，以其去古未遠，家法相承，七十子之大義
猶有存者，異於後人之不知而作也。」但錢大昕在尊崇漢學，師承
惠棟的同時，能夠不爲其所囿，避免了吳派學者常見的佞古、墨守
之弊。他提倡實事求是，強調「以古爲師，師其是而已矣」❷，若
「後儒之說勝於古，從其勝者，不必強從古可也」。❸因而，錢大
昕治學，既不盲從古人，也不偏主一家；其研究範圍也不僅僅局限
於經學，而廣涉史學、小學、天文、曆算、金石、詞章各個領域，
成爲吳派中學識最博、成就最高的學者。特別是他以畢生精力，從
事史學研究，對歷代正史進行精細的考訂和校勘，撰成《廿二史考
異》一百卷。該書與王鳴盛的《十七史商榷》，同樣被視爲最能代
表乾嘉史學成就的扛鼎之作。

　　在清初實學思潮向十八世紀漢學轉變的過程中，以惠棟爲首
的吳派學者大力提倡尊漢崇古，傾全力於漢儒經說的發掘、鈎稽和
表彰，爲一代學術的產生和發展，起到了開啓風氣的作用。但同時
也不免表現出嗜博、泥古、佞漢的弊端，乃至兼收並蓄，別擇不
精，梁啓超所言「凡古皆眞，凡漢皆好」，確實切中吳派學者的弊
病。如果說，這是處在漢學發軔之初的吳派學者所不可避免的弊

---

❶　〔清〕錢大昕著，呂友仁點校：〈左氏傳古注輯存序〉，《潛研堂集·文
　　集》，卷 24。

❷　〔清〕錢大昕著，呂友仁點校：〈臧玉林經義雜識序〉，《潛研堂集·文
　　集》，卷 24。

❸　〔清〕錢大昕著，呂友仁點校：〈答問六〉，《潛研堂集·文集》，卷
　　9。

端，那麼，當漢學進一步向前發展時，就需要力矯此弊，以使漢學
及時走出泥古、佞漢的誤區，獲得更爲廣闊的發展空間。這一任
務，就歷史地落到了戴震及其皖派學者的肩上。

二、戴震與皖派學者

以戴震爲首的皖派與以惠棟爲首的吳派並非兩個對立的學
派，而是後先相承，互爲師友，體現了清代漢學發展，演進軌跡的
兩支勁旅。如果說，吳派學者有開創之功，那麼，皖派學者則多發
展之力。正是戴震及其皖派學者的崛起，使一代學術得以發展至高
峰。

戴震（1724－1777 年），字東原，安徽休寧人。他幼年家境
貧寒，但孜孜向學，刻苦自勵，師從著名學者江永，學業益進。其
後至京師，得到錢大昕、王昶、紀昀、王鳴盛等學者的一致讚賞。
不久又在揚州與惠棟結識，二人交相推重，戴震尤深受惠棟的影
響。《四庫全書》開館後，戴震以舉人身份被特召入館，充任纂修
官。因校書成績顯著，被賜以同進士出身，授翰林院庶吉士。但他
也因此積勞成疾，不幸去世。

戴震是清代中葉最著名的學者，學識淵博，識斷精審，集清
代考據學之大成。他繼承顧炎武以來，特別是惠棟倡導的由文字音
韻訓詁以明義理的主張，大力推闡漢學治學宗旨，而尤爲強調訓
詁、考據與義理的結合。他說：「經之至者道也，所以明道者其詞
也，所以成詞者未有能外小學文字者也。由文字以通乎語言，由語
言以通乎古聖賢之心志，譬之適堂壇之必循其階，而不可以躐

等。」❷針對一些漢學家只重考據的傾向，戴震甚至更爲強調義理
的重要性，認爲「有義理之學，有文章之學，有考核之學。義理
者，文章、考核之源也。熟乎義理，而後能考核、能文章」。並把
其哲學著作《孟子字義疏證》擺在其生平著述中最爲重要的位置，
強調指出：「六書、九數等事，如轎夫然，所以舁轎中人也。以六
書、九數等事盡我，是猶誤認轎夫爲轎中人也。」❷

　　不僅如此，戴震還以一個思想家的敏銳眼光，覺察到漢學開
始顯露出的泥古弊端，因而大力提倡實事求是的治學態度。他說：
「信古而愚，愈於不知而作，但宜推求，勿爲株守。」❷強調「志
存聞道，必空所依傍」，治學尤應「不以人蔽己，不以己自蔽」❷，
力求達到「十分之見」的境地。正是由於戴震在推闡漢學治學宗旨
的同時，察覺並糾正了漢學的某些弊病，從而使漢學及時走出泥
古、佞漢的誤區，達到了發展的高峰。

　　本著實事求是的治學態度，戴震致力於文字、音韻、訓詁、
考據以及古天算、地理等方面的研究，取得了卓越的成就。

　　在文字、音韻方面，戴震十分重視將文字在經籍中實際運用
的情形與字書、韻書的記載結合起來加以考察，此即「一字之義，
當貫群經，本六書，然後爲定」。❷戴震還發揮其審音與考古兼長

---

❷　〔清〕戴震：〈古經解鈎沉序〉，《戴震文集》，卷10。
❷　〔清〕段玉裁：〈戴東原集序〉。
❷　〔清〕戴震：〈與王內翰鳳喈書〉，《戴震文集》，卷3。
❷　〔清〕戴震：〈答鄭丈用牧書〉，《戴震文集》，卷9。
❷　〔清〕戴震：〈與是仲明論學書〉，《戴震文集》，卷9。

的優勢，既注意分析古人用韻及漢字諧聲偏旁，又重視研究發音部位和方法，從而發現了陰聲韻與陽聲韻相配，並以入聲韻爲樞紐的「音聲相配」的規律，將上古韻分爲九類二十五部，在古音學研究中起到了承上啓下的作用。

在訓詁、考據方面，戴震把古音學的知識運用於群經字書的訓詁中，打破前人「即形求義」的框框，而注重從聲音上探求字義。他說：「字書主于故訓，韻書主于音聲，然二者恒相因。音聲有不隨故訓變者，則一音或數義；音聲有隨故訓而變者，則一字或數音。大致一字既定其本義，則外此音義引伸，咸六書之假借。」❷❼這種因音求義的理論和方法，在清代考據學發展的歷程中，起到了極大的推動作用。戴震還十分重視對名物典制的考證，專作《考工記圖》一書，考證古代舟車、兵器之造，宗廟、宮室之制，以及禮樂、宴飲之器等等，並繪圖加以說明，爲研究古代典章制度提供了重要依據。

在天文、算法方面，戴震注重將古代天文理論與古籍中的有關資料結合起來加以研究探討，其代表作《原象》、《續天文略》，前者專門考證研究古代天文、算學的有關問題，後者則彙輯六經史籍中有關天文的專題資料，堪稱研究、整理古籍的重要參考書。戴震還致力於古代算學書籍的輯校工作，在四庫全書館任纂修官期間，從《永樂大典》中輯出久已亡佚不傳的「算經五書」（《九章算術》、《海島算經》、《孫子算經》、《五曹算經》、《夏

---

❷❼　〔清〕戴震：〈論韻書中字義答秦尚書蕙田〉，《戴震文集》，卷3。

侯陽算經》），分別「盡心排纂成編，並考訂訛異，附案語」❷，
使「古書之晦者以顯，而《周官》九數之學益明」。❷

在古地理方面，戴震最傑出的成就當推對《水經注》一書的
研究和整理。《水經》是我國最古的一部地理著作，題漢代桑欽
撰，晉郭璞、北魏酈道元先後爲之注。郭注久佚，傳本爲酈道元
《水經注》。因流傳久遠，故經注相混，難以卒讀。戴震在四庫全
書館中校理《水經注》一書，總結出三條義例：「《水經》立文，
首云某水所出，已下無庸重舉水名；而注內詳及所納群川，加以采
摭故實，彼此相雜，則一水之名不得不更端重舉，經文敘次所過郡
縣，如云『又東過某縣』之類，一語實該一縣；而注則沿溯縣西以
終於東，詳記所逕委曲。經據當時縣治，至善長（酈道元）作注
時，縣邑流移，是以多稱故城，經無言故城者也。凡經例云
『過』，注例云『逕』。」根據這些原則，戴震「審其義例，按之
地望，兼以各本參差，是書所由致謬之故，昭然可舉而正之」❸，
基本上恢復了《水經注》一書的本來面目。❸段玉裁十分推崇戴震
在古地理研究上的成就，認爲「國朝之言地理者，於古爲盛，有顧
景范（祖禹）、顧寧人（炎武）、胡朏明（渭）、閻百詩（若

---

❷　〔清〕段玉裁：〈戴東原先生年譜〉，《戴震文集》附。

❷　〔清〕洪榜：〈戴先生行狀〉，《戴震文集》附。

❸　〔清〕戴震：〈水經酈道元注序〉，《戴震文集》，卷6。

❸　按：與戴震同時稍早的趙一清、全祖望也曾整理《水經注》，和戴震取得
　　的成果相似。對此，學術界有兩種看法：一種認爲戴震抄襲了趙一清的成
　　果；一種認爲趙一清、全祖望、戴震各自獨立研究，取得了大體相同的結
　　果。這裡取後一種看法。

璩）、黃子鴻（儀）、趙東潛（一清）、錢曉徵（大昕），而先生乃皆出乎其上。蓋從來以郡國爲主而求其山川，先生則以山川爲主而求其郡縣」❷，這一評價，確實反映了戴震的開創性貢獻。

戴震既是乾嘉學派，特別是皖派的重要代表，同時又是傑出的思想家。他運用訓詁考據的形式，在「明道」的旗幟下，批判程朱理學，闡發唯物主義思想。戴震認爲，「氣」是宇宙萬物的本源，自然界的發生、發展與變化，是由於「氣化流行，生生不息」；他反對宋儒「理在氣先」的主張，批評理學家「以理爲氣之主宰，如彼以神爲氣之主宰也；以理能生氣，如彼以神能生氣也」。在認識論方面，戴震也反對理學唯心主義先驗論，而主張「血氣心知」、「貴在擴充」的唯物主義認識論。他明確指出，人的認識並非上天給予，而是後天得來的，人能通過耳目口鼻等感覺器官接觸客觀外界產生感知，再經由思考分析，達到客觀事物條理法則的認識，此即「耳目鼻口之官接於物，而心通其則」❸，基於樸素唯物主義的立場，戴震對宋儒的理欲觀予以了尖銳的批判。理學家把人性分成「氣質之性」和「義理之性」，認爲前者是產生「人欲」的罪惡淵藪，後者才是符合「天理」的眞正「人性」，因而強調「天理人欲，不容並立」，主張「存天理，滅人欲」，要廣大民眾「革盡人欲」，甘願忍受地主階級的統治宰割，做到死而無怨。戴震根本反對這種「忍而殘殺」的理欲之辨，他認爲，「欲」乃是人的本性，亦即「血氣之自然」，「聖人之道」就在於「使天

---

❷　〔清〕段玉裁：〈戴東原先生年譜〉，《戴震文集》附。
❸　〔清〕戴震：《原善》，卷中。

下無不達之情，求遂其欲而天下治」。他揭露理學家把「理」、「欲」截然對立起來，「視人之飢寒號呼，男女哀怨，以至垂死冀生，無非人欲，空指一絕情欲之感者爲天理之本然」❸，一切以「理」爲斷，以「理」責人，「尊者以理責卑，長者以理責幼，貴者以理責賤，雖失，謂之順；卑者、幼者、賤者以理爭之，雖得，謂之逆。於是下之人不能以天下之同情、天下所同欲達之於上，上以理責其下，而在下之罪，人人不勝指數。人死於法，猶有憐之者；死於理，其誰憐之！」❸戴震的思想學說，特別是他對理學家的理欲觀「以理殺人」實質的深刻揭露和大膽批判，在清代中葉的學術思想史上，留下了最爲輝煌燦爛的篇章。

在清代漢學產生、發展的過程中，戴震繼惠棟開創之後，以其大力推闡的實事求是的學風，訓詁、考據、義理三者結合的學術實踐，深邃而又富於戰鬥性的思想學說，以及多方面的學術成就，成爲一代學術發展高峰的標誌。汪中評論說：「古學之興也，顧氏（炎武）始開其端；河、洛矯誣，至胡氏（渭）而絀；中西推步，至梅氏（文鼎）而精；力攻古文書者，閻氏（若璩）也；專言漢儒《易》者，惠氏（棟）也。凡此皆千餘年不傳之絕學，及戴氏（震）出而集其成焉。」❸這是頗有見地的。

戴震的學友和弟子很多，他們大多爲安徽人，有的雖地望不一，但因親受其業，學術宗旨、風格和治學方法十分接近，故而同

---

❸ 〔清〕戴震：《孟子字義疏證》，卷下。
❸ 〔清〕戴震：《孟子字義疏證》，卷上。
❸ 〔清〕凌廷堪：〈汪容甫墓志銘〉，《校禮堂文集》，卷35。

被稱爲清代漢學中的皖派。他們當中，有的與戴震同出師門，相互友善，質疑辨難，各有所成，如程瑤田、金榜等；有的繼承其音韻訓詁之學，方法更加嚴密，成就也更爲突出，如段玉裁、王念孫、王引之等；有的則兼承戴震的哲學思想，在音韻訓詁和義理方面均有所成就，如洪榜、凌廷堪等。

程瑤田，字易疇，一字易田，晚號讓堂；金榜，字蕊中，一字輔之，晚號檠齋，均爲安徽歙縣人，與戴震同學於江永。程瑤田長於經學，尤精於禮制、名物以及地理。他考證《禮記》喪服之儀，古代宗法之制；井田溝洫之疆理，三江水地之情形；各種器物如鐘、鼓、磬、爵、劍、矛的形制種類，乃至各種動植物如穀類、草類、蟲類之淵源習性等等，均援據經文，反覆詳究，必得其解而後已。在崇尙漢學，強調考據，務求其是的同時，程瑤田也在一定程度上闡發了他的義理思想。他認爲世界是有形有質的實體，主張「有天地然後有天地之性，有人然後有人之性，有物然後有物之性。有天地、人、物則必有其質，有其形，有其氣矣。有質有形有氣，斯有其性，是性從其質、其形、其氣而有者也。」❸表現出一定的樸素唯物主義的色彩。金榜亦深於經學，尤精《三禮》，著《禮箋》一書，凡「天文、地域、田賦、學校、郊廟、明堂，以及車旗服器之細，罔不貫串群言，折衷一是。」❸其治《禮》強調實事求是，以前人「悉信亦非，不信亦非」之語爲衡，故而雖尊奉鄭

---

❸　〔清〕程瑤田：〈述性一〉，《通藝錄·論學小記》，卷中。

❸　〔清〕朱珪：〈禮箋序〉，載金榜《禮箋》（上海：上海古籍出版社，《續修四庫全書》本，1995 年），頁 1。

玄，卻能有誤必舉，不曲爲之說。在戴震學友中，程瑤田、金榜與戴震亦師亦友，聲氣相通，爲皖派學術的崛起起到了推波助瀾的作用。

段玉裁，字若膺，一字懋堂，江蘇金壇人。他是戴震的嫡傳弟子，尤精於文字、音韻、訓詁的研究。古音韻的分部，是清代學者的一大貢獻，自顧炎武開啓新的研究領域並分古音爲十部以來，江永繼之，分古音爲十三部。段玉裁進而加密，著《六書音韻表》二卷，分古音爲十七部，成爲清代音韻學發展階段的重要標志。特別是他發明的「支」、「脂」、「之」三部的劃分，被學者推之爲「千古之卓識」。音韻學的研究而外，段玉裁最重要的代表作是《說文解字注》三十卷。該書運用因音求義的理論和方法，對東漢許愼的《說文解字》逐一詳細作注，闡明每字的音韻訓詁，改正訛脫衍誤之處，爲學者閱讀古文獻、研究古文字提供了極大的便利。

王念孫，字懷祖，號石臞；王引之，字伯申，號曼卿，江蘇高郵人。王念孫親承戴震指授，既深造自得，又傳於其子引之，父子同爲乾嘉時期的著名學者。他們繼承戴震的訓詁考據之學，在音韻、文字、訓詁、校勘等專門領域作出了卓越的貢獻，其著述《廣雅疏證》、《讀書雜志》、《經義述聞》和《經傳釋詞》，合稱「王氏四種」，也被公認爲清代漢學的代表作。在古音的研究方面，王念孫分古音爲二十一部，其獨到之處在於將「至」部獨立分出，其後又吸取他人長處進而分爲二十二部，從而建立了一個比較完善的上古韻部體系，成爲這一領域研究的集大成者。在文字訓詁方面，王氏父子創造性地提出並實踐了因音求義的理論和方法，運用古音學的知識來探尋同源字，破讀假借字，訓釋虛詞以及連語，

解決了前人聚訟紛紜的諸多疑難問題。在校勘方面，王氏父子對先秦兩漢的古書作了細緻的校訂比勘，糾正了不少脫衍訛誤之處，在很大程度上恢復了古書的原貌。王氏父子還十分善於歸納總結，他們所提出的「詁訓之旨，本於聲音」的法則，關於虛詞特點、功能、分類的闡述，對古書訛誤因由的總結、訓詁條例的概括等，對清代音韻、訓詁、校勘學的發展以及後世語言文字等專門學科的建立和進步，都產生了很大影響。

洪榜，字汝登，一字初堂，安徽歙縣人。與戴震、金榜交遊，深研經學、小學。著《四聲均和表》、《示兒切語》諸書，「宗江（永）、戴（震）二家之說而加詳焉」。又研究《易經》，「訓詁本兩漢，行文如先秦」。❸生平於學問之道服膺戴氏，尤為推崇戴震的哲學思想，高度評價「戴氏之學，其有功於六經、孔孟之言甚大，使後之學者無馳心於高妙，而明察於人倫庶物之間，必自戴氏始也」。❹為此，他在為戴震所作的行狀中，極力表彰戴震的思想學說，並全文載入反映戴震思想主張的〈答彭進士允初書〉。當一些漢學家如朱筠對此有異議時，洪榜還不顧一切上書與之辯論，有力地捍衛了戴震的思想學說。

淩廷堪，字次仲，安徽歙縣人，戴震私淑弟子。他精通史學，深研樂律，擅長詩古文詞，於聲音文字、天文曆算，也都能「造其極而抉其奧」，而尤長于古代典制的研究。《儀禮》一書，

---

❸　〔清〕江藩：《漢學師承記》，卷6。

❹　〔清〕洪榜：〈上笥河先生書〉，《初堂遺稿》（清道光間梅花書院刊《二洪遺稿》本）。

又名《禮經》，相傳爲周公制作，孔子編定，記載古代冠昏、喪
祭、鄉射、朝聘等儀式禮節，歷來學者皆苦其難讀。凌廷堪運用歸
納條理，發明義例的方法，從《儀禮》所載的各種繁文縟節中概括
各類條例，撰成《禮經釋例》一書，爲學者了解研究古代典制儀節
提供了便利條件。他還繼承戴震的哲學思想，反對理學家提倡的
「理」，責其學「不求之於經而但求之於理，不求之於故訓典章制
度而但求於心」。爲恢復眞正的「聖人之道」，凌廷堪在精研《儀
禮》，考證古代典章制度的基礎上，提出了獨具特色的「復禮」
說，強調「聖學禮也，不云理也」❹，主張徹底拋棄「理」字，以
「禮學」代替「理學」。後世學者稱其「由禮而推之於德性，辟蹈
空之弊，探天命之原，豈非一代之禮宗乎！」❹

　　在清代漢學產生、發展的歷程中，以戴震爲首的皖派繼吳派
之後，把一代學術推向了發展的高峰。如果說，從反宋走向復漢，
極力恢復漢人經說，是漢學形成時期吳派學者學術路徑的頂點；那
麼，試圖通過批判理學，弘揚漢學來尋求聖人之道，則是皖派學者
努力的目標。戴震的思想學說，就是其中最爲傑出的代表。此後其
學友和弟子雖未能完全繼承其思想主張，但仍然不同程度地有所發
展，反映出他們尋求聖人之道的不懈努力。特別是皖派學者普遍倡
導的實事求是的學風，強調證據，嚴密斷制，注重歸納條例的治學
方法，不僅直接糾正了吳派學者泥古、佞漢的弊病，而且大大促進
了一代學術的發展。梁啓超論清代學術，認爲吳派學術可謂之「漢

---

❹　〔清〕凌廷堪：《禮經釋例·復禮下》。

❹　〔清〕江藩：〈校禮堂文集序〉。

學」，皖派學術才是眞正意義上的「清學」，是有一定道理的。

三、阮元與揚州學派

繼吳派、皖派之後，深受皖派學術影響，又繼續保持漢學發展態勢，並爲清代漢學作總結的是以阮元爲代表的揚州學派。

阮元（1764－1849 年），字伯元，號芸台，江蘇揚州人，占籍儀徵。乾隆五十四年（1789 年）進士，歷官乾、嘉、道三朝，多次出任地方督撫、學政，充兵部、禮部、戶部侍郎，拜體仁閣大學士。在長期的仕途生涯中，阮元始終堅持不懈地提倡學術，從事研究，成爲乾嘉漢學特別是揚州學派的重要代表。

阮元繼承漢學治學宗旨，大力倡導實事求是的學風，認爲「士人讀書當從經學始，經學當從注疏始。空疏之士、高明之徒讀注疏不終卷而思臥者，是不能潛心研索，終身不知有聖賢諸儒經傳之學矣。至於注疏諸義，亦有是有非，我朝經學最盛，諸儒論之甚詳，是又在好學深思、實事求是之士由注疏而推求尋覽之也。」❸針對某些漢學家的佞古墨守之弊，阮元特別提出：「儒者之於經，但求其是而已矣。是之所在，從注可，違注亦可，不必定如孔、賈義疏之例也。」目睹諸多漢學家只重考據而忽視義理的偏向，阮元在極力強調「由字以通其詞，由詞以通其道」這一漢學治學宗旨的同時，也試圖將宋學重視義理的特點和漢學強調考據的長處結合起

---

❸ 〔清〕阮元著，鄧經元點校：〈江西校刻宋本十三經注疏書後〉，《揅經室集·三集》（北京：中華書局，1993 年），卷 2。

來,藉以補偏救弊。他明確指出:「聖人之道,譬若宮墻,文字訓詁,其門徑也。門徑苟誤,跬步皆歧,安能升堂入室乎?學人求道太高,卑視章句,譬猶天際之翔,出於豐屋之上,高則高矣,戶奧之間未實窺也。或者但求名物,不論聖道,又若終年寢饋於門廡之間,無復知有堂室矣。」因而他既反對「學人求道太高,卑視章句」的傾向,也不贊成「但求名物,不論聖道」的弊端,而主張「崇宋學之性道,而以漢儒經義實之」❹,兼採二者之長,使其共同爲封建統治服務。阮元把這些學術主張貫徹到自己的學術實踐中,在經學、小學、金石乃至天文曆算等各個領域,都取得了可觀的成就。

阮元重視經學、小學的研究,力圖通聲音文字訓詁,來究明經義原解,探尋聖人之道。他歸納《論語》、《孟子》中所有「仁」字的意義和用法,論證出「仁」的原意是「人與人相偶」,即「以此一人與彼一人相人偶而盡其敬、禮、忠、恕等事之謂也」,故而「凡仁,必於身所行者驗之而始見,亦必有二人而仁乃見。若一人閉戶離居,瞑目靜坐,雖有德理在心,終不得指爲聖門所謂之仁矣。」❺他考證「性」字,謂「性字本從心從生,先有生字,後造性字,商周古人造此字時,即以諧聲,聲亦義也」。既然「性字從心,即血氣心知也。有血氣,無心知,非性也;有心知,無血氣,非性也。血氣心知皆天所命,人所受也」。「天既生人以血氣心知,則不能無欲,惟佛教始言絕欲。若天下人皆如佛絕欲,

---

❹　〔清〕阮元:〈擬國史儒林傳序〉,《揅經室集·一集》,卷2。
❺　〔清〕阮元:〈論語論仁論〉,《揅經室集·一集》,卷8。

則舉世無生人，禽獸繁矣」。❹阮元通過這類文字訓詁，不僅令人
信服地闡釋了經書的原義原解，澄清了後儒，尤其是宋明以來儒者
對經義的誤解和歪曲，而且在一定程度上闡發了自己的思想主張。
後世學者推崇阮元說經之文「其言質實明白，足以砭老佛之失，拯
陸王之弊，信乎其為古訓也」❹，是有一定道理的。

　　阮元精於金石。他認為吉金石刻「可以資經史篆隸證據者甚
多」，故而長期堅持搜集、整理、研究，先後纂成《山左金石
志》、《兩浙金石志》和《積古齋鐘鼎彝器款識》三部金石專著，
利用這些珍貴的古代器物資料，來「辨識疑文，稽考古籍」❹，印
證、解釋經義和歷史。如唐代垂拱銅佛座，阮元於拓文後加案語
云：「右涂金銅佛，高一寸，縱一寸二分，橫一寸七分，字徑二
分，正書共三十二字，曰『垂拱二年六月廿二日弟子趙義成願家口
平安敬造官音像一鋪合家大小供養。』錢塘何夢華（元錫）得之於
曲阜。按垂拱二年，乃武后專制之第三年，周興、來俊臣輩鍛煉羅
織，廷臣人人自危，朝退無事，則舉室相慶。趙義成故以家口平安
為幸也。官字借。」❹阮元以古代吉金石刻等實物資料與經史記載
相互印證闡發，或「補經傳所未備」，或「補《說文》所未及」，
在金石學領域作出了傑出的貢獻。

　　阮元於天文曆算也頗有造詣，尤在天文算學史的研究方面有

---

❹　〔清〕阮元：〈性命古訓〉，《揅經室集・一集》，卷10。

❹　〔清〕王棻：〈讀阮文達性命古訓〉，《柔橋文鈔》，卷11。

❹　〔清〕阮元：〈積古齋鐘鼎彝器款識序〉，《揅經室集・三集》，卷3。

❹　〔清〕阮元：《山左金石志》，卷3。

開創之功。他博稽載籍，網羅古今，「肇自黃帝，迄于昭代，凡爲
此學者，人爲立傳」⑩，纂成我國歷史上第一部天文算學史專著
《疇人傳》。在這部書中，阮元輯錄了歷代優秀天文學家、曆法
家、數學家的傳記資料，凡二百四十三人，另附西洋學者三十七
人，總計二百八十人。中國古代著名的天文學家、曆法家、數學
家，如漢代的張衡，南齊的祖沖之，唐代的李淳風，宋代的沈括，
元代的郭守敬，明代的李之藻、徐光啓，清代的梅文鼎、王錫闡
等，以及明末清初以來的西洋學者若利瑪竇、湯若望、南懷仁、蔣
友仁等，其傳記資料大多囊括其中，不僅介紹了中國和西方的優秀
學者以及古今天文、曆法、數學的知識技藝，而且開闢了我國科學
技術史研究的新領域。

　　阮元還憑藉學者、官吏一身二任的有利條件，努力提倡學
術，獎掖人才，整理典籍，刊刻圖書。他在任職浙江巡撫、兩廣總
督兼署廣東巡撫期間，先後在浙江、廣東兩地創辦了詁經精舍和學
海堂，爲培養學術研究人才提供了良好的環境和有利的條件。他還
親自參與並主持編纂了《十三經注疏校勘記》、《經籍纂詁》和
《皇清經解》三部大書，既爲學者提供了讀書治學的津梁，也爲清
代前期經學與小學領域的研究成就作了一個總結。可以說，處在
十八世紀末至十九世紀初社會危機和學術變化的前夜，阮元以具有
一定深度的學術思想和多方面的學術造詣，奠定了其在清代中葉學
術界的地位，當之無愧地成爲揚州學派的重要代表，清代漢學的強

---

⑩　〔清〕阮元：《疇人傳·凡例》。

有力殿軍。特別是他積極致力於各種學術活動，大大推動了文化事業的發展，促成了一代學術繁榮鼎盛的局面。史稱其「身歷乾嘉文物鼎盛之時，主持風會數十年，海內學者奉爲山斗焉」❺，確非過譽之辭。

同隸揚州府屬，與阮元互相師友，唱爲同調的學者，主要有汪中、焦循等人。

汪中，字容甫，江都（今揚州）人。他幼年家境貧苦，但奮勵向學，「游書肆，與書賈交，借閱經史百家，博究古籍，能別白是非眞僞」。❺成年後絕意仕進，專意經術。在學術上，他私淑顧炎武，服膺戴震，繼承了顧炎武經世致用的思想宗旨和戴震實事求是的學風，「推六經之旨，以合於世用。及爲考古之學，惟實事求是，不尙墨守」。❺他反對宋明理學，對理學家崇尙的《四書》持懷疑態度，認爲《大學》非孔子所作，不過「爲七十子後學者所記，於孔氏爲支流餘裔」。宋儒之所以「標《大學》以爲綱，而驅天下從之」，其目的就在於「藉《大學》以行其說」。實際上，「孔門設教，初未嘗以爲至德要道，而使人必出於其途」。對理學家極力論證的封建禮教，汪中也予以了深刻的批判，並對處於社會底層的廣大婦女的悲慘命運寄予了深切的同情。他還致力於諸子的研究和表彰，先後校勘考釋《老子》、《墨子》、《荀子》、《賈誼新書》及《呂氏春秋》等子書。特別是汪中洞觀學術源流，首次

---

❺　《清史稿·阮元傳》，卷 364。
❺　〔清〕孫星衍：〈汪中傳〉，《清代碑傳全集·碑傳集》，卷 134。
❺　〔清〕汪中：《述學·別錄》。

勾勒並總結出清代學術從顧炎武開端至戴震集成這一產生發展的基本脈絡，對當時乃至後世都產生了重要影響。

　　焦循，字里堂（一字理堂），江蘇甘泉人。嘉慶六年（1801年）舉人，一生未入仕途，以讀書著述終老。與阮元同樣，置身於漢學大盛的乾嘉時期，焦循既深受皖派學者特別是戴震的影響，又好學深思，對漢學日益暴露出來的弊端洞若觀火。他不滿一些漢學家詰鞠狹隘的弊病，而主張求是，強調通核，試圖探索一條超越漢宋，會通古今的途徑。他說：「古學未興，道在存其學；古學大興，道在求其通。前之弊患乎不學，後之弊患乎不思。證之以實而運之於虛，庶幾學經之道也。」❺❹學問之道貴在求通、求是，「證之以實」，就是重視證據，無徵不信；「運之於虛」，即勤於思考，深造自得。基於這一原則，焦循對漢學家一致崇尚的考據提出了異議：「嘗怪為學之士，自立一考據名目。以時代言，則唐必勝宋，漢必勝唐。以先儒言，則賈、孔必勝程、朱，許、鄭必勝賈、孔。凡鄭、許一言一字，皆奉為圭璧，而不敢少加疑辭。竊謂此風日熾，非失之愚，即失之偽。」因此，他主張摒棄「考據」之名，而用「經學」取而代之。在他看來，「經學者，以經文為主，以百家子史、天文術算、陰陽五行、六書七音等為之輔，彙而通之，析而辨之，求其訓故，核其制度，明其道義，得聖賢立言之指，以正立身經世之法，以己之性靈，合諸古聖之性靈，並貫通於千百家著書立言者之性靈，以精汲精，非天下之至精，孰克以與此？」只有

---

❺❹　〔清〕焦循：〈與劉端臨教諭書〉，《雕菰樓集》，卷13。

「經學」之稱，才足以賅括清代自顧炎武以來至惠棟、戴震等學者的學術，「烏得以不典之稱之所謂考據者混目於其間乎？」⑮

焦循把求是、求通的原則貫徹於自己的學術實踐中，力主多學而識，貫通義例，深造自得，絕不墨守一家之說，固步自封。他精研天文、算學、典制、地理，深於《詩經》、《尚書》、《禮記》、《春秋》、《論語》、《孟子》，而尤長於《易》學。經反復實測、貫通、歸納，焦循從《易經》中悟出「旁通」、「相錯」、「時行」三種法則，又進而將其推之於《易經》的研究，先後著《易通釋》、《易圖略》、《易章句》，合稱《易學三書》，成為清代《易》學研究新成就的代表作。

焦循尤為推崇戴震的哲學思想，認為戴震「生平所得，尤在《孟子字義》一書，所以發明理、道、情、性之訓，分析聖賢老釋之界，至精極妙」。⑯遵循戴震的學術路徑，仿效其《孟子字義疏證》的作法，焦循撰《論語通釋》、《孟子正義》等書，通過對經書文字、音韻的訓釋，推闡了自己的哲學主張。他倡導自然的人性論，認為「性善之說，儒者每以精深言之，非也。性無他，食、色而已。飲食男女，人與物同之。當其先民，知有母不知有父，則男女無別也；茹毛飲血，不知火化，則飲食無節也。有聖人出，示之以嫁娶之禮，而民知有人倫矣；示之以耕耨之法，而民知自食其力矣。以此示禽獸，禽獸不知也。禽獸不知則禽獸之性不能善，人知之則人性善矣。以飲食男女言性而人性善，不待煩言自解也」。

---

⑮　〔清〕焦循：〈與孫淵如觀察論考據著作書〉，《雕菰樓集》，卷13。
⑯　〔清〕焦循：〈國史儒林文苑傳議〉，《雕菰樓集》，卷12。

「故論性善，徒持高妙之說則不可定，第於男女飲食驗之，性善乃無疑耳」。❺❼焦循還根據自己對《易經》的研究，提出「變通」、「時行」說，承認矛盾，強調變化，表現了可貴的發展變化的思想。

　　十八世紀末十九世紀初，以阮元爲代表的揚州學派的出現，爲盛行一時的漢學作了一個總結，同時也成爲傳統學術由古代向近代跨越的轉折點。揚派學者遵循漢學家的學術宗旨和治學途徑，努力由文字音韻訓詁等基本工夫入手，來究明經義原解，探尋聖人之道，試圖「以六經孔孟之旨，還之六經孔孟」❺❽；揚派學者發揚光大皖派學術實事求是的學風，既不佞漢泥古，也不迷信盲從，而努力求通求是，務得眞解。特別是揚派學者在接續吳、皖兩派學術傳承的同時，已然開始洞觀學術源流，評騭前人是非，試圖總結一代學術，尋找一條超越漢宋，會通古今的途徑。爲此，他們不僅努力開拓研究領域，而且大大推進了漢學家強調證據、注重歸納的治學方法，凡求一義，論一事，必核其始末，究其異同，做到論必有據，據必可信。今人肯定清代漢學頗具近代理性主義精神，注重以人的心智來研究探索古代典籍，認識和理解客觀事物，與近代科學研究的方法有相通之處，而以阮元等學者爲代表的揚州學派，無疑是最具近代氣息的學術派別，同時也是清代漢學發展的終點。

　　在有清一代學術發展史上，自惠棟確立漢學地位之後，歷經以戴震爲首的皖派，以阮元爲代表的揚派，漢學走過了一個發展、

---

❺❼　〔清〕焦循：〈性善解〉，《雕菰樓集》，卷9。
❺❽　〔清〕段玉裁：〈戴東原先生年譜〉，《戴震文集》附。

變化，直至終結的過程。作為中國學術史上與宋明理學相對立的學派，清代漢學始終堅持由古書的文字、音韻、訓詁以尋求義理的治學宗旨，吳派、皖派和揚派無一例外。對此，就連激烈反對漢學的宋學家方東樹也不得不承認：「此論最近信，主張最有力，所以標宗旨，峻門戶，固壁壘，示信學者，謂據其勝理，而不可奪矣。」⑨但是，處在漢學發展的不同階段，三派學者又表現出各自不同的特色。以惠棟為首的吳派學者在漢學發軔之初，主要致力於漢儒經說的發掘、鈎稽和表彰，以恢復、弘揚漢學為己任；以戴震為道的皖派學者在漢學發展階段，則以尋求聖人之道為目標，他們大力倡導實事求是的學風，以走出吳派學者泥古、佞漢的誤區，使漢學獲得更為廣闊的發展空間；而以阮元為代表的揚派學者在堅持漢學治學宗旨，推闡實事求是學風的同時，已然洞觀學術源流，評騭前人是非，試圖總結一代學術，尋找一條超越漢宋，會通古今的途徑。如果說，吳派的特點是尊漢崇古，皖派的特點為實事求是，那麼，揚派的特點就是通貫總結。三派學者後先相承，淵源有自，基本反映了一代學術產生、發展、變化乃至終結的過程。當然，作為有清一代占據主導地位的學術派別，漢學有著與生俱來的局限，這就是它的整體價值取向注重書本而脫離現實，專注學術而脫離政治，強調博證而流於繁瑣。儘管三派，特別是皖派和揚派學者當中，也有思想深邃，關注現實的學者，但並不代表一代學術的主流。而這一點，正是清代漢學在形勢發生變化之後急遽衰落的重要原因。道光以後，雖然漢學的流風餘韻尚存，但已不再占據學術界的主導地位了。

---

⑨　〔清〕方東樹：《漢學商兌》，卷中之下。

清朝中葉的揚州學派

龔鵬程*

一、所謂揚州學派

清代揚州府治，領二州（高郵、泰州），六縣（江都、甘泉、儀徵、興化、寶應、東台）。這個地域，在乾隆、嘉慶、咸豐年間，生活富裕，學術文化極爲發達，故論者或就這個地域的學人與學風，稱爲揚州學派。

首次如此指稱的，是方東樹。他在《漢學商兌》中兩度談及揚州學派，他說：

> 汪氏既斥〈大學〉，欲廢「四子書」之名，而作〈墨子表微序〉，顧極尊墨子，眞顛倒邪見也。……此等邪説，皆襲取前人謬論，共相簧鼓，後來揚州學派著書，皆祖此論。（卷上之中）

＊　龔鵬程，佛光大學校長。

文章則六朝駢儷有韻者爲宗，而斥韓歐爲僞體。……夫以韓
歐之文而謂之骩，眞無目而唾天矣。及觀其自爲及所推崇諸
家，類如屠酤計賬。揚州汪氏，謂文之衰自昌黎始。其後揚
州學派皆主此論，力詆八家之文爲僞體。阮元著〈文筆考〉
以有韻者爲文，其恉亦如此。（卷下）

這兩段話都是抨擊揚州學派的。前者將揚州學派推源於汪中，並歸
入「漢學」這一系統中；後者從文學上說揚州學派的特點在於提倡
駢文、反對唐宋古文八大家。

方氏以後，論及揚州學派之特徵者，以梁啓超《中國近三百年
學術史》爲著，它說乾嘉學術以漢學爲主，漢學又分兩支，一爲吳
派、一爲皖派。吳派以惠棟爲中心，皖派以戴震爲中心。前者信
古、後者求是；前者純漢學、後者考證學。「此外尚有揚州一派，
領袖人物是焦理堂循、汪容甫中。他們研究的範圍比較的廣博」。

這個講法與方東樹相同之處有二：一是都發展了江藩對漢學陣
容的描述。江氏《漢學師承記》卷一緒論云：「本朝三惠之學盛於
吳中，江永戴震諸君繼起於歙，從此漢學昌明，千載沈霾，一朝後
旦」。這本來是個時間序列的描述語，但已標出了吳與歙、三惠與
戴震在漢學中的代表地位。這種代表地位到了方東樹，便更予以區
分其學術上的差異，說：「顧黃諸君，雖崇尚實學，尚未專標漢
幟。專標漢幟，則自惠氏始。惠氏雖標漢幟，尚未屬禁言理，屬禁
言理則自戴氏始」（卷上）。這是把戴震視爲更激烈的漢學領袖，
因此「自是宗旨祖述，邪陂大肆」，影響也比惠棟更爲深遠。梁啓
超又再據此而言，坐實曰惠戴爲吳皖兩派，一崇古、一信求是。

　　另一個梁氏與方氏一樣之處，是將揚州學派歸在廣義的「漢學」陣營中。但方東樹謂揚州學派乃祖述汪中而形成者，梁啓超則說汪中本身就屬於這派。換言之，一以汪中之後有揚州學派，一云汪中焦循爲此派領袖。

　　梁啓超與方東樹另一個不同點，是梁氏忽視了方東樹對揚州文章宗尙的敘述，只從漢學這個角度去掌握揚州學派。此外，在評價上兩氏亦南轅北轍，方氏極力批評漢學陣營，梁啓超卻是贊揚的。

　　梁啓超對清代學術史的描述，影響深鉅，乾嘉樸學可分吳皖兩派之說，深中人心，揚州學派云云，也獲得揚州人士不少的回響。不斷有人在證成此說，如支偉成說戴震「施教京師，而傳者愈眾。聲音訓詁傳於王念孫、段玉裁，典章制度傳於任大椿。既凌廷堪以歙人居揚，與焦循友善，阮元問敎於焦、凌，遂別創揚州學派」（《清代樸學大師列傳》，長沙：岳麓書社，1986 年），將揚州學派視爲戴震一系的發展。

　　一九八七年揚州師範學院編印了《揚州學派研究》的內部交流非賣品，裡面居主流的意見，大抵亦謂揚州學派源於皖學戴震，其特點在於反宋學、倡漢學，而其治學之道則在於能明故訓聲音之原。高郵王念孫父子，最爲重要；下及儀徵劉師培。其餘譜系，包括任大椿、汪中、焦循、凌廷堪、阮元、劉寶楠等。王俊義〈論乾嘉揚州學派〉也說：「揚州學者焦循、凌廷堪、阮元、汪中、王念孫、王引之、任大椿等人承繼發展惠戴之學，將乾嘉樸學進一步推向高峰」（《青海社會科學》，1989 年 3 期）。這類意見，經過揚州師院等單位熱心宣揚之後，也逐漸影響到臺灣，如張繼屛說：「江南地區，如揚州地區，考據學的專門化與組織化，使學者如焦

循、凌廷堪、阮元、汪中、王念孫父子及任大椿等人得以進行大規模的考證學術活動，承繼發揚惠戴之學，將乾嘉樸學的發展推向新的高峰」（《紀昀與乾嘉學術》，第 2 章，《臺大文史叢刊》，1998 年），即完全接受了上述這類看法。

二、吳皖漢學之外

以學者的地籍來稱呼他，並將其門生故舊、作風類似者併稱為這個以籍貫標名的某某派別，風氣盛於明代。如李東陽被稱為茶陵派、袁伯修袁宏道袁小修被稱為公安派、鍾惺譚元春被稱為竟陵派。錢牧齋年齒稍晚，亦被稱為虞山派，均屬此類辦法。但主要用在詩人方面，經學則無分派之說。理學雖在宋代已有濂、洛、關、閩、金華、永嘉之分，可是明代並不流行這種講法，僅別朱、陸、王而已。至陽明歿後，後學流衍四方，講說漸有不同，黃宗羲乃以浙中、江右、南中、楚中、北方、粵閩來區分，另外則把王艮、羅近溪等稱為泰州派。❶

清代沿襲了這種風氣，如詞，陳其年為陽羨派、朱彝尊為浙派，文則姚鼐方東樹等為桐城派。學術方面，章學誠亦云有浙東浙西之分，《文史通義·內篇·浙東學術》謂顧炎武代表浙西、黃宗羲代表浙東，「顧氏宗朱，而黃氏宗陸」「浙東貴專家，浙西尚博雅」「浙東之學，言性命必究於史」。

---

❶ 以地域分派的觀念，另詳龔鵬程：〈區域特性與文學傳統〉，《聯合文學》8 卷 12 期（1992 年 10 月），頁 158－174。

把乾嘉漢學歸於吳皖二派，或推源究始，謂汪中啓導揚州學派
云云，也都可以看成是這種風氣下的產物。

但分派之說，各人用法並不一致。有些較爲嚴格、有些對派別
的指稱卻很鬆散；有些人講某某學派，是有意樹幟立纛，攸關學術
宗旨；有些則僅爲方便權宜之區劃。像章學誠之揭舉浙東學術，據
錢穆余英時所考，他是有特殊用意，志在與戴震分庭抗禮的。梁啓
超論吳皖揚州便不然，他自己就曾說過：「以上所舉各派，不過從
個人學風上，以地域略事區分。其實各派共同之點甚多，許多著名
學者，也不能說他們專屬哪一派」。可見在梁啓超的用語中，吳皖
揚州云云均非嚴格的學派指認。

稍早，江藩敍漢學師承時，雖說三惠之學盛於吳中，江永戴震
繼起於歙，但實際上並未分派。三惠與沈彤、余古農、江艮庭、褚
寅亮，述於卷二。此雖皆吳人，但褚寅亮治《儀禮》、天文、曆
算、《公羊》之學；余古農爲沈德潛弟子；沈彤爲何焯門人。反而
是戴震，江藩說：「王光祿鳴盛、錢少詹大昕、戴編修震、王侍郎
蘭泉先生，皆執經問難，以師禮事之」，歸在惠氏學脈底下。或最
多僅將戴震視爲繼起者。不認爲兩者代表了兩種不同學派的學風。
至於方東樹，論惠戴之不同，也僅說他們在反對宋學方面戴震更激
烈些，卻不是由漢學方面誰信古誰求是來分判。

因此，我們可以說，乾嘉漢學分爲吳皖兩派，其實正是梁啓超
以不甚嚴格的方式所做的煞有介事之指涉，本來並沒有如此明確的
兩派。吳派較爲信古、是純漢學；皖派較爲求是，是考證學云云，
也只是梁啓超對惠戴兩人的評價，非當時眞有此兩種學風。因爲同
樣爲「江愼修之高弟子」，且「與休寧戴編修東原相親善」的金

榜，在江藩的敘述中，是與江永戴震同卷的；而他就是「專治三禮，以高密爲宗，不敢雜以後人之說，可謂謹守繩墨之儒矣」。如此風格，比惠棟之信古，又何遑多讓？

假如吳皖分派乃是一種並不眞確的指述，則謂揚州學派出於皖派就更不合理實了。❷

戴震非揚州人，推揚州學派之源於皖學，主要原因當然是由於王念孫與戴震的關係。但如此一來，揚州學派也者，豈不僅是皖派了嗎？戴震一人不能成派，他一生正式受業弟子又僅王念孫段玉裁二人；此外，如任大椿乃「同志之友而問學焉」、孔廣森則「姻婭而執弟子禮者」，其學與戴震亦不相同。故若戴震所形成的是一個「以戴東原爲中心」的皖派，那麼，王念孫無論如何均該列入此派

---

❷　錢穆對吳皖兩派有與梁啓超不同的評價，他認爲兩派淵源不同，故精神亦異：「亭林爲《音學五書》，大意在據唐以正宋，據古經以正唐。即以復古者爲反宋以經學之訓詁破宋明之語錄。其風流被三吳，是即吳學之遠源也。而浙東姚江舊，陽明之精神尚在，如梨洲兄弟駁《易圖》，陳乾初疑《大學》，毛西河盛推《大學古本》；力辨朱子，其動機在爭程朱陸王之舊案。而結果所得，則與亭林有殊途同歸之巧。」「以徽學與吳學較，則吳學實爲急進、爲趨新。走先一步，帶有革命之氣度。而徽學以地僻風淳，大體仍襲東林貴緒，初志尚在闢宋，尚在述朱，並不如吳學高瞻遠矚，劃分漢宋，若冀越之不同道也」。這是沿用章學誠浙東浙西的講法，但謂吳派出於顧亭林，皖派源於東林，故戴學從尊宋述朱起腳，而惠學自反宋復古而來。不過，錢氏又說戴學有兩階段，前一階段只是徽學篤實之風，且承朱子學之流脈；直到乾隆二十二年遊揚州認識惠棟之後才進入第二期，「論學一轉而近於吳學惠派」「吳皖非分幟也」（見《中國近三百年學術史》，第八章）。從另一個角度來說明吳皖並沒有太大的差別，與我的講法可以互參。

之中，為一名驍將，否則皖派還有什麼人嗎？此從師弟授受淵源及流派歸屬上說。再從治學手眼方法及學術宗旨說，王念孫父子也並未在戴震皖派之外，另立宗旨、別尋方法。是以若從戴震這一條線索看，揚州學派並無獨立門戶之資格，頂多只能視為皖派或皖派之分支。

這是推揚州學派之源於戴震的窘境。而其窘況尚不只於此。因為章學誠就講過：朱子之學，一傳為勉齋、九峰，再傳為西山、鶴山、東發、厚齋，三傳為仁山、白雲，四傳為潛溪、義烏，五傳為寧人、百詩，「生乎今世，因聞寧人百詩之風，上溯古今作述，有以心知其意，此則通經服古之緒，又嗣其音矣」（〈朱陸篇〉）。依章氏之見，戴震之學，屬於浙西一派，此不就地籍分而以學術宗趣分也。論揚州學派者，是否也要再從戴震往上推，把揚州學派推源於顧炎武甚或朱晦庵？

這就可見近人談揚州學派時，僅從「漢學」這個角度，且僅從漢學陣營中皖派這個脈絡來談，是講不通的。我們承認在當時是有個揚州學派（起碼方東樹即這麼描述過），但方東樹未將之歸入吳皖兩系之中，且強調它們在文學上的特殊立場；梁啟超也說吳皖分派，「此外尚有揚州一派……他們研究的範圍比較的廣博」。故若欲考乾嘉時期揚州之學派學風，實應考慮這「此外」「廣博」「文章則六朝駢儷有韻者為宗」的部分，否則依草附木，亂攀親戚，有何益哉？

三、漢學與反漢學

從「漢學以外」這個角度去看，我們立刻就可以發現揚州學派與講漢學考證者的差異。

以梁啓超所說的「揚州一派領袖人物焦理堂循」爲例，理堂《文集》卷七雖有〈申戴〉一篇，平生爲學也服膺戴震，但彼此宗趣仍是分途的。焦循不但不是「漢學」，他根本也就反對「漢學」「考據」。故其言曰：

> 近之學者，無端而立一考據之名，群起而趨之。所據者漢儒，而漢儒中所據者又唯鄭康成、許叔重。執一害道，莫此爲甚。許氏作《說文解字》，博采眾家，兼收異說。鄭氏宗《毛詩》，往往異《傳》說；《三禮》列鄭大夫、杜子春之說於前，而以「玄謂」按之於後；《易》辨爻辰；《書》采他說；未嘗據一說也。且許氏譔《五經異義》，鄭氏駁之。語云：「君子和而不同」，兩君有之。不謂近之學者，專執兩君之言以廢眾家；或比許鄭而同之，自擅爲考據之學。余深惡之也。（《里堂家訓》，卷下）
> 近之學者，以考據名家，斷以漢學，唐宋以後，屏而棄之。其同一漢儒也，則以許叔重、鄭康成爲斷，據其一說以廢眾說。（《論語通釋·釋據》，第1條）
> 本朝經學盛興，在前如顧亭林、萬充宗、胡朏明、閻潛邱。近世以來，在吳有惠氏之學，在徽有江氏之學、戴氏之學。精之又精，則程易疇名於歙、段若膺名於金壇、王懷祖父子

名於高郵、錢竹汀叔姪名於嘉定。其自名一學，著書授受者，不下數十家，均異乎補苴掇拾者之所為。是直當以經學名之，烏得以不典之稱稱之所謂考據者混目於其間乎？……世俗考據之稱，……不得竊附於經學，……考據之名不可不除。（《文集》，卷13〈與孫淵如觀察書〉）

人惟自據其學，不復知有人之善，故不獨通言之不察，雖明知其善而必相持而不相下，荀子所謂「持之有故，言之成理」。凡後世九流二氏之說、漢魏南北經師門戶之爭、宋元明朱陸陽明之學、近時考據家漢學宋學之辨，其始皆緣於不恕，不能克己舍己、善與人同，終遂自小其道而近于異端。使明于聖人一貫之指，何以至此？（《論語通釋·釋一貫忠恕》，第1條）

循嘗怪為學之士，自立一考據名目。以時代言，則唐必勝宋，漢必勝唐。以先儒言，則賈、孔必勝程、朱，許、鄭必勝賈、孔。凡鄭、許一言一字，皆奉為圭璧，而不敢少加疑辭。竊謂此風日熾，非失之愚，即失之偽。必使古人之語言，皆佶屈聱牙而不可通；古人之制度，皆委曲繁重而失其便。譬猶懦夫不能自立，奴於強有力之家，假其力以欺愚賤，究之其家之堂室牖戶，未嘗窺而識也。若以深造之力，求通前儒之意，當其散也，人無以握之；及其既貫，遂為一定之準。其意甚虛，其用極實。各獲所安，而無所勉強，此亦何據之有？古人稱「理據」、「根據」，不過言學之有本。非謂據一端以為出奴入主之資也。據一端以為出奴入主之資，此豈足以語聖人之經而通古人聲音訓故之旨乎？循每欲芟此「考據」之名目，以絕門戶聲氣之習。（〈與王引之書〉。《文集》不載，收錄於羅振玉影印《昭代經師手簡》2編）

> 朱子之徒，道學爲門戶，盡屏古學，非也。近世考據之家，
> 唯漢儒是師，宋元說經棄之如糞土，亦非也。（《里堂家
> 訓》，卷下）

以上所摘錄的焦循言論，都非常明顯地是不欣賞「近之學者」以漢學考據立門戶的。第一條痛斥其執一害道，拘泥於漢儒之說，不能兼容並蓄。第二條批評漢學考據學者屏棄宋學，在漢學中也不能發揚漢代學術內部的多元性。第三條，比前面兩條更激烈，完全反對「考據」這個名目，謂考據不足以爲學。第四條又說考據家講漢學宋學之分，是自小其道而近乎異端。第五條則指責以考據爲其學術方法者，會在心態上形成據守的狀態，據一端以爲入主出奴之資，而無法會通。不但以此自立門戶，屏棄宋學是不妥當的，它本身也不能達到「語聖人之經而通古人聲音訓故之旨」的目的。❸

　　這些批評都很激烈，也很徑直。把這樣一位明白反對漢學的人，硬拉到漢學陣營來，且謂此即戴學之後勁，實在是荒唐的。

　　我們要知道：焦循雖服膺戴震，但學術關懷不同、生命型態不同、發言情境也並不相同。在戴震時，提倡漢學以自別程朱理學傳統，代表了一種新的學風；可是到了焦循時，漢學已成爲新的流行，焦循看到的，就多是言漢學講考據者之流弊。故其批評主要是針對漢學而非宋學。張舜徽先生認爲當時揚州學者與乾隆中葉崛起的樸學經師們謹守錮蔽之學風不同，甚是。當時王引之甚至不諱言

---

❸　另詳何澤恆：〈焦循論語學析義〉，《焦循研究》（臺北：大安出版社，
　　1990 年），第 2 篇。

指出惠棟著作的缺失，顯示揚州學者已開始反省考證學發展的歷史
進程（《訂庵學術講論集·清代學術的流派和趨向》，長沙：岳麓
書社，1992 年）。而這種現象當然並不僅可見諸焦循的議論，其他
揚州學者也有類似之說，如凌廷堪云：

> 都中奉到手書，所云近之學者，多知崇尚漢學，庶幾古訓復
> 申，空言漸絀，是固然矣。第目前侈談康成、高言叔重者，
> 皆風氣使然，容有緣之以飾陋，借之以竊名，豈如足下真知
> 而篤好之乎？……蓋嘗論之，學術之在天下也，閱數百年而
> 必變。其將變也，必有一二人開其端，而千百人譁然攻之。
> 其既變也，又必有一二人集其成，而千百人靡然從之。夫譁
> 然而攻之，天下見學術之異，其弊未形也。靡然而從之，天
> 下不見學術之異，其弊始生矣。……固陵毛氏出，則大反濂
> 洛關閩之局，掊擊詆訶，不遺餘力，而矯枉過正，武斷尚
> 多，未能盡合古訓。元和惠氏、休寧戴氏繼之，諧聲詁字，
> 必求舊音，援傳釋經，必尋古義，蓋彬彬乎有兩漢之風
> 焉。……浮慕之者，襲其名而忘其實，得其似而遺其真。讀
> 《易》未終，即謂王韓可廢。誦《詩》未竟，即以毛鄭為
> 宗。《左氏》之句讀未分，已言服虔勝杜預。《尚書》之篇
> 次未悉，已云梅賾偽古文。甚至挾許慎一編，置九經而不
> 習。憶《說文》數字，改六籍而不疑。不明千古學術之源
> 流，而但以譏彈宋儒為能事，所謂天下不見學術之異，其弊
> 將有不可勝言者。嗟乎！（《文集》卷23，〈與胡敬仲書〉）

搜斷碑半通、剌佚書數簡，為之考同異、校偏旁，而語以古

今成敗，若坐霧霧之中。此風會之所趨，而學者之所蔽也。

（《文集》卷22，〈大梁與牛次原書〉）

依焦循淩廷堪的看法來說，則揚州之學，其實可以分成兩類，一是襲染漢學風氣並譏彈宋儒的。這種人或許正如方東樹所說，乃是祖述汪中等人而來，因爲汪中就是「最惡宋之儒者，聞人舉其名，則罵不休，⋯⋯聆之者輒掩耳疾走，而君益自喜」（淩廷堪：〈汪容甫墓志銘〉）的人物。但另一類揚州學者，則是看到了這種風氣的流弊，故不主張如此的。不僅反對立漢學之幟以攻宋學，也反對罵人，謂應「博采眾家，兼收異說」，焦循即其中之一。《文集》卷七〈述難〉三云：

> 學者好詆諆人，人不易詆也。⋯⋯善述者，能道人之是，能道人之非。學宋元人之學者，非漢魏矣；學漢魏人之學者，非宋元矣。猶之學冶者非陶，學農者非圃。老於農而後可非農，精於冶而後可非冶。門外者不知門內之淺深。是故能述之，乃能非之；能非之，乃能述之。

唯有深入理解對方，才能明白對方的短長優劣。此即焦氏解「攻乎異端」之意。他說：「異端者，各爲一端，彼此互異。惟執持不能通則悖，悖則害矣」（《論語補疏》，卷上），與淩廷堪希望天下學術有異說的心情是相同的。

汪中、焦循淩廷堪都是揚州學派的領袖人物，但兩種人正好代表了揚州學術的兩個面向。這樣多元化的面向或學術內涵，當然不能僅由皖派傳承或漢學這個角度來觀察。

四、多元化的學風

藉漢學這一面來看,揚州即有襲染漢學與反對立漢學門戶這兩種類型。可是揚州事實上尚不只此兩類學風,因為揚州本來就有理學的傳統。

按李斗《揚州畫舫錄》卷六載:「初,揚州鹽務,競尚奢麗。值鄭鑑元好程朱性理之學,互相倡率,而侈靡之風,至是大變」,卷十三又說:「李道南……見劉文正公。……文正公書張橫渠『學顏子之學,志伊尹之志』二語贈之」「王準,為鑑元之戚,善屬文,私淑朱晦庵」,這些都是講理學的。

又,揚州城中「校課士子書院,唯安定、梅花兩院」(卷3)。而安定書院原本是以祀宋儒胡安定而得名的。梅花書院,則是明朝理學大家湛若水的舊處。梅花書院第一任掌院即是姚鼐,安定書院則有杭士駿、趙翼、蔣士銓等先後掌院。姚鼐主張古文、主張程朱學,都很著名;他既在此掌教課士,揚州學風自然也就不可能僅是漢學。

何況,揚州地區,在晚明也是泰州學派盛行之地。至清「咸同之交,泰州有李晴峰者,推明王艮之學,而稍易其宗,弟子數百人,傳其學者遍大江南北」(劉師培:〈王艮傳〉),可見流風餘韻自成體段,仍存在於揚州地區,何可忽視?

此外,揚州本地還有一些宗族具有它本身的學術傳統。如《畫舫錄》卷十二云:「江方伯名春,工制藝,精於詩,與齊次風、馬秋玉齊名。先是論詩有南馬北查之譽。迨秋玉下世,方伯遂為秋玉後一人。……江氏世族繁衍,名流代出,壇坫無虛日」,其下並舉

了江昉、江立、江蘭、江晟、江昱、江恂等爲說，其學以詩文古器物爲主。又卷十三記吳尊楣工詩，「吳氏爲徽州望族。其寓居揚州者，即以所居之村爲派」，族中吳楷工詩詞文賦，善書；吳志涵工制藝；吳承緒，工制藝；吳之黼，工詩詞；吳均、吳應瑞，以詩稱。顯然這也是宗族之學。這些學術均非漢學所能範限，與戴震等人也毫無關係。

討論揚州，在這些本地學人學風之外，我們還應注意揚州在當時之特點，在於它乃人文薈萃之地，四方學者來往其間，如《揚州畫舫錄》卷十所云：「揚州爲南北之衝，四方賢士大夫無不至此」。

這些人來揚州，有的是定居落籍，有的是任職供事，有的寄居某某豪士家中，另有些則短期來訪友遊歷，故李斗又說：「有遊跡數至而無專主之家，以虹橋爲文酒聚會之地」。

各方人士薈集之地，自然會呈現多元化的特色，什麼樣的人都有。大家薈聚來此，在此表現其學藝所長，所形成的整體成果，就是揚州的風格。所以揚州的文化風氣或形象，本來就是兼容並蓄、廣博開放的。

最能說明這點的，就是著名的「揚州八怪」。八怪之稱，究竟所指爲誰，爭論很多。❹但其中羅聘與汪士慎是安徽歙縣人，金農是浙江杭州人，黃慎是福建寧化人，高鳳翰是山東人，邊壽民是江

---

❹ 凌霞〈揚州八怪歌〉所列爲鄭板橋、金農、高鳳翰、李鱓、黃慎、邊壽民、楊法。李玉棻《甌缽羅室書畫過目考》則以汪士慎、李鱓、金農、黃慎、高翔、鄭板橋、李方膺、羅聘爲揚州八怪。

蘇淮安人。八怪中極活躍的這幾位，就都不是揚州本地人。只因他
們以揚州為主要的活動區域，他們的表現即代表了揚州的畫風，故
併稱為揚州八怪。

　　書法也是這樣。來往揚州的書法家極多，《揚州畫舫錄》所載
不下數百人，這裡面，有王澍虛舟、王文治夢樓、梁巘聞山、戈守
智漢溪等是較傳統的。戈氏著《漢溪書法通解》，書宗顏真卿；梁
巘得力於李北海，又取法王羲之董其昌；王虛舟楷行致力歐褚、篆
法李斯，俱享盛名。可是揚州也另有八怪那樣的書家，鄭板橋「晚
摹瘞鶴兼山谷，另闢臨池路一條」（蔣士銓語），金農「漆書有如
金錯刀」，高鳳翰「左手握管疑持螯」，李復堂「東塗西抹皆堅
牢」（皆見凌霞：〈揚州八怪歌〉），這些都是在傳統中尋突破
的。至於包世臣、阮元，提倡北碑，更是造成了革命性的變動。當
時鄧石如來往揚州二十餘次；包世臣亦久客揚州，築小倦遊閣以
居，且與黃仲則之子黃乙生朝夕辯證，「始艮終乾」之說即得之乙
生。揚州一地，兼容並蓄，呈現出這許多不同風格與見解的現象，
書法、繪畫與經學其實是一樣的。❺

　　當時揚州人文薈萃，除了一般性的原因，如經濟富庶、社會繁
榮外，更重要的，是有人主持風雅。

　　揚州在清初，經「揚州十日」之後，原本元氣大傷，但先後主
政者精懃有功，氣象乃逐漸復甦。乾隆二十八年，盧見曾（雅雨山

---

❺　揚州書風，另詳朱世源：《揚州歷代書法考評》（上海：學林出版社，
　　1998 年）。但此書對清朝中期揚州書風，僅以「碑學的軍號」來描述，
　　並不周延。

人）兩任鹽運使，提倡風雅，使鹽商大起園林，邀學者文人優遊吟詠於其間，揚州遂成為江南文化中心。他主持「虹橋修禊」，「日與詩人相酬酢，一時文宴勝於江南」。而且惠棟至揚州即為他所聘請，《揚州畫舫錄》云：「公重其品，延之為校《乾鑿度》……。大江南北為惠氏之學者皆稱之曰紅豆三先生」。其餘賓客，則有戴震、吳玉搢、嚴長明、朱稻孫、汪棣、易諧、鮑皋、鄭燮、李勉、高鳳翰、張宗蒼、王又樸、祝應瑞、吳均、金兆燕、錢載、宋若水等。盧氏之外，謝啓昆亦曾出為揚州太守，扶養士氣。此後則大書家伊秉綬亦曾任揚州知府，他題平山堂聯說：「過江渚山，到此堂下；太守之宴，與眾賓歡」，可謂夫子自道。揚州即是因有這些人主持文酒之會，提倡風雅，所以人文才能越來越發達，四方學者咸願聚集於此。

當然，人文環境的營造，並不僅仰賴主政者的倡導，還須有些其他的條件，揚州在這些條件上則恰好比較優裕。例如該地有大藏書家。《畫舫錄》卷十五云：「陳徵君，來揚州主蠻江項氏。項氏彝鼎圖書之富甲天下」，卷十六：「汪舟次方伯、馬秋玉主政兩家，多藏書。公（盧見曾）每借觀，因題其所寓樓為借書樓，贈方伯祓江詩云：『弓衣織遍海東頭，博奧曾聞貫九邱，猶喜遺編仍藻繡，更番頻到借書樓』，贈秋玉詩云：『玲瓏山館辟疆儔，邱索搜羅苦未休。數卷論衡藏秘笈，多君慷慨借荊州』」。

汪家馬家的藏書，不但盧鹽運使要來借觀，也吸引了許多學者來這裡讀書，如厲鶚就在馬氏小玲瓏山館獲見大量圖籍，著成《宋詩紀事》《南宋院畫錄》《玉臺書史》等。戴震、全祖望、杭士駿來揚州，也是住在馬家。《畫舫錄》稱馬曰琯秋玉「好學博古、考

校文藝、評騭史傳，旁逮金石文字」「嘗爲朱竹垞刻《經義考》，費千金爲蔣衡裝潢所寫十三經。又刻許氏《說文》《玉篇》《廣韻》《字鑑》等書，謂之馬板」（卷 4）。他們本身是學人，又富貲財、好交遊、多藏書，對學術風氣的影響當然十分巨大。

類似這樣的情況其實不少，如程瑤田「與戴東原、方希園窮經數十年，著《通藝錄辨》《九穀溝洫諸考》，皆能發古人所未發。是爲戴氏之學而不偏護其說者也」，他與方輔密庵來揚州，均住於鹽商徐贊侯家（見《畫舫錄》，卷 14）。揚州許多大鹽商都對學術之推展、文化之提升頗有貢獻。

也即因爲如此，揚州乃能成爲全國文化中心，瞿兌園《人物風俗制度叢談》曾記：

> 乾隆中，揚州文酒之會最盛。按板橋題畫云：「乾隆二十一年二月三日，予作一桌會，八人同席，各攜百錢，以爲永日歡。座中三老人、五少年。白門程綿莊、七閩黃瘦瓢、與燮爲三老人；丹徒李御蘿村、王文治夢樓、燕京于文溶石薌、全椒金兆燕棕亭、杭州張賓鶴仲謀爲五少年；午後濟南朱文震青雷又至，遂爲九人會。因畫九畹蘭花，以紀其盛。詩曰：『天上文星與酒星，一時歡聚竹西亭，何勞芍藥夸金帶，自是千秋九畹青。』座上以綿莊爲最長，故奉上程先生攜去。」程綿莊即《儒林外史》中莊徵君也，其風流勝概如此，《儒林外史》惜未著意寫之。

此等雅集，是揚州學者文人聚會的基本模式，相關記載題詠極多，

在全國也最具代表性。

可是，雅集只顯示了文人學者間結合的狀況。雍雅咸熙、唱和歡洽，固爲揚州學人中重要的面相；但一個地方，聚集了全國的精英來此，精英之間便也不可能沒有競爭關係。董偉業於乾隆五年作《揚州竹枝詞》，就曾挖苦說揚州當時「三三兩兩說詞賦，揚州滿地是詩人」。在這種滿地詩人、到處學者的地方，文人相輕，彼此間當然也不免有些譏評腹誹，故其詩第二首就是諷刺屬鴉，云：「奇書賣盡不能貧，金屋銀燈自苦辛，怪煞窮酸奔鬼圖，偷來冷字騙商人」。此種批評，袁枚深表同意，《隨園詩話》中即予採入。但袁枚自己在揚州時「每逢平山堂梅花盛開，往來邗上。以詩求見者，如雲集焉」（《畫舫錄》，卷 10），太過風光，也不免遭人忌妒批評。所以焦循〈刻詩品序〉說：「詩道之弊也，用以充逢迎、供諂媚，或子女侏儒之間，導淫教亂。其人雖死，其害尚存。一二同學之士，憤而恨之，欲盡焚其書。余曰：是不必較！」（《雕菰集》，卷 15）

是的，「是不必較」。在一個人文薈萃的地方，由好的方向看，因它多元化地匯聚眾美、兼容並蓄，故自然而然形成一種寬博的氣度，堂廡闊大。各式異端，均能安住於其中，且獲得滋長的土壤，因此也最具有開創性。從壞的一面來看，則好勝爭名，彼此的競爭關係，也導致了爭論和衝突。只不過，爭論多了，人也就把差異看得平常，把衝突看得淡了，不但不會有太激烈的行爲，反而能逐漸培養出包容、不必太過計較的態度。

於是，無論從好或壞的方面，揚州都表現了一種寬容廣博的學風。即使揚州內部也有汪中那樣喜歡謯訑罵人的人，也有作詩嘲諷

別人，甚或對某人不滿而欲「盡焚其書」的人士，整體來說，揚州學風仍是以廣博為其特徵的。焦循所說，為學應「通核」而不應「據守」，實比汪中更能代表揚州的精神。❻

五、重博學的傳統

為學而強調通博，必然在研究對象上也會較為廣博，此即梁啓超所云，揚州學派之特點在於：「他們研究的範圍比較的廣博」。

《畫舫錄》卷三形容汪中說：「善屬文，涉獵子史百家，精於金石之學。同時高郵賈田祖字稻孫好學，多所贍涉。容甫所學，半取資焉」。這即是說汪中所學，淵源於揚州一種博學的傳統。汪中後來之議論雖常被歸入漢學一路，但實際上因為所學根柢不同，因此汪中之學實與吳皖經學家之講考證、倡漢學者不同。《畫舫錄》卷六說他「為經史之學，尤善屬文」，桂文燦《經學博采錄》則說他「過目成誦，博綜典籍，遂為通人」。在經學著作之外，他尚有《秦蠶食六國表》《金陵地圖考》《廣陵通典》等史地之學，此皆非經學所能範限。此外他治諸子，也被方東樹在《漢學商兌》中批評到，指責他講荀子、墨子。《漢學師承記》另載他「好金石碑版」，且精於書畫鑒定（卷 7）。凡此，均可見其博通之學的規模。

類如汪中而名不及者，揚州實多有之。賈田祖外，如黃文暘

---

❻　大都會的文化開放性，是世界普遍的現象，例如現今的紐約、巴黎都是如此。揚州的文化特徵，應考慮它在當時屬於非政治性都會的性質。

「工詩古文詞。得古錢數百品，自上古至今，一一摹之而繫以說，為《古今通考》六卷。又錄金元以來雜劇院本，標其目而繫以說，為《曲海》數卷。又《隱怪叢書》十二卷、《丙官集》數卷。好葫蘆……著《葫蘆譜》。……又著《通史發凡》三十卷」（《畫舫錄》，卷 9）。李保泰「博綜經史，能括其義理之所在。善詩古文詞。……與錢辛楣宮詹、王西莊侍郎、盧抱經學士、姚姬傳太史交」。秦恩復「淹通經史，有校訂《鬼谷子》及《封氏見聞錄》諸書」（卷 3）。淩廷堪「既與黃文暘交，文暘最精於制藝。仲子乃盡閱有明之文，得其指歸。……善屬文，工於選體。通諸經，於三禮尤深。好天文曆算之學」（卷 5）。蔣徵蔚「自天文地理、句股算術、詩文詞曲，無所不通」（卷 10）。羅浩「與淩廷堪為戚，自經史書數，無不涉獵。最精星命之學」（卷 13），均屬此類。

焦循的學問也是這一路。「阮文達嘗稱孝廉博聞強記、識力精卓，於學無所不通」（《經學博采錄》，卷 1），經學論著之外，天文曆算有《里堂學算記》，史地著作有《北湖小志》《揚州足徵錄》《邗記》等，另有詩話、詞話、曲話。梁啓超〈跋阮文達撰焦理堂傳〉謂：「此傳於理堂易學所發略盡。其最缺憾者，則於史學不置一詞也。集中上伊汀洲、姚秋農兩書，深得治史癥結，其識不在謝山下，是不宜簡置也」，又謂阮元對里堂義理之學、曲學均缺乏表彰（《飲冰室合集》，冊 16），足徵焦循之博通。

這些例子，顯示了一種為學講究廣博通核的風氣。在研究範圍上，不限於經學一隅；在學術精神上，強調通博而不據守；並以成為「通人」自期，不僅僅是專門名家。所以焦里堂說：

> 孔子之學，在讀書好古。而讀書好古，必曰多聞、曰博學。
> 惟不知博學多聞，守一先生之言，於是執一而廢百，爲小
> 道、爲異端，均不博學、不多聞之所致。故聖人重博重
> 多。……重多者，惡執一也。（《論語通釋·釋多》）

既重博重多聞，故這樣的學者首先在知識上就看不起宋學，謂宋
學尊德性而不重道問學，「儒者不明一貫之指，求一於多之外，
其弊至於尊德性而不道問學，講良知良能而不復讀書稽古」（同
上）。

但同樣地，在知識上他們也看不慣專家、看不慣考據家。依他
們的觀察，當時講漢學言考據者，「以考據名家，斷以漢學。唐宋
以後，屏而棄之。其同一漢儒也，則以許叔重鄭康成爲斷，據其一
說以廢眾說」（《論語通釋·釋據》）。因此漢學考據家自命博學
而其實也甚爲固陋。除了一部分漢代經說外，什麼也不懂。

由於焦循等人也批評宋儒，也講經學，所以一般人總是不能分
辨他們和漢學考據家的差別。不曉得在通博者的觀點中，所謂經
學，並不只於研究十三經，而是：「經學者，以經文爲主，以百家
子史天文術算陰陽五行之書七音等爲之輔，彙而通之，辨而求之，
求其訓故、核其制度、明其道義、得聖賢立言之指，以正立身經世
之法」（焦循：〈與孫淵如觀察論考據著作書〉）。哪裡是用一些
聲韻文字訓故、輯佚校勘手段疏理一下經文，就能自命爲經學家的
呢？

以此標準來看，漢學大師如惠棟戴震等均不及格。揚州經學巨
匠王念孫阮元也達不到這個境界。但畢竟王阮堂廡較寬，王念孫

《讀書雜志》所研究的也確實及於百家子史之書。從前講學術史的人誤以為王念孫治《管子》《淮南子》、汪中談《荀子》《墨子》只是「移其治經之法以治諸子」，殊不知此即揚州通博之學意義下的經學。

寫《漢學師承記》的江藩，他所說的漢學，其實本來也就有這個意味。江藩乃揚州甘泉人，他「幼受業於蘇州余仲林，遂為惠氏之學，又參以江愼修、戴東原二家」。所以他的學術淵源本之吳皖。但揚州學風畢竟仍對他有所影響，所以他自著《蠅頭館雜記》五種，即是〈槍譜〉、〈葉格〉、〈茅亭茶話〉、〈緇流記〉、〈名儒記〉（《畫舫錄》，卷9）。這些，都是漢學考據家所謂的雜學。而我們若僅從經學家這個角度去看江藩，也絕不會發現他有此面貌。

江藩的《國朝漢學師承記》，各篇傳記，往往取自錢大昕《文集》中各相關傳記的內容，只是稍加修改刪訂而成篇。因此看起來跟一般漢學家的口吻非常雷同，但實質上假若你注意到他刪補的部分，或他自己刻意強調的部分，乃至它整體的敘述，就可明白它與一般漢學家殊為不同。在其《漢學師承記》中，卷一所載之馬驌、王爾臀長於史學。卷三王鳴盛錢大昕經史並佳，王且詩宗盛唐，出入香山東坡；錢亦編有《元詩紀事》。卷四所載的王昶，則無經學著作，本身僅以詩文擅名，編《明詩綜》《國朝詞綜》《湖海詩傳》《湖海文傳》等，江藩曾向他說：「先生以五七言詩爭立門戶，而門下士皆不通經史」，可見他本不以經學教授，比錢王更接近文人而非經學家。同卷復載有洪亮吉，洪氏更是以詩文著稱者。該卷又盛贊朱筠：「博聞宏覽，於學無所不窺。說經宗漢儒，不取

宋元諸家之說。十七史、涑水《通鑑》、諸子，皆考其是非，證其同異。汎濫諸子百家，而不為異說所惑。古文以班馬為法，而參以韓蘇。詩歌出入唐宋，不名一家。先生之學，可謂地負海涵」，可見其嚮往之情。這種感情，跟他稱道紀昀頗為類似。紀昀只在反對宋學這方面與漢學考證家站在同一陣線，其餘無一相同者，又「好為稗官小說，懶於著書」。但江藩不僅將之列入《師承記》，且盛稱其為博學通人：「大而經史子集，以及醫卜詞曲之類，其評論抉奧闡幽，詞明理正，識力在王仲寶阮孝緒之上，可謂通儒矣」。

這些，都不是從「宗本漢儒，以聲音文字故訓張明經義」的漢學角度所能理解的。

尤其是書中體現出江藩主觀感性情志之處，更可以發現大多是集中在那些比較「不正宗」的漢學家身上或非漢學的部分。例如敘述汪中，強調：「君少喜詩，不為徘徊光景之作，尤善屬文，土苴韓歐，以漢魏六朝為則。藩最重君文，酷愛其〈自序〉一首，今錄於左……」，又力贊其〈廣陵對〉〈琴臺銘〉，見卷七。汪中這幾篇文章，與漢學、經學、考證毫無關係，可是江藩為什麼一談再談呢？為什麼除此之外，也並未敘及汪中什麼其他經學成就呢？

他記淩廷堪時，也同樣大談淩氏的詩文造詣，而且說淩廷堪駢文「得漢魏之醇粹、有六朝之流美，在胡稚威、孔顨軒之上，而世人不知也」。這話就是自負自己才真正懂得淩廷堪。他所記王昶事，更深深流露出孺慕之情，謂「藩從先生遊，垂三十年。……終不忍背師立異也」。談朱筠時也是如此。論洪亮吉，則記彼此論學交惡事，而「潸然淚下，自悔鹵莽」。凡此，皆書中能見作者感情之處，而也都施之於這些不盡符合漢學界域的人物或事跡上。這非

但不是一種強調客觀考證的態度，似乎也不是一位漢學家的做法。

可是唯有從這些地方才能看得到江藩在漢學面具下的真思路、真性情。即使是被漢學考證學者描述成呆板守舊的惠棟，江藩的刻畫也極具廣博性及文人氣，說他如何作《漢書補注》，說他有《太上感應篇注》《山海經訓纂》，而且「所有著述，如《王文簡公精華錄訓纂》二十四卷，盛行於世，論者以為過於任淵之注山谷、李璧之注公詩焉」，顯然意在強調惠棟並不只是一位經學專門名家。

如此論漢學，不是與焦循論經學一樣，是以會通經史諸子及詩文為宗趣嗎？

六、文人的氣質

通博與專精，在乾嘉學術史上本來就具有學派劃分的指標功能。典型的例子，是章實齋用它來分判浙東與浙西。

章學誠把顧炎武閻若璩歸為朱子學之系統，屬於浙西，並謂浙西尚博雅，以經學為主。把黃宗羲歸為陸王學的系統，屬諸浙東；並謂浙東貴專家，以文史學為主。

章學誠這種說法，當然是針對戴震及其所代表之經學而發，故以自己的文史學來對舉於經學、以專家來對舉於博雅，以求分庭抗禮。他強調專門的意思是說：「或曰：『聯文而後成辭，屬辭而後著義，六書不明，五經不可得而誦也』。然則數千年來，諸儒尚無定論，數千年人不得誦五經乎？故生當古學失傳之後，六書七音，天性自有所長，則當以專門為業。否則粗通大義而不鑿，轉可不甚謬乎古人，而五經顯悟，未嘗遂雲霾而日食也」（《文史通義·外

篇二・說文字原課本書後》）。意思是說經學考證家主張通聲音文
字訓詁才能了解經義，其法博而寡要、勞而少功，且莫衷一是。不
如這樣：一般人不必管他們那一套，粗通大義，掌握經旨即可，也
不會錯到哪裡去；至於喜歡講亦有能力講文字聲韻訓詁者，則自成
專門名家之學好了。

　　這是章實齋面對「時人方貴博雅考訂，見其訓詁名物有合時
好，以爲戴之絕詣在此」（《文史通義・內篇三・朱陸篇》）時，
欲轉博雅爲專門也。

　　揚州學者論經學，則認爲時人所貴之博雅考訂，其實仍不夠博
雅，因爲它們實質上只是專門名家之學。小學、天文、曆算、文
字、聲韻，固然各成專門；僅僅研究十三經，或其中一兩部經，也
仍是專門名家。所以他們要治史、治諸子、治詩詞、治戲曲、治琴
棋書畫，通博汗漫若無涯涘。

　　實齋自標其學爲文史之學，本來就有意打破經學的藩籬，故其
說與焦循等人頗有異曲而同工之處。一、均反對以考據名家、斷以
漢學的風氣。實齋〈與吳胥石書〉云：「天下但有學問家數，考據
者乃學問所有事，本無考據家」（《文史通義・外篇三》），與焦
循之說相同。

　　二、均不認爲當時之經學考據可當著作。實齋分記注纂輯與著
作爲二，猶功力與學問之別。里堂則謂：「今學經者眾矣，而著書
之派有五，一曰通核、二曰據守、三曰校讎、四曰摭拾、五曰叢
綴」（《文集》卷 8，〈辨學〉），又說當時之經學考據僅爲摭
拾：「王伯厚之徒，習而惡之，稍稍尋究古說，摭拾舊聞。此風既
起，轉相仿效，而天下乃有補苴摭拾之學。此學視以空論爲文者，

有似此粗而彼精。不知起自何人，強以考據名之」（〈與孫淵如觀察辨考據著作名目〉），此皆同於實齋。

三、他們都講性靈。經學考據，強調的是客觀、實證、材料，實齋嫌其板滯，乃區分「圓而神」「方以智」兩路，謂「圓神、方智，自有載籍以還，不可偏廢」（《文史通義·內篇·書教下》）。做學問若只是要方以智，比類纂輯、考校記注一番，倒還容易些，下點苦工就可以了；但若要圓而神，便須靠才氣靠性靈：「僕嘗謂功力可假，性靈必不可假」（《文史通義·外篇三·與周永清論文》）。他所講的「神解精識」，所賴即此。里堂論經學，也說一般客觀考索如校讎摭拾叢綴者只是下乘，不夠資格稱爲經學；眞正的經學，需要：「以己之性靈，合諸古聖之性靈，並貫通於千百家著書立言者之性靈。以精汲精，非天下之至精，孰克以與此？」（同上）他所講的性靈，與實齋說的性靈並不是同一件事，但彼此都主張做學問除了客觀實證之外，還有主觀精神性的一面，則是相同的。這種強調「主體涉入」的治學方法，與漢學考證實有根本性的差異。

四、他們都治文史。實齋一方面說：「近日學者風氣，徵實太多，發揮太少」，批評他們是竹頭木屑的僞學；一方面則提倡文史學，說「經之流變必入於史」（均見《外篇三·與汪龍莊書》）「當益進於文辭」（〈與林秀才〉）。所著《文史通義》通論文史，即是爲了打破學者僅治經學的局面。里堂文采更勝於實齋，詩文詞曲，無不精擅；史學則論修方志、論修國史、論撰傳，亦皆深刻。諸如此類，俱可見彼此反省當時學風而想到的出路方向，實在

是非常近似的。❼

　　稍早，姚鼐論漢學考證之弊，也有提倡文學的想法。《惜抱軒文集》卷四〈述庵文鈔序〉說：「學問之事，有三端焉，曰義理也、考證也、文章也。是三者，苟善用之，皆足以相濟；苟不善用之，則或至於相害」「故以能兼長者為貴」。但因「天之生才雖美，不能無偏」，所以他只要求人「盡其天之所與之量，而不以才自蔽」。也就是說三者分道揚鑣，能兼之固然甚善，不能兼，也應相互尊重。

　　可是這種講法隨即遭到戴震的奚落。戴震〈與方希原書〉，於義理、制數、文章三者，判分等第，且稱：「事於文章者，等而末者也」。依戴震看，漢儒有得於制數而義理較疏，宋學有得於義理而制數未達。戴震當然在義理與制數兩方面是能兼擅的，其餘講漢學者則不免偏於制數考證一面，義理固不多講，文章也總是寫不好，姚鼐指責他們「繁碎繳繞而語不可瞭」，一點也不錯。焦循章實齋以此而重文辭，自是葯時之方。

　　《文史通義・外篇三・答沈楓墀論學》重提三學說，云：「太上立德，其次立功，其次立言。……著述之途，亦有三者之別：主義理者，著述之立德者也；主考訂者，著述之立功者也。主文辭者，著述之立言者也」，同卷〈與吳胥石書簡〉復云：「古人本學問發為文章，其志將以明道，安有所謂考據與古文之分哉？」一面

---

❼　章學誠的見解，另詳龔鵬程之分析：〈文學的歷史學與歷史的文學：中國史學對歷史寫作活動的考察〉，《文化符號學》（臺北：臺灣學生書局，1992 年）。

爲文辭爭地位，使之可與考據義理鼎足而三，一面又擴大文章的地
位與功能，謂其與考據義理不可分。

焦循同樣反對有考據與古文之分，說：「未聞以通經學爲考
據、善屬文爲著作也」。然後再將經學與辭章通貫起來說：「惟經
學可言性靈，無性靈不足以言經學。……詞章之有性靈者，必由於
經學，而徒取詞章者，不足以語此也」（〈與孫淵如論考據著作
書〉）。

這樣的說法，與姚鼐不同之處，在於姚說偏重於分，先分而使
勿相害，再後再以「義法說」來講言有則（義理考據）有序（文
辭），令其相合，兼而不相害。焦循則是把詞章歸本於經學，又把
經學歸本於性靈，故能會通爲一。

但無論如何，他們重視文辭，與漢學考據家終究是截然異趣
的。焦循、汪中、淩廷堪的文采均極佳。汪中的文人氣、文章才華
更要勝過他的經史之學。阮元，江藩也特別介紹他「工詩古文，自
出機杼，空無依傍，寓神明於規矩之中，不屑爲世俗之詩文者也」
（卷 7）。阮元這個面向，也非僅懂經學、知其在杭州詁經精舍及
廣州學海堂等處提倡漢學的人所能知。實際上，李斗《揚州畫舫
錄》即是請阮元、袁枚作序；阮元弟子梁章鉅《浪跡叢談》卷一
〈雲臺師唱和詩〉〈眉壽說〉〈紅船〉，卷二〈師友集〉，卷十一
〈毘陵舟中有懷邗上諸君子〉各條所述阮元事，也完全是一種詩酒
文士的表現。梁氏於嘉慶間任江蘇按察使布政使、江蘇巡撫，在揚
州甚久，述當地風雅如此，足徵典型。張之洞編《書目答問》，列
清朝駢文家中，阮元亦爲其中之一。此外，如程晉芳，江藩謂其好
客，「延攬四方名流，與袁大令枚、趙觀察翼、蔣編修士銓，爲詩

歌，唱和無虛日。由此名益高」；江德量「長於詩，著《瀟湘聽雨
錄》」（卷 7），亦皆揚州為漢學而長於詩文者。至若黃承吉，
《揚州畫舫錄》僅敘其深於詩，洋洋三百字，然後帶一筆：「亦從
事於經，有《讀周官記》若干卷」。則是文人而兼治經學者。

　　文學如此之盛，無怪乎方東樹論揚州學派時會特別就其文學主
張而說了。

七、才性的生命

　　一個重視「博學於文」的學風，當然跟只講以聲音文字訓詁考
證經義的流派不同。這種不同，不只是研究範圍不一樣，也是方法
及精神意趣上的分歧。

　　乾嘉漢學的方法，用錢大昕的話來說，即是：「研精漢儒傳注
及《說文》諸書，由聲音文字以求訓詁，由訓詁以求義理」。其中
戴震又格外重視聲音，要「明故訓音聲之原」。戴氏門人段玉裁、
王念孫在此尤多表現，連反對漢學的方東樹也要稱贊：「就音學而
論，則近世諸家所得，實為先儒所未逮」（《漢學商兌》，卷中之
下）。近人論王念孫，更是說他「不受字形所囿，揭示聲近義同、
聲轉義近之理、發前人所未發」。

　　然而，這只是吳皖漢學之徑路，實非揚州學者之特點。如焦
循、淩廷堪、汪中、程晉芳、劉台拱、賈田祖、李惇、陳厚耀、江
藩等，其實都不治文字聲韻之學。阮元勉強算是做過纂輯《經籍纂
詁》的工作，其餘採用此種方法的，可說僅有王念孫父子。而王念
孫父子的真正精采處，其實又不在於此。

　　段玉裁〈與諸同志論校書之難〉曾說：「校書之難，非照本改字不訛不漏之難也，定其是非之難。是非有二：曰底本之是非也、曰立說之是非也」，王念孫的校釋，之所以廣受推崇，正在判斷是非上見功力。判斷是非不同於依底本改正訛誤，在文章有不同版本的地方，固然要做個判斷；沒有版本可以依據之處，也要有所判斷。這即稱爲「理校」，是依他對整體文義及文章前後脈絡之理解而做的「心裁」。依此而施之判斷，甚至能斷言所有板本都是錯的。例如《管子・重令篇》「女以美衣錦繡纂組相雜也，謂之逆」，所有板本均是如此，王念孫卻說「纂」乃「纂」之誤，舉了許多古書爲說，說明兩字形似故而致誤。這個判斷應當是對的，但有什麼「證據」及「客觀性」呢？反而是我們看到了他用自己的主觀（雖然這個主觀是本於他對文詞意義的綜合理解）去改動了客觀的材料。

　　這種情形，在王念孫所校諸書中其實最爲普遍，可是跟他所明白揭櫫的治學方法實在沒什麼關係，甚且剛好相反。

　　王引之述其父之教誨時也曾說：「大人曰：詁訓之指存乎聲音，字之聲同聲近者，經傳往往假借。學者以聲求義，破其假借之字而讀以本字，則渙然冰釋」，講的還是同樣一套方法。然而王引之《經義述聞》同樣與這種方法的運用無大關係。以該書卷一論《周易》五十四條來看，涉及這種方法的僅有屯本是川，借爲坤；兌假爲簪、祇本作衹三則。相反的，他進行的主要是推理與判斷。如論〈中孚〉卦「豚魚吉」，〈象傳〉：「豚魚吉，信及豚魚也」，王引之說：

竊疑物之微者多矣，何獨取豚魚爲象？豚魚無知，可以愛物之仁及之，不可以化邦之信及之也。竊疑豚魚者，士庶人之禮也。……豚魚乃禮之薄者，然苟有中信之德，則人感其誠而神降之福。……

這是什麼板本校勘、文字聲韻訓詁工夫？都不是！而是靠著對文義、對儒家義理之掌握、以及自己的問題意識去做的推斷。這樣的實例，具體證明了所謂「訓詁明而後義理明」，其實是倒過來的：對全體的理解先於個別具體問題。個別文句之是非訛奪，常要依據我們對整體脈絡的了解來處理。

其次，能覺察某處文句有問題並徵引文獻來證成自己的想法，決勝的憑藉，也不在於精熟不精熟文字聲韻等學問，而在那個識見。也就是別人看不出問題，而你卻能看出並做判斷的那個能力。

受教於戴震的王念孫，並沒有從他的實踐活動中後設地反省這些方法學的問題。他只是本於師門之教而發言罷了，因此他並不了解在他實際的校釋活動中，其實已經發展出了另一種不同於戴震或漢學家的方法，其校釋亦具有方法學的新意義。可是這種方法學的意涵，在焦循那兒，就被比較清楚地意識到了。

焦循曾說：「惟經學可言性靈，無性靈不可以言經學」。經學考證，不是材料、實證、客觀的死本領，而是靠性靈，並「以己之性靈，合諸古聖之性靈，並貫通於千百家著書立言者之性靈」。前者講的是一種創造性的心靈活動，後者講的是類似讀詩歌時與古人默會感通、心識其意的方法。不能如此，便僅爲掇拾之學。

掇拾者，僅止於堆垛材料、倚傍證據。眞正的經學家當然也不

會不運用材料與文字聲韻知識，但正如焦循所說：「證之以實，而運之以虛，庶幾學經之道也」（《雕菰集》卷13，〈與劉端臨教諭書〉）。

運之以虛，即是章實齋所云「圓而神」的工夫，焦循講治學須能貫通時，也說此乃「通神明之德、類萬物之情」之事。要能有此工夫，焦循認為應多讀詩，而不是去讀《爾雅》一類書：

> 經學須深思冥會，或至抑塞沈困，機不可轉，詩詞足以移其情，而轉豁其樞機，則有益於經學不淺。（卷10，〈詞說一〉）童子血氣無定，性相近，習相遠，其間甚微。且誦且弦，使機之所蓄，畢達而無所鬱遏，善善惡惡，勃然於心志間。善氣盈則陽神長，陽神長則愚闇消。聰明日益，滯塞日開，有以達古今之志，而不為迂儒。故詩之教最先。……《爾雅》以訓詁為文，率以一二字句強以連之，氣已抑塞而不暢達。以方萌之機，封之使錮，如噎如吃，不可以誦。所謂長言永歎，莫之有也。陽氣不宣，虛靈漸鈍，其帙雖終，茫然罔覺。欲其通經書、善屬文，吾知難矣。竊謂教童子者，宜淪其性靈、導其善志、養其和氣、蓄其道德，不速其成，不誘以利，不飾以虛。果有出人之才，不必讀《爾雅》，《爾雅》自能為之用。世之通儒，非從幼年讀《爾雅》來也。（卷12，〈學童讀爾雅答〉）

為學首應淪以詩教，以養其性靈，而非教之以《爾雅》。世之通儒，也是以性靈運用《爾雅》之類材料，並不是熟諳《爾雅》即能成為通儒的。

　　換言之，經學須本於性靈，性靈又屬於一種詩性的智慧，只能靠讀詩來潛發其機。

　　這才是真正的關鍵。揚州學人並不只是在經學之外，「兼擅」詩文，而是在他們生命最核心處即是個文學的心靈。經學家只是他們在純知識活動時的一種表現。就其生命型態來說，他們乃是文人。名士風流，唱和酬酢，詩詞書畫，流連景光之中，「亦從事於經，有經學著作若干卷」而已。

　　當時揚州人文薈萃，但其中為經學者實遠少於書法家、畫家，更少於詩人。或者說，當時要能參與這個人文圈子，詩文是基本條件。無此能力，即根本無法與人對話。在這個「話語空間」中，文人們有共同的話語、共同的行為模式、共同進行的活動。因此生存在這個空間中，或曾在此活動過的一些經學名宿，其實都在這個基本狀況中發展其風格。故事實上也正是以詩教為基底的型態。焦循說：「學問之業，以屬文為要」（《里堂家訓》，卷下），即是這個道理。

　　而文人也者，並不只是一位寫詩文詞曲的人，更是一種以文學為核心的文化人，「他們在人文研究方面最大的特徵是他們博通，而不是僅限於某一方面的專才」。❽故往往博涉多優，漁獵多門。這種特性，同樣體觀在揚州學者身上。

　　關於為學不應局限於專門，必須博通，當然他們有各種理性化

---

❽　見李文孫（Joseph R. Levenson）著，張永堂譯：〈從繪畫看明代及清初社會的文人業餘精神〉，《中國思想與制度論集》（臺北：聯經出版事業公司，1976年）。

知識性的說法，如焦循藉著解釋《論語》釋通、釋據、釋一貫時提出治學應博的主張那樣。但這種理論其實與他們生存的情境是息息相關的。

文人感性飆舉，主要倚賴的是才氣才情，故焦循解釋孟子的性善說時，實亦以才性爲說，把性善解釋爲性靈：「靈則能變化，故唯人性能轉移則爲性善，性善即性靈也」（《尚書補疏》，卷下）。性靈一詞，本出於鍾嶸《詩品》，焦循以之代替或解釋性善一詞。可是在他這種用法中，性並不專就超越的本心說善，而是就人之才說性，如「同一飲食，而人能嗜味，鳥獸不知嗜味；推之同一男女，人能好色，鳥獸不知好色。唯人心最靈，乃知嗜好色。知嗜味好色，即能知孝弟忠信禮義廉恥」（卷 9）。此乃即感官之好惡而說性善也。然而才性感官之好，是「能轉移」的，焦循自己就曾自述：

> 予生平所好較雜。十幾歲時，好呼盧，覺天下事莫勝乎此。既而好飲酒，又若酒勝。既而爲詩、爲古文，亦如呼盧與酒也。其爲詩，始爲李賀，則若詩莫賀若。既而爲白、爲韋柳、爲元道州、爲皮陸、爲杜少陵，皆如學賀時。既移詩之好於古文，於周、秦，則外漢、魏。於漢、魏，則外唐、宋。及入唐宋之中而索之、而久之，又覺唐宋人之文，周秦漢魏有未若也。予始好食蒜而惡韭，筵有韭則遠而坐。丁巳授徒村中，見畦中韭肥秀可愛，試食之，善，每食遂不能去。……夫執一而不變者，愚也，立乎此以外乎彼者，偏也。（卷 17，〈贈方鐵珊序〉）

感性生命流蕩的情況，他講得非常清楚。他的理論，其實正是他存在情境的自我說明，汪中自稱：「亮節慷慨、率性而行、博極群書，文藻秀出，斯唯天至，非由人力」（〈自序〉），亦強調了他天生才性生命的部分。這個部分，不但在感性生活上成就他們成為一位文人；也在理性論述方面，形成了他們的學說，使他們那樣詁經、那樣論性善；更在知識技藝方面，流轉旁通，充分表現了「遊於藝」的態度。

八、藝術的生活

對於揚州的文學，方東樹特意指出它以駢文為宗，反對古文八大家。其實揚州的文學並不如此狹隘，該地本有文學的傳統，如《畫舫錄》卷三載：「揚州唐氏，以文章世其家。居舊城前李府巷，學中稱海屋唐。河南觀察侍陛、進士仁塏，皆其裔也」。該地擅長時文制藝者尤多。其為駢文者，則汪中、凌廷堪最著，阮元也有提倡之功。可是當時以駢文有聲於世者，孔廣森為曲阜人，孫星衍、李兆洛、董士錫、張惠言、惲敬為常州陽湖人，本不盡屬揚州擅揚。揚州之為駢文者，如貴徵，「尤工漢魏六朝駢麗之作」，然而最先獲得的卻是姚鼐的賞識。故《畫舫錄》說：「姚姬傳山長知之最先」。足見它與古文派之間本來也沒有那麼深的鴻溝。焦循論文，更是說：「（鄭兆珏）邃於經學，於書無所不窺。篤好昌黎文，手寫其集。能道其宦奧隱微之蘊。……余學柳州，嗜好微異」（卷15，〈鄭舍人文集序〉），表明了他是學柳宗元的。有一段時間，他喜歡唐宋古文，甚至到了「覺周秦漢魏未若也」的地步，可

證方東樹的觀察僅得一偏，殊不公允。

　　但方東樹為什麼會強烈感受到揚州學派具「六朝駢儷有韻者為宗，而斥韓歐為偽體」的氣息呢？這恐怕與揚州文人表現出的才子氣有關了。

　　前文講過，揚州學派的基底是文人的才情性靈，這與桐城派論文章強調「義法」是迥然異趣的。義法也者，諸體各有一定之體製與作法，不能不予講求。因此法度是謹嚴的，其風格則以雅潔為主。雅潔者，嚴謹質樸、刊落浮辭之謂。這講究義法、追求雅潔的文風，與才氣型的文章恰好形成一種對比。而最能表現博學、展露文采、炫示才情的文體，則顯然不是古文而是駢文。駢文的沈博絕麗、驚采奇豔，乃因此成為能舒張揚州文人氣的文體，而亦遂使方東樹感受到這樣的特質，故刻意提出批評。❾

　　然而，文人才氣鼓盪、感性流動的生命，揮灑揖舞，本不能拘之以法，故揚州學風，時或有狂怪氣。如汪中、如揚州八怪，都是顯例。江藩也是如此，《漢學師承記》自道其性氣之偏，喜歡罵人。又極欣賞朱筠「喜飲，連舉數十觥不亂，拇戰分曹，雜以諧笑……慷慨激昂，聞者悚然」的盛氣。焦循〈書江都兩生〉記徐復與周室輔之戇且狂，亦令人動容。

---

❾　揚州的駢文風氣與漢學家也是極不相同的。漢學家或考證學家以「樸學」為標榜，文章也都古樸質實，缺乏文采。能稱為文學家者本來就很少，更不用說駢文家了。張之洞《書目答問》所列清朝駢體各家，或曾燠《國朝駢體正宗》等所列，學者能駢文者，清中葉僅汪中、洪亮吉、孔廣森、阮元、淩廷堪幾家。而這幾家卻幾乎全部可歸入揚州學派之內。在這方面，他們與吳皖漢學家可說截然不同。

如此人物，如此風格，不拘繩墨、不中義法，固其宜也。其為藝也重游，涉獵廣博，亦是必然的。

焦循《論語通釋‧釋據》云：「孔子曰：志於道、據於德、依於仁、游於藝。惟德曰據。德貴實有諸己，故據之。不可終食之間違仁，故曰依。藝則游而已。謂之游，則不據矣」。這裡的藝，焦循是總括六藝及其他一切技藝而說的。

藝須游而不據，自然要博；博即自然也就「多能而鄙事」。禮樂、書數，固所嫻習，其餘世或鄙之以為雜藝者，也都要予以究心。焦循自己就是個好例子。經史諸子及詩文外，天文曆數為當時一大家，此為禮樂書數也。對於文人比較輕忽的雜藝，他也極為關注，說：「余嘗謂學者所輕賤之技，而實為造微之學者有三：曰奕、曰詞曲、曰時文」（卷10，〈時文說〉），對這些，他也曾好好研究，其《劇說》六卷、《花部農譚》一卷，尤為近世論戲曲者所看重。

我國戲曲，乾隆朝為一大轉關。康熙中葉至乾隆末年，日人青木正兒《中國近世戲曲史》稱為崑曲餘勢時代；乾隆末至清末，稱為花部勃興時期。故乾隆一朝，上結元明之局，下開近代之風。而乾隆時戲曲最盛之地即是揚州，花雅俱盛，《畫舫錄》卷五云：「兩淮鹽務，例蓄花雅兩部以備大戲」，即指此言。其中號稱「乾隆曲家第一」的蔣士銓，即曾在揚州擔任過安定書院掌教，《忠雅堂集》卷首，阮元亦曾為之作傳，楊恩壽則云：「《藏園九種》為乾隆時一大著作，專以性靈為宗」（《詞餘叢話》，卷2）。可見蔣氏乃崑曲餘勢時代最重要之作家。雅部得此，足稱盛況。

雅部指崑腔；花部為京腔、秦腔、弋陽腔、梆子腔、羅羅腔、

二簧腔等，統稱「亂彈」。從它們的名義上就可以知道它們本來是
有高下尊卑的，所以《品花寶鑑》第四回有「你這麼一個雅人，倒
怎麼不愛聽崑腔，愛聽亂彈」之語。可見它在當時雖已漸趨流行，
但不為社會上高階層人士所看重。首先稱揚花部、著論探討者，就
是焦循《花部農譚》，其序說：

> 梨園共尚吳音。花部者，其曲文俚直，共稱為亂彈者也。乃
> 余獨好之。蓋吳音繁縟，其曲雖極諧於律，而聽者使未睹本
> 文，無不茫然不知所謂。……花部其詞質直，雖婦孺亦能
> 解。其音慷慨，血氣為之動盪。廓外各村，六月間遞相演
> 唱，農叟漁父聚以為歡，由來已久矣。

亂彈本來是低階層的村野戲，與吳音崑腔是不能比的。然而焦循認
為它也有關目佳、排場工的。而且音聲慷慨，能動盪血氣，所以大
為贊美。這種審美態度，與揚州八怪之怪、汪中之狂，江藩之贊賞
朱筠「慷慨激昂，聞者悚然」是相符契的，表現了才性鼓盪者重血
氣的一面。而他特意擢拔花部，予以品題，更與汪中大談荀子墨
子、王念孫校釋《管子》《淮南》等書相似，對「異端」或「學者
輕賤之技」表現出高度的欣賞與關懷。

　　跟焦循一樣關心戲曲者，有黃文暘，著《曲海》二十卷。《畫
舫錄》卷五論戲曲四十五則，卷十一論歌船、鑼鼓、小曲、攤黃、
對白、評話十一則，都是研究當時戲曲最重要的資料。江藩《名優
記》殆亦屬此。

　　其餘《畫舫錄》所載，書畫以外，尚有「揚州醫學」（卷

2）、「揚州琴學」（卷 9）、奕學（卷 11）：「施本庵范西平同稱國手，范著《桃花泉奕譜》、施著《奕理指歸》」，而最盛者，當然還有畫舫。

李斗記揚州風物人文，以《畫舫記》為書名，可見揚州畫舫之盛，足以做為這個地區的標幟。

畫舫歌船，與文人生活，起了密切的關聯，是在明朝末年。清初李漁《閑情偶記・居室部》說遊舫須精心設計，使具畫意。此即遊艇被稱為「畫舫」的原因。他說：

> 是船之左右，只有二便面，便面之外，無他物矣。坐於其中，則兩岸之湖光山色，寺觀浮屠，雲煙竹樹，以及往來之樵人牧豎，醉翁游女，連人帶馬，盡入便面之中，作我天然圖畫。且又時時變幻，不為一定之形，非特舟行之際，搖一櫓，變一象；撐一篙，換一景；即繫纜時，風搖水動，亦刻刻異形。是一日之內，現出百千萬幅佳山佳水，總以便面收之。……不特以舟外無窮之景色，攝入舟中，兼可以舟中所有之人物，並一切几席杯盤，射出窗外，以備來往遊人之玩賞。何也？以內視外，固是一幅便面山水。而以外視內，亦是一幅扇頭人物。譬如拉妓邀僧，呼朋聚友，與之彈碁觀畫，分韻拈毫，或飲或歌，任眠任起，自外觀之，無一不同繪事。……人人俱作畫圖觀矣。

把生活塑造成一種有觀眾視點參與的遊戲表演活動，人看我，如觀一幅圖畫，我觀人，亦如見一幅圖畫，故說是「人人俱作畫圖

觀」。這是把生活藝術化、把人生或世界也藝術化的做法。⑩李漁倡之，乾嘉時期揚州的文人生活則是普遍體驗之、實踐之。《畫舫錄》卷十八引〈夢香詞〉云：「揚州好，畫舫是飛仙。十扇紗窗和月淡，一枝柔櫓撥淡圓，人在水雲天」，整個人生即是如此沈浸於藝術世界中，游於藝矣。⑪

此揚州學派之妙詣也，豈僅掇拾補苴、謬以聲音假借爲經學者所得而臻躋哉！

九、學者型文人

文人與學人原本是非常不同的兩種人，他們之間的緊張關係，在宋代已極明顯。嚴羽《滄浪詩話》即明揭「詩有別材，非關學也」之說，把詩人和學者區分爲兩種人，從事兩種活動。也反對「以議論爲詩、以文字爲詩、以才學爲詩」。

這種區分，是有道理的。學者仰賴的是知識、理性、邏輯性的思維；文人靠的，主要是感性能力，擅長運用直覺掌握意象。故文人與學人，無論在生活方式、表達方式各方面，也都因此而互異，

---

⑩ 詳見毛文芳：〈花、美女、癖人與遊舫：晚明文人之美感境界與美感經營〉，《晚明閒賞美學論》（臺北：臺灣學生書局，2000 年）。

⑪ 從「藝術生活」這個角度看，我們才能理解揚州的園林與聲伎之盛完全與其學術有何關係。園林是一種藝術性的生活空間，對人的情意生活提供養分。而戴震焦循之哲學，亦正是強調這個部分的，他們認爲宋代理學那種強調理、克制情欲的傾向，應該予以扭轉，正視人的情欲生活，飲食男女，乃王道之大者。揚州的園林，代表著情意生活之空間，聲伎則爲男女之欲的調適與釋放，故我們不能把這些視爲經學哲學以外的東西。

文人的圈子，吟詩作對、抒情言志、詩酒風流；學人的生活，皓首窮經、坐而論道、談玄析理。彼此的事業，甚少相涉，通常也玩不到一塊。這個情形，我們只要想想現今的藝文界與學術界各成疆域的狀況，大抵就可瞭解了。

但此等壁壘，在明代後期，逐漸鬆動，學者型的文人日益增多，形成那個時代的特色。

例如錢牧齋，論詩痛罵嚴羽，謂：「自羽卿之說行，本朝奉以為律令。……而詩道榛蕪彌甚」。他的博學，也充分影響著他的創作。《晚晴簃詩話》引鄭則厚語，說牧齋「學問淵博，浩無涯涘。其詩博大閎肆，鯨鏗春麗」，並非虛語。

牧齋曾邀黃宗羲去他絳雲樓讀書，黃宗羲之學，無疑也是極淵博的，但他同時也是一位詩人及文章家，著有《南雷文定》《南雷文案》《南雷詩歷》等。主張：「多讀書，則詩不期而自工。若學詩以求工，則必不可得。讀經史百家，則雖不見一詩，而詩在其中」「以文字為詩，以才學為詩，以議論為詩，莫非唐音」（〈張心友詩序〉），完全與嚴羽唱反調。

顧炎武詩更是晚明一大家，李因篤說他古文辭縱橫左史、詩追老杜，「讀書破萬卷，下筆如有神，往唯吳郡顧亭林徵君不愧斯語」（《受祺堂文集》，卷3）。

這種現象，表現了什麼意義呢？我曾在論晚明思潮時談過：嘉靖以降，蘇州文苑有一種主張博雅的學風，提倡經學，並希望將文人與學人合而為一，如何良俊《四友齋叢說》卷四即云：「今世談理性者，恥言文詞。工文詞者，厭談理性。斯二者皆非」。這種見解，結合到牧齋之提倡經學等現象來看，我們便會發現：

　　近來大家討論明清之際經學興盛的原因，有時會用余英時先生的看法，認爲由「尊德性」轉向「道問學」的主要關鍵，在於理學的爭論必須取證於經書，爲此發展的線索之一。他曾引用了歸有光〈送何氏二子序〉及錢牧齋〈新刻十三經注疏序〉，卻忘了從這些文人的見解中去尋理學轉爲經學之機，而仍只偏於由理學內部的爭論處索解，眞是失之眉睫了。我們要知道：何良俊、歸有光、錢牧齋，乃至後來痛陳「自有捨經學以言理學者，而邪說以起」之顧炎武，均爲吳人。而吳中學風，本不喜談性命。袁中郎在吳中爲官，深感痛苦，因爲找不到可以交談的朋友，「吳中人無語我性命者」。（《袁宏道集》，卷 5）王學之流傳，以淮南泰州、江右、浙中爲盛，吳中文人自有其學風傳統，而且也由他們的傳統出發，反對講道，提倡讀經。觀察明清學風之轉變者，不能忽略了這個脈絡。**⓬**

這其中當然還有許多複雜的內情，不能細論，但我們應該注意到：文人提倡經學，這種風氣更後來逐漸擴大、蔓延，影響到浙江的黃宗羲以及後來的浙派詩人。《雪橋詩話餘集》云：「竹垞出，尙根柢考據，擅詞藻而騁彎銜，士夫咸宗之。儉腹咨嗟之吟，擯棄不取」，即爲此等風氣之承風繼響者。

　　康熙年間，詩壇領袖王漁洋與朱竹垞，正代表了兩個路線，一是發展嚴羽之說，倡言神韻；一是從嚴羽的對立面走，「學最博，

⓬　詳見龔鵬程：《晚明思潮》（臺北：里仁書局，1994 年），第 9 章。

全以博學入詩」（翁方綱：《石洲詩話》）「紀誦綜賅，枕葄經史，驅遣載籍」（錢鍾書：《談藝錄》）。這兩條路線，在乾隆朝就顯現為袁枚性靈說和翁方綱肌理說爭衡的局面。

翁方綱主張：「士生今日，經籍之光，盈溢於世宙，為學必以考證為準，為詩必以肌理為準」（《復初齋文集》卷 4，〈言志集序〉）。肌理，是詩的理性化表現，使其義理深刻、條理明暢、文理通達，這都要靠博學考證才能辦到。因此他也最推崇宋人在這方面的表現，說：「宋人之學全在研理日精，觀書日富，因而論事日密。……武林之遺事，汴土之舊俗，故老名臣之言行，學術師承之緒論淵源，莫不藉詩以資考據」（《石洲詩話》，卷 4）。又認為：「在今日，經學日益昌明，士皆知通經學古、切實考訂，弗肯效空疏迂闊之談矣。焉有為詩而群趨於空音鏡象以為三昧者乎？」（《小石帆亭五言詩續抄》）。也就是說，他提倡博學為詩，且謂此種詩風不但與當時經學考證學風可相配合，亦屬於同一種活動。

翁方綱同時，如錢籜石，《石遺室詩話》謂其「合學人詩人之詩二而一之也」；厲鶚，袁枚曾批評他：「所見說部書多，好用僻典及零碎故事，有類《庶物異名疏》《清異錄》」。其他詩人雖未必如此「錯把抄書當作詩」，但一個時代的風氣，卻顯示了文人與學人合一的型態，在當時確實占居大宗。

而且這並不只是詩論和詩風的轉變，它顯現著文人這個階層從明末至清中葉這二百年間逐漸發展的趨向，是朝向文人與學人合一這個路子在走的。如果我們再把眼光往下看，則道光咸豐年間，沿續袁枚，偏於性靈一路者，固然有孫原湘，張問陶、郭麐、宋湘等人；但聲勢更浩大的，是龔自珍、魏源、陳沆、何紹基等，宋詩的

風氣亦漸盛昌。同光時期，乃有「同光體」，堂皇陣幟，即以詩人與學人合一爲號召。可見直至清朝末年，這個趨勢仍在發展，清末詩人王闓運、章太炎、康有爲、沈子培、梁啓超、黃公度、王國維，豈不都是學人嗎？

在這個文人與學人合一的趨勢中，當然也分別仍有文人與學人，各自只擅長文藝或學問，但新型態畢竟造就了新的文人型學者及學者型文人。而在乾嘉時期，揚州地區的學者，基本上就以此爲大宗。

歷史上，文人階層逐漸擴大的經過，是文人先類化了社會上各種伎藝人，把「文人」的涵義擴大爲「文藝人士」。[13]同時透過科舉制藝經義，將文事與經學結合起來，以致講經學的學人和講《四書》的理學家日益與文人界限模糊。再經過明清時期這麼學者文人化、文人學者化一番，階層間的類化現象便愈發明顯，文藝人士乃又成了「『文學』人」。揚州學派放在這個歷史脈絡中看，它就正好代表這個型態具體成形的狀態，所以才特別值得我們關注。

這種文人型態，從揚州學派之後，一直延續發展到晚清民初，直到現代化知識教育體系建立、學科逐漸分化之後，才受到衝擊而逐漸改變，博學於文的學者型文人日益減少，新的專家學者與文人分化現象再度盛行，即使專家也分化爲各個學科，故連「經學家」或「經學」的身分也顯得越來越尷尬，因爲「經學」並不能納入文、史、哲、藝術等各個獨立學科中了。

---

[13] 見龔鵬程：〈中國傳統社會的文人階層〉，《淡江人文社會學刊》，2000年10月，50週年校慶特刊，頁271－307。

關於揚州學派的幾個問題

王俊義[*]

　　對於清代揚州學派的研究，由於前哲和時賢的推動，近年來已逐漸引起海內外學界的關注。正如揚州大學祁龍威教授在〈對「揚州學派」研究的回顧與展望〉一文中所說：他立足於「揚州學派」的故鄉，早在本世紀六十年代初，就有志於「揚州學派」的研究。至八十年代，又組織隊伍、成立機構，點校整理有關揚州學派學者的遺著，還編印了《揚州學派研究》專集，並在一九八八年召開了首次「揚州學派學術研討會」，以促動對乾嘉揚州學派的研討。此外，祖籍揚州的臺灣學者陳捷先教授，爲弘揚地域學術文化，也於一九九六年倡議由馮爾康教授等二十多位專家學者編著了《揚州研究》一書，以專題論文形式，對包括揚州學派在內的揚州地域的歷史地理、學術文化做了深入地研究。另據我所知，臺灣中央研究院也就「清乾嘉揚州學派研究」立項，並由該院中國文哲研究所，在開展中國經學史的研究過程中，制訂了「清乾嘉揚州學派研究」的課題研究計劃，曾派出研究人員專程到揚州進行學術考察，並在該

---

*　　王俊義，前中國社會科學出版社總編輯。

所主辦的《中國文哲研究通訊》刊出一組關於揚州學派研究的論文和資訊。正是在上述一系列工作基礎上，又由揚州大學人文學院舉辦了這次「海峽兩岸揚州學派研討會」。相信，通過此次盛會和繼此之後，還將在臺灣召開的研討會，必會進一步推動揚州學派的深入研究，並促進海峽兩岸學者間對此一課題研究的交流與合作。

　　基於個人的專業研究，曾先後撰寫過兩三篇有關乾嘉揚州學派論文，也有幸恭臨首次及此次「揚州學派研討會」。在此過程中深深感到根基於揚州地域上的揚州學派，無論是從地域文化，或者是從中國學術史、思想史、經學史，特別是從清代學術思想史等各個角度而論，都非常值得學術界同仁，花費精力，深入研究。同時，我還感到，截至目前對於揚州學派的研究，雖然已經獲得一些可喜的成果，但大多屬於有關揚州學派學者的個案研究，如與揚州學派所涵蓋的豐富內容相較而論，從總體上看研究的深度和廣度都尚屬初始階段，還缺乏從總體上對該學派進行深入、系統地論述。惟其如此，目前學術界對揚州學派的一些基本問題，諸如揚州學派是否是一個客觀存在的學術流派？該學派的學術思想淵源如何？其產生、形成、發展的脈胳怎樣？其存在的時間、空間及包括的成員如何界定？該學派的學術成就、思想特色及其在學術思想史上的地位影響怎樣？學術界都還存在一些不同看法，極有待通過深入地研究和討論，或取得共識，或求同存異。有鑑於此，本文擬就揚州學派的幾個問題在舊作基礎上再談點淺見。

一、揚州學派產生的土壤與學術思想淵源

　　我總的認爲揚州學派是以揚州地域爲中心，以王念孫、汪中、焦循和阮元等爲主要代表人物，作爲乾嘉漢學的分支，活動於清代乾嘉道時期的一個學術流派。它既反映了乾嘉漢學的鼎盛，也反映了漢學走向沒落之際，新的學術思潮即將興起的某些先兆，是清代特定歷史階段的學術流派。研究揚州學派，有必要首先分析它產生的土壤及其學術思想淵源。

　　揚州學派作爲一個具有地域特點的學術流派，乃是在揚州地區這塊有著豐厚的文化積累和肥沃的土壤中產生形成的。「禹貢九州」，揚州即爲其一。揚州市又是一個有悠久歷史和豐富文化傳統的大都會，它「居南北之衝，負淮帶海襟江，東南財賦倚爲重輕，……聲名文物之盛，非他鄉得與之抗。」❶自隋唐以來，就逐漸成爲我國東南沿海地區的經濟、文化中心。及至清初，社會經濟一度遭受摧殘。至清中葉又重新繁盛，社會經濟迅速發展，農業、手工業、商業、交通運輸業，特別是鹽業，都達到歷史上前所未有的水平。經濟發達與交通便利，必然爲學術文化的繁榮提供了物質基礎與便利條件。當時揚州學者薛壽就曾指出：「吾鄉素稱沃壤，國朝以來，翠華六幸，江淮繁富爲天下冠，士有負宏才碩學者，不遠千里百里，往來於其間，巨商大族，每以賓客爭至爲寵榮，兼有師儒之愛才，提倡風雅，以至人文匯萃，甲於他鄉。」❷自清初

---

❶　〔清〕萬年：〈嘉慶《重修揚州府志》序〉。

❷　〔清〕薛壽：〈讀畫舫錄後〉，《學詁齋文集》，卷下。

起，揚州即爲人文匯萃之區，「四方賢士大夫無不至此。」當時著
名的文人學者如王士禎、杜濬、魏禧、陳維崧、吳偉業、冒襄、宋
犖、費密等，都曾居住或來往揚州，攬勝訪古，文酒聚會，質疑訪
學，刊刻著述。稍後，歷任兩淮鹽政、轉運使及揚州的一些大鹽
商，如曹寅、馬曰琯、盧見曾、曾燠等，都擁資巨萬，又提倡風
雅，熱心地方文化學術事業，搜羅典籍，網羅名士，興辦學校，刊
刻書籍。如被稱爲「揚州二馬」的馬曰琯、馬曰璐兄弟，就「好學
博古，考校文世」，對「四方之士」，都優待禮加，當時著名的文
人學者如厲鶚、杭世駿、全祖望等均曾入主馬氏，他都禮待甚厚。
再如乾隆朝兩度出任兩淮鹽運使的盧見曾，也廣納學者名流，「座
中皆天下士」，當時名聞遐邇的學者、畫家如惠棟、戴震、鄭燮、
高鳳翰等，都曾入主盧幕，或與之密切交往。眾多的文人學者聚會
於揚州，自然會促進揚州當地學術文化的發展，致使揚州書院林
立，如安定書院、敬亭書院、梅花書院等，著名學者姚鼐、趙翼、
杭世駿等，都曾在安定書院與梅花書院掌教，「四方來肄業者甚
多」，諸如段玉裁、李惇、王念孫、汪中、劉台拱、洪亮吉等，都
曾就讀於這兩座書院。❸另外，康熙、乾隆六次南巡，都曾駐蹕揚
州，並對揚州地區經濟文化的發展給予關注，《全唐詩》就由曹寅
在揚州設局辦理，並於康熙四十五年在揚州刻成；康雍間編纂的大
型類書《古今圖書集成》，曾欽頒一部藏於揚州天寧寺大觀堂。乾
隆時編纂的《四庫全書》，也諭令藏庋一部在揚州文匯閣，「以佳

---

❸ 〔清〕李斗：《揚州畫舫錄》，卷3。

士林，俾得就近抄錄傳觀，用光文治」。❹在這些有利的政治文化
經濟形勢推動下，康雍乾時期，揚州的文學藝術也呈現繁榮興旺景
象，文學創作、繪畫、書法、戲劇、曲藝等方面，都是人材濟濟。
僅就繪畫來說，清中葉的揚州八怪，都長期在揚州從事藝術活動。
他們反對摹仿，提倡獨創，信筆揮寫，直抒胸臆，爲清代畫壇帶來
許多新的氣息，這對揚州學派的形成及其學術風格必然有潛移默化
的影響，使之視野開闊，會通廣博，易於博採眾長，思想活躍，較
少門戶之見。

　　一個學術流派的學術思想淵源，對該學派的學術思想風貌有直
接影響，揚州地區，文明開發較早，自古以來，就是人文淵藪，
《禹貢》九州，揚即爲一。自秦漢以來，此地更是名家輩出。西漢
吳王劉濞，就曾在此地封藩而治。一代大儒董仲舒也曾任過江都
相，他們對揚州地區經濟文化的發展，勢必都有促進和影響。隋唐
五代時，這裡又先後湧現出曹憲、李善的文選學，及徐鉉、徐鍇關
於《說文》方面的著作，……直到有清之前，可謂代不乏人。最
近，揚州大學人文學院的田漢雲教授在〈略說揚州學派與歷代文化
之關係〉一文，便論述了歷代人物及著述，對揚州學派的影響，說
明「揚州學派對中國古代文化具有很強的接受、消化、整合、創新
能力。因此，以開放的眼光，從博大精深的古代文化中探求它的根
基，才可能深刻地理解它」，這是很有見地的看法。淵源流長的豐
厚文化積累，必然潛移默化地影響著揚州地區的思想文化發展。不
過，我覺得揚州學派更直接的學術思想淵源還應當從其較爲接近

---

❹　嘉慶《重修揚州府志》卷 1〈巡幸〉。

的，自清初以來逐漸興起的乾嘉漢學中去尋找。

當揚州學派產生形成之際，正是乾嘉漢學鼎盛之時，這時的學術界「許鄭之學大明，治宋學者已鮮，說經皆主實證，不空談義理」。❺學者們研治儒學典籍，皆從古文字入手，重視聲音訓詁，以求經典原義，這是漢學共同信奉的治學原則。在揚州學派形成之前，惠棟與戴震，各執學界牛耳，「咸爲學者所宗」，揚州學派的學者們，生活於乾嘉漢學壟斷學界的時代，其治學道路不可避免地受漢學的支配和影響。尤其是戴震可以說是揚州學派學術思想的直接先導，正如劉師培所說：「戴氏弟子，除金壇段氏外，以揚州爲最盛。」❻因此，揚州學派的直接學術思想淵源，顯然是來自乾嘉漢學，特別是受戴震的影響爲最。但學術思潮與學術流派並非是孤立靜止和一成不變的，隨著社會經濟政治形勢的變化，及學術思想本身的遞嬗演變規律，學術思潮與學術流派也在不斷發展和變化，「當一種學術派別和思想潮流發展到高峰以後，便會發生分化。站在這一學派和潮流之外的人固然會對它進行抨擊，就是屬於這一學派和潮流中的人，也會由於時代演化而立場各異，對本學派的宗旨產生不同的理解和評價，從而在治學實踐中進行修正、改進，以致蛻化，創造出新的學派，新的思潮、思想。」❼揚州學派正是在乾

---

❺　〔清〕皮錫瑞：《經學歷史》（北京：中華書局，1959 年），頁 341。

❻　劉師培：〈南北學派不同論〉，《劉申叔遺書》（南京：江蘇古籍出版社，1997 年）。

❼　戴逸：〈漢學新探〉，《履霜集》（北京：中國人民大學出版社，1987 年），頁 100。

嘉漢學發展到高峰，繼而走向衰落的過程中，從漢學潮流中分化出來的一個新的學派。乾嘉漢學走過其輝煌顯赫的時期，到嘉慶朝後期，一方面清朝統治逐漸由盛轉衰，社會危機日益加深；另方面漢學的弊端——煩瑣、偏頗、脫離實際，治學範圍狹窄等愈益暴露，對社會提出的各種實際問題無力解決，其作為一種學術潮流開始由興盛走向衰落，此後學界雖仍不乏著名的漢學家，如俞樾、孫詒讓等，但卻構不成一種學術思潮，揚州學派正是乾嘉漢學發展到高峰，並開始走向衰落時期的一個學術派別。從其主要代表人物王念孫（1744－1832）、汪中（1744－1792）、焦循（1763－1820）、阮元（1764－1849）、王引之（1766－1834）等，這些學者的主要活動年代看，正是乾嘉漢學從興盛走向衰落的歷史階段。他們的學術思想既反映了乾嘉漢學鼎盛時期爐火純青的境界；也表現了其走向衰落之際的某些弊端。

在這樣的形勢下，揚州學派必然是既繼承了吳、皖兩派的特點，又發展和超越了兩派，形成了自己的獨特風格。

二、揚州學派存在的時空及其成員界定

在中國學術思想史上，以共同的師承淵源，共同的學術觀點、學術特徵、共同的活動地域為紐帶，曾產生形成了許多各有特點的不同學術流派。這些學派或以學派的創始人、或以地域、或以學派的宗旨與特徵來命名，諸如春秋戰國時的儒、墨、名、法等學派，兩漢時期的經今文學派、經古文學派；宋明時期的程朱學派、陽明學派，以及清代的乾嘉學派，吳派、皖派等等，它們都是特定歷史

時期、各具時代特徵的學術流派。同樣，揚州學派也是特定時期的
一個學術流派，我們在研究揚州學派時，首先應對其存在的時間、
空間及其成員，有個基本的界定。

　　所謂揚州學派存在的時間，也就是說揚州學派產生、形成活動
於何時？我認為揚州學派，並非是貫穿於揚州地區從古至今的一個
學派，而是指清代特定歷史時期中乾嘉學派的一個分支。因此，要
確定其產生形成的時間，必須將其置於乾嘉學派的歷史背景下來考
察。學術界都共認清初的顧炎武是乾嘉學派的「不祧祖先」，其後
的閻若璩、胡渭等是其「直接先驅」，但在顧、閻、胡等人時期，
乾嘉漢學尚未形成獨立的學派，直到乾隆時期的惠棟公開打出漢學
旗幟後，乾嘉漢學才正式成為獨立的學派。接著在乾嘉漢學中又分
化出吳派和皖派，形成漢學的鼎盛局面。揚州學派直接的學術思想
淵源，既然來自乾嘉漢學中的吳派和皖派，其產生形成的時間，理
應在清乾嘉時期，且稍晚於吳、皖兩派。如前所述，它實際上是乾
嘉漢學發展至鼎盛階段，並逐漸走向衰落時期的一個學派，它的學
術風格和特徵，也反映了這個歷史時期的一些特徵。基於對揚州學
派產生形成的時間範圍做如此界定，當然就不能認為揚州學派是揚
州地區從古至今都存在的一個學派。同時，也不能把從清初到清
末，凡屬揚州籍的學者，也都籠統地劃入揚州學派，否則就很難分
析揚州學派的時代特點和基本特徵。對於揚州學派的研究，不能等
同於研究揚州地區地域文化史、學術發展史，它只是整個揚州地域
學術文化發展過程中，一個特定歷史時期的一部分。在有些研究揚
州學派的論著中，一方面認為揚州學派是在「吳、皖兩派以後，衍
皖派餘緒，集吳、皖兩派之長」，另方面又將康熙時期的王懋竑、

朱澤澐等列入揚州學派。其實,這兩位學者雖然都是揚州寶應人,但其活動的年代主要在康熙年間,朱澤澐早在雍正十年(1732)就已去逝,那時戴震還不足十歲,吳、皖兩派都還沒有形成,王懋竑與朱澤澐又何以能受吳、皖兩派的影響呢?之所以會有如此論述,主要是由於未能對揚州學派產生形成的時間,做出明確的界定所致。

再說揚州學派活動空間。揚州學派既以揚州地域而命名,其活動的空間範圍,當然應在揚州地區。清代乾嘉時期的揚州府治,領二州六縣,即高郵州、泰州和江都、甘泉、儀徵、興化、寶應、東台❽,揚州學派在地域範圍上即指此二州六縣。不過,作爲一個學術流派,主要是指其學術思想觀點和學術特徵,而不僅僅指地域分布。揚州學派既以揚州爲活動基地,其成員自然大都是揚州籍學者,但並非凡是揚州籍學者,便一定屬揚州學派,而非揚州籍學者,也未見得就不能屬揚州學派,還要看其師承淵源和學術傾向。如江藩,本是揚州甘泉人,但他師從於余蕭客,是惠棟的再傳弟子,在治學上恪守吳派的學術宗旨與治學方法,且門戶森嚴,在學術風格上與吳派一脈相承,因此,其應屬於吳派。另如凌廷堪,他原是安徽歙縣人,但卻久客揚州,又深受戴學影響,與揚州學派中的劉台拱、汪中、焦循等交往也很密切,在學術風格上更接近揚州學派,理應屬於揚州學派。

對於揚州學派成員的界定,較爲複雜。但可以參考當時有關學

---

❽　嘉慶《重修揚州府志》卷5〈建置沿革〉。

者的論述，聯繫學者自身的治學宗旨和治學方法，予以大致界定。當時的學者汪中曾指出：「是時古學大興，元和惠氏、休寧戴氏，咸爲學者所宗。自江以北，則王念孫爲之唱，而君（按：指李惇）和之，中及劉台拱繼之，並才力所詣，各成其學。雖有講習，不相依附。」❾汪中的意思很明確，說明在惠棟和戴震各自創立了學派，都爲學者所宗的情況下，王念孫既宗其爲盟主，又有自己的發展，「各成其學」，不是簡單的相互依附，各有自己的學術特色，這是成爲一個獨立學派最主要的條件。當時，另一個學者王昶便看到這一點，他說：「近過廣陵（按：即揚州），復見汪君中，通經遂史，篤於學，志於古，爲予所不如。蓋予與淮海之交有四士焉：訓導寶應劉台拱有曾閔之孝；給事中王念孫及其子國子監生引之，有《蒼》《雅》之學；既君有揚馬之文，時謂之四士三美，宜矣。」❿這些還只是講了揚州地區的學者，有自己獨特的特點和聯繫，已有一個學派的端倪。到了民國初年，有位學者在其撰寫的《劉師培外傳》中，便明確肯定了揚州學派的存在，他說：「揚州學派於乾隆中葉，任、顧、賈、汪開之，焦、阮、鍾、李、汪、黃繼之。凌曙、劉文淇後起，而劉出於凌。師培晚出，襲三世經傳之業，門風之盛，與吳中三惠九錢相望，而淵綜廣博，實隆有吳、皖兩派之長，著述之盛，並世所罕見。」⓫該文不僅明確肯定了揚州學派的存在，而且勾畫出該學派的發展線索、各階段的代表人物，

---

❾　〔清〕汪中：〈大清故候選知縣李君之銘〉，《述學·外篇一》。

❿　〔清〕王昶：〈四士談〉，《春融堂集》，卷35。

⓫　尹炎武：〈劉師培外傳〉，《劉申叔先生遺書》卷首。

及其學術成就，文中高度評價該學派「淵綜廣博，實隆有吳、皖兩派之長」。由於《劉申叔先生遺書》印數不多，流傳不廣，故載入該書卷首的此文，未能引起更多學人的重視和研究。以上有關論述可知，揚州學派的主要代表人物有王念孫、汪中、焦循、阮元等。屬於這一學派的學者，有李惇、任大椿、程晉芳、劉台拱、賈田祖、江德量、淩廷堪、秦恩復、鍾懷、顧鳳毛、羅士琳、王引之、劉文淇、黃承吉等。近當代學者，劉師培則是該學派的遺緒和殿軍。由於揚州學派與戴震關係密切，因而揚州學派中有些學者如王念孫也同屬皖派。王念孫是戴震的弟子，本屬皖派學者，但由於揚州學派形成較晚，他既屬皖派，又屬於揚派，這並不奇怪。因為皖派與揚派既有淵源關係，有許多共同之點，同時又有所區別，因而同一個人可以由彼入此。

以上對揚州學派的時空及其成員的界定，也可進一步說明，清代乾嘉時期確存在著揚州學派，其產生形成的時間稍晚於吳、皖兩派，且在學術思想淵源上受吳、皖兩派的影響。基於這一客觀事實，一些前輩學者早就肯定了揚州學派的存在。以研究清代學術思想史著稱的梁啓超就曾說在吳、皖兩派之外，「尚有揚州一派，領袖人物是焦理堂（循）、汪容甫（中），他們的研究範圍比較廣博。」●已故著名歷史學家柴德賡先生也曾明確肯定「乾隆時經學流派，吳、皖兩派之外，還有揚州一派，揚州派以王念孫為首，汪

● 梁啓超：《中國近三百年學術史》（上海：復旦大學出版社，1985年），頁115。

中等和之。各人有各人的成就。」⑬近幾年，著名清史學家戴逸先生也認爲，乾嘉漢學中，繼吳、皖兩派之後，「再下去是揚派，即揚州學派，像阮元、焦循、王念孫和王引之父子等大批人，到了這批人手裡，漢學發展到頂峰，並轉向衰落，他們的成就是非常大的。」⑭這些前輩學者的精闢之見，都對我們研究揚州學派有重要啓示。

我們在肯定揚州學派存在的同時，要看到學術界也有些學者對此尚有疑義。如有的學者認爲乾嘉學派根本不必要再分吳派、皖派，當然更不必再分出揚州學派。他們的主要論據是，如此劃分會否定乾嘉學派不斷發展演變的過程；同時所謂的吳、皖兩派之間的共同點遠大於不同點，不必過分強調其中的不同點；再者二者之間的特點也不是絕對的，勉強劃分出吳派、皖派是緣木求魚。這些學者還針對揚州學派的提法而指出：「晚近以來，沿據地望名學舊轍，又有揚州學派、浙東學派諸多歸納，按照地域來區分乾嘉學派和整個清代學術，是否與學術史實際相吻合，……恐怕還可以商量。」⑮另外，也有學者將乾嘉學派分做惠棟、戴震、錢大昕派，並認爲目前所論揚州學派中的成員，大都屬於戴派，沒有再分出揚

---

⑬　戴逸：〈清代思潮〉，《論中國傳統文化》（北京：三聯書店，1988年），頁 323。

⑭　柴德賡：〈章實齋與汪容甫〉，《史學叢考》（北京：中華書局，1982年），頁 293。

⑮　陳祖武：〈揚州諸儒與乾嘉學派〉，《揚州研究》（臺北：聯經出版事業公司，1996 年）。

州一派的必要。⑯筆者既然反覆論證揚州學派的存在，對上述觀點，當然持保留意見。這裡問題的關鍵是，即便有吳、皖、揚州各派之分，並不否定乾嘉學派的發展演變過程。對此，我在〈關於乾嘉學派的成因及派別劃分之商榷〉一文中已有論及，這裡不再贅述。

三、揚州學派的學術特徵及其地位和影響

關於這派的學術特徵，張舜徽先生在其《清代揚州學記》中，曾通過對吳皖兩派及揚州籍學者的相互比較得出結論說：「余嘗考論清代學術，以爲吳學爲最專，徽學（皖）最精，揚州之學最通。無吳、皖之專精，則清學不能盛；無揚州之通學，則清學不能大。然吳學專宗漢學遺說，摒棄其它不足數，其失也固。徽學實事求是，視夫固泥者有間矣，而致詳於名物度數，不及稱舉大義，其失也褊。揚州諸儒承二派以起，始由專精匯爲通學，中正無弊，最爲近之。」⑰這確爲眞知灼見。說明揚州學派在繼承吳、皖兩派的基礎上，又進一步向前發展，由專精進而發展爲會通，克服了吳、皖兩派的固守和偏頗，達到創新和通大。具體說來，揚州學派的特徵和影響有如下幾點：

㈠繼承發展惠棟、戴震的考據之學，將乾嘉漢學進一步推向高峰，並取得總結性成就。揚州學派在學術思想上因淵源於惠、戴，

---

⑯ 漆永祥：《乾嘉考據學研究》（北京：中國社會科學出版社，1998 年）。

⑰ 張舜徽：《清代揚州學記》（上海：上海人民出版社，1962 年），頁 2。

所以他們在治學中仍遵循從古文字入手，重視聲音訓詁，以求經書原意的原則。他們於起步時，清代漢學已有豐富的積累，在文字、音韻、訓詁、校勘、辨僞、輯校等方面，都已取得顯赫成就。他們可以吸收利用漢學已有的成果，進一步發展和提高，將漢學推向高峰，如王念孫、王引之父子，在清代漢學領域達到的成就，即致登峰造極。他們以淵博的學識和嫻熟地運用歸納演繹的方法，在訓詁、校勘方面的成就，都遠遠超過惠棟和戴震。阮元在評價王氏父子的學術成就時就曾指出：「高郵王氏一家之學，海內無匹」，「又過於惠、戴二家」，「亦爲惠氏定宇，戴氏東原所未及」。❽王氏父子在訓詁、校勘等方面，「觸類旁通」，創立的通例，對於乾嘉漢學的方法和手段，實帶有總結性質。另如任大椿關於典章制度的研究，也發展了戴震的學說。戴震曾計畫撰寫《七經小記》，以解決經學研究中有關訓詁、名物制度方面的疑難，卻未能如願完成。任大椿效法戴震，先後撰寫〈弁服釋例〉、〈深衣釋例〉、〈釋繒〉等，均補充和發展了戴震的典章制度之學。它如汪中的〈明堂通釋〉、〈釋三九〉，焦循的《群經宮室圖》，及阮元的〈明堂論〉，均是有關典章制度方面的名著，都發展和超過了惠棟、戴震在這方面的研究。嘉慶時期，當乾嘉漢學由興盛走向衰落之際，出現了對漢學進行總結和抨擊的著作，如江藩的《國朝漢學師承記》、方東樹的《漢學商兌》，這說明乾嘉漢學作爲一種學術思潮，已走到了晚期階段，學者們都在從不同角度對之進行總結。揚州學派的代表人物阮元主持編纂的《經籍纂詁》、《十三經注疏

---

❽　〔清〕阮元：〈王石臞先生墓志銘〉，《揅經室集》，卷2。

校勘記》、《皇清經解》，也在一定程度上總彙了乾嘉漢學在訓
詁、校勘、解經等方面的成果，實際上也具有總結性質。

　　㈡突破了傳注重圍，開拓了研究領域，使學術研究在內容和方
法上都漸有近代學術氣息。中國封建社會以儒學爲核心的傳統學
術，將儒家典籍視爲神聖的經典。自漢而後，各朝各代的學者，無
不在傳注儒家經典上下功夫，形成世代相傳的注經局面，不敢越傳
注之雷池，治學範圍也有偏枯狹弊，除了幾部儒家典籍外，諸子百
家之學，多被視爲旁門左道。乾嘉漢學興起後，一反宋元對《四
書》《五經》說解，又將精力集中於漢儒傳注方面。特別是吳派學
者「唯漢是從」，以致造成學術界的抱殘守缺，孤陋寡聞，更加窒
息了生動活潑的學術研究。置身於乾嘉漢學之間的揚州學派學者，
深深感到學術研究中的這種弊端，加之他們活動於交通發達，商業
繁盛的揚州地域，與薈萃往來於揚州的各地學者廣泛接觸，在學術
上能「求同存異」，不守門戶之見。焦循就認爲「古學未興，道在
存其學；古學大興，道在求其通」。就是說，要發展學術，一定要
求通，要敢於擺脫傳注的重圍，擴大研究領域。他們的研究範圍不
限於儒家經典，首先將研究內容擴大到先秦諸子，如汪中研究墨
子、荀子和賈誼。他校訂《墨子》，撰寫〈墨子後序〉，又撰〈荀
卿子年表〉，駁斥正統儒家對墨子的誣蔑，肯定荀子的歷史地位，
以致使正統派學者詛咒汪中「敢言孟子之言兼愛無父乃誣墨子，此
則又名教之罪人」。⑲另如王念孫的《讀書雜志》，廣泛校勘了
《管子》、《晏子》、《墨子》、《荀子》、《淮南子》等子類著

---

⑲　〔清〕翁方綱：〈書墨子〉，《復初齋文集》，卷15。

作，均開子學研究之先河。爾後的學者如孫詒讓《墨子間詁》、俞
樾《諸子評議》，多受汪中、王念孫等揚州學派學者之影響。另外
揚州學派學者又大都重視自然科學的研究，李惇、焦循、阮元等對
於天文、數學、自然科學史諸方面都有深湛研究。李惇、焦循的數
學取得傑出成就，焦循還利用數學原理研究《周易》，尤爲別具一
格。阮元編寫出《疇人傳》，撰寫了大批天文曆算學者的傳記，實
際上是一部自然科學史，開拓、擴大了治學範圍。

　　前輩史學大師陳垣先生曾謂：「朱竹垞、全謝山、錢竹汀三家
集，不可不一看，此近代學術之源泉也」。而揚州學派的研究方
法，則將傳統的學術研究方法，更是大大向前推進了一步。特別是
王念孫、王引之、阮元等人，已生活於鴉片戰爭前後，都在不同程
度上受有近代科學影響，使自己的學術研究方法具有某些近代氣
息。王念孫、王引之父子在訓詁、詞語等語言學研究中，已具有近
代文法觀念，以致當代語言學家呂淑湘在其《文言虛字》一書的序
言中，認爲自己在這方面的工作，是王引之《經傳釋詞》一書的繼
續。當代另一語言學大師王力先生甚至認爲王念孫、王引之等人的
著作「是中國語言學走上科學道路的里程碑」。王引之的學術論
著，大都結構嚴密，邏輯性強，嫻熟地運用歸納和演繹的方法，已
是系統的學術論著，開近代學術論證之風，與顧炎武的《日知
錄》、閻若璩的《潛邱札記》等零金碎玉式的札記之作相比，顯然
有所不同。再如阮元在其學術著作中，已經運用統計的方法，對事
物進行歸納，具有類的觀念和發展的觀念，也突破了傳統的研究方
法。他在表述問題時所用的一些詞彙，如「實學」、「西學」、
「西法」等，也都是近代學者常用的詞語概念。

㈢反對漢學的墨守與門戶之見，具有發展變化的思想和求實批判精神。揚州學派的學者，雖然吸收繼承了乾嘉漢學的治學方法和原則，但在乾嘉漢學從興盛走向衰落的過程中，他們又大都感受到漢學的拘守、狹隘和煩瑣。因而他們一方面突破傳注重圍，開拓研究領域，吸收運用新的研究方法，另方面也對漢學的弊端進行批評指責。由於揚州派學者多出身於漢學營壘，「入其壘，暴其恃，而見其瑕」，他們的批評，並非出於門戶之見，比較切實。如焦循就曾寫信給王引之說：「循嘗怪爲學之士，自立一考據名目」，而盲目泥古，「以時代言，則唐必勝宋，漢必勝唐；以先儒言，則賈、孔必勝程、朱，許、鄭必勝賈、孔。凡許、鄭一言一字，皆奉爲圭壁，而不敢少加疑辭，竊謂此風日熾，非失之愚，則失之僞。」因此，他決心「芟此考據名目，以絕門戶聲氣之習」。⑳而王引之在給焦循的覆信中也深表贊同說：「來書言之，足足使株守漢學而不求其是者，爽然自失」，王引之在此信中還批評惠棟信漢、佞漢的錯誤傾向，他說：「惠定宇先生考古雖勤，而識不高，心不細，見異於今者則從之，大都不論是非。」㉑焦循、王引之通信中對漢學盲目泥古、自立門戶的批評，並非個別揚州學者的一己之見，而是在漢學的弊端和危害日益暴露的情況下，已在揚州學派中引起議論，並有共同的認識，比如阮元，他在這方面的言詞，雖不像焦循、王引之那樣尖銳，但其同樣主張：「儒者之治經，但求其是而

⑳ 〔清〕焦循：〈家訓〉，《昭代經師手簡二編》。

㉑ 〔清〕王引之：〈與焦理堂先生書〉，《王文簡公文集》，卷4。

已，是之所在，從注可，違注亦可，不必定如孔、賈之例也。」㉒這些看法必然逐步打破漢學的門戶之見，促使乾嘉漢學的分化。

揚州學派從對漢學弊端的認識中，進而痛切感到漢學已沒落到禁錮思想，窒息學術發展的危害，如焦循所指出的「執一害道，莫此爲甚」，他看到當時的學術已淪落成「投靠富貴有勢力之家的奴僕，不能自立，以爲之奴」，而受其凌者，「或又附之，則奴之奴也」。要發展學術，就必須打破這種局面。由於時代變化，揚州學派學者多具有發展變化思想，焦循尤其突出，他竭力反對形而上學的所謂「定論」，認爲「井田封建，聖人所制也，而後世遂不可行，則聖人之言且不定也。故有定於一時，而不能定於萬世者；有定於此地，而不能定於彼地者；有定於一人，而不能定於人人者，此聖人爲變之學也。」焦循關於《周易》的研究，便運用數理知識，說明宇宙萬物都是經常變化的、發展的，進而又用發展變化的觀點，闡明性理，指導治學。同樣，這種發展變化的思想，在汪中、阮元等人的學術思想中，也有深淺不同的反映。這正是行將遽變的時代，在學術思想上的折射。

揚州學派的發展變化思想，運用於學術研究中，便主張創新務實，聯繫實際，經世致明。如汪中在論述自己的治學宗旨時說：「故嘗推六經之旨，經合於世用，乃爲考古之學，實事求是，不尙墨守。」㉓揚州學派的開拓治學領域，擴大治學範圍，衝破經注的束縛，研究子學、天文、農學、史地、自然科學史等，也是從經世

㉒　〔清〕阮元：〈焦理堂群經宮室圖序〉，《揅經室集》，卷11。
㉓　〔清〕汪中：〈與巡撫畢侍郎書〉，《述學·別錄》。

致用出發。在經世致用的思想指導下，汪中勇敢地否定宋儒指出《大學》為孔子所作的觀點，認為宋儒將《大學》託之孔子，目的在於抬高他們自己，「不託之孔子，則其道不尊」，但是託之孔子，又「義無所據」❷，缺乏應有的根據。這些思想觀點很有批判精神，在長於考據的多數漢學家著作中是少見的。

　　清代的學術思想，如何從乾嘉漢學演變到鴉片戰爭前後的經世致用，在以往的學術思想史論著中尚未論述明白。通過對揚州學派的研究，可以發現揚州學派正是從乾嘉漢學演變到鴉片戰爭前後新的經世致用思潮的中間環節，揚州學派一方面繼承和總結了乾嘉漢學，將乾嘉漢學推向高峰；另方面又看到和指出了乾嘉漢學的局限和弊端。他們通過自己的學術研究開拓了研究領域，擴大了治學範圍，闡述了發展變化的思想，成為新興起的學術思潮發酵劑和先導，深入研究揚州學派，顯然有助於更準確地闡明清代學術思想的發展和演變，這既說明了揚州學派在清代學術思想史上的地位和影響，同時也是研究揚州學派的重要意義之所在。

---

❷　〔清〕汪中：〈大學評議〉，《述學·補遺》。

關於進一步確認揚州學派的思考

田漢雲*

清代學術史上有沒有一個揚州學派？關於這一問題，長期以來學術界一直有兩種意見。約在一九二三年至一九二四年間，梁啓超在《中國近三百年學術史》中提出，乾嘉漢學除了有吳、皖兩個支派，「尚有揚州一派」。❶一九二五年，支偉成著成《清代樸學大師列傳》，雖然不否認有一「揚州學派」，具體敘錄時則把揚州正統派經師分屬吳、皖兩派。❷張舜徽先生於本世紀四十年代撰寫、五十年改定的《清代揚州學記》，比較明確、具體地論述了揚學是繼吳、皖兩派而起的新興學術流派。❸在我看來，張先生這部著作可

* 田漢雲，揚州大學人文學院教授。

❶ 梁啓超著，朱維錚校注：《中國近三百年學術史》（上海：復旦大學出版社，1995 年），頁 115。

❷ 〔清〕支偉成：《清代樸學大師列傳》（長沙：岳麓書社，1986 年），頁 145。

❸ 張舜徽：《清代揚州學記》（上海：上海人民出版社，1962 年），前言。

以說是揚學研究的里程碑。然而在後來四十多年裡，關於揚州學派
之有無，依舊是信者自信，疑者自疑。在二十世紀學術史研究實踐
中，關於一個學派能否確認，雖然反覆討論而不能形成一致的意
見，類似的情況殊爲罕見。但是這種討論至少具有兩層意義：其
一，有助於客觀地認識乾嘉學術的發展歷程；其二，有利於準確地
把握清代揚州學術的區域文化特徵及其在清學史上的地位。至於不
能對揚州學派的有無形成一致意見，我體會主要有兩個原因，一是
各家界定學派的標準與視點不一，二是對於清代揚學的總體考察還
有待深入。在中國學術史上，學派林立，然而據我聞見所及，關於
學派的基本理論研究一直較爲薄弱。清代揚州名儒眾多，文獻浩
繁，對揚學作宏觀的有深度的考察，也非一人一時所能辦到。因
此，今後人們的意見也未必能夠完全統一。但是，經過反覆的、充
分務實的討論，分歧應會逐步縮小，乃至消除。在這裡，我以學派
確認之基本標準與揚學之具備程度爲主要視角，談一點膚淺看法，
請益於與會師友。

一、揚州學術群體的形成與分期

　　在中國學術研究中，人們已經確認了眾多學派的客觀存在。人
們所公認的各種學派，雖然陣容強弱千差萬別，畢竟都是由一定的
學術群體構成的。單個學者即令成就卓著，一般不被視爲一個學
派，因爲根本無此必要。所以，擁有一個學術群體，是判斷一種學
派存在的最外在、最基本的標準之一。

　　學術群體的構成有多種類型，而較爲常見的有兩種，一是主要

以師承爲紐帶，一是主要以地緣而契合。清代揚州學者群體大致屬於後一類型。

在清代中前期，揚州以學者眾多而著稱於世。以《清史稿》與《清代樸學大師列傳》的記載爲依據，揚州籍著名學者有陳厚耀、王懋竑、喬億、朱澤澐、劉台拱、王念孫、王引之、汪中及其子汪喜孫、賈田祖、顧九苞、顧鳳毛、任大椿、任兆麟、阮元及子阮福、焦循及其子焦廷琥、江藩、鍾懷、朱彬、劉寶楠及子劉恭冕、凌曙、方申、劉文淇、劉毓崧、劉壽曾、梅毓、成孺、羅士琳、黃承吉、宋綿初、汪德奎、徐復、汪光爔等。《清代樸學大師》爲三百七十餘人列傳，其中揚州地區的名家約佔百分之八。考慮到揚州不過區區一郡，這個比例是很高的。從上述學者的時間分布看，多集中於乾隆至道光年間，又足見這一時期是揚學的昌盛階段。揚州學者不僅人數眾多，他們中間不少人又頗具「群體」意識。

古代士大夫一般都對故鄉懷有特殊的親切情感。這種現象是中國具體的社會結構的產物。在宗法制度與相應的倫理觀念規範之下，宗親被人們視爲最神聖、最恒久的社會關係之一。宗親關係的持續擴展使得社會成員擁有了一片精神家園。故鄉是歷世宗親生活的基本區域，因而宗族情感便很自然地衍化爲故鄉情結。即便是來自窮鄉僻壤的人，也不可以滋生對故園的冷漠。但是來自名都大邑的人卻不妨有直露的自豪。清代揚州學者便是如此。當時揚州學者對故鄉的熱愛有一種獨特的表現方式，即熱心撰寫地方史錄。汪中的《廣陵通典》、焦循的《北湖小志》、阮元的《廣陵詩事》，李斗的《揚州畫舫錄》、劉寶楠的《寶應圖經》等都是有名的作品。揚州士大夫對此類著作往往抱有特別濃厚的興趣。乾隆年間，儀徵

人李斗經三十年積累，著成《揚州畫舫錄》。其後本郡文士紛紛賦詩作文，賞譽兼寄鄉情。見於清末石印本的五十一家題詞序跋中，近三十種出於本郡文人之手。❹共同的鄉梓之情，使揚州學者之間形成一種天然的聯繫。

由於生長在同一方水土上，揚州學者之間也易於形成特殊的學術文化聯繫。不少學者家傳其學。如王念孫與子王引之、阮元與子阮福、焦循與子焦廷琥、汪中與子汪喜孫、劉寶楠與子劉恭冕、劉文淇與子劉毓崧、孫劉壽曾等，都是以學術傳家著稱。也有些學者之間因有宗族或親戚關係而帶來學術授受之便。如王式丹之於侄王懋竑、劉台拱之於表弟朱彬、侄兒劉寶楠、劉寶樹，凌曙之於甥劉文淇，都有直接的指導之功。興化顧九苞的經學「多得乎母教」，其母任氏與任大椿是同一家族中人；顧九苞之子顧鳳毛治經亦得祖母指點，任大椿的學術對顧氏父子又間接地產生過影響。因有地緣之便，學者之間接觸也較為頻繁。例如，王懋竑與朱澤澐、王念孫與任大椿、汪中與江藩、焦循與黃承吉，都是「最親密的學侶」。這裡面，除了王念孫與任大椿之外，其餘幾對密友主要是在揚州交往。其他如阮元與焦循是亦親亦友，劉文淇、劉寶楠也交誼匪淺。他們相聚時以把酒論學為樂，分離時也在生活與治學方面相互關心。

地緣之親與交往之密，是揚州學者形成獨立的學術流派的重要條件，但還不能說是決定性的因素。最具決定意義的因素是他們中

---

❹ 參見〔清〕李斗：《揚州畫舫錄》（揚州：江蘇廣陵古籍刻印社，1894年），卷首。

間不少人在密切交往中形成了學術群體意識。這種意識的產生有一較長的過程。清代前期，揚州學術的重鎮在寶應。王懋竑、朱澤澐學名雖著，因學者人數較少，自難形成群體觀念。揚州學術群體的壯大與集結在乾隆年間，群體觀念之形成亦在此時。

群體意識的表現之一，是對同鄉學侶的學行密切關注並真心推許。茲列揚州學者相互評價之資料如下：

1.汪中論同郡名家。汪中於並世學人少有許可，但對於王念孫、劉台拱、李惇、賈田祖都有高度評價。《大清故候選知縣李君之銘》：「是時古學大興，元和惠氏、休寧戴氏，咸為學者所宗。自江以北，則王念孫為之唱，而君和之，中及劉台拱繼之，並才力所詣，各成其學。雖有講習，不相依附。」「君於年為長三人者兄事焉」。❺ 又《大清故高郵州學生賈君之銘》：「君好學，多所涉獵。喜《左氏春秋》，未嘗去手，旁行斜上，朱墨爛然。……性明達，於釋、老、神怪陰陽拘忌及宋諸儒道學無所惑。」❻

2.王念孫論同郡名家。論汪中：「聞容甫著作益富，此人才、學、識三者皆過人。在我輩中，且當首屈一指。」❼ 論劉台拱：「端臨邃於古學，自天文、律呂至於聲音文字，靡不該貫。其於漢宋諸儒之說，不專一家，而唯是之求。……此之徵君閻百詩、先師戴庶常、亡友程易疇，學識蓋相伯仲，以視鑿空之談，株守之見，

---

❺　〔清〕汪中：《述學・外編》（《粵雅堂叢書》本，咸豐 3 年），頁 18 —19。

❻　《述學・外編》，頁 10—11。

❼　轉引自張舜徽：《清代揚州學記》，頁 85。

獨黃鵠之與壞蟲也。」❽論任大椿：「任君勤於著書，采拓極博。」❾

3.阮元論鄉邦名家。論劉台拱：「先生之學，自天文、律呂、六書、九數、聲韻等事靡不貫洽。諸經中於《三禮》尤精明之，不爲虛詞穿鑿，故能發先儒所未發。」❿論王念孫、王引之：「我朝小學訓詁遠邁前代，……高郵王文肅公以清正立朝，以經義教子，故哲嗣懷祖先生家學特爲精博，又過於惠、戴二家。」⓫「經傳中實字易訓，虛詞難釋。……雖以毛、鄭之精，尤多誤解，何況其餘。高郵王氏喬梓，貫通經訓，兼及詞氣。……《釋詞》十卷，元讀之，恨不能起毛、孔、鄭諸儒共證此快論也。」⓬論焦循：「君善讀書，博聞強記，識力精卓，於學無所不通，著書數百卷，尤邃於經，於經無所不治，而於《周易》《孟子》專勒成書。……焦君與元年相若，且元之族姊夫也。弱冠與元齊名，自元服官後，君學乃精深博大，遠邁於元矣。」⓭論任大椿：「元居在江淮間，鄉里先進多治經之儒，若興化顧進士文子九苞、李進士成裕惇、劉廣文端臨台拱、任侍御子田大椿、王黃門石臞念孫，汪明經容甫中，皆耳目所及，或奉手有所受。丁未、戊申間，元在京師，見任侍御，

---

❽ 《清代揚州學記》，頁 42。

❾ 《清代揚州學記》，頁 80。

❿ 〔清〕阮元著，鄧經元點校：〈劉端臨先生墓表〉，《揅經室集》（北京：中華書局，1993 年），頁 399。

⓫ 〈王伯申經義述聞序〉，《揅經室集》，頁 120。

⓬ 〈王伯申經傳釋詞序〉，《揅經室集》，頁 120。

⓭ 〈通儒揚州焦君傳〉，《揅經室集》，頁 481。

相問難為尤多。侍御……所著《弁服釋例》，……綜覽經疏史志，發微訂訛，燦然經緯畢著。」⑭論江藩：「甘泉江君子屏，得師傳於紅豆惠氏，博聞強記，無所不通，心貫群經，折衷兩漢。元幼與君同里同學，竊聞論說三十餘年。江君所纂《國朝漢學師承記》八卷，嘉慶二十三年居元廣州節院時刻之，讀此可知漢世儒林家法之承授，國朝學者經學之淵源，大義微言，不乖不絕，而二氏之說不攻自破矣。」⑮論凌曙：「博覽工文詞，治經傳，不為俗學。」⑯

4.焦循論鄉邦名家。論劉台拱：「先生當世大儒，後學之所宗仰。」⑰論王念孫：「說經若此，頓使數千年淤塞，一旦決為通渠。」⑱論王引之：「《釋辭》四通九達，迥非貌為古學者可比。」⑲論汪晉蕃：「經學深於《尚書》，字櫛句解無滯義，兼及《毛詩》《禮記》，通其大旨；尤好《易》，匯集漢魏諸家，考而釋之。」⑳

5.江藩論同郡名家。《國朝漢學師承記》一書論漢學的發展云：「至本朝，三惠之學盛於吳中，江永、戴震諸君繼起於歙，從

---

⑭　〈任子田侍御弁服釋例序〉，《揅經室集》，頁 243。

⑮　〈國朝漢學師承記序〉，《揅經室集》，頁 248。

⑯　〈江都凌君士馬教傳〉，《揅經室集》，頁 521。

⑰　〔清〕焦循：〈與劉端臨教諭〉，《雕菰集》（北京：中華書局，《叢書集成初編》本，1985 年），頁 215。

⑱　羅振玉輯：《昭代經師手簡二編》。

⑲　《昭代經師手簡二編》。

⑳　〔清〕焦循：〈亡友汪晉蕃傳〉，《雕菰集》，頁 345。

此漢學昌明，千載沉霾，一朝復旦。」❹由這段話分析，他是確認了吳、皖二派之相繼而起。那麼，皖派之後呢？實際上江藩認爲是揚州學派的興起。第七卷中所記眾多學者，除凌廷堪之外都是揚州人。凌氏「久客揚州」，與不少揚州學者爲友，故江藩「援寓公之例，記於郡人之末」。

　　6.劉文淇論同郡名家。評黃承吉，認爲他證釋經典，「旁通曲證，妙義環生，洵漆室之燈，迷津之筏也。」❷論劉寶楠，視之爲親密的學侶。他以《左傳舊疏考證》示劉寶楠，後云「承荷校勘，謹嚴精確，獲益良多」。❸評方申，稱其「最精者尤在《周易》」，能補惠棟、張惠言《易》說之未備。❹評薛傳均，謂之「博覽群籍，強記精識，於《十三經注疏》及《資治通鑑》功力尤深」。❺

　　古代學派之形成，並不是一種有組織的行爲。一些地緣、學緣或學術宗尚相近者持續的進行學術交流，便有可能形成學派。因此，考察學者之間的實際學術交往，對學派形成史探索是有意義的。

　　揚州學者群體之實際存在是不少學人已經具備的共識。但是說到這一群體的代表人物，人們的結論又往往不同。據我觀察，不少論者是以學術成就與影響的大小作爲別擇的標準。這當然是必要

---

❹　〔清〕江藩：《國朝漢學師承記》，卷1，頁6。

❷　〔清〕劉文淇：〈答黃春谷先生書〉，《青溪舊屋文集》（光緒9年刊本），卷3，頁4。

❸　〈與劉楚楨書〉，《青溪舊屋文集》，卷3，頁10。

❹　〈文學方君傳〉，《青溪舊屋文集》，卷8，頁9。

❺　〈文學薛君墓志銘〉，《青溪舊屋文集》，卷10，頁1。

的，但是又是有局限的。因爲對於一些學術大師而言，由於治學的具體內容不同，生活年代有異，使得我們不太可能絕對公正地來一次英雄排座次。比較可取的作法，是先分析揚州學者群的內部構成，然後再論高下。

賴貴三先生在《焦循年譜新編·楔子》中寫道：「有清乾嘉之際，揚州人文彬蔚，盛冠宇內；而里堂先生爲揚州學派第二期之雄傑。」❷據此可知，賴先生認爲「揚州學派」有其不同的發展階段。這是值得重視的。事實上，揚州學者雖然壽考有修短，名世有先後，其分期還是可以辨識的。

揚州學派的醞釀期在康熙、雍正年間，先驅者爲陳厚耀（1648－1722）、王懋竑（1668－1741）、朱澤澐（1666－1732）。焦循說：「吾郡自漢以來，鮮以治經顯者。國朝康熙、雍正間，泰州陳厚耀泗源天文曆算，奪席宣城；寶應王懋竑予中，以經學醇儒爲天下重。於是詞章浮縟之風，漸化於實。」❷這固然是指陳清代揚學的地域性淵源，但是尚不能認爲此時揚州學派已然形成，因爲陳厚耀與王懋竑、朱澤澐學術宗尙顯然有異。陳氏所長在天文曆算與經學，王、朱兩家則以精研朱子之學而名世。由於他們的學風與操守對揚學之後進確有影響，故可視爲揚州學派之前驅。

揚州學者開始構成一個學派，是在乾隆年間。最初的代表人物是汪中（1744－1794）、王念孫（1744－1832）、劉台拱（1751－1805）、任大椿（1738－1789）。其他主要成員有李惇（1734－

---

❷　賴貴三：《焦循年新編》（臺北：里仁書局，1994年），頁2。
❷　〔清〕焦循：〈李孝臣先生傳〉，《雕菰集》，卷21，頁343。

1784）、賈田祖（1714－1774）、朱彬（1753－1834）。王昶〈四
士說〉：「予交天下士大夫凡五十年，不翅百十人。近過廣陵，復
見汪君中，通經邃史，篤於學，志於古，爲予所弗如。蓋予於淮海
之交，有四士焉：訓導寶應劉台拱，有曾閔之孝；給事中王念孫及
其子國子監生引之，有《蒼》、《雅》之學；既君（汪中）有揚馬
之文。時謂之『四士三美』，宜矣！」❷王昶（1724－1806）作爲
當時久負盛名的學者，注意到揚州籍學者群的構成，這一事實也可
以作爲我們評估的參考。

　　揚州學派第二期的活動時間主要在嘉慶年間，其代表人物是焦
循（1773－1820）、阮元（1764－1849）、江藩（1761－1830）、
凌廷堪（1755－1809）、王引之（1766－1834）。主要成員有凌曙
（1775－1829）、黃承吉（1771－1842）、鍾懷、徐復、汪克燨、
李鍾泗、宋綿初、秦恩復、楊大壯、許珩等人。

　　揚州學派第三期的活動主要在道光年間，其代表人物有劉文淇
（1789－1854）、劉寶楠（1791－1855）。其他成員有汪喜孫
（1786－1847）、劉寶樹、梅毓、薛傳均等。

　　揚州學派在咸同兩朝趨於衰弱。較有成就的學者爲成蓉鏡
（1816－1883）、劉恭冕（1824－1883）、劉毓崧（1818－1867）
等。至於更晚出現的劉嶽雲（1849－1917）、劉師培（1884－
1917），雖然有顯著的學術成就，只可以視爲揚學的餘波。

---

❷　〔清〕王昶：《春融堂集》（光緒 18 年珠海文彬齋據嘉慶丁卯塾南書舍
　　藏版刻印），卷 35，頁 14。

二、揚州學派的基本特徵

我國古代的學術流派，具體名稱的確定方式主要有四種類型。一是標舉學術主張，如道家、名家、法家、理家、心學等。二是揭示典籍依據，如兩漢經學中的今文學、古文學，清代經學中的公羊學。三是稱述立派宗師，如孔子之後，儒家分爲八個支派，皆以人名派。又如王陽明爲代表的心學一派，世稱「王學」；顏元、李塨特重實踐，世稱「顏李學派」。四是指明發祥區域，如宋代的濂、洛、關、閩之學，清代的吳、皖之學。學派之定名，罕有自我標榜，多緣後人綜核而成立。由於後之學者著眼點不盡相同，一派而異名者也屬常見。如北宋胡瑗一派，既因其祖居陝西路安定堡而稱「安定學派」，又依其姓氏而稱「胡學」；張載一派或以鄉名，或以區域名，謂之「橫渠學派」或「關學」。在上述四類定名方式中，依地稱名者爲數甚多。這種命名法確有其長，它既隲括了一派宗師從事學術活動的關鍵性區域，又包容著對其他追隨者的確認；既標明了一個學派產生的區域，也劃出了受其影響的首要範圍。揚州學派依地而名，是前人的正確選擇。對於這一特定的學術群體，要用一句話概括其宗旨並作爲名稱，或者援用某種典籍之名爲名稱，都是有困難的。至於用一兩位學者的姓名作爲學派的名稱，也難以作出決斷。《中國儒學通典》㉙不列「揚州學派」之條，而依徐世昌《清儒學案》之有關篇章名目，列出「白田學派」、「石臞

㉙　吳楓、宋一夫主編：《中華儒學通典》（海口市：南海出版公司，1992年）。

學派」、「容甫學派」、「端臨學派」、「鄭堂學派」、「里堂學派」、「儀徵學派」，錯綜紛紜，流於瑣碎，亦未必妥當。

「揚州學派」這一名稱雖然較爲圓通，卻不能展示它的學術特徵。過去有些學人在這方面作過有益的探索，但是尚未達到富有說服力的地步，所以頗有部分學者不能認同，這方面的研究還要持續進行下去。

張舜徽先生早年認爲：「余嘗考論清代學術，以爲吳學最專，徽學最精，揚州之學最通。」❸以一「通」字概言「揚州諸儒獨具的精神和風格」，確是獨具慧眼。

做一名「通儒」，是許多揚州學者的理想，也是同郡學者互評、別郡學者稱揚的崇高讚語。據汪喜孫《容甫年譜》載，汪中「論次當代通儒僅八人」，而王念孫、王引之父子在其中。阮元〈傳經圖記〉：「篤信好古，實事求是，匯通前聖微言大義，而涉其藩籬，此通儒之學也。……吾鄉有汪君容甫者，……殆所謂通儒之學者矣。」（《國粹學報》第 3 期）王鳴盛〈贈任幼植序〉：「興化任子大椿，字幼植。年甫逾冠，而篤志經術，覃精稽古。……氣盛而志銳，求諸今世，實罕輩儔。進而不已，其將爲一代通儒無難也。」❸江藩《國朝漢學師承記》卷七〈劉台拱傳〉：「君學問淹通，尤邃於經。」阮元《定香亭筆談》卷四：「甘泉江鄭堂藩，淹貫經史，博通群籍，旁及九流、二氏之書，無不綜

---

❸　張舜徽：《清代揚州學記》，頁3。

❸　〔清〕王鳴盛：《西莊始存稿》（乾隆31年刻本），卷15。

覽。」❸阮元為焦循作傳，迳以「通儒揚州焦君」名篇。根據上述資料，可以看出張舜徽先生把揚學之特點概括為「通」，符合揚州學者的主觀追求與當時學界的客觀評價。

作為揚州學派總體特徵之「通」字，實際包含哪些涵義呢？這也需要我們根據這些學者自己的詮釋及其治學實踐進行分析。當然，這種分析應當吸取、參考現代學者的研究成果。筆者認為，至少可以從以下三方面去理解。

(一)研究訓詁考據與義理的貫通

皖派經學宗師戴震在〈古經解鉤沉序〉中說：「經之至者道也，所以明道者，其詞也；所以成詞者，未有能外小學文字者也。由文字以通乎語言，由語言以通乎古聖賢之心志，譬之適堂壇之必循其階而不可以躐等。」❸這種學術思路得到漢學家的普遍贊同，揚州學者亦不例外。他們把考據訓詁視為治學的根柢，通經的津梁。但是，如何究明古代經籍之文字呢？戴震強調使用樸學的方法而反對臆說，然而似未形成全新的思路。正是這一方面，揚州學者作出重大發明。

王念孫、王引之在實踐中是從文字訓詁、校勘開始即力求融會貫通。這雖然與以經說字、以字說經的傳統方法相通，境界卻出乎

---

❸　〔清〕阮元：《定香亭筆談》（北京：中華書局，《叢書集成初編》本，1985 年），卷 4，頁 168。

❸　〔清〕戴震：《戴震全書》（合肥：黃山書社，1995 年），第 6 冊，頁378。

其上。阮元總結其訓詁方法說：「先生……撰《廣雅疏證》二十三卷，凡漢以前《倉》《雅》古訓，皆搜括而通證之。謂訓詁之旨，本於聲音。就古音以求古義，引伸觸類，擴充於《爾雅》《說文》之外，似乎無所不達。然聲音文字部分之嚴，則一絲不亂。此乃借張揖之書以納諸說，實多張揖所未及知者，而亦爲惠氏定宇、戴氏東原所未及。」❸❹據張舜徽先生考察，王念孫在撰《廣雅疏證》之前，「曾經對群書訓詁，作過大規模的綜合研究工作」，「縱橫交錯，將古書舊義有條不紊地組織起來」。❸❺王引之著《經傳釋詞》，阮元主編《經籍纂詁》，其實也是以同樣的方法，實現文字訓釋的融會貫通。就揚州學者的訓詁學而言，並不是每一字詞的證釋都能引出經義的新解，但是總的看來，對於經籍義旨詮釋的貢獻是巨大的。

經籍校勘也是揚州學者成就卓著的領域。論其方法，也是講求「貫通」。關於這一點，張舜徽先生論述已詳，此不贅引。

方東樹在《漢學商兌》中責備包括揚州學者在內的漢學家考證訓詁與義理發明相脫節，應當說不爲無據，但是自戴震始已注重兩者的結合，《孟子字義疏證》可以爲證。至於揚州學者，在這方面的實績就更爲豐富了。

焦循說：「東原生平所著書，惟《孟子字義疏證》三卷、《原

---

❸❹　閔爾昌：《碑傳集補》（上海：上海古籍出版社，1987 年，《清代碑傳全集》本），卷 39，頁 66。

❸❺　張舜徽：《清代揚州學記》，頁 66。

善》三卷最爲精善。」❸又說：「循讀東原戴氏之書，最心服其
《孟子字義疏證》，說者分別漢學、宋學，以義理歸之宋，宋之義
理誠詳於漢；然訓故明乃能識羲文周孔之義理，宋之義理，仍當以
孔之義理衡之，未容以宋之義理，即定爲孔子之義理也。」❸焦循
對戴東原學術的評論，極鮮明地反映出他熱切地追求考證訓詁與義
理的結合。他對《易經》《孟子》的研究，都以發明孔孟之「大經
大法」爲目標，不局限於「研究六書、爭制度文物之是非」。其餘
如阮元作〈論語論仁論〉、〈孟子論仁論〉、〈性命古訓〉、凌曙
之治公羊學、劉文淇之治《左傳》、劉寶楠之著《論語正義》，都
以「正誼明道」爲歸宿。

(二)堅持「道」與「藝」兼重

揚州學者求爲「通儒」，其重大成就與長處在於不只是致力於
發明古經之本義，同時大力恢復和發揚早期儒家重視實用之學的傳
統。在這方面，顧炎武的學術思想是他們的近代淵源。阮元的〈顧
亭林先生肇域志跋〉，輕看「世之習科條而無學術，守章句而無經
世之具者」，推崇顧亭林以「經史」之學統「經濟」之學。❸這一
評論很可以看出揚州學人的治學方向。焦循、江藩視陳厚耀爲本地
學術之先導，其原因蓋出於此。

揚州學者自覺貫徹道藝兼重的宗旨，大體始於汪中。汪中之爲

---

❸　〔清〕焦循：《雕菰集》，頁95。

❸　《雕菰集》，卷13，頁203。

❸　〔清〕阮元：《揅經室集·三集》，卷3，頁673。

學，「實私淑顧寧人處士，故嘗推六經之旨以合於世用。」❸他知
識視野開闊，「無所不窺」，經學、小學之外，兼擅史學、文學、
輿地學。他生平一大遺憾是「獨不能明《九章》之術」，懇切建議
年富力強的江藩「爲此絕學」。❹值得注意的是，在清代學者中是
他首先重視《墨子》的思想價值。墨家也講「仁」，其實際內涵是
所謂「三務」，即以「富之、眾之、治之」爲牧民之道。與儒家相
比，墨家更注重功利。汪中肯定墨家之學，其要旨在於重視「實
學」。這對於近代學術思潮是有積極影響的。

　　揚州學派第二期的學者，在實用學術研究方面作出了非常突出
的成績。焦循著有《加減乘除釋》八卷，《天元一釋》二卷、《釋
弧》三卷、《釋輪》二卷、《釋橢》一卷等數學著作；《李翁醫
記》二卷、《種痘書》一卷、《沙疹吾驗篇》一卷、《醫說》一卷
等醫學類著作；《北湖小志》六卷、《邗記》等史地類著作。阮元
作《疇人傳》四十六卷，這是我國學術史上第一部「系統記載天文
算法方面的科技人物和創造發明的專書」。阮元精心結撰這一專門
史著作，突出地反應了他對科學技術的重視。此外他還撰寫了〈浙
江圖考〉、〈江堤說〉、〈荊州窆金洲考〉等水文專論，考古與實
測結合，對防禦水災有參考價值。其餘如劉文淇著有《揚州水道
記》四卷附圖一卷、劉寶楠《文安堤工錄》六卷、《寶應圖經》六
卷、汪喜孫有《從政錄》四卷。汪喜孫說：「通經與力行，更不必
別。……道與藝合，道與器俱。……形上爲道，形下爲器，凡士人

---

❸　〔清〕汪中：《述學·別錄》（《江都汪氏叢書》本），頁13。
❹　〔清〕江藩：《國朝漢學師承記》，卷7，頁114。

所誦習，安可忽諸。」❹基於這樣的認識，他們從事實用性的研究便有了源源不絕的動力。

(三)具有寬廣的文化視野與卓越的創造能力

劉毓崧作爲揚州學派後期的著名人物，對以往的百年揚學作過很好的總結。《通義堂文集》卷九〈吳禮北竹西求友圖序〉：

> 其深於經學者，由名物象數以會通典禮制作之原，而非專己守殘，拘墟於章句之內也。其深於小學者，由訓詁聲音以精研大義微言之蘊，而非僅貪常嗜瑣，限迹於點畫之間也。其深於史籍之學者，究始終以辨治亂之端倪，核本末以察是非之情實，而非僅好言褒貶，持高論以自豪也。其深於金石之學者，考世系官階，以補表傳遺闕；驗年月地理，以訂紀志舛訛，而非僅夸語收藏，聚舊拓以自喜也。其深於古儒家之學者，法召公之節性，宗曾子之修身，以闡鄒魯論仁之訓，而非若旁采釋氏，矜覺悟以入於禪也。其深於諸子書之學者，明殊塗之同歸，溯九流之緣起，以證成周教士之官，而非若偏嗜老莊，崇虛無以失於誕也。其深於駢散體文之學者，奉《易‧文言》爲根柢，《詩‧大序》爲範圍，《春秋》內外傳爲程式，以熔鑄秦漢後之文，而非若詰屈以爲新奇，空疏以爲簡潔也。其深於古近體詩之學者，循風騷之比

---

❹ 〔清〕汪喜孫：〈與任階平先生書〉，《從政錄》（《江都汪氏叢書》本），卷1。

興，樂府之聲情，選樓玉台之格調，以化裁隋唐後之詩，而
非若淺率以爲性靈，叫囂以爲雄肆也。**④**

　　劉毓崧從八個方面總括了百年揚學的規模、成就和特色，其中
每一點都可以坐實舉證，故不是出於「鄉曲之私」的溢美之辭。他
指出揚州學者在眾多領域都不滿足於「循風氣」，而是致力於「開
風氣」，從而眞正開拓了學術研究的新局面，其實已經肯定了揚州
學派的存在。

三、揚州學派在清學史上的地位

　　界定一個學者群是否構成一種學派，需要把它放在特定時期、
特定領域的學術文化格局中進行考察。只有這樣，才能較爲恰當地
估定它在學術上的應有地位。

　　在清代學術史上，漢學或者說樸學是與宋學相區分的學術思
潮，聚集在漢學旗幟之下的學者一般也被視爲一大學派，在漢學一
派內部，先後形成了吳、皖兩派。乾嘉時期的揚州學者適逢兩派之
盛，往往各因際遇而與之發生聯繫。與吳派聯繫緊密者爲江藩，他
是余蕭客的弟子，又從江聲受惠氏《易》，從王昶游「垂三十年，
論學談藝，多蒙鑒許」。**④**與皖派有學術承繼關係者爲任大椿、王

---

④　〔清〕劉毓崧：《通義堂文集》（北京：文物出版社，1984年），卷9，
　　　頁11－12。

④　〔清〕江藩：《國朝漢學師承記》，卷4，頁60。

念孫及子王引之、淩廷堪。《清代樸學大師列傳》卷六〈皖派經學家列傳第六〉云：「及戴氏施教京師，而傳者愈眾。聲音訓詁傳於王念孫、段玉裁，典章制度傳於任大椿。」❹又云：「淩廷堪究心經史，冀爲其鄉先輩江、戴之學」。❺如果敘論吳、皖兩派，依師承關係而排比學者是完全可以的，但在理解上不可以絕對化，否則，對於「轉益多師」的學者便難以歸類。

然而，確定學者的學派歸屬雖然可以有靈活性，卻不可以有隨意性。有了隨意性，分析便喪失了科學性。當然，恰當而靈活地區分具體學人的學派歸屬有時相當困難，克服困難的唯一辦法則是進行全面而深入的研究。這種研究，重點應放在學派的構成與學者的素養方面。任何學派都有獨特的流變史，作爲一個學術群體又有其「緊密層」與「鬆散層」。任何學者都有獨特的思想構成，這種構成又分爲主導因素與非主導因素。

如果上述觀點可以成立，不妨嘗試據之以分析若干揚州學者與吳、皖兩派的關係。吳派的崛起在皖派之前，其實兩派在乾隆、嘉慶年間又是並存於世。王念孫、任大椿置於皖派中，江藩置於吳派中，都屬於「緊密層」中人物。至於汪中、劉台拱、淩廷堪、焦循、阮元等人與皖派亦有關係，但充其量只能算「鬆散層」之成員。

既然如此，又何以認爲他們「別創揚州學派」呢？在筆者看來，至少有兩方面的根據。

---

❹　〔清〕支偉成：《清代樸學大師列傳》，卷6，頁145。

❺　《清代樸學大師列傳》，頁160。

　　首先，揚州學派之主要成員的學術淵源實超出吳、皖兩派之外。汪中雖然以惠、戴二先生為治「古學」的宗師，但是說到自己的學術淵源，還是強調「少時問學，實私淑顧寧人處士」。任大椿固然曾得益於戴震，然亦自別有淵源。揚州人施朝干〈任幼植墓表〉說其王父任陳晉「以通經聞吾郡」，「君紹其緒，益大以博」。❹章學誠〈任君大椿別傳〉說，任氏在成進士前即著有《儀禮經傳考訂》若干卷呈請朱筠指正。❹確實，「沒有根據肯定他在認識戴震以後才向這方面努力的。」❹文學方面，他也得到朱氏指點。王念孫確為戴震門人，然而阮元〈王伯申經義述聞序〉又指出：「高郵王文肅公以清正立朝，以經義教子，故哲嗣懷祖先生家學特為精博，又過於惠、戴二家。」❹劉台拱也與戴震有交往，治學互相啟發，但是他治學與為人，亦師承家學與本縣王懋竑與朱澤澐之學。至於年輩晚於汪、王、劉、任諸家的揚州學者，學術上也都不是專承吳、皖兩派。

　　其次，揚州學派的學術宗尚相對於吳、皖兩派有重要新變。一方面，揚州學者之「復古」有進一步上推的傾向。阮元注意到，儒家學說在發展過程中有變異，所謂「去孔子漸遠者，其言亦漸異」❺

❹　〔清〕錢儀吉等：《碑傳集》（北京：中華書局，1993 年），卷 56，頁 1619。

❹　〔清〕章學誠：〈任幼植別傳〉，《章學誠遺書》（北京：文物出版社，1985 年），頁 178。

❹　張舜徽：《清代揚州學記》，頁 77。

❹　〔清〕阮元：《揅經室集》，頁 120。

❺　《揅經室集》，頁 145。

汪中以「推六經之旨以合於世用」為理想，評論早期儒學文獻，注意把經典與傳說區分開來。指出《大學》等文獻，其實出於「孔氏之支流餘裔」，不過是「托之孔子」。他習「周秦古書」，意在「匯通前聖微言大義」。支偉成在《樸學大師列傳》中說揚州學派治學求「新」。❺這種「新」，實則是異於歷代經師之成說，尋求對經典本義的確解，是「以故為新」。另一方面，揚州學者之「匯通」，開漢宋兼容之新風。清學史中漢宋之爭發端甚早，但是兼受兩者沾溉者也不乏其人。從學術界的主導傾向看，漢宋之爭在清代中前期愈演愈烈，是無可懷疑的，如果具體到某一學者，還需作具體分析。寶應王懋竑、朱澤澐以研究朱熹而飲譽學界，從學風上看，都重視考證，很有「實事求是」之誠意，與漢學家相近，他們對後來揚州學派具有廣泛影響。揚學第一期代表人物如劉台拱是王、朱兩先生的同邑學人，他「慎於接物」、「淵通靜遠」，在學術界是很有名的。❻他的業師王洛師為王懋竑之子，要說他在修身方面得益於鄉里前輩，不為附會。其餘如王念孫、汪中等從劉台拱身上看到了「養德性」的成效，並且由衷的予以讚揚。他們認同於以朱熹為主的宋儒的心性修養論，並切實奉行，由此構成了揚州學派的一種特色。嘉慶、道光年間，不少揚州學者愈加重視宋代儒學的成就，在學術研究中取資於宋學者漸多。阮元在〈擬國史儒林傳序〉中說：

---

❺　〔清〕支偉成：《清代樸學大師列傳》，卷6，頁145。

❻　〔清〕阮元：《揅經室集·二集》，卷2，頁400。

是故兩漢名教得儒經之功，宋明講學得師道之益，皆於周孔
之道得其分合，未可偏譏而互誚也。⑤

這是很有代表性的一種議論。焦循作《孟子正義》、劉寶楠作《論
語正義》，都能打破漢宋門戶之見。連江藩這樣推崇漢學的人，也
對宋學予以關注，撰有《宋學淵源記》。在這一論著中，他指陳漢
宋之學有一致的方面，承認程、朱、陸、王，「其末節雖異，基本
則同，要皆聖人之徒也」。

揚州學者的共同學術風貌與吳、皖兩派具有重要差異，應當可
以把他們視為繼之而起的一種學術流派。有些揚州學者得力於吳、
皖兩派甚大，這是不容忽視的。由這一事實引起的結論，不一定是
對揚州學派實存性的否定，而是說明吳、皖兩派的既有成就與學術
經驗，構成揚州學派的堅實基礎與較高起點。在新老學派交替、學
術力量的重組過程中，一部分學者的學派屬性因有交叉而呈現邊緣
性、模糊性，這是不可避免的。學術史發展的連續性也正是由此突
出體現出來。

約略言之，揚州學派之興盛時期當乾隆朝後期至道光年間。在
乾隆朝後期，揚州學派脫離了吳、皖兩派的母體而自立。王昶〈四
士說〉論「淮海」之士，汪中〈大清故候選知縣李君之銘〉所謂
「江北」學人，都以當時的揚州學人為一種群體。此際吳派、皖派
也都有一批學術名家，與揚州學派構成鼎足而立的三大學術重鎮。

---

⑤　〔清〕阮元：《揅經室集》，卷2，頁37。

嘉慶年間是揚州學派的鼎盛時期，他擁有人數眾多、著述豐富的學者群，在當時學術界佔據中心地位。此時其他地區不是沒有學術名流，但難以見到出乎其右的學者群體。道光年間，揚州學派聲勢稍減，常州今文學派影響擴大，取代揚學而成爲學術潮流的主導力量。道咸之交，由於社會政治發生劇變，以漢宋兼容爲主要特徵的湖湘學派，成爲新的學術中心。雖然湖湘學派把揚州學派的豐富積累視爲一種重要資源而加以利用，此時的揚州學術畢竟缺乏活力，降爲湖湘派的附庸。

任何學派總會有形成、興盛、衰落的過程，揚州學派也不能例外。在不同的發展階段，揚州學派在相應時期學術界的地位與作用也確有差異。即便是在它某個發展階段，從不同的學科領域考察，其地位與作用也不可一概而論。這裡的評價，主要是就經學、小學及史學、諸子學等方面而言。

揚州學派在道光朝以後是衰落了，但是它作爲綿延日久，成就巨大的學術群體，在晚清的影響又是異常深廣的。從俞樾、孫詒讓到章太炎、劉師培、王國維，舉凡紹承清代正統派學術的名家，都曾經從揚州學派的治學實績與經驗中受到啓發。由此可見，作爲群體的揚州學派衰落之後，它所提供的學術積累依然具有巨大的價值與持久的活力。

揚州學派經世致用思想述論

趙葦航*

　　揚州學派是清代乾嘉時期重要的學術流派，在總結、繼承和發展中國古代學術文化方面曾作出不可磨滅的貢獻。揚州學派學者對經學、小學、哲學、《易》學、史學、諸子之學等有精深造詣，取得了很大的成就。對此，海內外學者已作出過很多研究。然而，揚州學派的經世致用的思想和實踐，也是值得大力總結和發揚光大的。長期以來，人們執著於這樣一個觀念：乾嘉年間，經世觀念淹沒，考據之學遮天蔽日。看來這種見解是值得商榷的。經世、用世、「有裨於世務」、「著意於時用」的價值理念和學術研究方向，在汪中、焦循、阮元等乾嘉學者以及稍後的劉文淇、劉寶楠等學者的身上都有所體現。清代的「經世致用」思潮前後出現過兩次：第一次在清初，它是針對明末以來理學清談誤國而發的；第二次在清代後期，它是針對道咸之際的嚴重社會危機而發的。在清初的經世致用思潮中，黃宗羲、顧炎武堪稱一代宗師。他們主張的經世致用則突出表現在改革社會的一系列思想之中。黃宗羲的大著

---

*　　趙葦航，揚州大學旅遊烹飪學院教授。

《明夷待訪錄》和其它著作、顧炎武撰寫的《日知錄》和《天下郡國利病書》等都是他們滿懷救世豪情而提出的改革社會的方案。王俊義先生對揚州學派在清代學術思想史上的地位和作用，作過精闢的論斷：「清初，在激烈的階級矛盾和民族矛盾中，湧現出王夫之、顧炎武、黃宗羲等人開創的富有求實精神、批判精神的經世致用思潮。隨著封建統治的穩定和鞏固，發展至乾嘉漢學，逐漸走向脫離實際、專事考據、皓首窮經的道路。到鴉片戰爭前夕，在社會危機和民族憂患日益加深的情況下，士林風氣又發生了變化，以龔自珍、魏源等人爲代表的新的經世致用思潮再度興起。而從乾嘉漢學分化出來的揚州學派，一方面繼承發展了乾嘉漢學，另方面又指出了漢學的局限和弊端，反對泥古墨守，主張發展創新，實際上成爲清代學術思想發展演變過程中，從乾嘉漢學演變至龔、魏經世思潮的中間環節，這則是乾嘉揚州學派在清代學術思想史上的歷史地位和作用。」❶

揚州學派繼承了清初顧炎武、黃宗羲等人「經世致用」的治學傳統，反空談、倡實學、強調要在有益於國計民生的原則下把學和行統一起來。揚州學派具有發展變化思想和求實批判精神。揚州學派主張學問須有益於國事、重視自然科學、關注國計民生，在天文、歷法、數學、地理、方志、水利、交通等學術領域都作出了傑出的貢獻，這也正是揚州學派經世致用思想的具體表現。現僅就焦循、阮元、汪中、劉文淇、劉寶楠等五人的經世致用思想和實踐作

---

❶　王俊義：〈再論乾嘉「揚州學派」〉，《揚州研究》（臺北：聯經出版事業公司，1996 年），頁 251－252。

一些述評。

一、對天文曆算之貢獻

㈠阮元主編《疇人傳》

《中國大百科全書·數學卷》稱：《疇人傳》是「中國第一部記述歷代天文學家、數學家學術活動及其成果的傳記體數學史和天文曆法著作」。❷《中國大百科全書·天文學卷》把《疇人傳》列入「天文學名著」，稱《疇人傳》是「一部記述中國歷代天算家學術活動的傳記集。清阮元撰，凡四十六卷，三十三萬七千字，始作於乾隆六十年（1795），完成於嘉慶四年（1799）。阮元的學生李銳、周治平參加了撰寫工作，並經錢大昕等協助訂正。」❸《中國數學簡史》載：「阮元博覽群書，酷愛曆法算術，除自己考注外，又組織名家，對天文、數學及技術書籍進行整理與疏注，其最主要的功績是組織編纂《疇人傳》一書。」❹

由阮元主編的《疇人傳》於一七九九年出版。一八四〇年羅士琳編《續集》六卷，一八八六年諸可寶又續《三編》七卷。長期以

---

❷ 《中國大百科全書·數學卷》（北京：中國大百科全書出版社，1988年），頁 87。

❸ 《中國大百科全書·天文學卷》（北京：中國大百科全書出版社，1980年），頁 37。

❹ 中外數學簡史編寫組：《中國數學簡史》（濟南：山東教育出版社，1986年），頁 430。

來，《疇人傳》是研究中國天文、曆法和數學史的重要工具書。
《疇人傳》四十六卷，輯錄了自黃帝時代至清代中葉二百八十位中
西天文數學家的傳略，其中中國的二百四十三人，西方的三十七
人。輯錄對象「專取步算一家」，可分「言天者」、「儀象者」、
「算術者」三類。《疇人傳》的編寫方式是「人爲列傳」，著重介
紹其「姓名、爵里、生卒年月而外，其議論行事，但採其有關步算
者」。有關材料主要採自《二十四史》、《四庫全書》子部天文算
術類，外加編者「見聞所及」。同時，編者對某些主傳者的成敗功
過，對某些資料的不同見解或補充說明，均寫成「論」的形式附於
篇後，以供讀者參閱。阮元選編《疇人傳》時在取材上是愼重的，
把科學的數學與迷信的術數嚴格區別開來。他說，《新唐書》記李
淳風能逆推武氏之亂，《宋史》又記劉羲叟能預知遼主死期，這是
寫傳記人的無知，並非數學之所能推測。類似這類材料，《疇人
傳》一律不收。阮元還把科學的天文學與迷信的占星術區別開來。
他說，用天象如日暈、雲氣、虹霓等來占卜人事吉兇，《疇人傳》
一律刪除。

　　阮元認爲：「步算之道，惟其有效而已」，對古代天算成就的
整理，「使不效於今，即合於古，無益也；苟有效於今，即不合於
古，無傷也」。❺明確提出了古爲今用的正確思想。著名數學史專
家錢寶琮稱讚阮元「頗以提倡算學爲己任，其所成就約有三端：博
訪逸書以廣學術之傳布，一也；編纂《疇人傳》以明算學之源流，

---

❺　〔清〕阮元：《疇人傳·蔡邕傳》（嘉慶 4 年揚州阮氏刻本），卷 4，頁
　　9－10。

二也；以算學課諸生使知實學之足尚，三也。」❻因此，「研治天算之風氣爲之大開」❻，阮元的倡導，功不可沒。

順便提一下，阮元任兩廣總督時，在廣州創建學海堂，阮元親自爲之選定課程，注意於「天文算法中求士」。他還注意在學生中進行科技史教育和研究，以激發他們的學習興趣。在學海堂，阮元親自擬定各種問題，如「今大、小西洋之曆法來至中國在於何時？所由何路？」；「元之回回曆是否如明大西洋新法之由廣東海舶而來？」❼等等，讓學生來考證。在阮元的不懈努力下，終於培養出了一批有爲的天文曆算人才。

(二)焦循的數學成就

焦循是清代有名的數學家。《中國數學簡史》對焦循的數學成就有如下評價：「焦循對古代數學研究卓有成效，尤其對《九章》的劉徽注，獨具睿見。他認爲《九章》之目雖多，而其總綱不外乎加、減、乘、除四者而已。」❽焦循的主要數學成果，大多收在《焦氏叢書》的《里堂學算記》中。嘉慶四年，阮元爲之作序，給予很高評價：「數爲六藝之一，而廣其用，則天地之綱紀，群倫之統系也。天與星辰之高遠，非數無以效其靈；地域之廣輪，非數無

---

❻ 錢寶琮：〈浙江疇人著述記〉，《錢寶琮科學史論文選集》（北京：科學出版社，1983 年），頁 308－309。

❼ 〔清〕阮元著，鄧經元點校：〈學海堂策向〉，《揅經室集・三集》（北京：中華書局，1993 年），卷 3，頁 1067。

❽ 中外數學簡史編寫組：《中國數學簡史》，頁 420。

以步其極；世事之糾紛繁頤，非數無以提其要。通天地人之道曰
儒，孰謂儒者而可以不知數乎？……里堂湛深經學，長於《三
禮》，而於推步數術，尤獨有心得。比輯其所著《加減乘除釋》八
卷、《天元一釋》二卷、《釋弧》三卷、《釋橢》一卷總而錄之，
名《里堂學算記》。……今見里堂成此書，敬且樂焉。吾鄉通天文
算學者，國朝以來惟泰州陳編修厚耀最精。今里堂文字，似有過之
無不及也。」❾應用的廣泛性，是數學的最基本特徵之一。關於這
一點，阮元是有清楚認識的。這裡，阮元不僅把數（學）的作用給
予充分的估價，而且把數（學）提高到各門學科的基礎地位。

　　錢寶琮主編《中國數學史》指出，焦循的《釋弧》、《釋
輪》、《釋橢》三部論著總結了當代天文學中的數學基礎知識。❿
焦循在數學上的突出貢獻是對我國古代數學在運算規律方面進行了
理論性的總結。《加減乘除釋》是其主要代表作之一，它是一部論
述數量加減乘除運算規則的著作，也是我國對數學作理論性研究的
最早著作。焦循是我國數學史上第一個用符號來表達運算定律的
人。從現代數學理論的觀點來看，在有關數量運算的規則中，最基
本、最主要的有五條：加法交換律，加法結合律，乘法交換律，乘
法結合律，加法對乘法的分配律。這些不僅是整數理論、實數理論
研究的基本出發點，也是抽象代數中群環域等基本內容的研究要
素。這五條運算定律，焦循在《加減乘除釋》中都作了闡述。該書

---

❾　〔清〕阮元著，鄧經元點校：〈里堂學算記序〉，《揅經室集·三集》，
　　卷 5，頁 681－682。

❿　錢寶琮：《中國數學史》（北京：科學出版社，1964 年），頁 286。

的問世，表明我國傳統數學的研究，開始由對各種具體問題的研究，進入到總結規律性的理論研究階段。**⓫**

二、對歷史地理之研究

　　歷史地理學是研究歷史時期地理現象分布、變遷及其發生、發展規律的科學。概括地說，也就是研究歷史時期地理環境的演變及其規律的科學。歷史地理學和地理學研究的客體是共同的，只有時間上的差異。地理學是研究今天人類活動的地理，歷史地理學則是研究歷史時期人類活動的地理，因此，歷史地理學是地理學的一門分支學科。歷史地理學按其研究對象而言，應包括歷史自然地理和歷史人文地理兩大類。研究歷史地理是地理學發展的需要，也是改造自然和生產鬥爭的需要。

㈠汪中研究廣陵濤

　　汪中的治學，是遵循顧炎武的道路前進的。他說：「中少日問學，實私淑諸顧寧人處士。故嘗推六經之旨以合於世用，及為考古之學，惟實事求是，不尚墨守。」**⓬**從汪氏對廣陵濤的研究，即體現出他「實事求是，不尚墨守」的治學態度。

⓫　吳裕賓：〈焦循與加減乘除釋〉，《自然科學史研究》1986 年第 2 期，頁 122─124。

⓬　〔清〕汪中：〈與巡撫畢侍郎書〉，《述學·別錄》（同治 8 年揚州書局刻本），頁 12。

「廣陵濤」是個有名的歷史地理問題。「廣陵曲江有濤」，是歷史上一個很有價值的記載，對於長江古河口、古潮汐現象的研究提供了重要的依據。自從西漢枚乘寫了著名詞賦〈七發〉以後，二千年來，廣陵濤發生的地點一直是歷史學家和地理學家反覆爭論的問題。從枚乘對廣陵濤宏偉景象的詳細描述來看，廣陵濤無疑是湧潮。但是，這洶湧疾馳、怒吼如雷的潮水究竟發生在哪裡呢？東漢王充曰：「廣陵曲江有濤。文人賦之：大江浩洋，曲江有濤，竟以隘狹也。」❸這段話常被人引用證明漢代揚州有濤。然北魏酈道元的《水經注》誤引〈七發〉之曲江入「漸江水」，其後遂有廣陵之曲江即浙江（錢塘江）之說。後代不少學者就把廣陵濤與錢塘江湧潮混同起來了。清初著名考據家毛奇齡、朱彝尊等都持廣陵曲江即錢塘江的說法。汪中的〈廣陵曲江證〉指出了酈氏的疏誤，比較全面地論證了廣陵曲江即揚州一帶的長江河段。文中說：「曲江之為北江，非孤證矣。……〈漸江篇〉注據《吳越春秋》以〈七發〉所云專屬之浙江則誤矣。」「廣陵城本在蜀岡上，邗溝環其東南，江即在其外，……其時江猶至於揚子橋，而東關以外即江滸也。……廣陵濤固非無據也。」❹文章最後以「恐後人習謬而不知，故為正之」而結束，可謂有力強調，曲江即長江揚州附近河道。

汪中的見解是相當深刻的。「曲江之為北江」，就明顯反映出長江鎮（江）揚（州）河段的分汊河道之特性。所謂「北江」，就

---

❸ 〔漢〕王充：《論衡·書虛篇》（上海：上海人民出版社，1974 年），頁 59－60。
❹ 〔清〕汪中：〈廣陵曲江證〉，《述學·內篇三》，頁 9－11。

是長江北枝分汊河道。汪中的解說，與漢代長江河口段的河道形勢是符合的。筆者曾經研究過長江揚州段的歷史變遷❶，所得出的結論是：廣陵濤確是漢代揚州江口段的一種湧潮，歷史演變的遺跡證實，長江鎮揚河段具有分汊彎曲的特性，「曲江」就是這種特性的產物；唐時揚州確有曲江之地，在今揚州城東近郊，估計漢時曲江離此不遠，廣陵濤就可能出現在這一帶；從當時的河勢看，曲江應是長江江心洲引起的一個北枝分汊河道，汪中的論斷「曲江之爲北江」，也證實了這一江流的特徵。清代學者梁章鉅、李慈銘等人均贊同汪中的曲江在揚州的觀點。總之，廣陵濤發生在長江揚州河段是無可置疑的。汪中的〈廣陵曲江證〉是有較高學術價值的。

(二)劉文淇研究揚州運河

《揚州水道記》是劉文淇的力作。該書於道光十八年寫成，道光二十五年（1845）刊印。全書四卷，圖一卷。第一、二卷爲江都運河，第三卷爲高郵運河，第四卷爲寶應運河。研究的運河河段南起瓜洲，北至寶應黃浦。全書一開始就寫道：「春秋之時，江淮不通。吳始城邘，溝通江淮。此揚州運河之權輿也。於邘築城穿溝，後世因名之曰邘溝，一曰邘江。而由江達淮，皆統謂之邘溝。唐宋以前，揚州地勢南高北下，且東西兩岸未設堤防，與今運河形勢迥不相同。若以今日之運河，求當年溝通之故道，失之遠矣。今博稽載籍，詳加考證，凡有沿革，俱著於篇。」確實，作者是博取典籍

---

❶　孫仲明、趙葦航：〈鎮江揚州地區古代長江的變遷〉，《揚州師院學報》（自然科學版）1981 年第 1 期，頁 88—95。

詳加考證的。劉氏在寫書過程中「檢書幾及萬卷，方事編輯」，對
邗溝故道之考證至爲詳盡，這對於研究運河水利史是有幫助的。大
運河的形成和演變，是中國歷史地理研究的重要專題之一，揚州運
河是大運河的重要組成部分，所以該書就具有較大的歷史地理學價
值。《揚州水道記》不僅探討了揚州運河本身的沿革和變遷，而且
還涉及到運河兩岸的工程和兩岸的諸湖，內容是相當豐富的。

　　由陝西師範大學馬正林教授主編的中國（大陸）第一本中國歷
史地理教材把《揚州水道記》列入參考書目，❻足見中國歷史地理
學界對《揚州水道記》的重視。中國臺灣學者王恢教授著大學用書
《中國歷史地理》上下兩冊，該書分四編：第一編五大古都，第二
編長城，第三編運河，第四編歷代疆域形勢。其中第三編運河，篇
幅長達三百三十餘頁，該編的重要參考書目有武同舉撰《淮系年表
全編》，並把《淮系年表全編》所附的八十幅「淮系歷史分圖」
（其中有三十六幅運河圖）全部收進書中！❼足見王恢先生對武同
舉著作之極大重視，把運河變遷看作中國歷史地理之重要內容。需
要指出的是，民國前期傑出水利史專家武同舉（江蘇灌雲人）的兩
部代表作《江蘇水利全書》和《淮系年表全編》，均大量參考、吸
收了劉文淇《揚州水道記》書中的資料和內容。劉文淇對水利史和
歷史地理的貢獻是巨大的，本文僅就劉文淇對平津堰的見解作一些

---

❻　馬正林主編：《中國歷史地理簡論》（西安：陝西人民出版社，1987
　　年），頁 466。

❼　王恢：《中國歷史地理》（臺北：臺灣學生書局，1979 年），頁 438－
　　597。

評析。

　　「平津堰」是唐代淮揚運河上一項著名水利工程，是由李吉甫主持修築的。據《新唐書・宰相表》記載：李吉甫任淮南節度使時，曾因「漕渠卑下，不能居水，乃築堤闕。以防不足，洩有餘，名曰平津堰。」《新唐書・食貨志》也有類似記載：「初，揚州疏太子港、陳登塘，凡三十四陂，以益漕河，輒復堙塞。淮南節度使杜亞乃浚渠蜀岡，疏勾城湖、愛敬陂，起堤貫城，以通大舟。河益卑，水下走淮，夏則舟不得前。節度使李吉甫築平津堰，以洩有餘，防不足，漕流遂通。」但是，平津堰究竟是何種水工設施？究竟在何處？眾說紛紜。宋代祝穆《方輿勝覽》以為平津堰在高郵境內，係李吉甫築以溉田之用，但尚未認為是運堤；明代李春芳〈東堤成碑記〉認為平津堰是高郵的運堤；《明史・河渠志》認為平津堰是高郵之纖　堤；顧炎武《天下郡國利病書》謂寶應運河堤自黃浦至界首長八十里，即平津堰；顧祖禹《讀史方輿紀要》謂高郵運河故址即李吉甫所築之平津堰；《雍正江都縣志》謂平津堰即運河堤，又名漕河堤；《乾隆高郵州志》云：「唐淮南節度使李吉甫慮漕渠卑下不能居水，乃築堤名曰平津堰，即官河堤。」而劉文淇認為，平津堰既然是針對「水下走淮」而修，應是運河上的攔河堰埭，必在江都、儀徵境內。

　　劉文淇說：「平津堰者，平水堰也。」「平水堰施於水中，吉甫之平津堰亦攔河置堰也。置堰於河中，使上下之水得其平，水不得下走，有餘始洩之，故謂之平津堰。水平則無流。李習之《來南錄》云：自邵伯至江九十里，渠有高下，水皆不流。渠既有高下，而水皆不流者，有堰以平之也。是平津堰之置在河中，斷無疑

義。」「志書以揚州運堤始於李吉甫，且謂吉甫之平津堰即江都、高寶之運堤，胥失之矣！」⑱筆者贊同劉氏之說。

三、對編修方志之建樹

揚州學派學者精心編修地方志，佳作甚多。如阮元主修道光《廣東通志》、道光《雲南通志稿》；劉文淇總纂道光《重修儀徵縣志》，撰《揚州水道記》；王念孫總纂嘉慶《高郵州志》；焦循撰《北湖小志》、《邗記》、《揚州足徵錄》；焦循、江藩撰《揚州圖經》；汪中撰《廣陵通典》；劉寶楠撰《寶應圖經》等。這些方志，均受到後代學者的高度評價。阮元認為，地方志是經世致用的百科書，應服務於當時社會的需要，並對後人有所借鑑。

(一)焦循修志的理論與實踐

乾嘉時期不少學者參與修志，其中影響最大的是以章學誠為首的撰著派（也稱歷史派）和以戴震為首的撰輯派（也稱地理派）。這兩派編志的方法各有所長，對後世志書的編纂起著深遠的影響。集兩派之所長，並加以發揮的，當首推通儒焦循。嘉慶十年（1805），伊秉綬來任揚州知府，時阮元正丁憂在家。翌年，兩人倡議整理揚州文獻，聘焦循等纂修《揚州圖經》、《揚州文粹》。伊氏「所頒體例，僅用纂錄，不易一字，而標以出處」，以示文獻

---

⑱ 〔清〕劉文淇：〈江都運河〉，《揚州水道記》（道光 25 年淮南書局刻本），卷 1，頁 36—42。

足徵。在編纂形式上，焦氏反對用纂錄體，認為這不符合修地方志的體例，寄書爭辯說：「此誠取信於古，恐有鑿空誣偽之病也。……前此《雍正府志》、《甘泉縣志》，體例雜糅，頗堪哂笑。……纂錄之書，最忌掛一漏萬。」❶並陳述十點理由，予以辨證，提出了「按事立格，依文樹義」的修志主張。焦循認為，纂錄體帶來的主要弊病是只能述古，不能及今。而志書不但要融貫古今，而且要略古詳今，這樣資料才能翔實可靠。在編述原則上，焦氏強調詳近略遠。詳近，便必以聞見為本，以實地調查為依據。他說：「郡志為土地之書，宜先釋地。為嘉慶十二年之郡志，則嘉慶十二年見在之城廓、河渠、都里、疆域，以及寺觀、橋梁、田賦、戶口，皆目驗而知。實莫實於此矣，是必按而記之，書其實跡，不厭於詳，不嫌於瑣，是為所見異辭也。」❷

焦氏對志書綱目十分重視，他在〈上郡守伊公書〉的末尾擬出目錄為：「南巡記、恩澤記；總圖、四境保甲圖、水道圖、江洲圖、廨宇圖；氏族表、選舉表、職官表；地理略、河渠略、鹽策略、漕運略、政略、軍事略、金石略、藝文略、戶口略、田賦略；列傳；沿革考、古跡考。」這篇綱目，在體例上，地文、人文、藝文三者齊全；體裁上，圖、表、志（略）、紀、傳五者俱備，在當時是比較完備的志書綱目設計。

嘉慶十四、五年間，焦循又佐阿克當阿、姚文田纂修《揚州府

---

❶ 〔清〕焦循：〈上郡守伊公書〉，《雕菰集》（北京：中華書局，1985年，《叢書集成初編》本），第 2194 冊，卷 13，頁 204。

❷ 同前註。

志》。他雖然只擔任山川、忠義、孝友、篤行、隱逸、術藝、釋老、職官諸門的撰述，但對全書體例，也提出不少合理建議。如關於志書的內容問題，姚文田寫信給焦循，認為志書中「詔令奏疏之類概不錄，以省煩冗，擇其要者入藝文」，焦氏覆函道：「志書以詩文為藝文，最是陋習。……竊謂文與詩，必有關於事實者，隨類取入，如〈溝洫志〉載賈讓三策，〈禮樂志〉載房中諸歌也。其有關古跡者，必如文文山之賈家莊、鮎魚壩諸作。跡見於詩，詩即是證，若偶然游眺行吟，無關情事，雖杜少陵、蘇東坡亦宜在禁例，所以防煩冗也。奏疏之文，一生精血，莫要於此。」**㉑**

伊秉綬主張的編纂方式本於戴震，戴氏久寓揚州，給揚州學者以很大影響。焦循一生最推崇戴學，但在志書的古今、詳略問題上卻不同於戴氏。焦氏這種不泥古、不唯上、不唯門戶的治學精神是可貴的，能對像伊秉綬、姚文田那樣的地方長官、著名學著提出不同見解，也是很不容易的。

焦循的成就，受到一些知名學者的高度評價。阮元云：「焦君與元年相若，且元族姐夫也。弱冠與元齊名，自元服官後，君學乃精深博大，遠邁於元矣。」**㉒**張舜徽說他「擁有很高的史識和史才」。還說，針對好古、信古，乃至媚古的時弊，當時「也只有揚州學者能夠大膽提出，加以批判」。**㉓**梁啟超也認為「焦氏的史識

㉑　〔清〕焦循：〈覆姚秋農先生書〉，《雕菰集》，卷 13，頁 209。

㉒　〔清〕阮元著，鄧經元點校：〈通儒揚州焦君傳〉，《揅經室集·二集》，卷 4，頁 481。

㉓　張舜徽：《清代揚州學記》（上海：上海人民出版社，1962 年），頁 3。

不在全謝山下，深怪阮元所作〈通儒揚州焦君傳〉何以於史學不置一詞。」❷

焦循在嘉慶十二年（1807）撰寫成《北湖小志》，乃其修志實踐之結晶。「揚州之運河，自寶應黃浦入界，至瓜洲、儀徵達於江。河以東曰下河，河以西曰上河，上河皆湖也。其在甘泉境者，郡人謂之北湖。東束於運堤，西受西山諸水，北受高郵湖水，方三十里。而灘隄隴阜，錯落其中，若爪若角，若木之交校。非生長其間，往往迷其棹焉。」❷焦氏世居其地，運用其修志理論，整理舊聞，搜訪遺籍，又經過詳細的實地調查研究而寫成的《北湖小志》，有較高的學術價值。該書給我們留下了邵伯湖以南地區寶貴的歷史地理資料。全書六卷，共四十七篇。其中「敘」六篇：〈敘水〉、〈敘地〉，詳細介紹了湖瀅、水系等地理條件；〈敘農〉、〈敘漁〉，眞實而形象地反映了北湖農村勞動人民的生產和生活情況；水鄉風貌和湖上捕魚技法，以及捕蟹、取蝦，捉野鴨、水鳥之法，躍然紙上。「記」十篇，專載名勝古蹟。如開元寺、梓潼祠、錐壩、黃玨橋、東岳廟、沙香洲、珠湖草堂、六湖等。〈六湖記〉考證了邵伯湖等六湖的位置和演變，有助於揚州水利史的研究。「甘泉之湖在官河上岸者六，曰邵伯湖，曰黃子湖，曰赤岸湖，曰朱家湖，曰白茆湖，曰新城湖。……《晉書》言：謝安出鎮廣陵之步邱，築壘曰新城，又築埭於城北。後人追思之，名爲邵伯埭。以

---

❷ 　張舜徽：《清代揚州學記》，頁126。
❷ 　〔清〕焦循：《揚州北湖小志·敘水上第一》（嘉慶13年揚州阮氏刻本），頁1。

新城名湖，必其地當新城；……而邵伯鎮恰當新城湖，然則邵伯鎮晉之新城、古之步邱也；邵伯湖側，古邵伯埭所在也。」❷❻書中所附的「北湖圖」——含邵伯、黃子、朱家、新城、赤岸、白茆六湖，湖岸形態均呈現曲折多灣，入湖溪澗下游均呈溺谷狀，反映出清代中葉邵伯湖湖盪區的歷史面貌，這是由於淮河上游來水量增加，湖岸向西側陸地伸展所致。六湖互通，這些湖群，明清時郡人謂之北湖，現統稱邵伯湖。這對於邵伯湖的形成和變遷，很有研究價值。爲此，由筆者擔任第一副主編的《邗江縣水利志》❷❼，已在「邵伯湖變遷」這一節中把該圖收錄了進去。

《北湖小志》有「傳」二十一篇，專載重要人物。如〈孫柳庭傳〉，就很值得注意。孫蘭，字滋九，自號柳庭，是明末清初具有先進思想的地理學家，他的家鄉是揚州府江都縣。他青年時代遭到國變，特別是清兵對揚州的屠殺，給他很大刺激，晚年隱居北湖，專心著述。中國科學院院士、著名歷史地理學家侯仁之先生在其《中國古代地理學簡史》一書中提到過孫蘭。孫蘭青年時代就博覽群書，他曾從西洋教士湯若望學習過天文和曆法。孫蘭的學術思想，由於受西方自然科學的影響，主張經世致用，講求實際。其代表作是《輿地隅說》，經焦循整理刪訂，定名爲《柳庭輿地隅說》，由儀徵吳丙湘刊入《傳硯齋叢書》，傳於世。孫蘭地理學思想的進步性，集中體現在他的「變盈流謙」理論中。他把侵蝕和堆

---

❷❻ 〔清〕焦循：《揚州北湖小志·六湖記第十》，頁 10。

❷❼ 周子如主編：《邗江縣水利志》（南京：江蘇人民出版社，1999 年），頁 102。

積看作是地貌發育過程之兩個方面。在流水地貌的演變中，他指出有漸變的因素，有突變的因素，還有人為的因素。他說：「變盈流謙，其變之說亦有可異者。有因時而變，有因人而變，有因變而變。因時而變者，如大雨時行，山川洗滌，洪流下注，山石崩從，久久不窮，則高下易位。因人而變者，如鑿山通道，如排河入淮，壅水溉田，起險設障，久久相因，地道頓異。因變而變者，如土壅山崩，地震川竭，忽然異形，山川改觀。由此之類，亦為變盈流謙。」❷ 早在十七世紀的清初，孫蘭能認識到「高岸為谷，深谷為陵」、「流久則損，損久則變」的道理，能總結出「高者因淘洗而日下，卑者因填塞而日平」的「變盈流謙」理論，這在當時的學術界，是對流水地貌學的一大貢獻。而被西方地貌學界奉為鼻祖的台維斯（W.M. Davis），於十九世紀末才提出了「地理循環論」學說。正因為如此，劉師培熱情稱讚道：「使明清之交，人人能讀蘭書而發揚光大，則吾國格物致知學，當遠邁西人。」❷

《北湖小志》還有「書」八篇，專載奇聞軼事；「家述」二篇，專載焦氏世系大事。阮元替《北湖小志》作序，稱焦循「學識精博，著作等身。此書數卷，足覘史才。」❸

---

❷ 〔清〕孫蘭：《柳庭輿地隅說》（光緒 11 年刻本），卷上，頁 2─3。

❷ 劉師培：《左庵外集·孫蘭傳》，《劉申叔先生遺書》（寧武南氏排印本，1936 年），頁 3。

❸ 〔清〕阮元著，鄧經元點校：〈揚州北湖小志序〉，《揅經室集·二集》，卷 2，頁 391。

㈡阮元修志的理論與實踐

在嘉慶初年，阮元曾利用視學浙江省各地之便，徵十一郡詩成《兩浙輶軒錄》。並思及地近故里，徵刻成《淮海英靈集》，且派生《廣陵詩事》以記揚州地方文人逸事。嘉慶十一年阮元和伊秉綬議及重修《揚州府志》，旋招焦循、江藩等共謀斯事，議定先輯《揚州圖經》和《揚州文粹》，再在此基礎上重修《揚州府志》。在編纂《揚州圖經》的過程中，阮元翻閱書籍不計其數，除撿史書、舊志外，尚搜尋各家集部書，誠如他自述：「元曩輯《淮海英靈集》、《揚州圖經》，翻閱各家詩集，於邗上事跡特詳。」**❸**後因故未及刊刻。《嘉慶揚州府志》纂修時，利用了《揚州圖經》未就之稿。對此，焦循曾有過追述：「歲丙寅寧化伊公守揚州，時撫部阮公在籍，相約纂輯《揚州圖經》、《揚州文粹》兩書，余分任其事。明年，伊公以憂去，撫部亦起服入朝，事遂寢。己巳、庚午間修《揚州府志》成，即原本於《圖經》也。」**❸**姚文田回顧他參纂《揚州府志》時的情形道：「余先借得儀徵阮撫部師《圖經》稿本，遂乃博取群書，參互考訂，定爲《事略》五卷，附〈祥異〉一卷，既以之入《志》矣。」**❸**

嘉慶《重修揚州府志》是梁啓超所稱讚的清代名儒精心結撰的著名方志之一。《中國地方志辭典》評價道：「此志體例整秩，考

---

❸　〔清〕阮元著，鄧經元點校：〈邗上集序〉，《揅經室集·二集》，卷5，頁687。

❸　〔清〕焦循：《揚州足徵錄·自敘》（嘉慶20年刻本），頁1。

❸　〔清〕姚文田：《廣陵事略·序》（嘉慶17年開封節院刻本）。

據嚴審，材料富實，歷來頗受後人好評，一直視爲清代名志。」阮元是纂修該志的主要決策人之一，他的許多修志理論和方法爲該志所參佐。他尙有很好的建議（如議增「氏族表」、「圖說」等目事）爲時俗所囿，未獲採納，致使該志未能盡善盡美。

阮元強調地圖對於方志的重要性。他認爲：「古人不曰『志』而曰『圖經』，故圖最重。」❸❹劉文淇撰成《揚州水道記》後，將書稿呈阮元審閱，阮元閱後即指出：「凡地理書須以圖明之，此記當分繪古今多圖。」❸❺阮元見焦循撰《北湖小志》六卷，欲爲之剞劂，但閱後見無圖，隨即囑其速補之。焦循特地請同里「歐陽君錦往來高郵、天長界上，求諸山澗入湖之道。……次爲六圖，以明水地之形狀。……又繪舊跡名勝爲十圖。」❸❻今觀此二書，地圖多且佳，使二書增色不少。

在修《揚州府志》時，阮元欲立「圖說」一門，具體做法是：「以一邑分四鄉，以四鄉分都圖，每一地保所管之地繪爲一圖，周回徑直不過二、三里耳。圖內爲說曰，東西南北至某處，有某山，與何處相連；有某水、某路自某處來，自某處去；所管之地有某村、某橋、某廟、某墓。聚十數地保之圖，即成一鄉；聚四鄉即成一邑。一邑之圖說須以數十紙計，而城池、廨宇、街巷更在此外。

---

❸❹ 〔清〕阮元著，鄧經元點校：〈重修廣東通志序〉，《揅經室集·二集》，卷8，頁589。

❸❺ 〔清〕劉文淇：《揚州水道記·序》，頁1。

❸❻ 〔清〕焦循：《揚州北湖小志·序》，頁1。

此所以爲圖經也。」❸阮元親自策畫，製揚州北郊雷塘一地之圖，刻版印百幅，持圖呈揚州太守，囑其頒之爲樣式。然而各縣俱匿而不發，事未果。今《揅經室集》中尚存《雷塘圖》一幅。倘若當事者依阮元說，增「氏族表」、「圖說」二門，則嘉慶《重修揚州府志》的學術價值當更勝一籌。

對於續志，阮元的見解很精當（「但續新志，舊志不必重編」），後多爲編修續志者所效法。

㈢劉寶楠撰《寶應圖經》

《寶應圖經》是一部私纂的寶應地方志。梁啓超在論述清代學者整理舊學之總成績──「方志學」時指出：「官修之外，有私家著述，性質略與方志同者。此類作品，體制較爲自由，故良著往往間出。……有純屬方志體例而避其名者，如劉楚禎之《寶應圖經》。」❸

劉寶楠之子劉恭冕作「書後」，略云：「家君著《寶應圖經》六卷，始於嘉慶己巳，成於道光癸未。自漢、唐以來，城邑之沿革，湖河之變遷，漕運之通塞，與夫民生利病所可考而知焉者，無不瞭如指掌。至謂邗溝、山陽瀆於揚州、淮安兩郡爲統名，非邗溝專屬江都，山陽瀆專屬淮安；揚州運堤非李吉甫所築平津堰；而揚

---

❸ 〔清〕阮元著，鄧經元點校：〈揚州府志事志氏族表圖說三門記〉，《揅經室集·二集》，卷8，頁582。

❸ 梁啓超：《中國近三百年學術史》（上海：復旦大學出版社，1985年），頁452。

州地勢，唐宋以前南高北下，邗溝水北流入淮，以故自昔江淮之間止患水少，不患水多。至蓄高堰，內水始南流入江。皆至詳確，無所復疑者也。」這段話講得十分中肯。確實，城邑之沿革、湖河之變遷、漕運之通塞，均爲書中重要內容，這些都屬於歷史地理學的研究範疇。

《寶應圖經》卷首包括兩部分：一是「歷代縣境圖」，一是「歷代沿革表」。歷代縣境圖共包括十四幅圖（有邗溝全圖、漢射陽平安四境及東陽東境圖、隋安宜四境圖、唐寶應四境圖、宋元寶應四境圖、明萬曆時寶應四境圖等）。卷一城邑，卷二疆域，卷三河渠、水利，卷四封建，卷五卷六人物。

劉寶楠重視地圖，且編圖技巧佳，圖面容量大，圖上所標的河湖、城址方位較準確，圖上地名也詳盡。從十四幅歷代縣境圖的相互對比，可看出歷史演變之大勢，所以這套附圖富有歷史地理學的研究價值。如「邗溝全圖」上，標明的邗溝線路，是從長江北岸廣陵之邗口向北，經高郵縣境的陸陽湖與武廣湖之間，再向北穿越樊梁湖、博支湖、射陽湖、白馬湖，經末口入淮。線路清晰，一目了然。再如「隋安宜四境圖」上，標明「開皇邗溝由此」的線路，是經由三垛橋子口和射陽湖入末口的；標明「大業邗溝由此」的線路，是經樊梁湖、津湖、白馬湖入末口。把隋文帝和隋煬帝時邗溝的不同流路，作了明確而直觀的比較。

《寶應圖經》與官修的康熙《寶應縣志》、道光《寶應縣志》相比較，卷數和綱目內容量少一些，但在城邑、疆域、河渠、水利諸方面的論述，則比官修縣志要詳細、深入得多。因此民國二十一年編修的《寶應縣志》，引用《寶應圖經》多處。官修的《寶應縣志》，一般只是照搬、抄錄前志以及別的文獻資料，並沒有對前志

的疏誤提出疑問或修正。而《寶應圖經》卻能對前志的差錯提出自己的看法，予以糾正。不論是正史還是名人名著，只要有錯，劉寶楠就敢於與之進行學術辯論。這種求實創新精神是難能可貴的。筆者對《寶應圖經》總體評價是：資料充實，圖文並茂，觀點鮮明，考證精詳。作者善於運用地圖。作者對射陽城的位置、漢代和西晉時的東陽縣、寶應縣境內邘溝的十三次變遷等重要的歷史地理問題，旁徵博引，進行了精闢的論證，令人信服。《寶應圖經》卷三河渠部分，以論述邘溝歷史演變的篇幅最多，是劉氏之力作。劉氏總結了寶應縣境邘溝段自春秋時始鑿至明代萬曆四十一年為止有十三次變遷，稱之為「邘溝十三變」，這對於我們研究里運河的水利發展史，有很大的幫助。

歷史地名是歷史地理學的組成部分，《寶應圖經》在地名考證方面很有功力，考證地名精確，還能糾正前志一些地名及里程數之疏誤。《寶應圖經》對唐、宋、元、明、清寶應城的考證，比縣志要詳盡得多；還補充了不少縣志中缺記的史料，如明嘉靖三十六年寶應抗倭史料等。總之，《寶應圖經》對研究寶應縣的歷史地理，有重大作用，值得我們深入研究。

四、對交通水利之創見

㈠汪中議建京口浮橋

二百多年前，汪中寫過一篇〈京口建浮橋議〉文章，全文如下：

《爾雅》：「天子造舟。」郭璞謂：「比船爲橋。」即今之
浮橋也。川之大者，若河、渭、洛，皆有浮橋。其建於大江
者，漢建安二十五年，夏侯尚爲浮橋，以攻南郡；唐乾寧四
年，朱友恭爲浮橋於樊港，以攻武昌；宋開寶二年，曹彬爲
浮橋於采石，以攻江南；元至元九年，伯顏爲浮橋於石䇲，
以攻宋，前史具載之。

今京口之渡，自瓜洲至金山一里三分，自金山至䇲灣半之，
於江津爲最狹。若南北造浮橋二道，交會於金山，行旅往來
如在枕上，此百世之利也。昔杜預請建浮橋於河陽，議者咸
以爲古無此事，預卒成之，至唐猶賴其利。近世李敏達公於
鄞縣甬江造浮橋，至今稱便。有非常之事，必待非常之人，
道固然耳。❸❾

其時金山位於長江中近京口處，故汪中提議，在京口（今鎮
江）至瓜洲間建浮橋二座，交會於金山，把大江兩岸連接起來，以
利行旅往來。京口建浮橋雖然是不現實的，但這種設想還是有見地
的，足見汪中對發展長江南北兩岸交通運輸的深切關注。汪中是設
想在鎮江與揚州之間的長江上建橋之第一人。汪中的建橋夢即將成
爲現實，因爲鎮江揚州長江公路大橋的建設方案，經過多年的反覆
論證，終於在二○○○年三月經國務院批準正式立項了。

---

❸❾ 〔清〕汪中：〈京口建浮橋議〉，《述學·外篇一》，頁1。

(二)阮元關注水利漕運

阮元任浙江巡撫時，曾修築海塘、浚治杭州西湖；在兩湖總督任上，多次視察並修整湖北荊江大堤；任兩廣總督時，曾建造南海縣桑園圍石堤等工程。興修水利，不遺餘力。阮元還寫過〈海塘攬要序〉、〈重浚杭城水利記〉、〈荊州窖金洲考〉、〈江堤說〉、〈浙江圖考〉、〈新建南海縣桑園圍石工碑記〉、〈黃河海口日遠運口日高圖說〉等水利文章。這些文章，介紹了治水情況，總結了治水成就和經驗教訓，揭示了治水的規律，並提出了有效的治水措施。

江浙海塘乃杭州、嘉興、湖州、蘇州、松江、常州六郡民田廬舍之屏障，對國計民生關係重大，所以阮元要大力修築海塘，並為《海塘攬要》一書作序。杭州乃浙江省城，杭城水利至關重要。西湖位居城西，湖水入城有三路河溝，貫通城內外數十里，汲濯舟楫皆賴之。但數十年未加浚治，河溝淤塞、淺阻，每遇大雨，杭州城內泛濫成災，居民多臥水中。嘉慶九年春，阮元帶頭捐款抗災，官、士、商紛紛響應，亦各出資，計銀四千八百多兩。用以疏浚河道，使之暢通，居民不再受河湖泛濫之苦，並建石函六閘、五閘板，視西湖水之盛衰而增減啟閉，並委託杭州水利通判專管此事。從此以後，規定每年十一月定期浚治一次，不准偷工減料，不許累及百姓。❹

---

❹ 〔清〕阮元著，鄧經元點校：〈嘉慶九年重浚枯城水利記〉，《擘經室集·三集》，卷4，頁663-664。

　　廣東桑園圍內數十里如一小邑，堤若潰，則順德、龍山諸地兼受其衝。於是阮元在桑園圍險處皆建石堤以障之。「且誠圍中各堡紳士耆老等，自茲後歲逢大水，土堤之薄者厚之，低者崇之，漏者塞之，石堤之壞者增之修之，塊石之卸者增之壘之。官士請樹碑以記其事，書此付之，庶幾此一方永臻安定焉。」❹

　　湖北荊州江陵縣南門外長江中有沙洲，俗名窖金洲。乾隆五十三年，荊州萬城大堤潰決，長江水淹入江陵縣城。大學士阿文成來到荊州，相度長江形勢，認為窖金洲阻遏江流，故有此潰。乃於江堤外築楊林嘴石磯，企圖用此磯挑流長江主泓，使之流向南，以衝蝕窖金洲的泥沙。但是這種治江方法無效，三十年後阮元來巡視湖北長江江堤，發現窖金洲非但沒有減小，反而增大了，阮元仔細查考了當地的水利史料，得出了自晉、唐以來就有此沙洲的結論，「此洲自古有之，人力不能攻也，豈近今所生可攻而去之者耶？惟堅峻兩岸堤防而已。」❹

　　〈江堤說〉是一篇很好的治水論文。阮元寫道：「古江自岷山導源，會漢，分三江入海，故其就下甚暢。然其夏秋間挾泥載沙渾流而下，幾與黃河無異。……金、焦兩山之東在漢皆為大海，唐以來漸淤漸遠，今遠至海門外數百里矣。……凡此江尾海頭所淤之新地，皆江、漢上游之泥沙所積而成之者也。自荊州下至江南，兩岸

---

❹　〔清〕阮元著，鄧經元點校：〈新建南海縣桑園圍石工碑記〉，《揅經室集·三集》，卷5，頁703。

❹　〔清〕阮元著，鄧經元點校：〈荊州窖金洲考〉，《揅經室集·二集》，卷7，頁553。

皆堤，……江愈高，田愈低，堤愈險，誠末如之何矣。」❸阮元繼
承了明後期著名治水專家潘季馴的「築堤束水，以水攻沙」的理
論，堅築江堤。道光年間，長江水患特別嚴重，長江含沙量甚高，
其根本原因是長江上游森林被大量砍伐。這個歷史教訓應好好吸
取，如今在長江上游應廣種植被、控制伐木、保護環境。否則，長
江就有可能變成第二條黃河，這決非危言聳聽。「江自岷山導源」
是傳統的錯誤說法，阮元係照搬儒家經典《書經》中〈禹貢〉篇
「岷山導江」之說。其實，明末徐霞客就已指出金沙江是長江上源
了。

　　阮元對漕運十分關注。嘉慶年間，因運河淤淺，影響漕糧運
輸，有識之士提出了改河運為海運的變革主張。嘉慶九年，因「洪
澤湖水低弱，力不足以刷黃，以至河口淤沙，七省糧船全不能
渡」，時任浙江巡撫的阮元曾「暗籌海運一法」，擬招募海船四百
艘，「每艘可載米一千五百餘石，略用兵船護出乍浦，即放大洋，
其裝卸之程、腳價之費，俱與之議立章程，以待不虞。交卸如速，
一年可以往返三次，較河運省費三之二。」其後雖「以河道復通，
遂不復用」❹，但阮元仍作《海運考》一冊，主張海運，以為未雨
綢繆之計。嘉慶十七年，阮元任漕運總督，深感計算糧船容量的方
法太繁，故立「糧艘盤糧尺算捷法」。這一方法「較舊法捷省一

❸　〔清〕阮元著，鄧經元點校：〈江堤說〉，《揅經室集·二集》，卷7，
　　頁554—555。

❹　〔清〕阮元著，鄧經元點校：〈海運考跋〉，《揅經室集·二集》，卷
　　8，頁577—578。

半,簡便易曉也,頒行各省並刻石嵌漕院壁間。」❹阮元寫有〈糧
船量米捷法說〉一文,載入《揅經室三集》卷二,對量米捷法作詳
細介紹。

綜上所述,揚州學派的五名代表人物崇尚實學、主張創新;關
注國計民生,鑽研自然科學,理論聯繫實際。他們的經世致用思想
是十分可貴的,值得我們作進一步的深入研究。

---

❹ 〔清〕諸可寶:〈阮元傳〉,《疇人傳三編》(上海:上海書店,1994
年,《叢書集成續編》本),第 36 冊,卷 3,頁 283。

揚州書院與揚州學派

陳文和*

　　中國的學術統系與教育統系是緊密相聯的，時代愈向前推便愈是如此。「昔仲尼沒而微言絕，七十子喪而大義乖」❶，就是描述在以口耳相傳爲主的那個時代，老師的講授對學術的規定、規範起著多麼大的作用。後世書籍愈來愈普及了，但老師的作用不僅在質疑解難，他們通過講授傳達給學生的心得，比起書本的知識容量來，不知要豐富多少。當我們探討清代乾嘉揚州學派的時候，考察當時的書院教育應該是一個切入口。甚至可以這麼說，在揚州，從那個時代起始所養成的重視教育的風氣，積澱在人們的心理，澤被後世，沾溉無窮。

　　地理上的優勢使明清兩代都把兩淮鹽運使官署設在揚州。特別是到了康乾之世，商旅輻輳，人文薈萃，連乾隆皇帝也感嘆揚州鹽商資財富可敵國。繁榮的社會經濟迎來了教育的興盛，其時設在郡城，比較著名的書院有安定、梅花和廣陵三書院。

---

*　　陳文和，揚州大學人文學院中國文化研究所副教授。

❶　　〔漢〕班固：《漢書·藝文志》（北京：中華書局標點本，1962 年），
　　　卷 30，頁 1701。

安定書院在府東北三元坊，康熙元年（1662），鹽政胡文學建。因北宋經學家、教育家胡瑗係揚州泰縣人，人稱安定先生，安定書院就是祭祀他爲祖師而得名。後停辦。雍正十一年（1733），鹽政高斌、運使尹會一重建。乾隆五十九年（1794），運使曾燠增修學舍。

梅花書院在廣儲門外，原名甘泉書院，後又名崇雅書院。雍正十二年（1734），府同知劉重選重建，更名梅花書院。

廣陵書院初名義學，在府治西。康熙五十一年（1712），知府趙宏煜建。乾隆二十五年（1760），知府勞宗發改名竹西書院。乾隆四十六年（1781），知府恆豫、馬慧裕先後創建，移於東關街，更今名。

一、書院的掌院

雍乾之世是清代揚州的極盛時期，也是書院的極盛時期。首先考察這一時期書院掌院，是了解書院教育的關鍵。

安定掌院二十三人：

王步青（1672－1751）字漢皆、又作罕皆，所居與己山爲近，學者稱己山先生。江蘇金壇人。雍正元年（1723）進士。少以文名，然覃心正學。陳宏謀謂，步青以濂、洛、關、閩爲宗傳，以日用倫常爲實際，躬行心得，不徒飾以空言。其教學者，一遵白鹿洞遺規。晚尤勤學，顏其齋曰「無逸所」。謂我朝用經義取士，士子當因文見道。徐世昌曰：「曉樓、己山皆工《四書》文，當時科舉

之學者，幾於家弦戶誦。」❷他在揚時還是江春的老師。江春是乾隆中後期揚州鹽務總商，「身繫兩淮盛衰者垂五十年」。❸著《朱子四書本義匯參》四十五卷、《己山文集》十卷、《別集》四卷。

吳濤，《揚州畫舫錄》卷三：「吳濤，字柱中，號旭亭，康熙戊戌（五十七）（1718）進士。」《明清進士題名碑錄索引》上八百四十五頁：「吳濤，浙江仁和（今杭州）人，康熙五十七年（1718）進士」。《中國美術家人名詞典》糅合《婁縣志》和《墨香居畫識》作：「吳濤，字學山，號蒿田，一作嵩田。江蘇婁縣（今上海松江）人。太學生。工隸書，善山水。卒年八十六。」按：比較以上可知，名吳濤者有二人，一為仁和人，一為婁縣人。而《清人室名別稱字號索引》下九百八十三頁：「吳濤，婁縣（上海松江）人，字學山、柱中，號旭亭、蒿田」，是誤把二人的字號合而為一。生平事跡不詳。

儲大文（1665－1743）字六雅，號畫山，別號樊桐逸士，江蘇宜興人。康熙六十年（1721）舉會試第一，官庶吉士。少聰穎，初以制藝名，後肆力為古文。歸田後，益潛心古學，於史家地理與夫山川阻隘、邊關厄塞，靡不詳究。所作〈荊州論〉十一篇、〈襄陽論廣陵西域〉一篇，推求古今城郭異地，山川異名，援據史籍，如繪圖聚米，當年進退攻守之要，成敗得失之由，皆口講而指畫之。論者謂國朝二百餘年，惟閻若璩明於沿革，大文詳於險易。顧祖禹

---

❷　錢仲聯：《中國文學家大辭典·清代卷》（北京：中華書局，1996 年），頁 35。

❸　〔清〕王圻：《續文獻通考·徵榷考·鹽法上》，卷 23。

《方輿紀要》考證史文，雖極博洽，不及兩人精核云。時主東南壇坫者，爲長洲何焯、吳縣吳士玉二人，皆推大文爲祭酒。性寬而介。後主揚州安定書院，學者翕然宗之。著《存研樓文集》十六卷、《論形勢居》七卷，又《二集》二十五卷。

王竣（1694－1751）字次山，號艮齋，江蘇常熟人。少師事陳祖範。雍正二年（1724）進士，授編修。歷典浙江、貴州、雲南鄉試。乾隆初，改御史。以母憂去官，遂不出。主講安定、雲龍、紫陽書院。他教育學生「讀書當自經史始」。❹他的學生，除錢大昕外，還有王鳴盛、王昶、褚鶴侶、曹仁虎等人。他又是品行正直的人，「巡撫宗室雅公蔚文小有過舉，必面折之，蓋自來院長所罕見也」。❺其學長於史，尤精地理。嘗以《水經》正文及注混淆，欲一一釐定之，而補唐以後水道之變遷，及地名之同異，爲《水經廣注》，手自屬稿，未暇成也。惟成《漢書正誤》四卷。錢大昕謂駕三劉氏、吳氏《刊誤》上也。書法橅李北海，所書碑碣盛行於時。

查祥（生卒年不詳）字星南，號谷齋，浙江海寧人。康熙六十年（1721）進士。早歲嘗舉博學鴻詞，年八十餘，始進士及第。既歸，歷主講席，授徒以終。著《雲在樓詩鈔》九卷、《咸齋文鈔》等。

陳祖範（1676－1754）字亦韓，自號見復，江蘇常熟人。雍正

---

❹　〔清〕錢大昕撰，錢慶曾校注，陳文和點校：《竹汀居士年譜》，《嘉定錢大昕全集》（南京：江蘇古籍出版社，1997年），第1冊。
❺　〔清〕王昶輯：《湖海詩傳》（同治4年仲秋重校刊綠蔭堂藏版），卷3。

元年（1723）舉人，其秋試禮部中式，以病不與殿試。歸，僦廛華匯之濱，楗戶讀書。居數年，詔天下設書院以教士，大吏聞先生通儒，爭延爲師。歷主蘇州紫陽、徐州雲龍、安慶敬敷、揚州安定諸書院，訓課有法。或一二年輒辭去，曰：「士習難醇，師道難立。且此席似宋時祠祿，仕而不逐者處焉。吾不求仕而久與其列，爲汗顏耳。」❻乾隆十六年（1751），詔舉經學，祖範褒然居首。王昶《蒲褐山房詩話》：「令大臣集，議論至常熟陳進士祖範，或以爲其所作掌錄少之。（秦）文恭奮袂曰：『若不得陳某，則此舉爲無光。』」❼以年老不任職，賜司業銜。乾隆十八年（1753），卒於家。錢大昕曰：「先生於學，務求心得，不喜馳騁其說與古人爭勝，尤恥勦襲成言以爲己有，蓋合於《論語》『君子儒』焉。」❽論《易》不取先天之學，論《書》不取梅賾，論《詩》不廢《小序》，論《春秋》不取《義例》，論《禮》不以古制違人情，皆通達之論。爲文「簡淨和厚」，「不墮宋儒頭巾氣習」。著《經咫》一卷，膺薦時錄呈禦覽。《文集》四卷、《詩集》四卷、《掌錄》二卷。

王喬林（生卒年不詳）字文河，浙江錢塘人（今杭州）。雍正元年（1723）進士，改庶吉士。在任日作興人文，尤親禮樸學。

張仕遇（生卒年不詳），江南華亭（今上海松江）人。雍正元

---

❻　〔清〕錢大昕著，陳文和點校：《潛研堂文集》，《嘉定錢大昕全集》，第 9 冊。

❼　〔清〕王昶輯：《湖海詩傳》，卷 3。

❽　〔清〕錢大昕：《潛研堂文集》，《嘉定錢大昕全集》，第 9 冊。

年（1723）進士。按：《明清進士題名碑錄索引》：「朱仕遇，又名張仕遇」。生平事跡不詳。

邵泰（1690－1758）字峙東，號北崖，原籍順天府大興（今北京），僑居吳。康熙六十年（1721）進士，授翰林院庶吉士，工時文。

蔣恭棐（1690－1754）字維御，一字迪甫、西圃。其先江蘇揚州人，後徙蘇州。康熙六十年（1721）進士。時江左文多矜奇異，恭棐獨守先正矩矱。及入翰林，充《玉牒》館纂修官，制誥典冊，多出其手。後復充《大清會典》、五朝國史館纂修。以修致歸後，於乾隆十八年（1753），應兩淮鹽運使盧見曾聘，主講安定書院，諸生慕君名，擔笈而來者咸虛往實歸。君自誦曰：「吾雖老，願以平生所得公之諸生，當不負盧君也。」生平湛深經學，詩文無專師。錢陳群嘗與張照屈指當代古文，咸推恭棐云。藏書數千卷，皆手評數過。著有《西原草堂文集》。

沈起元（1685－1763）小名傳時，字子大，號敬亭，江蘇太倉人。康熙六十年（1721）進士。選庶吉士，改吏部主事，遷員外郎。歷官福建福州、興化、臺灣知府，河南、直隸布政使，終光祿寺卿。官河南時，總府縣修書院事，乃教群士省身克己之學。立章善坊，書孝子、悌弟、義夫、貞婦名，探訪事實，為《章善錄》版行，一時風動。乾隆十三年（1748）移疾歸。起元自少覃心理學，謂學須知行合一，從五倫起。張伯行、李紱皆其座主也。張主朱，李主陸王。起元則謂孔門弟子自顏、曾外，入門各異，同歸於聞道。今但守定經書，實實做人，不必高言做聖，尤嚴義利之辨。自為諸生，不妄取一非義之物；及由郡守歷藩司十五年，未嘗置屋一

椽、田一畝。所至深求利弊，次第酌行之。心切愛民，而以寧靜不擾爲主。晚年杜門誦先儒書，曾主鍾山、濟南、揚州、太倉諸書院。著有《周易孔義集說》二十卷、《敬亭文稿》四卷、《桂軒詩草》二卷。

劉星煒（1718－1772）字映楡，號印于、圃三、思補堂，江蘇武進人。乾隆十三年（1748）進士。督安徽學政，請童生兼試五言六韻詩。童試有詩自此始。累遷侍讀學士。爲官二十餘年，屢典鄉試會試。乾隆二十三年（1758），應盧見曾聘，在安定書院掌教。乾隆二十九年（1764），直上書房，再遷禮部侍郎。蔣士銓稱其：「在翰林撰著進擬文字，雅懿鴻穆，潤爍綸綍，垂光典林。平居纂述，莫不本道師聖，酌緯體經，衡理鏡詞，熔式方規，刻縷萌芽，一歸精粹。故能動墨模錦，搖毫散珠，碑版所流，螭蟠鼇戴者遍天下。」❾著有《思補齋文集》四卷。按：《揚州畫舫錄》卷三「號印于」誤作「號印子」。

王延年（生卒年不詳）字涌輪，號介眉，浙江錢塘人（今杭州）。雍正四年（1726）舉人。乾隆元年（1736），舉博學鴻詞，後官國子監學政。十七年（1752），會試，以耆年晉司業，賜翰林院侍講銜。延年史學洽熟，嘗補袁樞《通鑑紀事本末》，杭世駿序之，比延年於唐杜君卿、宋劉中原父云。晚年，大學士蔣溥、劉統勛皆以經學薦，俱稱其老成敦樸，潛心經史。又應總督李衛聘，修《浙江通志·沿革離合表》，分析特詳，遂爲全志之冠。又自進呈

---

❾ 〔清〕蔣士銓著，邵海清校，李夢生箋：《忠雅堂文集》，《忠雅堂集校箋》（上海：上海古籍出版社，1993年），卷5，頁2183。

所著書，上嘉許焉。還著有《涌輪居文集》、《閩江考》等。按：《揚州畫舫錄》卷三「雍正丙午（四年）進士」應作「舉人」。

杭世駿（1695 或 1696－1772 或 1773）字大宗，號菫浦，一作槿浦，晚號秦亭老民，又號智光居士，浙江仁和（今杭州）人。家貧力學。雍正二年（1724）舉人。乾隆元年（1736），召試博學鴻詞，授翰林院編修，校勘武英殿十三經、二十四史，纂修《三禮義疏》，後以直言罷歸。平日通《禮》學，尤深於詩，最爲當時所稱。他經常來揚州，依馬曰琯、馬曰璐兄弟。乾隆三十一年（1766），主講揚州安定書院，繼主廣東粵秀書院，以實學課士子。後迎駕西湖，賜復原官。卒年七十六。王昶曰：「菫浦先生書擁百城，胸羅四庫，兩浙文人，自黃梨洲先生後，全謝山庶常及先生而已。」❿著有《續禮記集說》一百卷、《石經考異》二卷、《史記考證》、《三國志補注》、《補晉書傳贊》、《北齊書疏證》、《續方言》、《經史質疑》、《續經籍考》、《兩浙經籍志》、《詞科掌錄》、《詞科餘話》、《兩漢書蒙拾》、《文選課虛》、《道古堂集》、《鴻詞所業》、《榕城詩話》、《亢宗錄》等。

沈慰祖（生卒年不詳）字學周，號礪齋，江蘇吳縣（今蘇州）人。雍正八年（1730）進士。生平事跡不詳。

儲麟趾（生卒年不詳）字履醇，一字梅夫，號釧復，人稱梅夫先生，江蘇荊溪（今宜興）人。乾隆四年（1739）進士，改庶吉

---

❿ 〔清〕王昶輯：《湖海詩傳》，卷5。

士,授編修。進諸經講義,援據儒先,責難陳善,辭旨醇美。乾隆十四年(1749),考選貴州道監察御史。累遷太僕寺卿,移宗人府府丞。乾隆三十二年(1767),引疾歸,家居十餘年,年八十餘而終。宜興儲氏,世以制舉聞名天下,至此始好爲詩古文詞。著有《雙樹軒詩初稿》十二卷。

　　蔣士銓(1725－1785)字心餘,一字苕生,號清容,晚號定甫,別署離垢居士。蔣家原姓錢,祖籍浙江長興,明末動亂時,徙居江西鉛山。幼年家境清寒,寄居外祖父家,由文化修養很高的母親鍾氏親自授書,受到良好的家庭教育。十一歲,隨父北上,遊歷齊、魯、燕、趙等地。入山西澤州,館於鳳台王鎧家者十年,得讀王氏藏書,以是學業日進。乾隆十二年(1747)舉於鄉。乾隆二十二年(1757),成進士,散館授編修,先後充任武英殿纂修官、順天鄉試同考官、《續文獻通考》館纂修官。士銓雖文名日起,卻久處閒曹,在京居官八年之後,乞假養母。乾隆三十一年(1766),士銓開始任教生涯,先在浙江紹興主講蕺山書院,後一度主講杭州崇文書院。乾隆三十七年(1772)春,應兩淮鹽運使鄭大進之聘,主講揚州安定書院,悉心教授生徒、甄拔寒畯。其間曾向運使進言,修建梅花嶺祠堂和史公衣冠冢,並獻出所藏史可法畫像。直至乾隆四十年(1775),因母病逝,扶櫬離揚,登舟返里。因感念皇帝的眷顧,士銓於乾隆四十三年(1778),再次入京,充國史館纂修官,記名以御史用。復因病南歸,養疴於南昌。乾隆五十年(1785)卒。著有《忠雅堂文集》十二卷、《詩集》二十七卷、《補遺》二卷、《忠雅堂評選四六法海》八卷,另有傳奇十八種等。

吳珏（生卒年不詳）字並山，安徽歙縣人。乾隆二十八年
（1763）進士。生平事跡不詳。

吉夢熊（1721－1794）字毅揚，號渭賢，又號渭崖，江蘇丹陽
人。乾隆九年（1744），在蘇州紫陽書院，師事王峻。乾隆十七年
（1752）進士，改庶吉士，官通政使。能詩文。乾隆四十八年
（1783），客韓江，盧文弨、錢載先後經過。吉夢熊仿宋張先、蘇
軾爲前、後〈六客詞〉例，作詩兩首，即〈前六客詩〉、〈後六客
詩〉，一時傳爲佳話。著有《研經堂文集》三卷、《詩集》十三
卷、《丹陽聞見錄》六十卷。

周升桓（1733－1801）字稺圭，號山茨、曉滄，浙江嘉善人。
乾隆十九年（1754）進士，以侍講出守廣西蒼梧道。「爲人英爽好
客，善飲。詩不起稿，輒有生氣。」❶書法家。著有《皖游草》。

趙翼（1729－1814）字雲松，一字耘松，號甌北，晚年自署甌
北老人，江蘇陽湖（今常州）人。生三歲能識字。年十二，爲文一
日成七篇，人奇其才。乾隆十九年（1754），由舉人中明通榜，用
內閣中書，入直軍機，大學士傅恒尤重之。乾隆二十六年（1761）
一甲第三名進士，授編修，充方略館纂修官。後出知廣西鎮安府，
尋調守廣州，擢貴西兵備道。以廣州讞獄舊案降級，遂乞歸不復
出。乾隆四十九年（1784）赴揚州，主講安定書院。晚歲以著述自
娛，尤邃史學，與錢大昕、王鳴盛並稱三大史學家。又與詩人袁
枚、蔣士銓齊名，並稱三大家。著有《廿二史札記》三十六卷、

---

❶　錢仲聯：《清詩紀事·乾隆朝卷》（南京：江蘇古籍出版社，1989 年），
頁 5583。

《皇朝武功紀盛》四卷、《陔餘叢考》四十三卷、《簷曝札記》六卷、《甌北詩集》五十三卷等。

張燾（生卒年不詳）字暮青，號極齋，乾隆二十六年（1761）進士。按：《揚州畫舫錄》卷三：「乾隆辛巳（二十六）（1761）進士」，據《明清進士題名碑錄索引》應作「乾隆癸未（二十八）（1763）進士」。為王鳴盛《西莊始存稿》作序，末署：「乾隆乙酉（三十）長夏，受業門人宣城張燾再拜，謹書于廣陵旅次。」❷就序文所述宗旨，可知與乃師王鳴盛學術旨趣是相同的。又據《清人室名別稱字號索引》乙編一千三百四十五頁：「張燾，安徽宣城人，字洪居、慕青，號涵齋」，《揚州畫舫錄》「號極齋」誤。

王嵩高（1735—1800）字少林，號海山。江蘇寶應人。乾隆二十八年（1763）進士，授湖北利川縣知縣。三十九年（1774），鄉試同考官。後功補武黃同知，署鄖陽、施南知府，轉天津府同知，調河西務。升平樂府知府。將赴粵，會母李病篤，遂陳情歸。嵩高居官仁恕，勤政愛民，孝友純篤，至老不衰。幼孤，賴世父箴與教養，歲時哀思，數十年如一日。母服闋，有勸起復者，不應。主講安定書院及樂儀書院，喜獎掖後進，多所成就。為文敏捷，操管千言，詩軸尤富。著有《小樓村集》八卷。

梅花掌院五人：

姚鼐（1732—1815）字姬傳，一字夢谷，又字稽川，室名惜抱軒，人稱惜抱先生，安徽桐城人。乾隆二十八年（1763）進士，選

---

❷ 〔清〕王鳴盛：《西莊始存稿》（清乾隆 31 年刻本）。

庶言士，改禮部主事，擢刑部郎中。期間，歷充山東、湖南鄉試考官及會試同考官。在京與翁方綱、錢大昕等相往還。四庫館開，充纂修官。翌年，以病乞養告歸。先後主講揚州梅花、安慶敬敷、江南紫陽、鍾山諸書院四十餘年。嘉慶二十年（1815），卒於江寧講席。學術界都知道姚鼐與戴震的一段公案，就此籠統地說他反對漢學，難免失之過簡之譏。他有一段著名的議論：「天下學問之事，有義理、文章、考證三者之分，異趨而同為不可廢。凡執其所能為，而黜其所不為者，皆陋也。必並收之，乃足為善。天下之大，要必有豪傑興焉，盡收具美，能祛末士一偏之蔽，為群材大成之宗者。」⓭這是通達之見。作為「以誨迪後進為務」的教育家，贏得「士子得以及門為幸」的讚譽，是一點也不為過的。門下管同、梅曾亮、方東樹、姚瑩四人，被稱為高第弟子。姚鼐的鄉先輩方苞以古文名重一時，繼起的劉大櫆與姚鼐的伯父相友善，姚鼐受學於家庭師友之間，並能發揚光大，後世遂有「桐城派」之名。姚鼐繼方、劉之後，成為桐城派三祖之一。著有《九經說》十七卷、《國語補注》一卷、《老子章義》二卷、《莊子章義》、《惜抱軒文集》二十卷、《詩集》二十卷、《三傳補注》三卷、《法帖題跋》三卷、《筆記》八卷。

茅元銘（生卒年不詳）字耕亭，號栗園，江蘇丹徒（今鎮江）人。乾隆三十七年（1772）進士。官內閣學士，兼禮部侍郎。著有《耕亭詩鈔》。

⓭　〔清〕姚鼐著，劉季高標校：《惜抱軒文集》，《惜抱軒詩文集》（上海：上海古籍出版社，1992 年），卷 6，頁 104。

　　蔣宗海（生卒年不詳）字星岩，號春農，一名宗梅，字春岩，
號青農，一號多民，別署歸求老人，學者稱春農先生，江蘇丹徒
（今鎮江）人。乾隆十七年（1752）春，以恩科舉於鄉。是年秋，
即成進士。官內閣中書。馴雅該博，聲譽噪日下。攻古文，精賞
鑑，工篆刻。文秀精雅，蓋專摹文國博。又善丹青，頗具蕭疏雅淡
之趣。與同邑夢樓王太守文治齊名，爲時並重。尤篤內行，年僅四
十，即乞養里居，歷二十餘年不出。或甘旨不繼，賣文以自給。
《揚州畫舫錄》卷三云：「學在何義門、陳少章之間。」著有《春
農吟稿》若干卷、《文集》若干卷、《索居集》二卷、《南歸叢
稿》二卷。

　　張銘（生卒年不詳）字警堂，乾隆十二年（1747）舉人。生平
事跡不詳。蔣之前則吳珏，自安定移席。以安定肄業諸生掌梅花書
院者，唯蔣宗海一人；掌安定書院者，唯王嵩高一人。

　　廣陵掌院三人：

　　謝浤生（生卒年不詳）字海漚，江蘇儀徵人。乾隆二十七年
（1762）舉人。生平事跡不詳。

　　杜塄（生卒年不詳），浙江會稽人。乾隆四十三年（1778）進
士。按：《揚州畫舫錄》卷三「杜塄」誤作「杜諤」，今據《明清
進士題名碑錄索引》改。生平事跡不詳。

　　郭均（生卒年不詳）字直民，號筱村，江蘇甘泉（今揚州）
人。乾隆五十二年（1787）進士。生平事跡不詳。

　　我們對雍乾年間，擔任安定、梅花、廣陵三書院掌院的三十
人，生平事跡，簡述如上。爲了說明的清晰，再列表於下：

姓　名	籍　貫	出　身	學術專長
王步青	江蘇金壇	進　士	理學、詩文
吳　濤	浙江杭州	進　士	不詳
儲大文	江蘇宜興	進　士	詩文
王　峻	江蘇蘇州	進　士	經學、史學
查　祥	浙江海寧	進　士	詩文
陳祖範	江蘇蘇州	進　士	經學、詩文、文獻學
王喬林	浙江杭州	進　士	樸學
張仕遇	上海松江	進　士	不詳
邵　泰	江蘇蘇州	進　士	經學
蔣恭棐	江蘇蘇州	進　士	經學、詩文
沈起元	江蘇太倉	進　士	理學
劉星煒	江蘇武進	進　士	詩文
王延年	浙江杭州	博學鴻詞	經學、詩文
杭世駿	浙江杭州	博學鴻詞	史學、文獻學
沈慰祖	江蘇蘇州	進　士	不詳
儲麟趾	江蘇宜興	進　士	經學、詩文
蔣士銓	江西鉛山	進　士	詩文
吳　珏	安徽歙縣	進　士	不詳
吉夢熊	江蘇丹陽	進　士	詩文
周升桓	浙江嘉善	進　士	書畫
趙　翼	江蘇武進	進　士	史學、詩文、經學
張　燾	安徽宣城	進　士	經學

王嵩高	江蘇寶應	進士	詩文
姚　鼐	安徽桐城	進士	詩文
茅元銘	江蘇丹徒	進士	不詳
蔣宗海	江蘇丹徒	進士	詩文、文獻學、書畫
張　銘	不詳	舉人	不詳
謝浤生	江蘇儀徵	舉人	不詳
杜　堮	浙江紹興	進士	不詳
郭　均	江蘇揚州	進士	不詳

　　上表地域分布統計如下：江蘇（包括上海）十八人，（其中蘇州六人、松江一人、無錫二人、常州二人、鎮江四人、揚州三人），浙江七人，安徽三人，江西一人，籍貫不詳一人。

　　出身統計如下：進士二十六人，博學鴻詞二人，舉人二人。

　　學術專長，多有通才，頗難一言以蔽之，就其主要方面而言，統計如下：經學十人，詩文八人，史學二人，書畫一人，不詳九人。

　　從上述資料可以看出：江蘇十八人，佔總數的百分之六十。江蘇人中又以蘇州人最多。浙江第二、安徽第三。對掌院不能平列看待，他們的學術水準、教學水準，以及在院時間長短等，對學生的影響是不一樣的。其中以陳祖範、王峻、杭世駿、趙翼、姚鼐、蔣士銓等最為重要。陳祖範是王峻的老師，而王峻在蘇州紫陽書院時，又是錢大昕、王鳴盛、王昶等人的老師。王峻倡導「古學」，尤其強調史學研究的重要性，這對他的學生產生了深刻的影響。錢大昕屢次提及這一點。杭世駿在揚州時間最久。一七七〇年前後，

他主持安定書院時，對汪中極爲賞識，並立即把汪中收爲弟子。趙翼曾攜子姪五人，俱在安定書院讀書，並有詩云：「客授仍攜子姪多，館人先爲掃庭莎；我慚穎士稱夫子，人笑承天似奶婆。一味分甘忘旅食，半窗拈韻有清哦；如何身自誇恬退，偏望兒孫早決科。」❹後又掌教安定書院。姚鼐在各書院任教近四十年，「風規雅峻，獎誘後學，賴以成名者甚多」。蔣士銓多次往來揚州，在安定書院期間，其母與阮元的母親常相過從。阮母教育兒子說：「讀書做官，當爲翰林，若蔣太夫人教子乃可矣。」❺就書院系統來說，揚州的學術受到多方面的影響。就地望看，主要以蘇州、常州、鎮江、揚州、杭州居多。皖南只有歙縣吳珏一人，但生平事跡不詳。

當時來揚州書院的掌院，其中有些人同時又是揚州鹽商的座上賓。如馬曰琯的小玲瓏山館，有杭世駿、陳祖範、查祥、邵泰等。

江春的秋聲館有王步青、金兆燕、蔣宗海、蔣士銓等。

由於揚州地當南北要衝，全國著名學者來揚州的很多，盧見曾的幕府中，惠棟和戴震──這兩位清代漢學最著名的代表人物，於乾隆二十二年（1757）在揚州初次相會。這次會面對戴震學術思想的變化產生了重要的影響，也是中國學術編年史上的一件大事。這些在揚州的學者多與杭世駿一樣──「來揚州主馬氏，與盧轉運友善」──是鹽商們共同的客人與朋友。如「元和惠徵士棟嘗病於揚

---

❹　董玉書：《蕪城懷舊錄》（上海：建國書店，1948 年），卷 1。

❺　〔清〕阮元：〈顯考湘圃府君顯妣一品夫人林夫人行狀〉，《揅經室集·二集》（北京：中華書局，1993 年），卷 1，頁 375。

州,需參,莫措。汪對琴比部慨然獨持贈,費千金。惠病起,以所撰《後漢書訓纂》酬之。」⑯他們詩歌唱和,切磋學問,校刊典籍,勤勉著述。書院與幕府,形成雙向互動的關係,這樣的社會環境與學術氛圍,對當時揚州書院的學子們來說,眞是難得的機遇和幸運。揚州書院集中了東南各地許多優秀的學子,同時又給他們提供了最好的學習環境與學習條件。

安定、梅花兩書院是揚州最著名的學校。何柄棣先生認爲,這兩所學校是清初專爲鹽商子弟開辦的,這說明鹽商家庭似乎享受國內的最佳教育。我們沒有學籍上的直接證據,說明鹽商子弟在生員中所佔的比例。但是財力比較雄厚的鹽商都是在家裡開館,延聘名師;而書院的掌院又多兼在鹽商家坐館,他們的子弟受到良好的教育是不爭的事實。

何柄棣先生又指出,一三七一至一六四三年間,兩淮鹽商中出的進士多達一百零六名;及至清代,一六四六至一八〇四年間,產生的進士數爲一百三十九名。由於兩淮鹽商的財富創造了高度發達的文化,使得有清一代揚州府的進士總數多達三百四十八名,其中一甲有十一名,成爲國內重要的文化發達地區之一。

二、書院的學子

揚州書院在當時有最好的老師,有充裕的經費,這種條件就保

---

⑯　董玉書:《蕪城懷舊錄》,卷2。

證了生源，「安定、梅花兩書院，四方來肄業者甚多，故能文通藝之士萃於兩院者極盛」。❶《揚州畫舫錄》卷三列名於下：裴之仙、管一清、楊開鼎、梁國治、謝溶生、蔣宗海、秦黌、王嵩高、任大椿、唐侍陛、唐仁埴、楊文鐸、申甫、何融、余瀛、侍朝、趙廷熙、郭聯、吳楷、段玉裁、李惇、王念孫、宋綿初、汪中、劉台拱、殷盤、徐步雲、楊倫、韋佩金、洪亮吉、江漣、萬應馨、金科、孫星衍、余鵬飛、朱申之、顧九苞、程贊普，一共三十八人。還應加上趙翼、焦循等。

其中謝溶生、蔣宗海、王嵩高、趙翼後又成爲揚州書院掌院。學生中得科第高名的略而不論，成爲著名學者的有：

任大椿（1738－1789）字幼植，一字子田，江蘇興化人。乾隆三十四年進士，授禮部主事。薦《四庫全書》纂修官，禮經類提要多出其手。究心漢儒之學，尤長名物訓詁。曾掌教淮安麗正書院，汪廷珍爲其弟子。在京師不謁權貴，惟與朱筠、翁方綱以道義學術相切磋。

段玉裁（1735－1815）字若膺，號茂堂，江蘇金壇人。乾隆二十五年舉人。平生究心小學，尤精《說文》之學，積數十年精力，著《說文解字注》三十卷，王念孫序之曰：「千七百年無此作矣」。

李惇（1734－1784）字成裕，一字孝臣，江蘇高郵人。乾隆四十五年（1780）進士。受學使彭元瑞之聘，主講暨陽書院，以經學

---

❶ 〔清〕李斗：《揚州畫舫錄》（揚州：江蘇廣陵古籍刻印社，1984年），卷3，頁62。

授諸生，與任大椿、劉台拱、汪中、程瑤田等相切磋，邃深經傳。晚年又好曆算，得宣城梅氏書，盡通其術。

王念孫（1744－1832）字懷祖，學者稱石臞先生，江蘇高郵人。乾隆四十年進士。四十六年入四庫全書館，充篆隸分校官。其學自精通訓詁外，則校勘之業，最爲專門。所著《廣雅疏證》、《讀書雜志》等贏得「高郵王氏之學，海內無匹」的讚譽。

宋綿初（生卒年不詳）字守端，號瓞園，江蘇高郵人。爲學勤敏，蜚聲庠序，深受學使彭元瑞、安定書院掌院蔣士銓賞譽。乾隆四十二年拔貢生，曾官五河、清河縣學訓導。精研經術，尤擅說《詩》。

汪中（1744－1794）字容甫，江蘇揚州人。少孤貧，由寡母授以《小學》、《四子書》。稍長，因依書商爲傭，得遍讀經史百家之書，過目成誦，遂爲通人。杭世駿主講安定書院，與之論學，大爲折服。乾隆四十二年拔貢生，後絕意仕進。精研經學、史學、諸子學，擅駢文；所著《述學》，最爲後世所稱道。

劉台拱（1751－1805）字端臨，江蘇寶應人。乾隆三十五年舉人，曾官丹徒縣學訓導。四庫館開，在京與朱筠、程晉芳、戴震、邵晉涵及同鄉任大椿、王念孫等相友善，稽經考古，且夕切磋。於漢宋諸儒之說，不專主一家，而惟是之求。生平無他嗜好，唯聚書數萬卷，日夕探索。

洪亮吉（1746－1809）字稚存，號北江，江蘇武進人。乾隆五十五年進士。曾入朱筠、畢沅幕，與當世名流，如汪中、章學誠、翁方綱、蔣士銓、程晉芳、趙翼等訂文字交，是乾嘉間著名的文學家。

孫星衍（1753－1818）字伯淵，號淵如，江蘇常州人。乾隆五十二年進士。曾先後主講揚州安定書院、紹興蕺山書院、杭州詁經精舍，晚主南京鍾山書院。一生劬學，好藏書，勤於著述，精於校勘。

焦循（1763－1820）字里堂、理堂，江蘇揚州人。嘉慶六年舉人。構雕菰樓，讀書著述其中，不入城市者十餘年。於書無所不窺，邃於經史、曆算、聲音、訓詁、詩文、戲曲，《易》學尤爲專門；被阮元稱爲「通儒」。

按這些學者的籍貫，集中在揚州、鎮江、常州一帶。阮元說：「蓋今時天下學術以江南爲最。江南凡分三處：一安徽，二揚鎮，三蘇常。鎮江、揚州爲極盛：若江都汪容甫之博聞強記，高郵王懷祖之公正通達，寶應劉瑞臨之潔淨精核，興化任子田之細密詳贍，金壇段若膺之精銳明暢，皆非外間所可及也。」⓮。阮元以當時人記述，應較近於事實。

要成爲超過老師的學生，就要有獨立思考的能力；但眞能如此，又往往被視爲狂人。汪中的命運就是這樣。陳世箴《敏求軒述記》卷七云：「江都汪中肄業安定書院，屢窘蔣士銓。」事情的細節已不得而知，但總應與學業有關。汪中在當世是有名的狂人，恐怕此時已經種下了根苗。汪中後來在學術上的主張，確能標新立異，獨樹一幟。焦循關於「近之學者，無端而立一考據之名，群起而趨之，吾深惡之也」的議論，也表現了特立獨行的性格。最有意

⓮ 劉師培：《左庵題跋》，《劉申叔遺書》（南京：江蘇古籍出版社，1997年），頁 1971。

思的要數王念孫，他給人的印象是「公正通達」，但阮元私下在答
友人的一封信中寫道：「王之埽人，甚於容甫。彼常言，當世所不
埽者，程、劉、段、汪、金、阮六人耳，余皆白眼視之。元亦自幸
尚不爲通人所棄。」⑲這些揚州學派的中堅人物，都表現了極強的
個性，但也並不妨礙他們蠲敝崇善。

揚州書院的條規、講義、策問等沒有流傳下來，我們已不能直
接從書院的學習內容和教學活動中窺測他們的學術趨向。但是李詳
在《藥裏慵談·阮芸台太傅引接後進》卷一中給我們道出一個消
息：「芸台相國予告歸里，喜接後進，於書院所取高材生，尤爲留
意。每次弟招飲於家，茮不過數簋，命其孫陪食，公略一舉箸而
已。問以所長，無論經義詞章，聽其縱言，公徐核之；再問以家
世，乃館穀幾何，書院膏火幾何。公略爲致思曰：『每年尚不
敷。』因出編書條例示之，屬以每日交數則爲日課。淮商時有公穀
以應往來賓客，公具一紙告之，列名其中，每年或得百餘金，至少
亦數十金，必使小有饒餘，得以專力向學。揚郡人才，咸成由公
手，不似後人專以鄉里爲溺攢也。」⑳李詳出身世家，是清末民初
揚州籍的著名學者，他的話當是得自老輩傳聞，絕非臆造。這樣，
我們終於從一個關鍵性的人物身上發現了事物的連接點。阮元晚年
對揚州書院的關心，是與他一貫重視文教分不開的。我們知道，阮
元不僅是官僚、學者，史稱他「身歷乾嘉文物鼎盛之時，主持風會

---

⑲ 劉師培：《左庵題跋》，《劉申叔遺書》，頁 1971。

⑳ 李詳：〈阮芸台太傅引接後進〉，《藥裏慵談》（南京：江蘇古籍出版
社，2000 年），卷 1，頁 4。

數十年」，這其中當然還要包括他在杭州創辦詁經精舍、在廣州創辦學海堂這樣的業績。這兩所書院代表了清代書院發展中的一個重大轉變——以漢學取代理學，以實學取代制藝。在詁經精舍創辦之初，阮元所聘請的兩位名師之一孫星衍就曾肄業揚州安定書院。使今人倍覺興趣的還有一點，就是詁經精舍最後出了一個章太炎，學海堂出了一個梁啓超，恐怕也不能說成是偶然吧？阮元無論在治學、還是在教育實踐中，貫串始終的一個思想就是實事求是，這也是乾嘉學者尊奉的一個口號，而在阮元身上體現得尤爲鮮明。這種思想使他有比較寬闊的眼界，提倡實學，強調學以致用，重視科技教育和自然科學研究，尊重學者個人的研究風格。阮元生於乾隆二十九年（1764），中進士在乾隆五十四年（1789），比鄉先輩王念孫、汪中、劉台拱分別小二十歲、十九歲、十三歲，與焦循年相若。他的這幾位關係最爲密切的友朋都曾就讀揚州書院；再加上阮元本人的家庭背景——舅祖江春是揚州總商，揚州書院的掌院常常是座中上賓——這應該就是阮元思想形成初期的社會環境和條件。由此，我們可以得出這樣的推論：詁經精舍和學海堂，就是我們觀察揚州書院的最好的參照物。清代揚州學派的形成，如同許多人已經指出的那樣，是接受吳派和皖派的影響，再具體一點，就是惠棟和戴震的影響。挑出這兩位人物作爲代表，原也沒有錯。但是我們如果在更廣闊的社會背景上加以考察，那麼最接近歷史事實的應該是，通過系統的教育，接受正規的訓練，形成綿然不絕的人才培養基地，還應歸功於揚州的書院。所以柳詒徵總括指出：「段、王、汪、劉、洪、孫、任、顧諸賢，皆出於邗之書院，可謂盛矣。咸、同以降，稍不逮前。然江南北之士，不試於揚州書院者蓋尠。濯磨

淬厲，其風有足稱焉。」㉑

三、書院的經費

柳詒徵《江蘇書院志初稿》：「江寧布政使所屬各府之文化，以揚州稱首。兩淮鹾利甲天下，書院之膏火資焉。故揚州之書院與江寧省會相頡頏，省內外人士咸得肄業。」㉒書院經費當然是書院存在和發展的基礎。由於揚州書院的經費由兩淮鹽政，再加上揚州鹽商私人的資助，所以有穩定的來源和保證，這恐怕是一般的書院難以比肩的。《兩淮鹽法志》：「安定書院，雍正十一年重建，凡工費白金七千四百有奇。其生徒員額，初以六十人為率，後增至五百人。乾隆二年，運使徐大枚詳定額，選四十人。至六年，運使朱續晫復增二十人，並合梅花書院生徒附院講課，共百二十人。五十九年，運使曾燠增修學舍，重定規條，正、附課各七十二人，隨課無定額。月二課：正課月給膏火三兩，附課一兩。住院肄業者，於常額外日增膏火三分。每課一等至二等之首，書其殿最歲登下之。其尤者，仿古上舍之例，增正課膏火一兩五錢，無定額。」㉓

「梅花書院，乾隆六十年，運使曾燠重立規條，正、附（課）

㉑　柳詒徵：《江蘇書院志初稿》，《中國歷代書院志》（南京：江蘇古籍出版社，1995 年）。

㉒　柳詒徵：《江蘇書院志初稿》。

㉓　〔清〕王定安：《兩淮鹽法志》（光緒 31 年 2 月金陵刊本），卷 151。

各五十人，隨課無定額。其諸經費略視安定而損益之。」❷❹

　　「在院諸生分正課、附課、隨課。正課歲給膏火銀三十六兩，附課歲給膏火銀十二兩，隨課無膏火。一歲中取三次優等者升，取三次劣等者降。至倉運司以一歲太寬，限以一月連取三次者升，後又改爲連取五次優等者升。第一等第一名，給優獎銀一兩，二三名給優獎銀八錢，以下六錢。倉運使又定額，一等止取十四名；鹿運使以二等第一名給優獎銀五錢，而一等不拘數。癸丑，南城曾燠轉運兩淮，親課諸生，又拔取尤者十餘人，置於正課之上，名曰上舍，歲加給膏火銀十八兩。」❷❺

　　由於是「鹽務延師掌院」，所以能夠延聘名師。安定、梅花書院山長束脩銀各四百兩，火食銀各三百兩。廣陵書院山長束脩銀二百六十八兩，火食銀八十兩。如果他們兼在鹽商家坐館，或者爲鹽商校勘經籍等，還會受到鹽商的私人資助，這在當時是一筆相當可觀的收入。乾嘉時期的文人學者有很多在三、四十歲以後，就辭官歸里，從事專門的書院教育和學術活動，如錢大昕、姚鼐等都是這樣。這是因爲書院的收入給他們提供了經濟上的保證。考據家的特色就是重證據，這需要有豐富的藏書，除了向別人借閱外，個人也必須積累相當的藏書才行，這自然要有一定的經濟實力。揚州書院掌院如蔣恭棐、蔣宗海、姚鼐、杭世駿等都富於個人收藏。

　　當時揚州有許多藏書家，最著名的要數馬氏小玲瓏山館，藏書甲大江南北。惠棟題詩云：「玲瓏山館闢疆儔，邱素搜羅苦未休；

❷❹　柳詒徵：《江蘇書院志初稿》。

❷❺　柳詒徵：《江蘇書院志初稿》。

數卷論衡藏秘籍，多君慷慨借荊州。」㉖除惠棟外，一時名流如厲鶚、全祖望、杭世駿、陳祖範、查祥、邵泰等均館於其家。他們的有些著作就是在馬家完成的。馬氏又曾斥巨資爲學者刊刻個人著作，這也應是吸引學者們來揚的原因之一。

袁枚〈書院議〉：「民之秀者已升之學矣，民之尤秀者又升之書院；升之學者歲有餼，升之書院者月有餼，此育才者甚意也。」㉗對於生徒來說，生活來源有了保障，才能安心向學。而揚州書院「皆隸於鹽官，藉其財富之餘，以爲養育人才之地，故餼廩之給視他郡爲優」㉘，所以才會出現「四方來肄業者甚多，能文通藝之士萃於兩院者極盛」的狀況。生徒來源的廣泛又是書院教育質量的保證。

總而言之，揚州當雍正、乾隆間，擁有厚資的鹽商們在有關文化方面做過這樣幾件事情：養賓客、蓄圖書、刊典籍、辦書院、築園林；主觀上他們可能是矜飾風雅，但產生的一個客觀效果是爲培養人才創造了極爲難得的歷史機遇，這就是揚州學派產生的社會基礎。

㉖　鄭偉章：《文獻家通考·馬曰琯條》（北京：中華書局，1999 年），頁265。

㉗　〔清〕袁枚：《小倉山房文集·書院議》，《袁枚全集》（南京：江蘇古籍出版社，1993 年），卷 21，頁 370。

㉘　〔清〕吳錫麒：〈校士記〉，嘉慶《重修揚州府志》，卷 19。

揚州學者的子學研究

劉仲華*

　　清代考據學家在研治經史時，莫不博求廣證，「證之諸子」，
「以發其旨」。❶惠士奇說：「周秦諸子，其文雖不盡訓，然皆可
引爲禮經之證，以其近古也。」❷清儒考證經、史，首先從音韻訓
詁入手，重視字的音形義，重視名物制度的考證，重視三代史實的
考辨。清代考據學的方法比較科學，不但重視本證，還特別重視他
證或旁證。因此，清儒考證經史時特別重視搜集旁證。而對於六經
來講，只有先秦子書與其時代相當，也惟有其時代相當，因此，子
書在字的音形義上，在所涉及的名物制度上，在所記載的史實上，
與六經有不少可以相互比類的地方。「以古諸子書，關聯經傳，可
以佐證事實，可以校訂脫訛，可以旁通音訓。故乾嘉以還學者，皆
留意子書，用爲治經之功。」❸所以，清儒在治漢學時往往以子證

＊　　劉仲華，中國人民大學清史研究所博士生。
❶　　〔清〕王引之：〈詹事府少詹事錢先生神道碑銘〉，《王文簡公文集》
　　　（上虞羅氏輯本），卷4。
❷　　〔清〕錢大昕：〈惠先生士奇傳〉，《潛研堂文集》（上海：上海古籍出
　　　版社，1989年），卷38。
❸　　羅焌著，羅書慎點校：《諸子學述》（長沙：岳麓書社，1995年），頁78。

經、史。清末藏書家葉德輝在總結證經的方法時說「經有六證」，其中之一便是「以子證經」。他還進一步解釋說：「以子證經，諸子皆六藝之支流，其學多於七十子。周秦兩漢九流分馳，諸儒往往摭其書之遺言，以發明諸經之古學。」❹正如葉德輝所說，清儒在研治六經時一般都要利用子書進行比類旁證，治《春秋左氏》者必然要涉及《韓非子》和《淮南子》，治《禮記》者必然涉及《荀子》和《獨斷》，治古文《尙書》者必然要涉及《墨子》，治《周禮》者則必然要涉及《管子》。

對於吳派和皖派來講，子書往往是用作考證經、史的旁證。但隨著考據學的發展繁榮，由於利用子書的需要，不少學者覺得有必要對長期以來斷簡脫訛嚴重的先秦子書進行一番整理和校勘。有人甚至對諸子學說進行了重新評價。這樣，便由「以子證經」漸漸引出了對子學的全面整理和研究。這一股子學思潮從乾隆中期開始，逐漸匯成波瀾，並對中國近代思想發展產生了重大影響。在這股子學思潮中，揚州學者做出了重要貢獻。如王念孫的校勘諸子，汪中對荀學和墨學的提倡，焦循對諸子「各執一端」思想的「變通」等。揚州學者的子學研究即有考據的實證也有義理的闡釋，考據方面表現爲對子書的進一步整理和校勘；義理方面則表現爲對諸子思想的再評價和新發展。

---

❹ 徐珂編：《清稗類鈔》（北京：中華書局，1984 年），第 8 冊，經術類，〈經有六證〉條。

一、子書的整理

在揚州學者整理子書的成就中，以汪中、王念孫的成果最爲突出。汪中，字容甫，江都人。他曾注解《荀子》，編荀子年譜，作〈荀卿子通論〉，只是其注解本沒有傳世。《荀子》一書長期以來「字句踦僞，讀者病之」。❺年長於汪中的盧文弨、謝墉兩人合作進行校勘，並於乾隆五十一年（1786）刊行注本。在這個刊本中也吸收了汪中的校勘成果。

汪中研究先秦諸子的另一個重點是《墨子》。乾嘉時期校注《墨子》的學者不少，有盧文弨、畢沅、翁方綱、孫星衍、王念孫、張惠言等人，汪中是其中較早的一位。據《汪中年譜》記載：乾隆四十二年（1777 年），「《墨子》校本卷四後題：四十二年十二月校迄」。乾隆四十五年（1780 年），「《墨子》校本卷一後題：乾隆四十五年八月二十八日復校」。❻可見，在乾隆四十八年（1783 年）畢沅完成《墨子注》以前，汪中已經兩校《墨子》，只是「牽於人事，且作且止」❼，未能將注解刊行。汪中作校注，依據的是明陸穩序刻的五十三篇《墨子》，他又收集古籍中涉及墨子的材料編爲《表微》一書。他的《墨子》校注和《表微》都沒有流傳下來，僅有〈墨子序〉和〈墨子後序〉載於《述學》一書。此

---

❺ 〔清〕錢大昕：〈跋荀子〉，《潛研堂文集》，卷27。

❻ 〔清〕汪喜孫：《容甫先生年譜》（《江都汪氏叢書》本）。

❼ 〔清〕汪中撰，葉純芳、王清信點校：〈墨子後序〉，《汪中集》（臺北：中央研究院中國文哲研究所籌備處，2000 年 3 月），卷 4，頁 141。

外，汪中又有〈老子考異〉一文，考證《老子》一書的作者，認爲老聃、老子、老萊子三人各不相同，五千言的作者老子是晚出於孔子之後的人。

校勘先秦諸子成就最大的揚州學者是高郵人王念孫。他在晚年作《讀書雜志》，將校勘子書的範圍擴大，涉及到《管子》、《晏子春秋》、《墨子》、《荀子》、《淮南子》、《老子》、《莊子》、《呂氏春秋》和《韓非子》。王念孫精於文字、音韻、訓詁，態度亦頗爲審愼，因此，他的諸子校勘又將乾嘉以來的子書整理向前推進了一步。

比如，他校讀《荀子》，成《荀子雜志》八卷，又《補遺》一卷，其中附其子王引之之說。王念孫在《讀荀子雜志》中說：

> 《荀子》一書注者蓋鮮，獨楊評事創通大義，多所發明，洵蘭陵之功臣也。而所據之本已多僞錯，未能釐正。又當時古音久晦，通借之字或失其讀，後之學者諷誦遺文，研求古義，其可不加以討論歟？盧抱經學士據宋呂夏卿本校刊，而又博訪通人以是正之。劉端臨《廣文》又補盧校之所未及，已十得其六七矣，而所論猶有遺忘，不揣固陋，乃詳載諸說而附以鄙見，凡書之僞文、注之誤解，皆一一剖辨之。❽

王念孫校讀《荀子》經過了一個不斷補充的過程，起初是在盧文

---

❽　〔清〕王念孫：〈讀荀子雜志敘〉，《王石臞先生遺文》（上虞羅氏輯本），卷3。

弨、劉台拱等人校勘《荀子》的基礎上將心得寫成案語。後來，又得到陳奐所抄錢佃本、龔自珍所藏龔士離《荀子句解》本以及元明諸本，相互參定，並採劉台拱、汪中、陳奐諸家之說而成《荀子雜志》八卷。後又從藏書家顧廣圻處得顧氏手錄呂、錢各本之異，於是又據以考證是非，成《荀子雜志補遺》一卷。王氏在〈讀荀子雜志補遺敘〉中說：

> 余昔校《荀子》，據盧學士校本而加案語，盧學士校本則據宋呂夏卿本而加案語。去年陳碩甫文學以手錄宋錢佃校本異同郵寄來都，余據以與盧本相校，已載《荀子雜志》中矣。今年，顧澗賓文學又以手錄呂、錢二本異同見示。余乃知呂本有刻本、影鈔本之不同，錢本亦有兩本，不但錢與呂字句多有不同，即同是呂本，同是錢本而亦不能盡同。擇善而從，誠不可以已也。❾

王念孫校讀《荀子》多有灼見，這除了得益於參核眾本，兼採諸說外，還得益於他在音韻訓詁方面深厚的功底，而且王念孫治學認真，善於糾正自己以前的錯誤，唯理是求。

又如《墨子雜志》，王念孫對畢沅《墨子注》本頗爲稱讚，但同時認爲缺漏尚多，他說：「《墨子》書舊無注釋，亦無校本，故脫誤不可讀。至近時盧氏抱經、孫氏淵如，始有校本，多所是正。

---

❾　〔清〕王念孫：〈讀荀子雜志補遺敘〉，《王石臞先生遺文》，卷3。

乾隆癸卯，畢氏弇山重加校訂，所正復多於前。然尚未該備，且多
誤改誤釋者。」❿鑑於此，王念孫作《讀墨子雜志》，「復合各本
及《群書治要》諸書所引，詳爲校正」。王念孫校讀《墨子》，主
要是對畢刻《墨子注》的補充與完善，「唯舊校所未及，及所校尚
有未當者，復加考正」。至於盧文弨、孫星衍、畢沅等人已經訂正
者，則不復羅列。王念孫認爲《墨子注》中，「盧氏所已改者唯
〈辭過篇〉一條，其〈尙賢下篇〉、〈尙同中篇〉、〈兼愛中
篇〉、〈非樂上篇〉、〈非命中篇〉及〈備城門〉、〈備穴〉二
篇，皆有錯簡，自十餘字至三百四十餘字不等，其他脫至數十字，
誤字、衍字、顛倒字及後人妄改者尙多，皆一一詳辨之，以復其
舊。此外脫誤不可讀者，尙復不少。蓋墨子非樂、非儒，久爲學者
所黜，故至今迄無校本，而脫誤一至於是。」針對《墨子》校勘中
的這些缺漏，王念孫利用不同的版本和其他書籍中引《墨子》的字
句，運用音韻訓詁學的方法，一一詳加辨析，以復其舊，至於那些
「脫誤不可知者，則概從闕疑，以俟來哲。」⓫

　　王念孫的諸子校勘不僅取得了前所未有的成果，而且其方法也
到了極爲精湛的地步。清末的子書考證，如俞樾的《諸子平議》、
王先愼的《荀子集解》等，大都借鑑了王念孫的方法和成果。可以
說，王念孫是將乾嘉子學考證推向深化的關鍵人物。

---

❿　〔清〕王念孫：〈讀墨子雜志敘〉，《王石臞先生遺文》，卷3。
⓫　同前註。

二、諸子學說的再評價

　　揚州學者子學研究的重點有兩個：一是荀學，一是墨學。

(一)荀學

　　荀子是繼孔子之後，與孟子齊名的儒家思想代表。孔子死後，儒分為八，其中以孟子和荀子的思想最為系統，影響也最大。儒學由此而形成了兩大傳統，一支為荀學傳統，始於子夏，講文獻之學；一支為孟學傳統，始於曾參，講義理之學。荀子與孟子在繼承、發展乃至改造孔子學說上存在著一系列的分歧。一般來講，荀子是漢代經學家所尊信的大部分儒家經傳的先師，而孟子則成為兩宋以後道學家所崇敬的不桃之祖。孟子在兩宋以前的地位一直不高，孟子其人只被視為一般的儒家學者，孟子其書也只能歸入「子部」一類。大約從中唐以後起，孟子的地位開始上升，其名字開始跟在孔子之後，成為僅次孔子的「賢人」，而且上了爵號，從祀孔廟。理學家認為孟子得道統真傳，堪稱醇儒。荀子與孟子相反，其地位則逐漸下降，而且被理學家力排於道統之外，認為不只是「小疵」，根本就不是儒家，而是法家，或雜家或黃老等。明朝嘉靖年間，荀子甚至從孔廟中被開除。

　　在清代，理學家們依然板起面孔貶斥荀子，詬病荀子的言性惡，言法後王和非子思、孟子。熊賜履在《學統》中將荀子歸為「雜學」。張伯行則極力反對荀子的性惡論，他說：「荀、楊輩或云性惡，或云善惡混，邪辟之見，足以害道。」[12]乾嘉學者在反理

---

[12]　〔清〕張伯行：〈性理正宗序〉，《正誼堂文集·續集》，卷4。

學的同時開始爲荀子正名，如謝墉認爲荀子的性惡說與孟子的性善說一樣，都是各得孔子「性相近習相遠」之一偏。⓭盧文弨說：「其教在禮，其功在學。」⓮錢大昕則指出荀子「人之性惡，其善者僞也」中的「僞」不是詐僞的「僞」，而是人爲的「爲」。⓯但是謝、盧、錢三人還只是對孟、荀二人的調和，並沒有人直接把荀子推爲孔子的傳人。

揚州學者汪中對荀學頗爲推崇，他直接提出荀子是周孔之道的傳人。汪中說：

> 荀卿之學，出於孔氏，而尤有功於諸經。《經典敘錄·毛詩》：「徐整云：『子夏授高行子，高行子授薛倉子，薛倉子授帛妙子，帛妙子授河間人大毛公，毛公爲《詩訓詁傳》於家，以授趙人小毛公。』一云：『子夏傳曾申，申傳魏人李克，克傳魯人孟仲子，孟仲子傳根牟子，根牟子傳趙人孫卿子，孫卿子傳魯人大毛公。』由是言之，《毛詩》，荀卿子之傳也。《漢書·楚元王交傳》：『少時嘗與魯穆公、白生、申公同受詩於浮丘伯。伯者，荀卿門人也。』《鹽鐵論》云：『包丘子與李斯俱事荀卿。』包丘子即浮丘伯。劉向〈敘〉云：『浮丘伯受業爲名儒。』《漢書·儒林傳》：

⓭ 〔清〕謝墉：〈荀子箋釋序〉，見王先謙《荀子集解·考證》（北京：中華書局，1988 年）。

⓮ 〔清〕盧文弨：〈書荀子後〉，《抱經堂文集》（乾隆乙卯雕板），卷10。

⓯ 〔清〕錢大昕：〈跋荀子〉，《潛研堂文集》，卷27。

『申公，魯人也，少與楚元王交俱事齊人浮丘伯，受《詩》。』又云：『申公卒以《詩》、《春秋》授，而瑕丘江公盡能傳之。』由是言之，《魯詩》，荀卿子之傳也。《韓詩》之存者，《外傳》而已，其引荀卿子以說《詩》者四十有四。由是言之，《韓詩》，荀卿子之別子也。《經典敘錄》云：『左丘明作《傳》以授曾申，申傳衛人吳起，起傳其子期，期傳楚人鐸椒，椒傳趙人虞卿，卿傳同郡荀卿，名況，況傳武威張倉，倉傳洛陽賈誼。』由是言之，《左氏春秋》，荀卿子之傳也。《儒林傳》云：『瑕丘江公受《穀梁春秋》及《詩》於魯申公，傳子，至孫為博士。』由是言之，《穀梁春秋》，荀卿子之傳也。荀卿所學，本長於《禮》。《儒林傳》云：『東海蘭陵孟卿善為《禮》、《春秋》，授后蒼、疏廣。』劉向〈敘〉云：『蘭陵多善為學，蓋以荀卿也。長老至今稱之曰：蘭陵人喜字為卿，蓋以法荀卿。』又二《戴禮》並傳之孟卿，《大戴禮·曾子立事篇》載《修身》、《大略》二篇文，《小戴》《樂記》、《三年問》、《鄉飲酒義》篇載《禮論》、《樂論》篇文。由是言之，曲台之《禮》，荀卿之支與餘裔也。蓋自七十子之徒既沒，漢諸儒未興，中更戰國、暴秦之亂，六藝之傳賴以不絕者，荀卿也。周公作之，孔子述之，荀卿子傳之，其揆一也。」⑯

---

⑯ 〔清〕汪中撰，葉純芳、王清信點校：〈荀卿子通論〉，《汪中集》，卷4，頁 117−119。

汪中通過考證古籍證明，《毛詩》、《韓詩》、《左傳》、《穀梁傳》都是荀子所傳，《曲台之禮》則是荀子的支流餘裔。「既然荀況是周秦之際儒家多數經傳的傳授者，從董仲舒到劉向、劉歆都對他只有美言，那麼他可以說是兩漢經學的教父。」[17]汪中認爲六藝不絕全靠了荀子的貢獻，並將荀子視爲周孔之眞傳，這不僅重新將荀子定爲儒家大師，而且以荀子代替孟子的做法，也是對理學道統說的斷然否定。

汪中推崇荀子傳經之功，與清儒尊經的態度有密切的關係。清代學者大都反對「六經注我」的理學，而認爲「聖人之道，唯經存之」[18]，在尊經的同時，清儒十分重視六經傳承的研究，而荀子對於六經的傳述起了很大作用。大概也正因爲尊經的緣故，荀子作爲經師也倍受推崇。正如黃式三所說：「傳經之功，荀卿爲大。」[19]荀子長於禮，這是歷來學者公認的事實，正如方苞所言：「周末諸子言禮者，莫篤於荀卿。」[20]謝墉也特別重視荀子禮學對《大戴禮記》和《小戴禮記》的影響。謝墉認爲《小戴禮記》和《大戴禮記》的很多內容都是出自《荀子》，並說：「荀子之學之醇正，文之博達，自四子而下，洵足冠冕群儒，非一切名、法諸家所可同類

---

[17] 朱維錚：〈晚清漢學：「排荀」與「尊荀」〉，載《學術集林》（上海：上海遠東出版社，1995年），卷4。

[18] 〔清〕費密：《道脈譜論》。

[19] 〔清〕黃式三：〈讀謝校荀子〉，《儆居集》（光緒14年刻本），卷1。

[20] 〔清〕方苞著，劉季高點校：〈讀尚書記〉，《方苞集》（上海：上海古籍出版社，1983年），卷1。

共觀矣。」❷汪中表彰荀子，體現了清儒尊經的心理根源，也反映了他對理學孔孟道統說的否定。而且，「這種以孔荀之學來代替孔孟之學的翻案，本身就是一種批判的思想。」❷

久客揚州的淩廷堪對荀學也頗爲推崇。❷他曾作〈荀卿頌〉，讚揚荀子，其頌曰：

> 七姓虎爭，禮去其籍。異學競鳴，榛蕪疇辟。卓哉荀卿，取法後王。著書蘭陵，儒術以昌。本禮言仁，厥性乃復。如範範金，如繩繩木。金或離範，木或失繩。徒手成器，量工不能。韓氏有言，大醇小疵。不學群起，屬聲詬之。孟曰性善，荀曰性惡。折衷至聖，其理非鑿。善固上智，惡亦下愚。各成一是，均屬大儒。小夫咋舌，妄分軒輊。中風狂走，是謂自棄。史遷合傳，垂之千年。敬告後人，勿歧視焉。❷

淩廷堪推崇荀子的「禮」學，認爲「禮」是鑄金的範具，削木的繩墨，是「復性」的唯一途徑。他說：「荀卿氏之書也，所述者皆禮

---

❷ 〔清〕謝墉：〈荀子箋釋序〉。

❷ 侯外廬：《中國思想通史》（北京：人民出版社，1956 年），第 5 卷，頁 468。

❷ 淩廷堪是安徽歙縣人，但他長期流居揚州，而且與汪中、劉端臨、焦循、阮元等揚州學者關係密切。因此，我們將淩廷堪也歸爲揚州學派的學者。

❷ 〔清〕淩廷堪：《校禮堂文集》（北京：中華書局，1998 年），卷 10，頁 77。

之逸文，所推者皆禮之精意。」❷至於荀子性惡說也是以「復禮」為目的，他與孟子主張性善說一樣，「各成一是，均屬大儒」。淩廷堪反對理學之「理」，而主張「以禮代理」。而「禮」學的發揚者是荀子，因此淩廷堪奉荀學為圭臬，以荀學為旗幟。這種復禮思想在當時產生了很大影響，江都人焦循、儀徵人阮元也贊同以禮代理。

荀學地位在清代是逐漸上升的，其中有兩個促成因素來自於揚州學派的研究：一是汪中對荀子傳經之功的肯定，一是淩廷堪、焦循、阮元等人對荀子禮學思想的發揮。

㈡墨學

在正統儒者看來，墨學是「異端」之學，其一是墨家「非聖無法」，即墨家不但非儒，而且棄周制而尊夏禮；其二是「離經叛道」，即孟子所說的自其兼愛而推極於無父。但從清代墨學自乾隆以後出現了復興的趨勢，一方面《墨子》一書的整理和校勘取得了很大的成績；另一方面，對墨家的探討逐漸熱烈起來，而且評價也大為提高。

當時研究墨學的學者有畢沅、孫星衍、盧文弨、張惠言等人，但最為推崇墨學的學者是汪中。他讚賞墨子之學中尚賢尚同、節用節葬、非樂非命、尊天事鬼、兼愛非攻等思想，認為「此其救世亦多術矣」。而且「〈備城門〉以下臨敵應變纖細周密，斯其所以為

---

❷　〔清〕淩廷堪：《校禮堂文集》，卷 10，頁 76。

才士與！」又說：「其述堯舜，沉仁義，禁攻暴，止淫用，感王者之不作，而哀生人之長勤，百世之下，如見其心焉。《詩》所謂『凡民有喪，匍匐救之』，仁人也。」至於儒墨相非，汪中認爲儒墨雖然道術不同，但卻可以「相反相成」。他說：「儒之紬墨子者，孟氏、荀氏。荀之〈禮論〉、〈樂論〉爲王者治定功成盛德之事，而墨之節葬、非樂所以救衰世之弊，其意相反相成也。」汪中還認爲後人以墨家非儒而歸罪墨子的做法不可取，認爲儒墨相非，不過是道不同不相爲謀而已。他說：「世莫不以其誣孔子爲墨子皋，雖然，自今日言之，孔子之尊，固生民以來所未有矣。自當日言之，則孔子魯之大夫也，墨子宋之大夫也，其位相埒，其年又相近，其操術不同，而立言務以求勝，雖欲平情核實，其可得乎？是故墨子之誣孔子，猶孟子之誣墨子也，歸於不相爲謀而已矣。」❷⑥

墨子兼愛說最爲儒家攻擊的焦點，孟子便以墨子兼愛無父斥責墨子，汪中卻欣賞墨子的兼愛說，以爲墨子「以兼愛教天下之爲人子者使以孝其親」正是墨學的可取處。他說：「若夫兼愛，特墨之一端，然其所謂兼者，欲國家愼其封守，而無虐其鄰之人民畜產也，雖昔先王制爲聘問弔恤之禮，以睦諸侯之邦交者，豈有異哉！彼且以兼愛教天下之爲人子者，使以孝其親，而謂之無父，斯已過矣！後之君子日習孟子之說，而未覩《墨子》之本書，眾口交攻，抑又甚焉。」❷⑦汪中認爲孟子對墨子「無父」的攻擊是一種歪曲誣

---

❷⑥　〔清〕汪中撰，葉純芳、王清信點校：〈墨子序〉，《汪中集》，卷4，頁 135-140。

❷⑦　同前註。

枉，後儒不看墨子的書完全是片面聽信了孟子的說法。而且，他希望「後之從政者」不要藉仁義而污蔑墨子和墨學。

關於墨家學說的淵源問題，汪中也提出了與其他學者不同的意見。乾嘉時期不少學者曾就此進行過一場論爭，其中畢沅和孫星衍認為出於夏，而汪中不同意這種看法。汪中是孫星衍的好友，但他不同意孫主張墨家出於夏禮的看法，便寫了一篇文章與孫氏商榷。汪中贊揚墨家是一個「質實而自重」的學派。他說：「墨子質實，未嘗援人以自重」。又說：「墨子者，蓋學焉而自為其道者也⋯⋯自制者是也。」㉘汪中考證後認為，墨子的學術思想，是「自重」、「自為」和「自制」的，未曾「援人」而自立的。他反對《淮南子·要略篇》中所言的墨家是「背周道而用夏政」以及「墨子之道與禹同」的觀點，指出它的產生同其他學派的產生一樣，都是社會歷史發展的產物。他說：「昔在成周，禮器大備，凡古之道術，皆設官以掌之。官失其業，九流以興，於是各執其一術以為學，誨其所從出，而託上古神聖以為名高，不曰神農，則曰是黃帝。」㉙汪中認為先秦諸子中一些學派為了抬高自家的學術地位，「託上古神聖以為名高」，藉以擴大自家學派的影響。但是墨家卻不一樣，他們「質實」，敢於打出自家的旗號，為自家之術，制自家之道，自重於世，並敢於參加百家爭鳴。

汪中在推崇墨學的同時，把批評的矛頭指向了傳統儒學和「從政」的統治者，由此引起了當權者和衛道人士的攻擊。當時指斥汪

㉘　同前註。

㉙　同前註。

中的有翁方綱和章學誠等人。翁方綱他說汪中這樣的理論無疑於妖言惑眾，名教罪人。他說：

今之學者讀《孟子》而尚治墨子之書者，其自外於聖人之徒，又無疑也。雖其書今尚存，觀之亦若自成一家之言，而究與聖賢之道大異，則又無疑也。近日江南省有翰林孫星衍者鋟梓墨子之書，予舊嘗見其書而不欲有其刻本也。有生員汪中者則公然爲《墨子》撰序，自言能治墨子，且敢言孟子之兼愛無父爲誣墨子，此則又名教之罪人，又無疑也。昔翰林蔣士銓掌權於揚州，汪中以女子之嫁往送之門，是何爲。問蔣不能答，因銜之言於學使者欲置汪中劣等，吾嘗笑蔣之不學也。今見汪中治《墨子》之言，則當時褫其生員衣頂，固法所宜矣。汪中者，昔嘗與予論金石，頗該洽，猶是嗜學士也，其所撰他條亦無甚大舛戾，或今姑以此准折焉，不名之曰生員以當褫第稱曰墨者汪中，庶得其平也乎？然而夷之憮然以後則己身向正學矣，所以孟門弟子尚許之，尚借之書曰：墨者夷之，若汪中豈能當此稱哉！❸⓿

翁方綱對《墨子》也頗有研究，但他的目的完全是出於衛道。他認爲墨學根本不是聖賢大道，而治墨學者則是「自外於聖人之徒」。他甚至不願意看到《墨子》一書得到刊刻流傳。正因爲此，

---

❸⓿　〔清〕翁方綱：〈書墨子〉，《復初齋文集》，卷15。

當翁方綱看到汪中推崇墨學的言論後，就毫不懷疑地給他扣上了「名教罪人」的帽子。不僅如此，翁氏還主張革掉汪中的「生員衣領」，稱之為「墨者汪中」。當時所謂「名教罪人」重則足以砍頭殺身，以此歸罪汪中，足見汪中提倡墨學在當時確實是一件不容易的事。對於翁方綱的指責，汪中並沒有害怕，他回敬他說：「欲摧我以求勝，其卒歸於毀。方以媚於世，是適足以發吾之激昂耳！」❸
因此，汪中敢於大膽的為墨子申辯誣枉，揭露儒墨顯學並稱的事實，頗欲改變世人對墨學目為異端的污蔑。

章學誠對汪中也頗多指責，他駁汪中的〈墨子序〉和〈墨子後序〉，就是其中之一。章學誠駁斥他說：「至謂孔墨處不甚異，墨子誣孔，等於諸子之相非，則亦可謂好誕之至也。孔子未修《春秋》以前，並無諸子著書之事；如其有之，則夫子必從而討論，不容決不置於口也。其人有生孔子前者，……而汪中敘六家為墨氏淵源，不亦悖乎？」❸章學誠並沒有舉出更好的理由，而只能發揮了一下孔子以前並無私家著述的一番議論。其實汪中也沒有涉及孔子以前有沒有私家著述的問題，章學誠對汪中的指責似乎有點強詞奪理。

乾嘉時期諸子學的興起，首先是荀學和墨學的復活。在這個過程中，揚州學者汪中的作用是特別明顯的。他的諸子學研究，已經

---

❸　〔清〕汪中撰，葉純芳、王清信點校：〈與劉端臨書〉，《汪中集》，卷7，頁279。

❸　〔清〕章學誠：〈述學駁文〉，《章氏遺書》（北京：文物出版社，1985年影印嘉業堂本）。

開始超越了實證化的考據，而轉向了哲學化的義理闡釋。「從歷史意義上講來，表現出要遺棄舊思想而蛻化出新思想的願望。」❸❸

三、對諸子學說的「變通」

乾嘉時期以荀學和墨學爲主的子學逐漸興起。與此同時，以六經爲經典的儒學依然大旗不倒。在這種情況下，隨著清代學術由專精轉向會通，以焦循、阮元爲主的揚州學者開始克服以前的固守和偏頗，對一些子學思想進行「變通」，並融入到了他們的哲學思想中。

焦循，字理堂，一字里堂，江都人。他主張貫通，反對執一之端，認爲「一貫則其道大，異端執一則其道小」。在這種會通的態度下，對於諸子學說焦循也主張兼取，他說：「百家九流，彼此各異，使彼觀於此而相摩焉，此觀於彼而相摩焉，則異者相易而爲同，小者旁通而爲大。」❸❹焦循認爲，楊、墨一類的所謂「異端」之害不在於其說之異，若能採取變通、折衷的態度，便不相悖，就能消除其害。他說：

> 楊子唯知爲我，而不知兼愛；墨子唯知兼愛，而不知爲我；
> 子莫但知執中，而不知有當爲我、當兼愛之事。楊則冬夏皆
> 葛也，墨則冬夏皆裘也，子莫則冬夏皆裌也。趨時者，裘葛

---

❸❸　侯外廬：《中國思想通史》，第 5 卷，頁 467。
❸❹　〔清〕焦循：《論語補疏》（《皇清經解》本），卷下。

> 袷皆藏之於篋，各依時而用之，即聖人一貫之道也；使楊思
> 兼愛之説不可廢，墨思爲我之説不可廢，則恕矣，則不執一
> 矣。聖人之道，貫乎爲我、兼愛、執中者也。善與人同，同
> 則不異矣……攻而摩之，以合於權而已矣。《記》曰：夫
> 言，豈一端而已夫，各有所當也。㉟

　　焦循主張對各家不同的學説要採取寬恕、不執一的態度。楊子的爲
我、墨子的兼愛、子莫的執中都各有所當，只要依時而用，便是聖
人之道。

　　焦循反對執一，承認各家思想都是「持之有故，言之成理」。
這實際上就破除了一尊的成見，而主張兼取諸子九流。他説：「諸
子九流各有所長，屛而外之，何如擇而取之，況其同爲説經之言
乎？」㊱焦循「擇而取之」的態度，雖然不免有折衷、調和的局
限，但他至少反駁了視諸子爲異端、異學的傳統看法。這在當時是
具有思想解放意義的。

　　焦循的性、禮思想就是對荀子思想的「變通」。關於人性論，
他説：「性善之説，儒者每以精深言之，非也。性無它，食色而
已。飲食男女，人與物同之。」㊲焦循承認人之本性有各種欲望，
而且有利有義。這與荀子「人生而有欲」的提法是一致的。焦循又

㉟　〔清〕焦循：〈攻乎異端解〉下，《雕菰集》（清光緒 2 年衡陽魏氏刊
　　本），卷9。

㊱　〔清〕焦循：《論語通釋·釋據》（《木樨軒叢書》本）。

㊲　〔清〕焦循：〈性善解〉，《雕菰集》，卷9。

說：「非教無以通其性之善，教即荀子所謂僞也，爲也。爲之而能善，由其性之善也。」❸這種「以教通善」的主張，與荀子「必將待師法然後正，得禮義然後治」❹的提法也是一脈相承的。人性論在古代是一個至關重要的問題，「夫性善、性惡，關乎民彝天理，此不得不辨者也。」❹孟子主張人性善，而荀子主張人性惡。長期以來，荀子性惡說倍受學者詬病。乾隆中期以後，學者開始調和荀、孟。比如，錢大昕就認爲荀子的性惡論偏重於強調人的後天禮制教化。焦循的人性論實際上繼承了錢氏的調和，所以他說「非教無以通其性之善，教即荀子所謂僞也，爲也」。另外，焦循還特別提倡「禮」治，認爲「所以治天下則以禮」。❹這與荀子「制禮以分之」的禮治思想同樣也是相通的。總之，焦循的思想主張在一定程度上是乾嘉時期子學復興的理論反映。

從以上三個方面，我們可以認爲揚州學者的子學研究在清代子學興起的過程中起了承前啓後的作用。王念孫的諸子校勘深化了乾嘉以來的子書整理工作，並爲近代子書校勘奠定了基礎。汪中則在謝墉、畢沅等人調和荀孟與儒墨的基礎上，進一步推動了荀學、墨學的復活。而焦循的「變通」主張和「禮治」思想則是對子學思想的吸收和發揮。

---

❸ 〔清〕焦循：《孟子正義》（北京：中華書局，1957 年），卷 10。

❹ 〔戰國〕荀況：《荀子·性惡篇》（北京：中華書局，1988 年）。

❹ 〔清〕紀昀等撰：《四庫全書總目》（北京：中華書局，1997 年），卷 95，〈太極圖分解〉提要。

❹ 〔清〕焦循：〈理說〉，《雕菰集》，卷 10。

方東樹對揚州學者的批評

*林慶彰**

一、前言

　　清乾嘉時代是所謂漢學的時代，就是師法漢人的治經方法，崇尚漢人治經精神來解經的時代。這個時代學者的治經方法是「訓詁明則義理明」，由於是崇尚漢學，以致形成「家家許、鄭，人人賈、馬」的現象。既崇尚東漢以訓詁、考據爲主的治經方法，就免不了要排擠宋人以義理爲主的解經方式。在乾嘉學興盛的時代，宋學被排擠、被壓抑，好像理所當然的事。

　　在漢學專寵的時代，也有些學者逐漸看出漢學考據的某些缺點，如淩廷堪（1755－1809）認爲當時學者「不明千古學術之源流，而但以譏彈宋儒爲能事。所謂天下不見學術之異，其弊將有不可勝言者。」❶章學誠（1738－1801）認爲應通經致用，求道當從

---

*　　林慶彰，中央研究院中國文哲研究所研究員。

❶　〔清〕淩廷堪著，王文錦點校：〈與胡敬仲書〉，《校禮堂文集》（北京：中華書局，1998 年 2 月），卷 23。

人倫日用求之，不當求之訓詁考訂之末。❷段玉裁（1735－1815）是當時之考據學大師，竟自悔平生所作之訓詁考核為「尋其支葉，略其本根」，並肯定朱子小學為蒙養之全功。❸可見，即使考據家本身，也對考據本身的不足，有所反省，但這些都還沒有形成一般反動的力量。

　　真正給當時的漢學致命一擊，且有復興宋學之功的是方東樹（1772－1851）。方氏是桐城人，他處於乾嘉考據學由盛將衰之際，仿朱子〈雜學辨〉之例，摘錄漢學家議論的原文，逐條加以批駁辨正，完成《漢學商兌》三卷❹，不但重挫了漢學的氣焰，也為宋學出了一口氣。所以，要研究乾嘉到道光年間漢宋學的演變，非從《漢學商兌》入手不可。

　　歷來有關《漢學商兌》的研究成果已不少，但大多集中在訓詁與義理關係的討論，也就是集中在「訓詁明而義理明」這一問題的論辨。❺個人以為《漢學商兌》中所批駁的清儒不下數十人之多，

---

❷　〔清〕章學誠：〈又與正甫論文〉，《章氏遺書》（臺北：漢聲出版社，1972 年），卷 29。

❸　〔清〕段玉裁：〈博陵尹師所賜朱子小學恭跋〉，《經韻樓集》（臺北：大化書局，1977 年，《段玉裁遺書》本），卷 8。

❹　方氏《漢學商兌》一書，坊間可見之版本有：⑴廣文書局影印本，1963 年出版。⑵臺灣商務印書館《人人文庫》本，1978 年 6 月出版。⑶錢鍾書主編《中國近代學術名著》本，北京三聯書店，1998 年 6 月出版。本文採用北京三聯書店本。

❺　有關研究方東樹《漢學商兌》的成果，筆者所知者有：⑴李詳：〈方植之漢學商兌、夏仲子乾隆以後諸君學術論〉，見《國粹學報》第 7 年第 7 冊（總 80 期），頁 4－5，1911 年。⑵濱口富士雄：〈方東樹の《漢學商

如果能以地域或學派作爲範圍，來看看方氏對某一地域或某一學派學者之批駁如何，也是極有意義的事。如就揚州學者來說，方氏批駁汪中、阮元、江藩三人的言論最多，批及焦循的有一兩條。本文主要討論方氏對汪中、阮元、江藩三人批駁之內容，從這些批駁也反映了揚州學者在乾嘉考據學派的份量。

二、對汪中論《大學》及《墨子》之批評

方東樹對汪中的批評，主要集中在汪氏的〈大學平義〉和〈墨子序〉、〈墨子後序〉等文。❻〈大學平義〉主要在批評《大學》非孔門之眞義。汪中說：

> 《大學》與〈坊記〉、〈表記〉、〈緇衣〉伯仲，爲七十子後學者所記，於孔氏爲支流餘裔。師師相傳，不言出自曾

兌〉を繞つて〉，見《大東文化大學漢學會誌》第 15 號，頁 73－89，1976 年 3 月。(3)許結：〈方東樹《漢學商兌》的通經致用思想〉，見《安徽師大學報》1986 年 2 期。(4)胡楚生：〈方東樹《漢學商兌》書後──試論「訓詁明而義理明」之問題〉，見《清代學術史研究》（臺北：臺灣學生書局，1988 年 2 月），頁 249－259。(5)林美珠：《方東樹《漢學商兌》研究》（高雄：高雄師大國研所碩士論文，1992 年）。(6)徐洪興：〈論方東樹的《漢學商兌》〉，見《孔子研究》1992 年 4 期，頁 61－66，1992 年 12 月。(7)田漢雲：〈方東樹對乾嘉漢學之批判〉，見《中國近代經學史》（西安：三秦出版社，1996 年 12 月），頁 43－54。

❻ 見王清信、葉純芳點校：《汪中集》（臺北：中央研究院中國文哲研究所，2000 年 3 月），頁 66－67、頁 135－143。

> 子，視〈曾子問〉、〈曾子立事〉諸篇，非其倫也。宋世禪
> 學盛行，士君子入之既深，遂以被諸孔子。是故求之經典，
> 惟《大學》之「格物致知」，可與傅合，而未暢其旨也。一
> 以爲誤，一以爲闕，舉平日之所心得者，悉著之於書，以爲
> 本義固爾。然後欲俯則俯，欲仰則仰，而莫之違矣。（頁
> 288）

汪中這段話有幾個要點：其一，《大學》爲七十子後學所記，是孔
氏的支流餘裔。其二，歷代以來，並不言《大學》出自曾子，根本
不能與〈曾子問〉、〈曾子立事〉等篇相比。其三，宋代禪學盛
行，學者反求經典，以爲《大學》的「格物致知」與之相傅合，然
以爲《大學》有誤或有缺，爲之增補刪改。汪氏這段話旨在否定
《大學》在整個儒學傳承中的地位。方東樹對汪氏的話大加批評
說：

> 以此闢《大學》，是拔本塞源，直傾巢穴之師也。較諸儒之
> 爭古本補傳者，更爲猛矣。然亦祖述楊簡、毛奇齡、張文
> 蔚、戴震等之邪説，而益加謬妄耳。（頁288）

方東樹以爲前人對《大學》的疑問，往往僅止於朱子「格物補傳」
的層次而已，沒料到汪中根本否定《大學》與孔門有關，這是受楊
簡、毛奇齡、張文蔚、戴震等人的影響。

　汪中對朱子所定《大學》的篇章結構，也提出批評說：

周秦古書，凡一篇述數事，則必先詳其目，而後備言
之。……今定爲經、傳，以爲二人之辭，而首末相應，如出
一口，殆非所以解經也。意者不託之孔子，則其道不尊，而
中引曾子，又不便於事；必如是，而後安耳。……門人記孔
子之言，必稱「子曰」、「子言之」、「孔子曰」、「夫子
之言曰」以顯之。今《大學》不著何人之言，以爲孔子，義
無所著。（頁289）

汪氏這段話，以爲朱子將《大學》分爲經傳，經爲孔子之意，傳爲
曾子述孔子之言，所以說「二人之辭」。但如就《大學》本文來
說，「首末相應，如出一口」，所以汪中認爲朱子所定傳的部分，
並非解經。且《大學》一書，如果不假託孔子，「則其道不尊」，
所以要託名孔子。汪中又以爲孔子門人記孔子之言，一定稱「子
曰」、「子言之」、「孔子曰」、「夫子之言曰」，但是《大學》
中並沒有明著何人之言，如果說是孔子之言，實說不過去。這是汪
氏徹底否定《大學》與孔子的關係。方東樹對這段話批評說：

朱子以前，實未有以《大學》爲曾子作者。然考訂聖賢之
言，亦以其義理辭氣得之，非必全藉左證。且如張揖以《爾
雅·釋詁》爲周公作，張亦出於後世，何以知其然，而諸儒
篤信不疑也。又如毛氏說〈緇衣〉爲公孫尼子所作，此出於
劉瓛之言，又何獨可信乎？（頁289）

方氏以爲要判斷某一書的作者是誰，後出的說法不一定不可信。像

張揖以《爾雅‧釋詁》為周公所作，諸儒卻篤信不疑。又如劉瓛說
〈緇衣〉為公孫尼子所作，為何大家也都相信。方氏用這兩個例子
來證明，即使朱子以《大學》傳的部分為曾子所作，是一種後出的
說法，也並非不可信。

汪氏又以為以《大學》為綱，是宋以後的門戶之學，他說：

> 標《大學》以為綱，而驅天下從之，此宋以後門戶之學，孔
> 氏不然也。宋儒既藉《大學》以行其說，慮其孤立無輔，則
> 牽引《中庸》以配之。（頁289）

汪中以為宋儒以《大學》為綱，要天下之人遵從之，又牽引《中
庸》來相配。方氏對這種說法批評說：

> 按《隋志》，南齊戴仲若有《中庸傳》二卷，梁武帝有《中
> 庸講疏》一卷。惟《大學》，自唐以前無別行之本。然考宋
> 仁宗書《大學》賜進士，范文正公以《大學》授張橫渠，
> 《書錄解題》有司馬溫公《大學廣義》一卷、《中庸廣義》
> 一卷。表章《大》、《中》，皆在二程以前，不如汪氏無稽
> 之談也。（頁290）

方東樹舉南齊戴仲若和梁武帝時，《中庸》即有單行本，宋仁宗時
以《大學》賜進士，范仲淹以《大學》授張橫渠，陳振孫《直齋書
錄解題》著錄司馬光有《大學廣義》、《中庸廣義》，這些都在二
程之前。可見《大學》、《中庸》各自單行，並沒有牽引《中庸》
來相配的事。

汪中又以爲《四書》之順序是《大學》、《中庸》、《論語》、《孟子》，顯然並不合理，汪氏說：

> 然曾子受業於孔門，而子思則其孫也。今以次於《論語》以前，無乃僭乎？蓋欲其說先入乎人心，使之合同而化，然後變易孔氏之義而莫之非。所以善用其術，而名分不能顧也。
> （頁290）

對於汪氏這種說法，方氏反駁說：

> 朱子定著《四書》，首《大學》，次《論語》，次《孟子》，次《中庸》，乃以爲學次第。爲書之次弟，譬如居室，以寢廟爲尊，而不以立於堂戶大門之外，豈爲僭乎？君子之道，孰先傳焉？孰後倦焉？譬諸草木，區以別矣。人既有之，書亦宜然。且《論語》爲門弟子所雜記，《大學》亦記述夫子及諸賢之言，何名分之嫌？夫子刪《詩》，以〈關雎〉、〈鹿鳴〉、〈文王〉、〈清廟〉次於〈公劉〉、〈後稷〉、〈太王〉之前，不爲僭乎？按《四庫提要》雲：朱子《四書》「原本，首《大學》，次《論語》，次《孟子》，次《中庸》。書肆刊本，以《大學》、《中庸》篇頁無多，併爲一冊，遂移《中庸》於《論語》前，明代科舉命題，又以作者先後，移《中庸》於《孟子》前」云云。今汪氏不知朱子原本次第，乃據坊本譏之，無知亂道，見鄙通識，可爲笑柄矣！（頁290）

方東樹的話要點有四：其一，朱子所定《四書》的順序是《大
學》、《論語》、《孟子》、《中庸》，這是按爲學的先後順序排
列的。至於書的先後順序，就好像居室一樣，寢廟最尊貴，不可能
設於堂戶大門之外。其二，《論語》、《大學》都記孔夫子之言，
名分上根本不必分別。其三，孔夫子刪詩，將〈關雎〉、〈鹿
鳴〉、〈文王〉、〈清廟〉列於〈公劉〉、〈後稷〉、〈太王〉之
前，這又作何解釋？其四，根據《四庫提要》，朱子《四書》原本
之順序是《大學》、《論語》、《孟子》、《中庸》，書坊因《大
學》、《中庸》之篇幅不多，併爲一冊，遂失朱子之意。汪中根據
坊本作批評，實在可笑。

除了有關《大學》的問題外，汪中因提倡諸子之學，對墨子也
加以表彰，方氏引汪中〈墨子表微序〉❼的話說墨子與曾子相表
裏，墨子與孔子位相埒、年相近，皆操術不同，皆務立言以求勝，
固不足以勝之。墨子誣孔子，猶之孟子誣墨子，歸於不相謀而已。

關於這段話，方東樹本身有幾點錯誤。根據汪中〈墨子序〉，
是說《墨子》的〈親士〉、〈修身〉二篇，其言淳實，與〈曾子立
事〉相表裏，而不是墨子與曾子相表裏。又「猶之孟子誣墨子」
句，汪中作「猶老子之絀儒學也」。可見，方東樹引汪中文句時，
並沒有覆核原文。對汪中的這些說法，方氏批駁說：

---

❼ 按今傳汪中之著作，僅〈墨子序〉、〈墨子後序〉，並無〈墨子表微
序〉。方東樹所言諸事，皆見於汪氏〈墨子序〉中。詳見《汪中集》，頁
135—141。

> 孔子豈求勝者？又豈不足勝墨子者？古今群言，衷諸孔子，
> 孟子與孔子爲一家，今謂孔、墨但不相謀而已，道皆是也。
> 此祖焦竑之謬論，其實焦竑又祖之韓退之者也。（頁291）

認爲汪中之言出於韓愈、焦竑，實是一種謬論。方氏再批駁說：

> 夫天下無二道，墨子是，則孔子非矣。墨子儕三年之喪，敗
> 男女之交。此一語，已得罪名教，安得與孔子並也？至於
> 「兼愛」之末流，乃至無父，幸孟子闢之，後世乃不興行，
> 何謂誣之？此等邪說，皆襲取前人謬論，共相簧鼓。後來揚
> 州學派著書，皆祖此論。（頁292）

方氏認爲墨子反對三年之喪，已得罪名教，兼愛之說，幸有孟子批
駁，才不成爲潮流。汪中之錯誤觀點，卻影響到揚州學者，實在不
應該。

以上是方東樹對汪中有關《大學》、《墨子》言論的批評。

三、對阮元〈論語論仁論〉的批評

阮元《揅經室一集》卷八有〈論語論仁論〉，將《論語》中論
到「仁」的五十八章，一百五次的「仁」字，分別加以歸納分析，
以探究孔子「仁」字的眞正意義❽，在作歸納時，阮元時有自己的

---

❽ 見鄧經元點校：《揅經室集》（北京：中華書局，1993 年 5 月）上冊，
頁 176－194。

按語，這些按語，阮元就以「元謂」來標明。

　　方東樹對阮元的按語，有不少駁斥的地方，可以看出方氏往往站在宋學家的立場來駁斥阮元。所引阮元的言論計有九條，茲擇其重要者加以討論。首先，要提出討論的是關於理與禮的問題。阮元說：

> 朱子中年講「理」，晚年講禮，誠有見於「理」必出於禮也。如殷尚白，周尚赤，禮也。使居周而有尚白者，以非禮折之，則人不能爭；以非「理」折之，則不能無爭矣。故「理」必附於禮以行，空言理，則可彼可此之邪說起矣。然則，三禮註疏，學者何可不讀。（頁293）

阮元以爲朱子所以中年講「理」，晚年講「禮」，是因有見於理必出於禮，理是附於禮而行的。方氏對於這種說法甚不以爲然，反駁說：

> 夫謂「理」附於禮而行，是也；謂但當讀《禮》，不當「窮理」，非也。「理」幹是非，禮是節文，若不「窮理」，何以能隆禮，由禮而識禮之意也？夫言禮而「理」在，是就禮言「理」。言「理」不盡於禮，禮外尚有眾「理」也。（頁294）

方東樹以爲禮中有「理」在，這是講得通的，但並不是一切的「理」都在禮文之中。禮文之外，還有其他的理。也就是說，禮文

是有限的，但存在於事物中的眾理是無窮無盡的，所以不能說理是
附於禮而行。

至於阮元說朱子中年講理，晚年講禮，是有見於理必出於禮的
說法，方氏也反駁說：

> 夫朱子之學，以格物、窮理為先，豈至中年而始從事，晚又
> 棄而不言乎？且中年講理，豈盡蹈空？而如所注各經，及集
> 中諸考證文字，具有年歲，豈皆晚年之說乎？《年譜》具
> 在，可考而知也。即其晚修《禮經》，豈至是絕不復言義
> 理，而禁學者不得復言格物、窮理乎？而朱子前沒之四日，
> 猶改《大學章句》，何以不聞悔而去《格致補傳》也？亦可
> 見其妄援立說，誣而非事實矣。朱子論學，見於《遺書》、
> 《文集》、《語錄》者至詳，今概置不言，第舉其一事與己
> 意相近者，便辭巧說，疑誤後學者。此關學術是非得失之
> 大，非若他處訓詁、名物，一事一詞之失，無關輕重者比，
> 吾故不得不辨。（頁296）

方東樹以為，即使朱子中年講理，也注很多經書，留下許多考證文
字。晚年修《禮經》，也不是不講義理，觀朱子過世前四天仍在修
《大學章句》，就可以理解。阮元僅舉對自己有利的作為證據，實
非為學應有的態度。

朱子解孔子的「吾道一以貫之」，以「貫」為「通」，即「豁
然貫通」。阮元對朱子的解釋甚不以為然。批評說：

孔子之道，皆於行事見之，非徒以文學爲教。故告曾子：
「吾道一以貫之」。「貫」，行也，事也，猶言壹是皆以行
事爲教。又告子貢，與告曾子義同。聖道壹是貫行，非徒學
而識之。若曰：賢者因聖人一呼之下，即一旦豁然貫通，此
似禪家冬寒見桶底脱大悟之旨，而非聖賢行事之道也。故以
「行事」訓「貫」，則聖賢之道歸於儒，以「通貫」訓
「貫」，則聖賢之道近於禪。至其所行爲何道？則即《中
庸》所謂「忠恕」、「庸德」、「庸言」，言行相顧之道
也。（頁299）

阮元的意思，以爲「吾道一以貫之」的「貫」，應訓爲行、事，是
說聖人壹是皆以行事爲教。而不是訓爲「貫通」，如朱子所言「一
旦豁然貫通」，已流於禪，而非儒家之教。所以把「貫」訓爲「行
事」，聖賢之道才能歸於儒，訓爲「貫通」，則近於禪。方東樹並
不以爲然，反駁說：

此譏「一貫」似禪學頓宗，一旦豁然大悟，似也。不知此
「一旦」之前，有多少功夫，非容易一蹴可幾。故曰：「眞
積力久也！」若不用功，固斷無有此「一旦」。若果用功，
眞積力久，有此「一旦」之悟，雖禪亦不易幾矣。（頁301）

方東樹以爲「一旦豁然貫通」，看似流於禪。但在「一旦」之前，
所下的功夫，並非一蹴可幾。若不下苦功夫，終沒有「一旦」的機
會。許多人忽略「一旦」前苦修的功夫，才會將一旦豁然貫通，譏

其似禪。

再就「克己復禮」一事來說。《論語·顏淵》篇，顏淵問仁，孔子答以「克己復禮爲仁。一日克己復禮，天下歸仁焉。爲仁由己，而由人乎哉！」當顏淵請問條目時，孔子答以「非禮勿視，非禮勿聽，非禮勿言，非禮勿動。」宋儒將「克己」的「己」，解爲「私欲」❾，阮元頗不以爲然。阮氏說：

> 顏子「克己」，「己」字即是「自己」之己，與下文「爲仁由己」相同。若以「克己」「己」字，解爲「私欲」，則下文「爲仁由己」之「己」，斷不能再解爲「私」，與上文辭氣不相屬矣。（頁305）

阮氏以爲「克己」的「己」，即是自己的「己」，而宋儒解爲「私欲」。如果是這樣，「爲仁由己」的「己」，就不能再解爲「私」。方東樹反駁說：

> 若此處「己」字，不指「私欲」，則下文四目，何爲皆舉非禮言之？「己」不是「私」，不應從「己」下添之「私」字，則「己」亦不是「欲」。《虞書》曷爲從「己」下添之「欲」字？不知「己」雖對人爲文，而古人言「舍己」、「虛己」。苟非指己私意見言之，而將謂能「舍」、能

---

❾　朱子云：「己，謂身之私欲也。」見《四書章句集注》（臺北：大安出版社，1986年4月），頁131。

「虛」其形骸乎？（頁306）

方東樹以為，如果「克己」的「己」，不是指「私欲」，那為什麼
顏淵問仁那段話要說「非禮勿視，非禮勿聽，非禮勿言，非禮勿
動」？此外，古人所言「舍己」、「虛己」，如果不是指私意，那
要「舍」些什麼？難道能「舍」、能「虛」形骸？

以上是方東樹對阮元〈論語論仁論〉諸多說法的批駁。當然拋
脫不了為宋儒的經說作辯護。

四、對江藩《經義目錄》的批評

江藩著有《國朝經師經義目錄》，分《易》、《書》、
《詩》、《禮》、《春秋》、《論語》（附《四書》及經總）、
《爾雅》、《樂》諸項，每項前半敘述各經之源流，後半則開列清
代經師著作目錄。⑩方東樹對江藩這部《目錄》相當不滿，對所述
各經源流，可說逐項批駁。如在《易》方面，江藩說：

> 永嘉以來，鄭玄、王弼二注列於國學。至南齊用鄭義，隋、
> 唐專主王弼，而漢、晉諸儒之注皆亡。惟唐李氏《集解》，
> 博採諸儒之說，如：孟喜、京房、馬融、鄭玄、荀爽、劉

⑩　江藩《國朝經師經義目錄》，本文所用版本為錢鍾書主編《中國近代學術
　　名著》中《漢學師承記（外二種）》（北京：三聯書店，1998 年 6 月）
　　本。

表、宋衷、虞翻、陸績，略存一二。於是，卦氣、六日、七分、遊魂歸魂、飛伏、爻辰、交互、消息、升降、納甲、之變、半見等例，藉此可以推尋。無如王、韓清談，程朱理學，錮結人心，或詆爲穿鑿，斥爲邪說，先儒古義棄如土梗。（頁374）

江藩這段話是在強調漢人《易》說的正統地位，而以王弼、韓康伯、程頤、朱子的說法，「錮結心人」。不但如此，江藩還說：「漢儒之說，以商瞿爲祖，商瞿之說，孔子之言。」又說：「東吳惠氏，起而導其源，疏其流，於是三聖之《易》，昌明於世。」似乎以漢人之《易》說，直接傳之於聖人。方東樹對江藩的說法大爲不滿，批評說：

如惠氏、江氏之言，則門戶習氣之私太甚。姑勿與深論是非之精微，只盡祛魏晉以來儒說，而獨宗漢《易》，此非天下之至蔽者，斷不若是之詖。學《易》而專主張遊魂歸魂、飛伏、爻辰、交互、升降、消息、納甲等說，此非天下之至邪者，斷不若是之離。謂漢人所說，皆伏羲、文王、孔子三聖人之本義，此非天下之至愚者，斷不若是之誣。夫以京、孟之邪說，駕之商瞿，因復駕之孔子，誕誕甚矣！孔子《十翼》具在，有一語及於納甲、飛伏、爻辰等說哉？漢儒之《易》，謂兼存一說，則可；謂三聖之本義在此，則不可。
（頁375—376）

方氏這段話的要點有五：一是江氏盡棄魏晉以來的《易》說，而獨宗漢《易》，是蔽於一見。二是學《易》主遊魂歸魂、飛伏、爻辰、交互、升降、消息、納甲，是天下之至邪者。三是以漢之《易》說，爲伏羲、文王、孔子三聖人之本義，是天下之至愚者。四是將京房、孟喜之《易》說，加之商瞿、孔子之上，可說誕誣之至。五是孔子《十翼》，根本無一語及於納甲、飛伏、爻辰等說。經過這些論證，方氏認爲漢《易》僅能兼存一說，不能說得三聖之本義。漢《易》的發展，在《易》實爲歧出，僅能說是《易》學的一支，與《易》之原義，實有一段距離，方氏的批評，頗能擊中要害。

關於《四書》，江永的《國朝經師經義目錄》僅列《論語》類，前無《四書》類。方東樹引江氏之言說：

> 於《四書》：則有閻若璩《四書釋地》，江永《鄉黨圖考》，戴震《孟子字義疏證》，劉台拱《四書駢枝》，毛奇齡《四書改錯》、《大學證文》，錢坫《論語後錄》。（頁380）

這段話有兩點要提出說明，一是江氏所著錄劉台拱的書並非《四書駢枝》，而是《論語駢枝》，這是方東樹誤記。二是江氏的書並沒有著錄毛奇齡的《四書改錯》和《大學證文》，此爲方氏所誤增。其實，江藩所列的數本書並沒有特別的偏見。方氏卻在這裡大發議論，他說：

若用心浮淺，又挾以門戶私見，叫囂呵斥，惟以能詆訾前
哲，爲爭名自衒之計，則無論其言未是，即是亦不成氣象
矣。朱子《四書集注》，惟重發明義理，以訓詁、名物
《注》、《疏》已詳，不復爲解，故曰：「邢昺《論語
疏》，集漢、魏諸儒之說，其於章句、訓詁、名物之際，詳
矣。學者讀是書，其文義、名物之詳，當求之《注》、
《疏》，有不可略者。」又曰：「漢魏諸儒，正音讀，通訓
詁，考制度，釋名物，其功博矣。學者苟不先涉其流，則亦
何以用力如此。」又曰：「本之《注》、《疏》，以通其訓
詁；參之《釋文》，以正其音讀；然後會之諸老先生之說，
以發其精微。」據此，可知朱子非廢訓詁、名物不講，如漢
學諸人所訾謗也。（頁380）

方氏這段話，可說借題發揮。如果用來批評江藩《論語》類的著錄
不當，可說弄錯對象。大抵是藉機來批評漢學家，爲朱子打抱不
平。蓋漢學家認爲朱子的《四書集注》衹重視義理，不重訓詁。方
東樹認爲這是漢學家的偏見，亟應糾正。首先，他認爲朱子《四書
集注》中所以不詳於名物訓詁，是朱子自認爲邢昺的《論語疏》中
已非常詳盡，學者可以參看。其次，他也引朱子的話，證明朱子是
重訓詁、音讀、名物。不但朱子重視，且朱子也肯定漢人在這方面
的成就。其三，又引朱子的話，證明讀經時應該本之《注》、
《疏》，才能通其訓詁；要參之陸德明的《經典釋文》，來正音
讀；然後會合諸老先生的說法，才能闡發聖人的微言大義。從這三
段話，方東樹認爲「朱子非廢訓詁、名物不講，如漢學諸人所訾謗

也。」

　對江藩《國朝經師經義目錄》，逐項作批評後，方氏又說：

> 其實諸家所著，每經不下數十種，有刊行而不爲江氏所採
> 者，有刊行而江氏未見者，有刊行在江氏著錄之後者，有僅
> 傳其目而竟未成書者。新名林立，卷帙盈千，充牣藝林。要
> 其中實有超絕冠代，江河萬古，自不可廢。究之主張宗旨既
> 偏，則邪說謬言，實亦不少。苟或擇之不精，則疑誤來學，
> 眼目匪細，固不敢輕以相假，而弗愼取而明辨之也。（頁 384
> －385）

方氏認爲江藩的《目錄》，至少有下列各種著作未採入：一是有刊
行而不爲江氏所採者，這是說有已經刊行的著作，但是江氏卻未採
入。二是有刊行而江氏未見者，這是說有已刊行的著作，江氏並未
見到，因未見到所以也未採入。三是有些著作是刊行於江氏《目
錄》之後者，當然也不及錄入。四是有傳其名而未成其書者。在已
成書而未採入或江氏未及見的部分，「實有超絕冠代，江河萬古，
自不可廢」，意思是要江氏能注意到這類著作的重要性。

　另外，方氏也責備江氏的《目錄》，所著錄的書宗旨既偏，邪
說謬言也不少。他認爲如果選擇不精，則會疑誤來學。意思是要江
氏編輯目錄時，應秉持公平、客觀的立場來處理，才能眞正反映學
術的流變。

五、結論

方東樹撰作《漢學商兌》的目的，就是要爲宋學張目。所以，一切對漢學家的批評，都可以歸結到這個動機。從上文他對揚州學者的批評來說，約可有下列數點結論：

其一，方東樹對汪中的批評，主要集中在《大學》和有關《墨子》的觀點。由於宋儒表彰《大學》，將其從《禮記》中抽出，成爲四子書之一。汪中以爲《大學》是七十子後學所記，僅是孔氏的支流，歷代以來並不言出於曾子。且《大學》首尾相應，不可能出於二人。方東樹認爲以《大學》爲曾子所作，雖是後人之言，但晚出的說法，不一定不可信。在《墨子》方面，汪中認爲墨子與孔子位相埒，不相謀而已。方氏認爲墨子反對三年之喪，已得罪名教，如何能與孔子相比。

其二，在批評阮元方面，集中在阮氏的〈論語論仁論〉，阮元以爲朱子中年講理，晚年講禮。方東樹則以爲朱子中年講理時，也不廢注經；晚年講禮，也不廢棄義理，阮元的批評實有所偏。其次，孔子的「吾道一以貫之」，朱子以爲是「豁然貫通」，阮元以爲這種說法，有流於禪的嫌疑。方東樹則以爲在「一旦豁然貫通」的「一旦」前，所下的功夫，並非一蹴可幾。若不下苦功，終無「一旦」的機會。又「克己復禮」的「己」，朱子解釋爲私欲，阮元以爲不可解作私或私欲。方東樹則以爲不指私欲，那「舍己」、「虛己」，所舍、所虛是什麼？

其三，對江藩的批評，集中在《國朝經師經義目錄》上面。江藩表彰漢《易》，強調漢人《易》學，直接傳之於聖人。方東樹以

爲江藩獨宗漢《易》，是蔽於一見，孔子的《十翼》中根本沒有納甲、飛伏、爻辰等說法，說漢《易》爲伏羲、文王、孔子三聖人之本義，實爲天下之至愚者。在《四書》方面，江藩以爲《四書》的排列順序是《大學》、《中庸》、《論語》、《孟子》實有所不當，方東樹以爲那是坊賈所合併，朱子所定的《四書》順序，是《大學》、《論語》、《孟子》、《中庸》。江藩以坊本批評朱子，實對朱子並不瞭解。

方東樹對揚州漢學家的批評，是他對乾嘉漢學者的批評的一部分而已。如擴大範圍來看，他的批評，使當時居於主流地位的漢學權威，開始受到懷疑，也使乾嘉時代受到打壓的宋學有重新被肯定的機會。方氏的說法，爲後來的漢宋之爭或漢宋調合起了引導作用。

略論揚州學派在
方志學方面的成就

許衛平*

清代乾嘉學術盛世，揚州學派異軍突起，其學者人皆持學業專
長，在各自的研究領域中，融會貫通，獨樹新幟，繼而滋衍發展綿
延二百年，取得了碩大的學業成就。業師張舜徽先生曾論道：「余
嘗考論清代學術，以爲吳學最專，徽學最精，揚州之學最通。無
吳、皖之專精，則清學不能盛，無揚州之通學，則清學不能大。」❶
清代揚州學派以治學通博名世，他們的學術成果遍及各個學術領
域，對此，後人做了大量的總結工作。然而，抑或因揚州學派多方
面煊赫的學術成就的掩蔽，對其在方志學方面所作的貢獻往往爲人
忽視。清代揚州學派在方志學的研究中，無論是編修實踐，還是理
論探討，或是整理利用諸方面，都不但有所作爲，而且成就斐然。
系統地總結清代揚州學派在方志學方面的成就，不僅有助於全面地

---

* 許衛平，揚州大學師範學院副教授。

❶ 張舜徽：《清代揚州學記・敍論》（上海：上海人民出版社，1962 年），
頁 2。

總結和評估他們在學術成果和學術思想方面的貢獻，而且有裨增進
對我國舊方志學研究總體成就的認識，並從中吸取經驗，促進今日
之方志學的研究和發展。本文試從以下幾方面略論清代揚州學派在
方志學方面所取得的成就。

積極投身地方志書的編修實踐

清代，我國地方志書的編纂進入鼎盛時期，許多著名的學者積
極參與志事，誠如近代學術大師梁啓超所論：「清之盛時，各省的
府、州、縣皆以修志相尚，其志多出碩學之手。」❷揚州學派中的
著名代表人物亦是這樣，無論是其先導王念孫、汪中、劉台拱、朱
彬，還是後續者江藩、焦循、阮元、王引之、劉文淇、劉寶楠，或
是其殿軍劉師培等，都直接從事過地方志書編修方面的實踐活動。
其間，並引出了父子同心共纂志書，弟兄承志續纂志書，學侶戮力
合纂志書等佳話。今可考，由揚州學派著名的代表人物主修、主纂
或自撰的官私綜合性地方志書有近二十種，省志、府志、州志、縣
志、鎮志、區域志俱有，大至鴻篇巨制，小至獨卷另冊，而且頗多
佳構，至今爲志家學者引爲典範。

揚州學派從事地方志的編纂主要出於三種情況：

一是爲官在任倡導編修志書。有揚州學派「巨擘」之稱的阮
元，作爲「三朝閣老，九省疆臣」，久任封疆大吏，任上曾主修過

---

❷   梁啓超：《清代學術概論》，《梁啓超論清學史二種》（上海：復旦大學
     出版社，1985 年 9 月），卷 14。

嘉慶《浙江通志》、道光《雲南通志》等，特別是他主修的道光
《（重修）廣東通志》，凡三百三十卷，以採錄廣博，體例淵雅，
考核精詳爲世人稱譽。梁啓超曾論道：「大約省志中嘉、道之廣西
謝志，浙江、廣東阮志，其價值久爲學界所公認。」❸近世志家瞿
宣穎亦稱阮元的《廣東通志》是「精心結撰之作」。❹

　　二是受聘官府參與纂修志書。有訓詁學和校勘學大家之譽的王
念孫離官退休後，返故里高郵居家研讀，專意著述。嘉慶二十年
（1815），被當地官府聘請爲總纂，續纂《高郵州志》十二卷。嘉
慶十四年（1809），有「經學大師」之稱的江藩與有「通儒」之譽
的焦循一起應知府伊秉綬之聘，參纂揚州府志，所成《（嘉慶）重
修揚州府志》成爲清代名志，後人對該志有口皆碑，《續四庫全書
提要》贊曰：「此志纂修人才極一時之盛，……英賢萃集，共成斯
編。」同治府志總纂錢振倫稱，因嘉慶府志「門類精審，無可置
辭」，而取法因襲其設置的體例門目。❺近世志家瞿宣穎盛贊該
志：「語語必有來歷，足爲傳信之作。」❻江藩亦曾應阮元之請，
參加了道光《（重修）廣東通志》的總纂工作，經學名家劉文淇爲
本邑知縣延任爲總纂，其子毓崧任分纂，於道光二十八年（1848）
開始重纂《儀徵縣志》，咸豐二年（1852）成書稿五十卷，鋟版將

---

❸　梁啓超：〈清代學者整理舊學之總成績·方志學〉，《中國近三百年學術
　　史》（北京：中華書局，1936 年），頁 309。
❹　瞿宣穎：〈志例叢話〉，《東方雜誌》第 31 卷第 1 期，1934 年。
❺　錢振倫：《（同治）續纂揚州府志·後序》。
❻　瞿宣穎：《方志考稿》（甲集），（天春書社，1930 年）。

竣，適逢兵事，稿本幸爲其孫壽曾隨身攜藏，直至光緒初年復出示，籌資並率諸弟參與志事，於光緒十六年（1890）乃得重刻刊行，前後歷時四十三年。該志以體例編排得法，內容搜集鴻富，記述詳略得當博得世人讚譽，《續四庫全書提要》稱：「近代邑乘之完美精善者，莫此若矣！」光緒年間，劉壽曾曾被江都知縣聘爲總纂，纂修成《江都縣續志》三十卷，因其體例精當，亦爲後人稱允。

　　三是發己私願自行編撰志書。揚州學派研經治史，又視修志爲「著述大業」，乃致力於私志的編撰。嘉慶間，阮元私下裡邀江藩和焦循等輯纂《揚州府圖經》八卷，該志以熔裁精審而成爲編年體志書的範例，並對《（嘉慶）重修揚州府志》的纂修起了重要的參考作用，焦循曾追述道：「己巳、庚午間修《揚州府志》成，即原本於《圖經》也。」❼嘉、道間，寶應朱彬曾編撰《寶應邑乘志餘》一卷，「引書達數十種，紀事累萬餘言，考證詳明，纂次精當。」❽焦循在嘉慶十二年（1807），據實地生活見聞，又搜訪遺籍加以整理，撰成其鄉里的區域志書《北湖小志》六卷，阮元從弟阮先繼起在道光二十七年（1847）續撰《北湖續志》六卷，又於咸豐十年（1860）作《北湖續志補遺》二卷。焦循還將平日撮錄的舊志材料編撰成《邗記》六卷，羅列了吳王城邗至唐代有關揚州的事跡。並匯集文獻資料編輯成《揚州足徵錄》二十七卷。寶應劉寶楠在嘉慶十四年（1809）他十九歲時始撰《寶應圖經》，至道光三年

❼　〔清〕焦循：《揚州足徵錄》（清同治眞州派氏廣東《榕園叢書》本）。
❽　劉文興：〈朱彬寶應邑乘志餘手稿跋〉，《禹貢半月刊》第 6 卷第 11 期。

（1823）方完成，前後達十四年時間。全志六卷，於漢、唐以來寶
應城邑之沿革，湖河之變遷，漕運之通塞，民生之利病以及歷代名
人事跡皆明細記述，尤以精審的考證糾正了歷史地理方面相沿的錯
誤，並補正了官修志書中不少疏誤，歷來被奉爲私撰方志之佳構。

　　張舜徽先生曾論道：「揚州學者治學的特點，首先在於能
『創』，……其次在於能『通』。」❾揚州學派的代表人物在方志
的編纂中也體現出這樣的治學特點。劉文淇在總纂《儀徵縣志》時
既強調「不可掩蔽前人」，同時又堅持「擬推廣其意，而變通其
法」❿，來創編新志。這樣的特點，在上述第三種情況中體現最爲
突出。揚州學派的代表人物在私志的編纂實踐中，貫注了他們學業
研究中的「通」、「創」精神，既博採眾家所長，又自創新例，使
得所編撰的志書形式多樣，而又佳構迭出，梁啓超在總結清代學者
在方志學方面的成就時曾評論道：「官修之外，有私家著述性質略
與方志同者。此類作品，體制較爲自由，故良著往往間出。」他把
這些稱爲「方志之支流與裔」的著述略分爲七類，並「就所記憶，
各舉一二種以爲例」：1.「純屬方志體例而避其名者」，例舉有劉
台拱之《揚州圖經》、劉寶楠之《寶應圖經》；2.「專記一地方重
要史跡者」，例舉有汪中之《廣陵通典》；3.「專記人物者」，例
舉有「劉文淇子劉毓崧之《彭城獻徵錄》；4.「專記風俗佚聞
者」；5.「不肯作全志，而摘取志中應有之一篇，爲已所研究有
得，而特別泐成者」，例舉有劉文淇之《揚州水道記》；6.「有參

---

❾　張舜徽：《清代揚州學記·敍論》，頁3。

❿　〔清〕劉文淇：〈與王子涵司馬論修縣志書〉，《青溪舊屋文集》，卷3。

與志局事而不能行其志，因自出所見，私寫定以別傳者」，例舉有
焦循之《邗記》；7.「有於一州縣內復析其一局部之地作專志
者」，例舉有焦循之《北湖小志》。⓫這些揚州學派的代表人物聲
名既顯，所作影響又大，時人及後起者往往引爲時尙而影從之，於
是私志迭出。今存有清一代的揚州志書，私志幾近三分之一（不包
括專志），可謂興盛，這與當時揚州學派的代表人物積極投身志書
編修實踐所產生的影響不無關係。

深入展開方志理論的研究探討

揚州學派把他們嚴謹愼密而又實事求是的治學態度用到方志理
論的研究之中，相互交流，切磋論辯，深入探討。劉文淇以布衣儒
士客居阮元署內時，兩人曾專門討論修志中的問題。後來，學術聲
名顯赫而身爲封疆大吏的阮元又就志書中的疑問專門致函就教於劉
文淇，而劉在回札中亦不謙恭，逐一闡答。身爲寒士的焦循曾就府
志編纂有關理論問題，先後與知府伊秉綬、翰林院修撰姚文田書信
往復，直言陳辭，論辯駁難，力抒胸臆。不以位尊而卑人，不因位
下而屈己；不以己蔽人，也不因人蔽己，這種優良的學風，推動了
方志理論研討的廣泛深入。

揚州學派對方志理論研討所至，除涉及當時海內學者較廣泛論
及的方志的起源、性質、功用等問題之外，曾著重對方志理論的核

⓫　梁啓超：〈清代學者整理舊學之總成績·方志學〉，《中國近三百年學術
　　史》，頁311－312。

心問題——志書編纂理論進行了深入的探討研究，他們於此提出了一系列論見。這些論述不僅體現在各種志書的「序」、「書後」、「題跋」中，而且還反映在往來書函與專篇論作內。綜括起來，主要有下述幾個方面：

(一)關於志書的義例問題

志書的義例亦即志書的編修宗旨和志書的體例。對於志書的編修要求，焦循強調志書乃是「一郡典型，千秋著作」，提出了「按事立格，依文樹義」的觀點，強調對志書也應像歷代文獻典籍一樣，按照自身的記述特點要求來作。⑫處於晚清時期的劉師培提出，創編一種新方志是「當今之要務」，新方志必須「有裨確立地方自治」，「推進鄉邦政教」，新方志「宜搜集人世之現象，推記古今之遷變，以驗人群進化之跡。」⑬強調用近代資產階級進化論的思想指導志書的編修。

對於志書的體例，揚州學派的代表人物非常注重和強調。劉文淇曾論道：「修志一事，先定體例，而體例之定，須將所有舊志參與考核，擇善而從。」但是又不可完全拘泥於善體舊志，他強調：「誠為盡善矣，然亦有當議變通者。」⑭既吸取眾家之長，又結合實際加以改創，使志書體例精益求精。阮元主修道光《（重修）廣東通志》在確定其體例時，既參稽有「志體楷模」之譽的謝啓昆所

---

⑫　〔清〕焦循：〈上郡守伊公書〉，《雕菰集》，卷13。

⑬　劉師培：〈編輯鄉土志序例〉，《國粹學報》第8卷第21期。

⑭　〔清〕劉文淇：〈上阮相國書〉，《青溪舊屋文集》，卷5。

修的《廣西通志》，又據當地實際變易改進，所成志書人皆稱其體例淵雅，梁啟超贊其：「斐然可列於著作之林。」⑮揚州學派的代表人物亦注重志書的編纂體例。嘉慶間，揚州知府伊秉綬延焦循纂修府志，立意用輯錄體例，抄撮舊籍不易一字作志。焦循對此力陳異辭，指出：「惟所頒體例，僅用纂錄，不易一字，而標以出處，此誠取信於古，恐有鑿空誣僞之病也。」認為這樣纂成的志書，「實皆述古，不及今時事」。並列數其「體例雜糅」，「蹈虛誣僞」，「輕目重筆」，「成我專義」，「莫測首尾」等十點弊端，指出，其結果一郡之志「僅以供詩人之取料，矜博尚奢，有肉無骨」，這是「捨實事求是之路，趨無可奈何之途」，而予婉言推卻。⑯

志書體裁是志書體例的一個重要組成方面，志書採用什麼樣的體裁呢？焦循認為：「郡志當依《史記》」。嘉慶年間，他曾草擬了一個府志例目，詳為：南巡紀、恩澤紀；總圖、四境保甲圖、水道圖、江洲圖、廨宇圖；氏族表、選舉表、職官表；地里略、河渠略、鹽策略、漕運略、政略、軍事略、金石略、藝文略、戶口略、田賦略；列傳；沿革考、古迹考。⑰可見其主張以紀傳史體體裁歸分志書例目。阮元很強調志書中圖與表的設置，他對圖在志書中的重要性論道：「古人不曰『志』，而曰『圖經』，故圖最重。」⑱

⑮　梁啟超：〈清代學者整理舊學之總成績·方志學〉，《中國近三百年學術史》，頁304。

⑯　〔清〕焦循：〈上郡守伊公書〉，《雕菰集》，卷13。

⑰　同前註。

⑱　〔清〕阮元：《重修廣東通志·序》。

他在審閱劉文淇所撰《揚州水道記》書稿時指明：「凡地理書須以圖明之，此《記》當分繪古今多圖。」❶他在翻閱焦循的《北湖小志》發現無圖時，即囑其快速補繪以付梓。他曾爲嘉慶《揚州府志》設計「圖說」一門，具體做法是：「以一邑分四鄉，以四鄉分都圖，每一地保所管之地繪爲一圖，周回逕直不過二三里耳。圖內爲說，曰東西南北至某處，有某山，與何處相連；有某水，某路自某處來，自某處去。所管之地有某村、某橋、某廟、某墓。聚十數地保之圖即成一鄉，聚四鄉即成一邑。一邑之圖說須以數十紙計，而城池、廨宇、街巷更在此外。此所以爲圖經也。」❷阮元強調表在志書中的作用，並主張志書中立「氏族表」一門，是「仿《唐書·宰相世系表》爲之者也。」他認爲：「一縣之中，必有大家舊族、新貴儒門，以此爲主而收其族。」具體作法是：「皆以其姓氏立表，首敘先世遷徙之由，表中詳載各房名字，自生員以上，皆附見於表。」❸這些獨到之見，無疑會增強圖、表形式在志書中的地位和作用的發揮，強調了志書體裁的多種表現形式。

(二)關於志書的內容問題

揚州學派強調在入志內容的選擇上貫注「經世致用」的精神。阮元曾稱道元代《（至順）鎮江志》，說其體例雖大致取法宋

---

❶　〔清〕阮元：《揚州水道記·序》。

❷　〔清〕阮元：〈揚州府志事志、氏族表、圖說三門記〉，《揅經室二集》，卷8。

❸　同前註。

《（嘉定）鎮江志》，但在內容的網羅搜集上，卻立足於鎮江在元爲財賦之區的現狀，而詳細臚陳物產土貢等經濟情況，因時記要，有裨實用。寶應地當水鄉澤國，水利與民生休戚相關，朱彬便在所作的邑乘中，「於水利一端，不憚反覆詳言，以爲治河者戒。」㉒劉師培提出，新方志應匯編地方文物，「闡明實學」，以供研究博物、美術諸學者參考。強調方志要注重實業、經濟等方面的記述。

揚州學派的代表人物還就志書具體門目內容的設置與志料的選擇作了闡述。阮元提出，志書要設立「事志」門，他認爲：「自古史傳，人事與地理相爲經緯者也。人事月改日易，而終古不易者地理也。同一郡縣山川，在漢某年爲治爲亂，在唐某年爲失爲得，賢良之拊循，忠烈之嬰守，災害利弊，前史具在，修郡志者是宜專立一門，以備不覽。」㉓實即設立綜記一方事跡的「大事記」。焦循認爲：「郡志爲土地之書，宜先釋地。」在「志」這一部分的記述中，以地理內容居首。㉔在對人物傳的收列上，焦循主張入傳者不能光看職位的高低，應當注重其業績，「無功業文章，但有科第者，雖宰相狀元，僅列一名於此表（註：即選舉表）中，不必別爲立傳」；入「政略」門類的職官，必須是「有美政可書者」。㉕劉師培認爲，「人物志」的撰寫是爲了達到教育後人的目的，提出要「特書」那些「以死力捍衛地方者」，「與民生計相關者」，「與

㉒　劉文興：〈朱彬寶應邑乘志餘手稿跋〉，《禹貢半月刊》第 6 卷第 11 期。

㉓　〔清〕阮元：〈揚州府志事志、氏族表、圖說三門記〉，《揅經室二集》，卷 8。

㉔　〔清〕焦循：〈上郡守伊公書〉，《雕菰集》，卷 13。

㉕　同前註。

政事相關者」，「與學術相關者」，對這些人物，要立「專志」。❷

對「藝文志」中詩文的收編，焦循論道：「竊謂文與詩，必有關於事實者，隨類取入。如『溝洫志』載賈讓三策，『禮樂志』載房中諸歌也。其有關古籍者，必如文文山之〈賈家莊〉、〈鮎魚霸〉諸作。迹見於詩，詩即是證，若偶然游眺行吟，無關情事，雖杜少陵、蘇東坡亦宜在禁例，所以防冗煩也。奏疏之文，一生精血，莫要於此，如劉瑜之忠，全見諸所上之書，若分而爲藝文，不異竭其精髓，但存皮殼。」他主張「取詩文爲藝文，亦惟取其有切於揚州者而登之。」對於人物的記述，「若其人之事實史集並無正文，必博取而叢拾之」，以便「集腋成裘，釀花爲蜜」。他強調，對於前人志書中因「耳目所屬」和「才識所囿」而造成的竿濫之處，應當「毅然刪去」。這些論見，亦深得阮元贊同。❷

(三)關於志書的編纂原則問題

清代，研經中考據學的一些偏弊思想與方法亦曾波及修志領域，方志編研中亦出現「崇古薄今」和「銓釋故訓，究索名物」的風氣。揚州學派不隨波逐流，如同在其他學業領域所持的研究態度和原則追求，在方志的編研中亦恪守「經世致用」的思想準則，並由此衍化出志書編纂中倡行的一些規範原則。

揚州學派在志書編纂中強調「及今時事」的原則。阮元曾論

---

❷　劉師培：〈編輯鄉土志序例〉，《國粹學報》第 8 卷第 21 期。

❷　〔清〕焦循：〈覆姚秋農先生書〉，《雕菰集》，卷 13。

道：「天下政治隨時措宜，府志縣志可變通而不可拘泥。」❷❸焦循
對以纂輯之體抄撮舊典籍編修府志的主張以書信力辯，指出：「若
郡縣之書，盧牟今古，則有不可徒以纂錄成書者。」並批評當時纂
輯派所推崇的朱彝尊《日下舊聞》，黃叔敬《南台舊聞》：「實皆
述古，不及今時事」之弊。❷❾強調方志應隨時代的變化而著力於當
今時事的記述。

揚州學派在志書編纂中還強調「實事求是」的原則。對此，焦
循有過比較系統的論述。焦循十分讚賞司馬遷既利用文獻典籍撰寫
《史記》，同時又注重調查研究、注重實際情況的成功經驗，說
其：「既本《國策》、《世本》等書，而孟嘗君則必徵之於過薛，
信陵君則必徵之大梁之墟，於禹疏九河，則必徵之於長城亭障。賤
耳貴目，雖古事猶然。」他並舉例說明：「爲嘉慶十二年之郡志，
則嘉慶十二年見在之城郭、河渠、都里、疆域以及寺觀、橋樑、田
賦、戶口，皆目驗而知，實莫實於此矣，是必按而記之。」焦循論
道：「書其實迹，不厭其詳，不嫌於瑣，是爲所見異辭也；……稽
之冊籍，詢諸故老，是爲所聞異辭也；事遠年湮，咨詢莫及，既不
可見，復不可聞，無可奈何，乃檢之故籍，以求十一於百，說以異
而成疑，書或褌而難據，所爲傳聞異辭也。」「以傳、聞爲本，
聞、見爲虛」，「是捨實事求是之路，趨無可奈何之途，鄙所不敢
爲然也！」❸⓪阮元在清劉文淇及其子劉毓崧爲他重新校正宋元舊志

---

❷❸　〔清〕阮元：〈四庫未收書提要〉，《揅經室外集》。

❷❾　〔清〕焦循：〈上郡守伊公書〉，《雕菰集》，卷13。

❸⓪　同前註。

時叮囑：「不必以《揅經室提要》在前有所牽就，總期實事求是，不爲鑿空之談。」❸劉師培亦曾強調，在志書的編纂中，「一邑之簿書季牘不得不廣於徵求」，「宜以實事爲限，虛美之詞，概以刪削」。❸這些論述不但在當時對指導方志的編研起到積極的作用，而且也成爲日後地方志編修必須遵循的一些基本原則。

㈣關於續志問題

自南宋開始，賡續前志之風興起，但對如何續志並未形成明確的規範要求，尤其是從明代開始，方志界流傳著兩種弊病：一是不注意對舊志的保存，甚至輕意廢棄；二是談到修志，必定貫古通今，從頭開始，事倍費冗。誠如學者對這種時弊所批評的：「明以來，官紳陋習，好張門戶之見，喜營流俗之名，動攘前人之作爲己有，每修志一次，必將前志毀盪無存，另立爐灶，甚至前志修成甫及數年，又復更張，究其實則，換湯不換藥，所以志多濫而庸也！」❸阮元對這種現象曾指責道：「明代事不師古，修者多炫異居功，或蹈襲前人而攘善掠美，或弁髦載籍而輕改妄刪。由是，新志甫成，舊志遂廢，而古法不復講矣！」❸所言無疑切中明代官府修續志書之積弊。對於如何續志，阮元亦有探討與論述，他認爲：「史家之志地理，昉於《漢書》。其志首列〈禹貢〉全篇，次

---

❸ 〔清〕劉文淇：〈宋元鎮江志校勘記序〉，《青溪舊屋文集》，卷5。

❸ 劉師培：〈編輯鄉土志序例〉，《國粹學報》第8卷第21期。

❸ 瞿宣穎：〈志例叢話〉，《東方雜誌》第31卷第1期。

❸ 〔清〕阮元：《（道光）重修儀徵縣志·序》。

列《周禮·職方氏》，然後述漢代疆城，蓋舊典與新編前後相聯，而彼此各不相混，乃古人修志之良法。」因此，「欲得新志之善，必須留存舊志。」提出續志的總體要求是：「但續新志，而舊志不必更張」。具體做法是：列舊志於前，「然後再列新增，凡舊志有異同則詳註，以推其得失：新增之事迹，則據實以著其本原。其舊志有缺漏舛訛，有他書可以訂正者，別立『校補』一類。庶乎事半功倍，詳略合宜。」❸❺劉文淇對續志也有過研究，他認爲：續志「不可掩蔽前人」。續修新志的做法是：條列舊志於前，後附續修新增。並列舉這種續志方法的五大好處：可使舊志與新志並存；可對舊志逐條核對，得失自見；可避免重複遺漏，附註詳略以求精密；可無庸複述，事半功倍；可使續修易於集事，無用更張。❸❻揚州學派「續新存舊」的續志理論確有見地，方志學家博振倫先生曾盛讚阮元的續志理論說：「這是續志的好辦法。」❸❼

努力從事舊方志的整理利用

　　揚州學派的代表人物在學業研究上各人學有專長，在研經治史和對舊典籍的整理利用中取得了巨大的成績，他們同樣把自己的學術專長運用到對舊方志的整理利用當中。

---

❸❺　〔清〕阮元：《（道光）重修儀徵縣志·序》。

❸❻　〔清〕劉文淇：〈與王子涵司馬論修縣志書〉，《青溪舊屋文集》，卷3。

❸❼　瞿宣穎：〈志例叢話〉，《東方雜誌》第31卷第1期。

㈠對舊志的考證

　　焦循對醫學方面有較深的研究，對有關人物事迹資料掌握頗多，他把它用於對府志中有關內容的考證上，曾作〈舊揚州府志儀徵醫士殷榘、高郵醫士袁體庵事妄〉，考證前康熙、雍正府志沿襲記述中的舛誤。❸阮元曾將他珍藏的五部舊志交劉文淇考證。劉很快考證出其中的「宋本」《通州志》係僞本，其證據是該《通州志》「內一卷所附雜詩皆係詠揚州者。考通州在宋爲靜海軍，不屬揚州。且所附詩詞又有元明人廁其間，必非宋人原本。」❸劉寶楠亦曾考證過舊志，尤其是對舊志中的錯誤予以糾正。在其所撰的《寶應圖經》中，對通志和府縣志的相沿舛誤作了多處考證。如：他考證《（乾隆）江南通志》誤以蘷畯屬天長，實屬海陵縣；勘正《（雍正）揚州府志》中「扛橋鎭」乃是「江橋鎭」之誤；《（萬曆）寶應縣志》中記述雲槐樓鎭在「縣南二十里運河堤上」，實在「縣南十里」等等。舊志中一直曰揚州運堤爲唐李吉甫所築之平津堰，劉氏加以考證後予以否定，根據是：「揚州地勢唐宋以前南高北下，邗溝水北流入淮，故昔日江淮之間只患水少，不患水多，至蓄高堰，內水始南流入江。」考證之術對方志的應用，不但爲方志資料的可靠性提供了保障，而且也拓寬了考證學的應用範圍。

---

❸　　詳見〔清〕焦循：《易餘籥錄》，卷20。

❸　　〔清〕劉文淇：〈上阮相國書〉，《青溪舊屋文集》，卷5。

㈡對舊志的校補、校勘

　　揚州學派的代表人物還把校補、校勘等文獻典籍整理的特長運用到志書的整理工作中。江藩曾受阮元之託，對康熙五十七年陸師纂修的《儀徵縣志》進行校補，作成《校補陸志》一卷，由於正誤補遺至爲得當，隨後成爲查閱該縣志必須參照閱讀的輔助之作，後人在纂修和刻印道光縣志時，乾脆將其附於縣志後梓行。寶應成蓉鏡在校勘學方面是遙承鄉賢的集大成者，他曾對宋代舊志進行整理，作《宋州郡志校勘記》一卷。在對舊志中的謬誤如何處置的問題上，焦循提出的做法是：「仍存舊志原文，而注補異文於下，所謂互異則雙行列載者，於此類爲宜也。」⑩實際上是推廣了乾嘉學者整理古籍的優良方法。劉文淇、劉毓崧父子以長於校勘學著稱。劉文淇曾校勘過《漢書》，又曾與子毓崧參與《輿地紀勝》的校勘，作《輿地紀勝校勘記》五十二卷。他在舊典籍的校勘中所採用的以多種書籍參校旁證的校書方法，因行之有效而使得世人稱道。劉氏並將這種校勘方法以及歷代校勘學家校勘古籍的一些優良傳統，運用到志書的校勘工作中。如，堅持校書中不妄改字的原則，被他用在志書的校勘方面。他在替阮元校勘宋元本《鎮江府志》後說：「昔宋彭叔夏作《文苑英華辨證》，其體例大約有三：實屬承訛，在所當改；別有依據，不可妄改；義可兩存，不必遽改。茲編所校，略仿其例。」他在校勘《（嘉定）鎮江志》與《（至順）鎮江志》時，本著「有訛誤著於別錄，而不必改易舊文」的原則，

――――――――――――――――

⑩　〔清〕焦循：〈覆姚秋農書〉，《雕菰集》，卷13。

「爰取二書，反覆詳校。其有彼此互淆前後倒置者，悉加釐正，而仍載原文於校勘記，並述其所以改易之。故至嘉定續志、咸淳志、永樂志之羼入二書者，則另入附錄之中，而不加刪削，俾後人得以考見。」❹同樣，他在以《（隆慶）儀眞志》校《（嘉定）眞州志》，以新《揚州府志》校嘉泰、寶祐二志時，亦不隨意添補，只是「其所失載及有刪節者俱下一簽」❹以便讓人明其所在，思其所以。劉氏實際上已提出了對舊志校勘整理的一些原則與方法了。

(三)對舊志的輯錄

揚州學派的代表人物在方志的搜尋保存方面亦作過積極努力。南宋時期曾修纂《（紹熙）儀眞志》和《（嘉定）眞州志》，然而至清初之時已散失不傳。嘉慶十四年，阮元在翰林院檢《永樂大典時》，見其中收錄了這兩種志書，即命小吏抄輯副書收藏。遺憾的是這兩部於書海淘金之珍本志書，後來毀之於鄉人宅火，僅存「門下士摘錄之本。」❹

(四)對舊志的運用

揚州學派注意運用地方志進行學業研究。劉文淇曾對《元和郡縣志》、《太平寰宇記》、《九域志》、《輿地廣紀》、《輿地紀勝》、《方輿勝覽》、《方輿紀要》、《大元一統志》等唐、宋、元時期一些著名的全國性總志進行深入細緻的閱讀研究，從中找出

---

❹　〔清〕劉文淇：〈宋元鎮江志校勘記序〉，《青溪舊屋文集》，卷5。
❹　〔清〕劉文淇：〈上阮相國書〉，《青溪舊屋文集》，卷3。
❹　〔清〕阮元：《（道光）重修儀徵縣志·序》。

它們在編修中對資料利用的規律，並為人們認識和運用這些志書提出指導性的意見。他總結指出：「凡地志在《紀勝》以前者，如《元和志》、《寰宇志》、《九域志》、《輿地廣記》之類，實《紀勝》所本；在《紀勝》以後者，如《方輿勝覽》，多沿襲《紀勝》之說。《一統志》、《方輿紀要》每引用《紀勝》之文，其詳略異同，足資校訂，以及史傳、說部詩文集，可以補脫正訛者，並為條舉臚陳。其未有顯據者，則存以待考，亦疑事毌質之義爾。」❹劉文淇就是運用各種舊志，相互參照考證作成了《輿地紀勝校勘記》一書的。劉寶楠把地方志資料運用到治史研究之中，他在研讀《明史·王廷瞻傳》、《明實錄》、《行水金鑑》等史籍時，發現這些史籍對寶應汜光湖決堤之事都云：「決為八淺」。劉氏據《（康熙）寶應縣志》等當地地方志書記述，論定此係「決於八淺」之誤，「八淺」係地名之謂，而不是決堤後造成的後果狀況。❺真是一字之正，糾千里之謬。

綜上所述，清代揚州學派曾在方志學領域的各個方面進行過積極的探討研究，並且取得了足堪稱道的成就，豐富了我國方志學園地的研究成果。揚州學派在方志學方面的成就，不但在其時對方志學研究起著促進作用，而且在今天，我們從中仍可獲取諸多的啓發和借鑑。毫無疑問，清代揚州學派在方志學方面的成就，是他們煊赫輝煌的學術文化成就的組成部分，也是後人在學習研究中不可忽略的一個部分。

---

❹ 〔清〕劉毓崧：〈輿地紀勝校勘記序（代先君子作）〉，《通義堂文集》（《求恕齋叢書》本），卷7。

❺ 〔清〕劉寶楠：《寶應圖經》，卷3。

商儒轉換中的揚州學派
及其經世致用

王章濤*

一、清乾嘉間揚州商儒轉換及其社會作用

㈠交通、商業、文化鏈形結構中的揚州

揚州二千多年的發展史，正是在交通、商業、文化三者鏈形結構的聯動下，顯示出濃筆重彩，光輝燦爛。

明朝人陸弼說：「維揚古九州之一，江都爲之附邑，袤延數百里，北枕三湖，南抵大江，今昔稱海內一大都會，岡巒形勝，川澤名流，其淑士哲人迴出其間者後先相映，且爲南北襟喉，漕運鹽司，關國家重計皆隸茲土。」❶

---

* 王章濤，揚州學術旅遊學會。

❶ 〔明〕陸弼：〈（萬曆）江都縣志序〉，《（乾隆）江都縣志》（南京：江蘇古籍出版社，1991 年影印清光緒 7 年重刊本），卷首。

清朝人黃湘說：「江都古稱名勝地也，……轂擊肩摩，五方薈處。其城濱運道，襟江帶淮，為南朔之要津。舳艫銜尾，帆檣如織。」❷

從明、清人的表述中，可見「東南三大政，曰漕、曰鹽、曰河」與揚州的密切關係，以及商業繁榮，經濟發達的事實。早在漢高祖劉邦分封其侄劉濞為吳王時，劉濞在揚州一邊「招致天下亡命者盜鑄錢，煮海水為鹽，以故無賦，國用富饒。」❸一邊「招致天下之娛游子弟，枚乘、鄒陽、嚴夫子之徒興於文、景之際。」❹可見西漢初的揚州，已是商儒並重的城市。隨後，揚州遭到一系列的劫難，但時隔未久，到隋唐交替期，這方土地竟誕生出「文選學」，這正是民風造化和城市文化底蘊所致。

唐朝貞觀七年（633），李襲譽出任揚州大都督府長史，兼江南道巡察大使。「揚州，江、吳大都會，俗喜商賈，不事農；襲譽為引雷陂水，築句城塘，溉田八百頃，以盡地利，民多歸本。」❺「江、淮間為《文選》學者，起自江都曹憲。貞觀初，揚州長史李襲譽薦之，徵為弘文館學士。」❻李襲譽素好讀書，手不釋卷，在

---

❷　〔清〕黃湘：〈乾隆江都縣志序〉，《（乾隆）江都縣志》，卷首。

❸　〔清〕焦循：《揚州圖經》（南京：江蘇古籍出版社，1998 年），卷 1，頁 2。

❹　〔漢〕班固：《漢書·地理志》（北京：中華書局，1962 年），卷 28下，頁 16680。

❺　〔宋〕歐陽修、宋祁等：《新唐書·李襲譽傳》（北京：中華書局標點本，1975 年），卷 91，頁 3790。

❻　〔唐〕劉肅：《大唐新語·著述第十九》（北京：中華書局，1984 年），卷 9，頁 133。

揚州撰有《忠孝圖》二十卷，另有《江東記》、《五經妙言》等著作。奉召還京師，載江東書數車偕行。李襲譽面對揚州商業昌盛的同時，也爲深厚的揚州文化所感染。

宋朝「揚州牧守如王內翰（琪）、韓魏公（琦）與歐、蘇、劉、呂皆名德相望，風流醞藉，故其俗樸厚而不爭，好學而有文，實諸賢遺化也。」❼

入明，「江都當江淮之要衝，民俗喜商，不事農業，四方客旅雜寓其間，人物富盛，爲諸邑最。」（〈洪武志〉）「俗尙侈靡，其士多明秀俊偉。」（〈彭時學記〉），「務儒雅士，興文藝弦誦之聲，衣冠之選，優異他州。」（〈王傑學記〉）「揚俗尙侈，蠹之自商始。」（〈鄒守益學田記〉）❽上述史料，從一個側面展現了揚州經濟和文化的關係。

離清兵揚州十日屠未及二十年，就步入康乾盛世，揚州已是江南大都市，「地滿魚鹽之市，修竹爲圍；人分羅綺之家，芙蓉爲府。許史金張，勝地半成於貴介；王楊盧駱，清游多屬之奇才。休上人之詩情，流連錫杖；曹大家之才思，記取花磚。甚至梅花包子，爭傳於陌上樓頭；芍藥歌聲，遍織於河幹橋畔。是維仿北宋之小家，何異袖南唐之溫卷？」❾鄉人阮元也深以爲「士日以文，民

---

❼ 《（紹熙）廣陵志》。轉錄自《（嘉靖）維揚志》（上海：上海古籍出版社，1978 年影印天一閣藏本），卷 11。

❽ 以上 4 條例文轉錄自《（嘉靖）維揚志》卷 11。

❾ 〔清〕謝溶生：〈揚州畫舫錄序〉，《揚州畫舫錄》（揚州：廣陵古籍刻印社，1984 年），卷首。

日以富。」❿

　　從排比的資料看，封建社會時期的揚州確實是在交通、商業、文化這一鏈形結構中發達、輝煌的。舉交通爲例，古代漕糧、食鹽、百雜貨、商旅運輸主要靠船運，京杭大運河沿線城市同樣具備這一條件，爲什麼卻讓揚州冒了尖；各個城市都有各自的商業活動，有些城市的手工業還優於揚州，如南京、蘇州，這些城市的商業流通量也很大，終是比不上揚州；就文化而言，江浙地區，每一個城市都有相當豐富的文化內涵，文人學士代不乏人，各有千秋。但從總體的延續性、創造性、兼容性看，揚州都佔了先。

　　揚州是一個典型的傳統商業城市，以這種定位，得交通之便和文化之輔弼，城市超常速發展，一當條件成熟，就能在特定的歷史背景和經濟環境中，成爲雄踞東南的第一大都市。由此可以透視出近代揚州經濟非正常的極度衰敗，決非交通落後這一單一因素。

㈡商、儒交替轉變的特殊風尚

　　談揚州的商與儒，有兩首竹枝詞頗能揭示他們的微妙關係。

　　「奇書賣盡不能貧，金屋銀燈自苦辛。怪煞窮酸奔鬼國，偷來冷字騙商人。」⓫

　　「邗上時光二月中，商翁大半學詩翁。紅情綠意朱門滿，不盡詩工境更窮。」⓬

---

❿　〔清〕阮元：〈揚州畫舫錄序〉，《揚州畫舫錄》卷首。

⓫　〔清〕董偉業：《揚州竹枝詞》（《揚州叢刻》本）。

⓬　〔清〕林蘇門：《續揚州竹枝詞》（嘉慶刻本）。

作者卑視商人，詩中充滿調侃、嘲笑之口吻，但也如實反映了商人對文化的追求。商人此舉歷來被視爲附庸風雅，這實在是認識的誤區。「堂前無字畫，不是舊人家」，是揚州居民的習慣意識，是一種醇正的民風。小民百姓、大商巨賈、達官貴人在揚州這方土地上，都有既要入仕，又要發財，更要文化的追求。這是揚州獨特的文化意識，時至今日，都有蹤跡可尋。舉上引「偷來冷字騙商人」句爲例，實指清乾隆間揚州小玲瓏山館馬氏兄弟（曰琯、曰璐）邀厲鶚客於館中寫詩著書事。據傳，厲鶚好用僻典及零碎故事，有類《庶物異名疏》、《清異錄》之屬。作詩用替字，反嫌妝點，被視爲大病，這只能說厲鶚曲文隱晦的不妥，並不能說馬氏兄弟是土牛木馬，黑漆皮燈籠。

《清史列傳·文苑傳二》載：「馬曰琯，……與弟馬曰璐互相師友，俱以詩名，時稱『揚州二馬』，比之皇甫子浚伯仲。……藏書甲大江南北。四庫館開，進書七百七十六種」，得全國獻書之冠的美譽。曰琯身爲商總，但「好學博古，考校文字，評騭史傳，旁逮金石文字。」❸交游皆名士，適館授餐，終身無倦色。全祖望、符曾、陳撰、厲鶚、金農、陳章、姚世鈺等都曾被馬氏兄弟邀爲西席。

厲鶚窮途潦倒，年六十無子，接受曰琯所賜住宅和婢妾，得一安定生活。復利用馬氏藏書，獲見宋人集最多，又博覽他書，剔抉爬梳，撰成《宋詩紀事》、《南宋院畫錄》等書。馬氏還爲朱彝尊刻《經義考》，費千金爲蔣衡裝潢所寫《十三經》。又刻許氏《說

---

❸　〔清〕李斗：《揚州畫舫錄》，卷4，頁83。

文》、《玉篇》、《廣韻》、《字鑑》等書，謂之「馬板」。

文化形式的兩個塊面，一是活動，如戲劇、曲藝、繪畫等文藝的展現；一是創造，如文學創作和學術研究。倘若馬氏兄弟只熱衷於文化活動，難免有附庸風雅之嫌。事實證明他們更注重文化創造。他們一方面資助大批學人從事這項創造，同時也介入進去，把自己轉化爲文化人。曰琯就著有《沙河逸老小稿》、《辦谷詞》，編《焦山紀游集》、《林屋唱酬集》、《韓江雅集》、《韓柳年譜》，並組建「韓江詩社」，主持詩壇數十年之久，時有「北查南馬」之譽。

揚州大小商人大多數都有類同馬氏兄弟的喜好，如影園的鄭元勛、九峰園的汪玉樞、康山的江春、西園曲水的鮑誠一等。對具有代表性的馬氏個案的了解，大體知道揚州商人的奢侈僅僅是個局部現象；另一個側面，即大多數情況倒是熱衷投資文化建設。

鮑誠一，以儉相戒，雖擁資巨萬，妻婦子女不廢勞動，門不容車馬，不演劇，不容留淫巧之客，而是與弟方陶校訂刊刻《論語》、《孟子》等書籍。同時也培養次子勛茂召試內閣中書，走入仕之路。

孫枝蔚（1620－1687），字豹人，三原人。世爲大賈。甲申之變，年二十四，隻身來揚州，初從商，收入頗豐，得千金輒散去。既而折節讀書，僦居董子祠，高不見之節。著《溉堂集》，詩詞多激壯之音，稱其高節。王士禎官揚州，特訪之，成莫逆。以布衣舉鴻博，授內閣中書。

程晉芳（1718－1784），字魚門。先世歙人，業鹺遷揚州。家素豐，晉芳不問生產，獨好儒，購書五萬卷，家產漸罄。中進士，

官至編修，在京師益發窮困，至斷炊。後游幕陝西巡撫畢沅處，方一月病卒，死無分文。京師諺云：「魚門先生死，士無走處。」可證其學識之優，聲華之盛。

江藩（1761－1830），富商子弟，不言商，傾巨資購書。其人淹貫經史，博通群籍，旁及九流二氏之書，無不綜覽，所爲詩古文詞，豪邁雄俊，卓然可觀。曾撰《純廟〔乾隆〕詩集注》，論詔對圓明園，因他故而輟，人惜其際遇不佳。後頻遭喪亂和災荒，以書易米。書得而復失，勢必又要回到從商的道路上。

客居揚州的金農、丁敬等不屑與商人爲伍，但一當爲生活所迫，也不得不去充當商人的幕客，甚至直接經商。

值得注意的是揚州學派的大多數成員都出身於下層社會，並有充當販夫，甚至靠星相之術爲生者。

凌曙（1775－1829），十歲就塾，未畢四子書，則去香作店舖作傭工。工餘輒默誦已讀書。鄰之富人爲子弟延經義師，凌曙乘夜立軒外聽講論。經苦學成揚州學派一重鎮。

凌廷堪（1755－1809），六歲而孤。充販夫往來於淮揚間。弱冠後始讀書。中進士，改教職，畢力著述。其學無所不窺，於六書算曆，以迄古今疆域之沿革，職官之異同，靡不條貫。尤專禮學，著《禮經釋例》，又得〈復禮〉三篇，爲揚州學派領袖人物之一。

徐復，農家子。少孤，喜讀書，流落到寺院中，爲僧供灑掃之役以糊口，暇則苦讀。未幾，補諸生，從事經史，著有《論語疏證》。

焦循（1763－1820），三世習《易》，涉獵堪輿之術，通郭璞經術、詞賦、醫學、陰陽曆算、卜筮諸家之學。實際上是世代從事

教書、入幕、行醫、算命、相地諸事的自由職業。他就是從事這些職業爲生。

　　阮元（1764－1849）出身於武將之家。任武職的祖父故世後，家道中落。父阮承信，江春甥，故而受江廣達商號聘，往返於揚州、武漢之間，從事商務。阮元自小受其薰陶，商業意識很強，爲日後經世致用奠定了基礎。

　　揚州商界的上層人物、下層人物和一般市民都把文化看得很重，他們的目的並非單一爲了做官，或者說他們做官的要求並不強烈。揚州人入仕的固然不少，但在讀書人的總數中佔的比例不一定比他地高。在揚州學派數十人的隊伍中，入仕的不多，大官更少。甚至入了仕還要求教職，或依舊熱衷於文化教育，這是受傳統風氣浸染，商儒交替轉變的特殊行爲。

(三)揚州儒生充當的角色

　　兩千多年來商儒並重的揚州，從儒生階層發展的趨勢看，相當數量的儒生投身商業活動，或直接充當商人、商界領袖，無疑使揚州商人隊伍的文化素質得到提高，這種狀況一直延續到清末民初。儒生投入商界，放棄了功名的追求，故而無法估量其能否入仕，入仕後的業績如何？但可以肯定以他們的文化知識，在商界同樣發揮才幹。

　　揚州儒生階層的結構有別於他地，這個階層是由商人、商界幕友、官員、官界幕僚、鄉紳、教師、賣文賣藝者這七種角色組成的。當然揚州的商人和商界幕友不可能是百分之百的儒生組成的，但就大中戶商家而言，佔的比例很高。

1.儒生轉化成的商人

鄭之彥，字仲雋，號東里。年十九補揚州郡秀才，入學。精於青烏家言，明利國通商之事，世人讚譽他爲鹽筴祭酒，儒林丈人。

江春，字穎長，號鶴亭。儀徵諸生，工制藝，精於詩，與齊次風、馬曰琯齊名。曰琯故世，江春爲曰琯後第一人。他業鹺揚州，爲八大商總之首。

鄭鍾山，字峙漪，儀徵人。業鹽淮南，與江春齊名。性淳樸，以讀書世其家。弟鑑元，字允明，能文章。鍾山子宗彝，字萃五，進士，官刑部。次子宗洛，字景純，召試中書。孫兆珏，舉人，能讀書，好經學。這個商人家庭的成員，應該說都是儒生。

李容，字竹孫，揚州人，諸生，後爲鹽商。他博覽群書，於詩書畫皆有涉獵，著有《養新齋詩鈔》、《半畝園筆記》、《半畝園題畫錄》各二卷。

2.儒生充當的商界幕友

方貞觀，字南堂，桐城人。工詩，書法唐人小楷，有《南堂集》。館於汪廷璋。主汪氏者尚有方士庶、黃尊古、方洵遠。

姚澍，字雨田，江都明經，工制藝，從其學者如雲。館於揚州酒業大賈周六糟坊家。

金兆燕，字鍾越，號棕亭，全椒人。中年以舉人爲揚州校官，後成進士，供職京師。三年歸揚州，館於康山草堂江春家。

柳夢薦，字東藜，儀徵人。工詩，少游幕，長爲巡鹽御史所知，聲名鵲起，後館於大小洪園洪徵治家。

顧鳳毛（1762-1788），字超宗，興化人，深於經學。與其父顧九苞皆爲揚州學派中人物。鄭兆珏聘請鳳毛講《毛詩》於家塾。

兆珏是業鹽揚州與江春齊名的桃花塢主人鄭鍾山的侄孫。

　　焦循，揚州學派領袖人物之一。乾隆五十二年（1787）始，先後館於城東壽氏、深港卞氏、揚州郡城牛氏、鄭氏，達八年之久。其間與有商業意識的汪中、汪萊等儒生多有交往，並致力於數學研究。

　　名幕汪輝祖（1731－1801）曾館於揚州鹽商家，對揚州商界情況頗熟。他曾說：「吾輩以圖名未就，轉而治生。唯習幕一途與讀書為近，故從事者多。」[14]

　　商界幕友有時是作為家庭塾師出現在商家的。這種身份的人周旋於商家，憑藉身兼多種才藝，本不受蒙童教學所限，而本能地表現自己，自覺或不自覺地投身到商業活動中。東家也會發現人才，而大膽起用。

　　對商人、商界幕友代表人物的介紹，可看到揚州儒生投身商業活動的情況。

㈣商人儒生化，儒生商人化的社會作用

　　揚州儒生是在商業環境中成長的，又因家庭需要他承擔的責任，和就業機會的多元化，使得他們不可能，也沒有必要朝入仕的獨木橋拼命擠。還有一批人來自社會的底層，他們通過苦學踏入儒生的隊伍，但離入仕尚有一段距離，要走完這一程，要有相當的經濟條件。他們為了求生，就必須謀求經濟收入，其出路一如汪輝祖所言，入幕最適合，而在揚州入商家之幕又是極方便的事。這批儒生或許本身就有從事商業活動的經歷，或為了謀生，一直留心於世俗的

---

[14]　〔清〕汪輝祖：《佐治藥言》（瀋陽：遼寧教育出版社，1998年），頁27。

事，不可能在那裡死讀書。他們在求學的過程中，往往並不把學八股作爲首務，而是熱衷於多學科的求索，如天文、曆算、數學、地理、工藝等知識，並程度不同地與國計民生相結合，努力提高自身能力。

儒生介入商業，更加促使儒生從學者型的角色轉換到實用型的角色。這種轉換推動了揚州經濟的發展。商人的學識提高了，經營水平也相應提高。由於具備相當的文化知識，這些商人在產品結構的更新換代和產品質量的提高上也取得許多突破，所以揚州的許多商店及他們生產、經銷的商品，在國內甚至國外享有盛譽，還有一些是獨佔鰲頭的。這些有力地證明揚州商業並非鹽業一枝獨秀，而是百業興旺。即便到了鹽業衰微，同期與江南城市相比，交通又跌入不發達狀態低谷的民國初年，揚州的商業還是很可觀的。

幕僚制本不是官場中的專用形式，但在清朝發展得很快、很成熟。典型的代表人物阮元在起用幕僚方面做得很出色，起了推動作用。後繼者陶澍、林則徐、張之洞、曾國藩等都踵其法行之。阮元的行爲和經驗正是從家鄉揚州的商業環境中接受的。前面提到名幕汪輝祖，阮元與之有交往，推崇他的學識和閱歷，高度評價說：「余讀（汪輝祖）《學治臆說》、《佐治藥言》，未嘗不掩卷太息。願有司之治若汪君也。余撫浙，嘗行其書於有司；權撫河南，復刊布之。士人初領州縣，持此以爲治，雖愚必明，雖柔必強。是故學與仕合，濟於實用，其道易知，其迹易由，其事盡人能之，而其業亦終身莫能竟。」❶❺汪輝祖大半生在江浙地區做幕僚，共輔佐

---

❶❺　〔清〕阮元：〈循吏汪輝祖傳〉，《揅經室集·二集》（北京：中華書局，1993 年），卷 3，頁 442。

過十六位主人，其中不乏商人。這種經歷正是文人與商人接觸、交流的過程中提高能力的。學生意經商讀的是「百科全書」，學八股入仕讀的是一門書。從這個基點上看，商儒結合是最出人才的，舉汪輝祖、阮元的事跡，頗能說明問題。

呂不韋從商界幕僚轉變爲政界幕僚，而且具備了編寫《呂氏春秋》的實力，足以證明這支知識分子隊伍的能量和重要性。沿著這個軌跡，吳王劉濞在發展揚州經濟的活動中，也很注重商儒結合。到阮元、汪中、江藩、汪輝祖、馬氏兄弟、江春等，則從揚州的商業環境中，商儒替變、商儒結合的過程中，重新認識儒家文化，走通經致用、經世致用的道路。

二、商業環境催化出的揚州學派

㈠來自社會底層的一批學人

清代，揚州是全國鹽業運銷中心，年吞吐兩淮鹽近一百七十萬引，約佔全國九個鹽區額定引鹽的三分之一，列全國之冠。乾隆年間，「鹽課佔賦稅之半」，而兩淮鹽課每年達六百多萬兩，「又居天下之半」。是時八大商總及百餘家鹽商營運於揚州，蓄資以七八萬計，富可敵國。

揚州的繁華又非鹽業所限。集漕運樞紐、客運要衝、南北貨集散地爲一身的揚州，商賈雲集，市肆林立，交易茂盛。康熙、乾隆兩帝南巡的舖張，富商巨賈的奢侈，大至園林廣廈，小到飲食衣著，消費大增，商品流通領域興旺。兩極分化日趨嚴重，貧富懸殊

加大，社會底層中的部分人爲了提高社會地位，也爲了解決吃飯問題，在商儒中轉換，尋找出路。

汪中（1744－1794），生七歲而孤。無錢入書塾讀書，母親授以小學、四子書。常入書肆苦讀。性聰慧，過目不忘，學識日臻淵博。書賈無奈，常戲謔他爲「書賊」，每當汪中來肆中看書，書賈則呼喊「書賊」光臨，常使滿堂愕然。汪中就此讀書生涯都難以維持，爲果腹計，只好充當書販。二十歲補縣學生員，三十三歲拔貢，因病未廷試。其後絕意仕途，一輩子過著做幕僚、賣文章以及商業經營的生涯。經商出於家貧，但他善經營，一當經商，收入漸豐，生活安定，又去舞文弄墨，並能結合現實問題，深入學術研究，提出新的學術觀念，是一個典型的商儒結合者。

鍾懷（1764－1805），字保歧。與阮元、焦循友善，同治經學，相與討論，務求其是。先世業賈，至鍾懷而中落，但他樂道知命，不以貧賤自損其性情，雖衣食不濟，於讀書、著書樂而不疲。鍾懷曾與阮元同從李道南學，未弱冠補縣學生，後爲劉鐶之舉爲優貢生，應省試十三次，困頓場屋而不售，爲求生亦從事商業經營。

李鍾泗，字濱石。父世璉，精李虛中術，賣卜市上。父死，兄鍾源承其業，得錢養母並供鍾泗讀書。鍾泗師事黃洙，終因貧寒改習負販，投身轅門橋市口洋貨舖中。鍾泗學生意次日，誤觸玻璃甕致碎，適巧主人至此，知其綴學改業助兄養母情事，主人不但未索賠，而且照顧他司筆墨事，以利讀書。嘉慶六年（1801）中舉，學益進。治經深於《春秋左傳》，撰《規規過》一書，抑劉伸杜，焦循稱其書精妙詳博。

淩廷堪，字次仲，歙縣人。父舉家遷海州板浦場。廷堪十二歲

棄書學賈，往來江淮，客揚州最久，爲華氏贅婿。經商之餘，讀《詞綜》、《唐詩別裁》，遂能作詩詞。旋入兩淮鹽運使所設詞曲館，助黃文暘審定詞曲。凌氏與阮元、焦循爲莫逆，被視爲揚州學派三巨頭。

汪中、鍾懷、李鍾泗、凌廷堪極具代表性，揚州學派中類此者頗多。如焦循出身於儒、醫、卜世家，本人一生亦操此業爲生。徐復本農家子，入城作傭工，工餘讀書成學人。凌曙，香作店舖傭工，博覽群書，成揚學中堅。劉文淇出身醫家，經濟不豐，從舅氏凌曙學。爲謀生計，常年入幕於商家，曾爲揚州巨商岑建功校刻《舊唐書》，爲鎮江鹽商包景維校刻鎮江宋元兩府志。其子、孫亦以家計奔走四方，謀求衣食，而不能專心殫志以完成《春秋左傳舊注疏證》。

㈡商業環境中的實學和天文數學研究

清乾嘉道三朝，揚州出現了一大批他地罕與匹敵的學人。他們大多數來自社會底層，常年與各種人物，尤其是商販交往，清楚地了解社會。同時，他們直接介入社會實踐，掌握了許多社會知識和自然科學知識。曹聚仁「特地說到清代學人，他們攻讀的雖是古典經典，所研究的卻是現實的社會問題；有著民族意識的政治問題。而且他們都精通天文、算學，和牛頓、達爾文的西方科學家同一途徑。」[16]曹聚仁所指，確切地說應該指「揚州學派」人物，尤其是

---

[16] 曹聚仁：《中國學術思想史隨筆》（北京：三聯書店，1986 年），第 9部分，頁 305。

阮元爲領袖，焦循、淩廷堪爲輔臣的三巨頭時期的那個群體。（參見筆者撰〈阮元與揚州學派〉一文，載馮爾康主編《揚州研究》，1996年版。）

這個群體的成員都是有追求、有個性的知識分子，他們不把「讀書做官」看作唯一出路，而是始終把文教、文化放在首位，把國計民生視爲要務，所以做出了許多先前的儒生想都不敢想的事。首先他們發難宋明理學，痛斥空談心性的陋習，去研究有益國計民生的學問。汪中說：「講，習也；習，肄也；肄，講也。《國語》：『三時務農而一時講武。』《春秋傳》：『大雩，講於梁氏。』又『孟僖子病，不能相禮，乃講學之。』〈月令〉：『孟多之月，天子乃命將帥講武，肄射御角力。』是也。古之爲教也以四術，書則讀之；詩、樂同物，誦之歌之，弦之舞之；揖讓周旋，是以行禮。故其習之也，恆與人共之。『學而時習之』、『有朋自遠方來』，所謂君子以朋友講習也。……後世群居終日，高談性命，而謂之講學，吾未之前聞也。」❼強調古人講學的內容，包括「務農」、「講武」等，講的就是有用之學、實用之道。

阮元論學也是強調實踐、實政、實事、實行，反對空談，反對寂靜的修養方法。他說：「『學而時習之』者，學兼誦之、行之。凡禮樂文藝之繁，倫常之紀，道德之要，載在先王之書者，皆當講習之，貫習之。……故時習者，時誦之，時行之也。……此章乃孔子教人之語，實即孔子生平學行之始末也。故學必兼誦之、行之，

---

❼ 〔清〕汪中著，葉純芳、王清信點校：〈講學釋義〉，《汪中集》（臺北：中央研究院中國文哲研究所籌備處，2000年3月），卷2，頁94。

其義乃全。」⑱阮元把「習」、「誦」、「行」，看成一個整體行爲，揭示出「習」除了「複習」的內容，更有「實習」的成分。

阮元時代，揚學人員重實踐的一個特殊行爲是對天文數學的濃烈興趣。

焦循在評論揚州學術時指出：「吾郡自漢以來，鮮以治經顯者。國朝康熙、雍正間，泰州陳厚耀泗源，天文曆算奪席宣城（梅文鼎）；寶應王懋竑予中，以經學醇儒爲天下重，於是詞章浮縟之風，漸化於實。乾隆六十年間，古學日起，高郵王黃門念孫、賈文學稻孫、李進士惇實倡其始，寶應劉教諭台拱、江都汪明經中、興化任御史大椿、顧進士九苞起而應之，相繼而起者，未有已也。」⑲陳厚耀，康熙進士。因精通天文曆算，薦授編修，直內廷，遷左諭德。曾補杜預《長曆》爲《春秋長曆》。還編著有《春秋戰國異辭》、《通表》、《摭遺》、《春秋世族譜》、《孔子家語注》、《左傳分類》、《禮紀分類》、《十七史正訛》。

焦循推崇本朝本郡學術先導陳厚耀，很大傾向是欽佩他經學、數學兼優。科學發達的今日，文理不能兼擅的弊端依然是目前教育上的難題。乾嘉時期，揚州學人除了在社會科學方面各擅專長外，而且能在天文數學以及其他自然科學方面多有建樹，這是出現在揚州的獨特的文化現象。

揚州的商業環境及商業操作中出現的大宗貨物流通，大額銀錢

---

⑱　〔清〕阮元：〈論語解〉，《揅經室集・一集》，卷2，頁49。

⑲　〔清〕焦循：〈李孝臣先生傳〉，《雕菰集》（北京：商務印書館，1936年據《文選樓叢書》本重排《叢書集成》本），卷21，頁342。

兌匯，必然孕育出精於計算的商業數學人才。如業鹽揚州的山西商人張四教，精通《九章算術》，尤其諳熟應用數學，凡方田、粟布、勾股、商分等法皆能運用自如。大批優秀的商業數學人才的出現，必然導致當地數學水準的提高，而這種現狀既會引起儒生的重視，也會促使儒生的介入，更加推動數學的研究和提高。

徐復與黃承吉應鄉試赴南京，黃偶爾論及數學，徐不能解而以為羞。明日考試繳白卷出，疾趨市中購數學書，歸而苦學一年，舉昔日所討論者闡發之，為黃所驚嘆。

焦循二十五歲時，館於城東壽氏鶴立齋，顧超宗以《梅氏（文鼎）叢書》贈給他說：「君善苦思，可卒業。」❷於是自是年始，鑽研數學。乾隆六十年（1795），焦循研讀梅文鼎《弧三角舉要》、《環中黍尺》和戴震的《勾股割圓記》，以為梅書撰非一時，復無次敘；戴書務為簡奧，變易舊名，恆不易了，乃撰《釋弧》三卷。隨後越發不可收，撰著數學書十餘種。阮元評價焦循「邃於經義，尤精於天文步算。」❷

焦循子廷琥，承家學，於算學亦精進。十四歲時隨父佐浙江學政阮元批閱天文、算學試卷，驗算數百題而無半點差錯。曾博搜古籍，臚列諸家言論，為《地圓記》二卷，餘者尚撰有《天元一釋》、《開方通釋》、《益古演段開方補》諸書。

楊大壯，字貞吉，號竹廬。與焦循同里。武職世家，蔭襲輕騎

---

❷ 〔清〕焦廷琥：《先府君事略》（《焦氏遺書》本）。

❷ 〔清〕阮元：《定香亭筆談》（北京：商務印書館，1936 年據《文選樓叢書》本重排《叢書集成》本），卷 4，頁 166。

都尉，官徽州營參將。精於曆算，武官中洵爲罕見。羅士琳讚嘆說：楊大壯精研數學的事跡，足以證明揚州篤好天文、數學的盛況。

㈢從數學研究活動看揚州學派的學術團體趨向

我國傳統數學的發展，大體分三個時期，宋以前的奠定期，數學研究成果主要有《九章算術》、《緝古算經》等；宋元兩代爲鼎盛期，秦九韶、李冶、朱世杰等數學家的研究成果，把我國數學研究推入世界先進行列；清代中葉是復興期，其間的數學家在繼承前人遺產的基礎上，挖掘、整理了許多蒙塵數百年的經典數學著作，使千年沉霾，一日掃清。又能大膽客觀地接受西洋天文、曆法、數學研究成果，取得卓越的成績。其代表人物爲揚州學派的阮元、焦循、淩廷堪，以及前輩學者陳厚耀、戴震、錢大昕，學友李銳、汪萊、談泰，弟子周治平、羅士琳等。

乾嘉交際，江浙一帶聚集了一批學者，在研究經學、史學、文學等學科的同時，兼及天文、曆法、數學的研究。數學家之間，交流頻繁而活躍。這個氛圍的中心就是揚州。時當揚州學派阮、焦、淩三巨頭時期，在社會活動和商業操作的實踐中，對天文、曆算、數學有重新的認識和注重，形成以揚州學派爲中心的研究團體。這一由揚州學派外延的、鬆散的學術團體，聚合了一大批揚州土著和江浙地區的，於文史哲、天文、曆算、數學兼擅的學者，他們相互切磋砥礪、質疑辯證、取長補短，在研討中共同提高。

這個群體對自己的核心有個「談天三友」的提法。

阮元說：「焦里堂（循），江都人，樸厚篤學，邃於經義，尤

精於天文步算，與李尚之(銳)、淩次仲(廷堪)爲談天三友。」❷

　　焦循說：「淩仲子（廷堪）先生、李尚之（銳）先生、汪孝嬰（萊）先生爲談天三友。」❷

　　羅士琳說：「尚之在嘉慶間與汪君孝嬰、焦君里堂齊名，時人目爲談天三友。」❷

　　乾嘉學派的接力棒是由老輩的代表錢大昕傳遞給新輩領袖阮元的，經學是如此，數學也是如此。阮元面聆過錢氏的指導，李銳是錢氏在數學上的嫡傳高足，阮元編撰《疇人傳》時邀李銳助其役，三者之間平添了幾層關係。阮元是焦循的內弟，與淩廷堪是交如莫逆的學友，談泰嘗從學於錢氏，焦循與錢氏多有交往，錢、李、談、淩、焦諸君常年在阮元幕中走動，汪萊又常往返於揚州與諸君交游。就揚州學派「談天三友」而論，標榜阮、焦、淩三人爲是。至於改稱「談天四友」，上述三種提法，分別加上阮元都是夠資格，有道理的。阮元編撰了中國第一部科技史《疇人傳》，領導挖掘整理大批失傳的數學經典，開創書院講習天文、曆算、數學的新風，爲數學研究創造了極好的條件，掀起清朝數學研究的第二次高潮。光輝業績，足以證實阮元是這支天文、曆算、數學研究隊伍的領袖人物。

　　揚州的環境，適宜這個學術團體的生存和發展。這裡聚居著眾

---

❷　〔清〕阮元：《定香亭筆談》，卷 4，頁 166。

❷　〔清〕焦廷琥：《先府君事略》。

❷　〔清〕阮元：〈李銳傳〉，《疇人傳》（上海：商務印書館，《萬有文庫》本，1935 年），卷 50，頁 657。

多蓄資豐厚，又崇尚文化的商賈、官紳。他們的存在，既能吸引人才，也能容納人才，使其在揚州充實、完善、發展、光大。

乾嘉之交，出任浙江學政的阮元意欲編撰《疇人傳》，徵求資料時，從杭州文瀾閣所藏《四庫全書》中挖掘出諸如元朝李冶《測圓海鏡》等一批中國傳統數學書籍，促使焦循、汪萊、淩廷堪、談泰等一大批學者對數學研究產生濃厚的興趣。乾隆六十年（1795）冬，焦循在阮元學政署獲覩《測圓海鏡》、《益古演段》。阮元欲請李銳疏通證明，於是委託焦循急速將兩書寄示李銳。嘉慶元年（1796），焦循將所著《釋橢》一書寄李銳；同年，阮元以〈詩十月之交四篇幽王說〉與焦循、臧庸相探討。嘉慶二年（1797）正月，李銳校畢《測圓海鏡》；仲冬，校《益古演段》事竣；復撰《緝古算經衍》；臘月，李銳以《測圓海鏡》校本寄焦循。翌年正月，阮元序李銳校本《測圓海鏡》，並屬鮑廷博將其刊入《知不足齋叢書》第二十集。這一系列的活動可證阮元的開拓之功。

汪萊（1768－1813）生於安徽歙縣，不由師授，自學成才。青年時期曾在蘇州讀書，課餘研習數學，盡得中西之秘，但未嘗與吳中師友相接。由此及見他與吳、皖二派皆無師承，唯與揚派交游最多。《疇人傳》中說他客江淮間，又與焦孝廉循、江上舍藩、李秀才銳，辯論宋秦九韶、元李冶「立天元一」及「正負開方」諸法。汪萊自嘉慶六年（1801）來揚州，館於秦恩復家，十一年（1806）夏受兩江總督邀，主持黃河新、舊入海口地勢的測算任務而離揚，這期間與焦循等揚州學人相互問學。

張敦仁，字古餘，陽城人。生平實事求是，居官勤於公事，暇即力求古籍，研究群書，尤嗜曆算。出任揚州知府時，與秦恩復、

李銳、汪萊、鄭復光多有交流。

鄭復光（1780－？），字元甫，號浣香。安徽歙縣人。年輕時曾在揚州見到一種叫做「取影燈戲」的光學裝置。出於好奇，鄭復光便鑽研「取影燈戲」，進而鑽研幾何光學問題。他也善於融會貫通中西算術，著有《割圓弧積表》、《籌算說略》等數學書。

李銳（1769－1817），字尚之，號四香。元和（今蘇州）人。諸生。錢大昕高弟，精通數學，著有《天元勾股細草》、《弧矢算術細草》、《開方說》等。阮元讚譽他算學水平江以南第一人，當今李冶。

汪萊與李銳初會於嘉慶五年（1800），汪萊於《衡齋算學》第五冊成書後，曾分贈張敦仁和焦循。嘉慶七年（1802）秋，焦循在阮元浙江巡撫幕時，將汪書示於李銳，李銳審讀一番，讚曰「是卷窮幽極微，真算氏之最也」，遂作跋文將汪氏書中諸例予以概括。嘉慶八年（1803），汪萊到揚州北湖訪焦循，焦循出示李銳跋文，汪萊深有感觸，近年來誤傳攻訐之情事頓作冰釋，謂李銳為學術上的諍友。嘉慶九年（1804），張敦仁宰揚州，李銳入其幕。其時汪萊、焦循、淩廷堪、沈欽裴等人都在揚州，相互切磋，交流頻繁。

據李銳《觀妙居日記》記載，嘉慶十年（1805），張敦仁、李銳、汪萊、顧千里、沈狎鷗等聚於揚州，與揚州學人秦恩復、江藩、焦循、宋定之等談經論藝，相互問學。是時張敦仁《開方補記》得完稿，李銳在其幕中，為之校錄其稿，並校勘其珍藏的宋本《孫子算經》。汪萊為秦恩復西席，也經常受張敦仁招游。《日記》中尚記有李銳、顧千里等經常於夜晚至江藩家劇談，以及江藩向李銳借閱《方程新術草》等數學書的事實。李銳的經歷，正說明

揚州是吸納外地學者的好地方，外地學者也無形地被捲入揚州學派這一團體中。

其他學者如錢大昕、程瑤田、袁廷檮以及阮元在浙江的一批弟子許宗彥、徐養原、洪頤煊、震煊兄弟、張鑑、周治平、范景福、陳春華、丁傳經、授經兄弟，都自覺、不自覺地聚集到這個團體中。阮元在編撰《疇人傳》的同時，也在浙江進行教育改革，如在書院裡開設天文曆法、數學課，聘請天文曆法、數學家任教，將自然科學的教學和研究帶到官方的教育實踐中。今見《詁經精舍文集》存錄的天文曆法、數學論文，如徐養原〈算法借徵論〉、〈量說〉，范景福〈莊十八年三月日食說〉、〈古人用推步之法說〉，頗見功力和新意。

嘉慶二十五年（1820）三月，時任兩廣總督的阮元在廣州立學海堂。在阮元的倡導下，學海堂也設置天文曆法、數學、地理等學科。阮元首聘吳蘭修爲學長，在堂中傳授數學知識。吳蘭修，精考據，擅長算數之學，曾序李潢《緝古算經考注》，又撰《方程考》。特別要提及的是晚清廣東著名學者，又與學海堂有著密切關係的陳澧和鄒伯奇。阮元在廣東時，陳澧才十七歲，曾參加阮元所主持的課試，與朱次琦等十人同爲舉首。陳澧在廣州雖未親承阮元教益，但他在北上會試過揚州時，曾兩次拜謁阮元，一是道光二十一年（1841），一是道光二十四年（1844）。在第二次拜謁阮元時，阮元贈以新刻《揅經室再續集》，並爲之題寫「憶江南館」館額。陳澧與阮元的交往，足證其對這一前輩的仰慕。

凌廷堪的弟子程恩澤於道光十二年（1832）出任廣東省鄉試主考官時，在策問中設算術一科，惜無能對者。侯康嘆曰：「讀書雖

多，而不學算，今爲考倒矣」。㉕乃邀陳澧、侯度、章鳳翔等就梁南溟學算。日後，陳澧在數學研究上成果頗豐，撰有《三統術詳說》，並寫定當日學算稿爲《弧三角平視法》。陳澧三十一歲受聘爲學海堂學長，前後執教數十年，遵循阮元教學規章，於數學一門尤爲重視。鄒伯奇在幾何光學、測繪、天文、數學諸方面皆有創見，曾擔任學海堂算術專科的學長。他與陳澧切磋學術時，曾言及《墨子》有涉獵數學之內容。陳澧受其啓發，以《幾何原本》對證《墨子》，撰成〈讀墨子〉一文。陳澧還爲鄒伯奇《學計一得》、《格術補》、《地圖》三書作序，極備推崇。陳澧、鄒伯奇承襲阮元、淩廷堪、程恩澤諸揚州學派人物之緒，鑽研數學等自然科學，不僅提高了邏輯思維能力，並運用到學術研究上面，走通經致用、經世致用的道路。

三、揚州學派的通經致用、經世致用

(一)通經致用

爲什麼將「揚州學派」定位在「乾嘉學派」集大成者這一位置上，關鍵依據是這個學術團體在通經致用、經世致用上的傑出表現。重視根柢之學是「乾嘉學派」人物兼及「揚州學派」人物治學的準則，高郵《王氏四種》是根柢之學的結晶，王氏父子是「揚州學派」人物在這方面的傑出代表。縱觀「揚州學派」人物治學，皆

㉕　〔清〕陳澧：〈梁南溟傳〉，《東塾集》，卷5。

能憑藉根抵之學再得新的創意和大的突破。

「揚州學派」人物，首先要確認的是他們都是經學家，他們在經學研究上的綜合能力和傑出貢獻歷來為學者所肯定。就這一學術團體而言，若要推選一位代表性人物和一篇綱領性文章，當以阮元及其所撰〈擬國史儒林傳序〉為是。該文講道：「聖人之道，譬若宮牆，文字訓詁，其門徑也。門徑苟誤，跬步皆歧，安能升堂入室乎。學人求道太高，卑視章句，譬猶天際之翔，出於豐屋之上，高則高矣，戶奧之間未實窺也。或者但求名物，不論聖道，又若終年寢饋於門廡之間，無復知有堂室矣。」㉖批評宋學「戶奧之間未實窺」，理由是宋學只空談心性，不涉文字訓詁，所以調侃宋學家們連大門都未敲開，又怎能登堂入室呢！批評漢學「無復知有堂室」，理由是漢學埋頭考據，不求義理，所以指責漢學家們雖進了門，終究徘徊於門廡，而不能涉足堂室。阮元指出：「兩漢名教得儒經之功，宋、明講學得師道之益，皆於周、孔之道得其分合，未可偏譏而互誚也。」㉗儒經，研究學問當以此為本；師道，闡述道理心性，作為飭己修身的準則。基於這種認識，阮元進而指出：「崇宋學之性道，而以漢儒經義實之。」㉘縱觀入清以來經學的發展情況，阮元綜述道：「國初講學如孫奇逢、李容等，沿前明王、薛之派。陸隴其、王懋竑等始專守朱子，辨偽得真。高愈、應撝謙等，堅苦自持，不愧實踐。閻若璩、胡渭等，卓然不惑，求是辨

㉖ 〔清〕阮元：〈擬國史儒林傳序〉，《揅經室集・一集》，卷2，頁37。

㉗ 同前註。

㉘ 同前註。

證。惠棟、戴震等，精發古義，詁釋聖言。近時孔廣森之於《公羊春秋》，張惠言之於孟、虞《易》說，亦專家孤學也。」㉙

阮元以爲入清一百八十年來，小學的研究依漢學家的目標評估，已完成了第一階段，即確立「工具論」和推翻宋學一家獨尊的任務。阮元隨即編纂《經籍纂詁》、《十三經注疏附校勘記》、《皇清經解》，對此作一大總結。所以侯外廬評說：「阮元是扮演了總結十八世紀漢學思潮的角色。」「如果說焦循是在學術體系上清算乾嘉漢學思想，則阮元是在彙刻編纂上結束漢學的成績。」㉚

「揚州學派」到了以阮元爲領袖，焦循、凌廷堪爲輔臣的三巨頭時期，糾漢學之弊的任務歷史地落在他們肩頭。他們提出「小學」「工具論」一說；對「考據」則堅持否認態度。歷年來，對「乾嘉學派」有「漢學」、「考據學」、「樸學」三稱。我以爲「乾嘉學派」中確實有許多學者屬於「漢學」、「考據學」範疇，而「揚州學派」則應以「樸學」稱之。

焦循是堅持取消「考據」的幹將。他清楚地知道「國初經學萌芽，以漸而大備。近時數十年來，江南千餘里中，雖幼學鄙儒，無不知有許、鄭者，所患習爲虛聲，不能深造而有得。」㉛爲引得學術界的重視和糾弊的目的，他辯析說：「自周秦以至於漢，均謂之學，或謂之經學。漢時各傳其經，……無所謂考據也。……經學者

㉙　同前註。

㉚　侯外廬：《中國思想通史》（北京：人民出版社，1956 年），卷 5，頁 577。

㉛　〔清〕焦循：〈與劉端臨教諭書〉，《雕菰集》，卷 13，頁 214。

以經文爲主，以百家子史、天文術算、陰陽五行、六書七音等爲之
輔，匯而通之，析而辨之，求其訓故，核其制度，明其道義，得聖
賢立言之指，以正立身經世之法。」❸

　　阮元論學，強調實踐、實政、實事、實行，這一主張反映在他
的經學研究中，也驗證了他的通經致用。對這一主張，阮元運用訓
詁方法，推明古訓，而排比出五條證據：

　　1.孔子講「學而時習之」，強調「學」兼「誦」與「行」兩個
方面，不單是書本知識，或謂之「紙上談兵」，重要的是實習的內
容，是行。（見〈論語解〉，《揅經室一集》，卷2）

　　2.孔子講「吾道一以貫之」，是說聖賢之道，只能在行事上
見，而不是在講學、讀書上見。（見〈論語一貫說〉，《揅經室一
集》，卷2）

　　3.把《禮記·大學篇》中的「格物」一詞引伸爲「聖賢實踐之
道」，強調「實踐」的意義。（見〈大學格物論〉，《揅經室一
集》，卷2）

　　4.孔子、曾子等人所說的「忠恕」，就是「實事」的一個內
容，說明曾子也強調「行」。（見〈石刻《孝經》《論語》記〉，
《揅經室一集》，卷11）

　　5.孟子強調的「仁」並不單指心性而空言之，而是包括實事，
孟子的「良能」就是指實事。（見〈孟子論仁論〉，《揅經室一
集》，卷9）

---

❸　〔清〕焦循：〈與孫淵如觀察論考據著作書〉，《雕菰集》，卷13，頁
212。

阮元根據上述五條證據，綜而論之為「聖人之道，無非實踐」。❸

淩廷堪對《三禮》的研究，鼓吹「以禮代理」，是他通經致用的偉大貢獻。他與阮元、焦循的見解一致，始終以「考據」服務於通經，而通經致用才是目的。淩廷堪撰《禮經釋例》，正是用考據學的釋例方法重現禮制，規範人的行為，達到經世正俗的目的。

張舜徽《清代揚州學記》論吳派專、皖派精、揚派通。以「通」字概括「揚州學派」學術，合乎乾嘉學術發展的實際情況。「乾嘉學派」中，阮、焦、淩一輩人，堪稱突出者，前輩中雖有戴震、程瑤田、錢大昕作啓迪之功，但能專精數學，以邏輯思維之銳敏行諸通經致用者，唯有「揚州學派」。

入清以來，揚州因其特殊的政治背景、地域環境，比如有皇帝的近臣出任駐鎮揚州的巡鹽御史、兩淮都轉鹽運使和經常往返於揚州的漕運總督、河運總督，這些顯宦在內外因的作用下，大多數顯得開明，而具備開放意識；最起碼的說，他們自覺、不自覺地衰減、削弱了在京師形成的禁錮意識，而給這方土地帶來一定的自由度，和一個寬鬆的環境。再者是揚州湧現了一批文化素質、民主意識較高的「文章太守」，他們活絡了地方行政、經濟和文化、教育諸環節，製造了一個孕育新興意識和思維的營養基。還有的，也是特別重要的是商儒轉換的社會活動，造就了「士」這個階層的人物都自覺、不自覺地具備改革意識和民主精神。所以「揚州學派」形

---

❸ 參見陳鼓應等編：〈阮元的「實事求是」之學〉，《明清實學思潮史》（濟南：齊魯書社，1989年），第60章。

成了通經致用的總體趨勢，同時也產生了一批以阮元爲代表的新興官僚，促成他們利用手中掌握的權力，推行經世致用。

㈡揚州學派的社會實踐和經世致用

梁啓超在《清代學術概論》中曾將清代學術流變分爲三個時期，即清初顧、黃、王、顏的經世致用之學，清中期惠、戴、段、王的乾嘉考據之學，以及鴉片戰爭前後龔自珍、魏源的經世之學，和揭櫫今文漢學以託古改制爲名的康、梁維新之學。此說基本上符合歷史發展的實際情況，但有一點是梁氏以及延續至今的許多人所忽略的，即「揚州學派」實爲重開清朝中晚期經世之學的再創者和主力軍。

清王朝的衰落，雖說是社會發展規律下的終結，也可以聯繫到殖民勢力的強大，與隨之而來的砲艦政策下的叩關的無法抵禦所造成的。但更應該看到集權者皇帝的嚴重失策和由他制定的官僚制度喪失了道義和行政活力，及隨之而出現的官僚隊伍的懈怠，甚至癱瘓，並伴生出大量的貪污腐化，這樣必然加速清王朝的衰敗。

乾隆晚期，由於和珅擅權及肆無忌憚的貪污，造成清帝國在政治、經濟上瀕臨於崩潰。雖說有繼承者嘉慶帝、道光帝的勵精圖治，尤其是這對父子再不像他們的父祖炫耀六次南巡和十大武功那些勞民傷財的事，而是竭力推行節儉，求賢納諫，欲求中興帝國。可惜他們只知勤政守常，在用人制度上貌似重德，而小視雄才大略之人，近臣、重臣多爲看似品德好，無劣跡，但多爲無大建樹的人，如董浩、曹振鏞諸大員，所以中央政權缺乏活力，更談不上改革精神。這種狀態下的中央集權，對地方政府的控制程度自然有某些削弱，反而給那些有變革思想，又竭力實行變革的省級官員提供

了條件。阮元正是利用其近五十年的九省疆臣的宦歷，推行改革，作出貢獻。

　　阮元的改革，體現了他的經世致用。舉教育改革爲例，阮元知道成才養士的目的是經邦治國，關心民瘼，習吏治，衛疆防。這就要具備專門之才，掌握專科知識、專門技術。阮元在浙江、廣東等地書院開設天文、數學、地理等自然科學課程，目的是要青年學人重視自然科學，掌握一些專科知識。這種教育改革，實現了自然科學的教授和學習，推動了清朝中期科學實驗、實踐的活動，掀起了清代第二次數學等自然科學研究的高潮。阮元以實事求是的精神，樸實的唯物主義觀念去實踐，並引導大批學人共同奮鬥，形成一股強勁的社會推動力。阮元繼在浙創辦詁經精舍後，於廣州立學海堂，網羅吳蘭修、趙均、林伯桐、曾釗、徐榮、熊景星、馬福安、吳應逵這類學有專長、通經致用的人才出任學長；同時也造就了陳澧、朱義江、康有爲、梁啓超等開創嶺南新學的人物。

　　阮元跋顧炎武《肇域志》云：「明末諸儒多留心經世之務，顧亭林先生所著有《天下郡國利病書》及《肇域志》，故世之推亭林者，以爲經濟勝於經史。然天下政治隨時措宜，史志縣志可變通而不可拘泥，觀《日知錄》所論，已或有矯枉過中之處，若其見於設施，果百利無一弊歟？《四庫書提要》論亭林之學，經史爲長，此至論，未可爲腐儒道。此《肇域志》稿本，未成之書，其志願所規畫者甚大，而《方輿紀要》實已括之。……世之習科條而無學術，守章句而無經世之具者，皆未足與於此也。」❸❹阮元推崇顧炎武，

---

❸❹　〔清〕阮元：〈顧亭林先生肇域志跋〉，《揅經室集・三集》，卷4，頁673。

但不迷信顧炎武，通過辨析其治學方法與成果，闡述「隨時措宜」，「不可拘泥」的學術見解，體現出他的經世觀點。

「揚州學派」之重鎮汪中，和其他「揚州學派」人物一樣，是致力於經世的。他在〈與巡撫畢侍郎書〉中寫到：「（汪）中少日問學，實私淑諸顧寧人（炎武）處士，故嘗推六經之旨以合於世用。及爲考古之學，惟實事求是，不尙墨守。」❸汪中極其推崇顧炎武、胡渭、梅文鼎、閻若璩、惠棟、戴震，擬撰〈六君子頌〉。六君子都是反理學，重實學，尤其重視應用科學，如地理學、數學、賦稅、交通等學科的實學家。汪中視六君子爲楷模，同志同好。

汪中的父親「通樂律，尤精天文、步算，嘗逆日月食、五星贏縮若干年，悉於台官合」❸，還「好書，星曆、卜筮、聲樂皆究其微。嘗使（汪）中握粟一溢，君以箸畫几算之，即得其數。」❸給汪中留下深刻的印象。汪中「嘗謂（江）藩曰：『予在學無所不窺，而獨不能明《九章》之術。……子年富力強，何不爲此絕學！』以梅氏（文鼎）書見贈。」❸這都說明汪中重視社會實踐和用世的行爲意識。

汪中用世的社會實踐立足於兩方面的構圖，一是建立社會賑濟

---

❸　見葉純芳、王清信點校：《汪中集》，卷7，頁285。

❸　〔清〕汪喜孫：〈王孝子傳〉，《汪氏學行記》（《汪氏叢書》本）。

❸　〔清〕汪中著，葉純芳、王清信點校：〈江都縣學增廣生員先考靈表〉，《汪中集》，卷6，頁238。

❸　〔清〕江藩：《漢學師承記·汪中傳》（上海：上海書店，1983 年），卷7，頁114。

機構，如貞節堂、孤兒社、養濟堂、育嬰堂、漏澤園等。重在解決「生民之業，惟食與衣」。❸二是公共實業建設，他尤其重視水利、交通建設，在其著作中曾分析淮北水利設施、京口浮橋架設、龍潭避風館的建造等事。就龍潭建館成市的設想極富社會價值，很能發人深思。龍潭地處江東要道，往來舟楫很多，而此地地曠人稀，舟船無法停泊，每遇大風雨而強渡，事故頻出，又不能止。汪中提出由民眾集資，在此建館，供來往船家借宿，用所得寄宿錢求發展，建設龍潭商埠，造福大眾。

焦循有《讀書三十二贊》，首篇為〈曉庵遺書〉。是篇盛讚清初著名天文學家王錫闡云：「天算之學，首推王公。制器立法，貫西於中。日法反古，退朔技窮。短為西獨，長與中同。中術不修，使西見功。一言以蔽，惟天之從。日食求邊，理密數通。唐之一行，漢之劉洪。」❹顧炎武長王錫闡十五歲，顧對王十分欽佩，撰〈廣師〉一文時，列王錫闡為友人中有過己之處者十人之首。焦循與顧炎武意相合，不外乎推崇王錫闡的經世致用與推及於實行的科學實驗和曆法改革。焦循正是受到王錫闡的影響，而博採眾家之長，會通中西天文、數學發展的成果，深入數理研究。他用數理去解釋《易》，用測天之法去測《易》，闡發「石破天驚」之論。

焦循「謂古人之學，期於實用。以乂百工，察萬品而作書契，

---

❸　〔清〕汪中著，葉純芳、王清信點校：〈浙江始祀先蠶之神碑文並序〉，《汪中集》，卷5，頁187。

❹　〔清〕焦循：《雕菰集》，卷6，頁83。

分別其事物之所在。」❹再三強調學以致用。焦循在撰寫《北湖小
志》時，有關國計民生諸事網羅殆盡，其用心就在於此。他說：
「數千年治水之成法，深悉而貫通之，不以一人之策爲去取，不以
數百十人之策之不同爲惑，不欣動於新奇，不徒襲乎陳言，胸有成
竹而後用，效有必驗而後行。」❷以水利建設爲例，既不要迷信、
保守，也不可獵奇，而應該以實測、實證、實驗尋求規律，「效有
必驗而後行」，由此及見焦循本心。

　　淩廷堪雖然未在現實效應的事功上有突出的表現，但他矚意倫
常禮俗，則是經世的另一種表現。「清初顧炎武提倡實學思想，其
後戴震建立以欲爲首出之義的新思想，到淩廷堪『以禮代理』之說
出，然後清儒通經致用、重欲務實的學風才有了前後承啓的完整思
想體系。」❸

　　上述代表性人物之代表性思想，展示了「揚州學派」人物的經
世致用的思想體系。至於實績，則表現在各個方面，是篇對此不作
專論，僅舉數人在水文地理學的研究和水利建設之實績作一透視，
得一管窺。

　　王念孫（1744－1832）入仕不久即供職於都水司，從此走上治
水的道路。他先後任河道十餘年，督辦河工精打細算，省工費銀數
萬兩；又嚴肅吏治，打擊營私舞弊，肅清積弊。王念孫治水堅持深

---

❹　〔清〕焦循：〈加減乘除釋自序〉，《雕菰集》，卷16，頁277。

❷　〔清〕焦循：〈奉檄上制府書〉，《雕菰集》，卷13，頁200。

❸　張壽安：《以禮代理——淩廷堪與清中葉儒學思想之轉變》（臺北：中央
　　研究院近代史研究所，1994年），第2章，頁34。

入實地勘查，分析水旱原委，對症下藥。如山東微山湖蓄水無多，主要是牛頭河上游淤塞所致，他奏請挑浚牛頭河，以廣水源。又以臨清閘內兩岸勢卑，蓄水易洩，乃糾工加高培厚堤岸。這些舉措使沿河水患變爲水利。王念孫精熟水利，官工部時，著《導河議》上下篇。後奉旨撰《河原紀略》，其中「辨僞」一門爲王氏獨撰，考古證今，辨僞存眞，十分詳洽。

劉文淇（1789－1854）在史學、地理學等方面的研究成果，足以體現他的經世致用。他根據《左傳》、《漢書·地理志》、《吳越春秋》、《水經注》等書，獲知「唐宋以前，揚州地勢南高北下，且東西兩岸未設堤防，與今運河形勢迥不相同。」❹於是撰《揚州水道記》闡其說。該書不僅探討大運河揚州段的沿革和變遷，而且還詳析沿河水利工程及水網情況，具有極高的歷史地理資料價值，至今仍不失爲研究揚州水利史和水利工程的重要文獻。

劉寶楠（1791－1855）在文安縣知縣任上十分關心水利建設，他親臨現場督辦，發現失修的堤堰，立即鳩工加固，保障一方生靈。在鄰邑大城縣小牙河的固、獻等堤決口的關鍵時刻，劉寶楠打破無幫辦之例的陳規，立即率鄉民趕赴現場搶險。鄰邑雄縣文各莊大堤浸水，危及文安，劉寶楠亦率民工往堵，化險爲夷。他撰有《文安堤工錄》，即昔日在文安縣時所辦堤工宗卷、案牘的精心結撰。他私撰的《寶應圖經》，作爲地方志，就河渠、水利方面的論述比官修的還要翔實。他的兒子恭冕作〈書後〉，曰：「家君著《寶應圖經》，……自漢唐以來，城邑之沿革，湖河之變遷，漕運

---

❹　〔清〕劉文淇：《揚州水道記》（道光刻本），卷1。

之通塞，與夫民生利病所可考而知焉，無不了如指掌。」眞確評，決非阿私。

阮元在水文地理學和歷史地理學方面有傑出的研究成果，在水利建設方面的業績更是十分顯赫，這與他行事奉行實踐、實政、實事、實行是分不開的。他位通顯宦，身歷九省疆臣，所以有條件、有能力把自己的思想貫徹下去，並加以實行。這點是「乾嘉學派」眾多學者無法與他相比的。他作爲清朝中後期社會改革的先行者，在各個環節上都親加實踐，做出許多令世人矚目的創舉。舉一小事亦可證明阮元的清醒、精明和不愧爲是理財高手。阮元出身於捐客家庭，祖父雖貴爲游擊，因做官廉潔而家無石儲，父親只好從舅父江昉轉運鹺務。阮元從小過著艱苦的生活，因受商業薰陶，對經營、財務十分精通。阮元入仕後常年在外，家中財務率由長媳劉蘩榮掌管，劉氏忠厚，而管家輩十分奸滑，貪污極多。阮元則囑其媳寄示賬簿，他稍作瀏覽，即知舞弊之處。正由於阮元有這種能力，在他出任九省疆吏時，於救災賑濟、倉儲審計、工程預算、鹽漕改革諸經濟範疇內的事，無不駕輕就熟，了如指掌，並做出超凡的貢獻。具體事跡可參見筆者《阮元傳》一書。

「揚州學派」得力於揚州的文化底蘊和商業環境，客觀上已置身到資本主義萌芽狀態的社會環境中，爲社會建設和改革作不同形式的努力。「揚州學派」在突破了小學的窠臼，進入通經致用的殿堂後，雖以經學爲主，但已拓展到各個學科，各擅其長，以雜學的形式、內容和大的容量、能量服務於社會。應該說，這是只有揚州這方土地才能孕育出這一特殊的學術團體。

從揚州畫、學二派的形成看清代的士商互滲

黃俶成[*]

　　士商互滲，自古有之，但在重農抑商思想占支配地位的社會裡，所滲常微。然至乾隆年間，世風大變，商業經濟高度發展，學術文化高度繁榮，士商互滲推向縱深。儒商群體的崛起，影響人們的價值取向。揚州畫派，突破傳統，師法造化，領導於藝林。揚州學派，宗於漢學，貫通諸科，樹幟於學界。這不同門類的兩大流派皆綿延至清民之際，影響到當代，成爲中華民族優秀傳統文化的組成部分。我們從中可探尋士商互滲的若干規律，認識其社會效應。

二派之得名，即含商業評價意蘊

　　清代揚州畫家有姓名可考者達數百人，其中主張變革傳統、師法造化一派者有二三百人。這二三百人又以「八怪」爲中心。今見

*　　黃俶成，揚州大學商學院副教授。

文獻最早提到「八怪」者，乃汪硯山（1816－?）：「惜同時並舉，另出偏師，怪以八名，畫非一體，似蘇張之辟闔，價徐黃之遺軌，率汰三筆五筆，覆醬嫌粗，胡謅五言七言，打油自喜。」❶最早提到揚州學派者，乃方東樹（1772－1851）：「汪中……，此等邪說，皆襲取前人謬論，共相簧鼓，後來揚州學派著書，皆祖此論。」「及觀其自為及所推崇諸家，類如屠酤計帳。」❷汪、方顯然帶有門戶偏見和傳統的賤商心理，把畫、學二派的藝術與學術比為商業行為。透過汪、方的攻擊，正可看出畫、學二派與商人的種種聯繫。不過，隨著時間的推移，這兩個派別的名稱的本來貶意已被歷史的風浪沖刷殆盡，他們的藝術成就和學術主張愈益被人們看重。

汪硯山之友金安清對羅聘頗有好感，為羅氏辯護道：「道人閉戶守硯田，錯被人呼為八怪。」❸說羅聘與經商無關，實際正反映當時人以經商與否評價八怪。第一個從正面論述揚州學派的李審言更認為揚州學派發源於兩淮鹽運使盧雅雨開局校書。他說：「蓋吾揚自盧雅雨先生為運使，延惠定宇修定《感舊集》及《山左詩抄》。華亭沈學子、青浦王述庵與惠同館盧署，休寧戴東原往來其

---

❶ 〔清〕汪硯山：《揚州畫苑錄》（光緒間揚州刻本），卷2。

❷ 〔清〕方東樹：《漢學商兌》，錢鍾書主編：《中國近代學術名著》（北京：三聯書店，1998年），頁288－289。

❸ 〔清〕金安清：《鹽瀆唱和詩草》，李坦主編：《揚州歷代詩詞》（北京：人民文學出版社，1998年），頁167。

間，揚州是時已開小學校讎一派。」❹從「八怪」們與盧雅雨的眾多唱和詩（如鄭燮〈和雅雨山人虹橋修禊四首〉），亦可看出盧雅雨對揚州畫派的凝聚作用。

可見，對畫、學二派不管從反面稱呼還是正面認定，皆離不開商。

二派之界定，須還歷史原貌

要討論二派學人與商人的互滲現象，首先得確定這二派由哪些人組成。

「八怪」的組成，歷來說法不一。汪硯山首提「八怪」之名，可只列李鱓、李葂二人。金安清僅提到羅聘。凌霞〈揚州八怪歌〉所列為鄭燮、金農、高鳳翰、李鱓、李方膺、黃慎、邊壽民、楊法。李玉棻〈甌鉢羅室書畫過目考〉則以汪士慎、李鱓、金農、黃慎、高翔、鄭板橋、李方膺、羅聘為八怪。葛嗣浵《愛日吟廬書畫補錄》則列金農、鄭燮、華嵒等。民初陳衡恪《中國繪畫史》又增列閔貞。二十世紀中，人們就「八怪」列名爭論多次，執此非彼或執彼非此皆有理由。八十年代初，有人提出揚州俚語中「八」非數詞而為形容詞，如「八更八點」、「醜八怪」、「八折貨」云，於是達成共識：凡清人提到「八怪」者均應認可，不必拘於八人。綜合諸家，去其重複，計有十四人，即：膠州高鳳翰、淮陰邊壽民、

---

❹ 李審言：《藥裏慵談·論揚州學派》，《李審言文集》（南京：江蘇古籍出版社，1989 年），頁 656。

上杭華喦、興化李鱓、徽州汪士愼、鄞縣陳撰、仁和金農、寧化黃愼、江都高翔、懷寧李勉、興化鄭燮、通州李方膺、江寧楊法、歙縣羅聘，加上南昌閔貞爲十五人。如是，「揚州八怪」十五家之說已成定論，再無異議。十五人來自五省九府十三州縣，但皆在揚州生活過。曾有日本學者提出，丁敬與金農友善，風格與「八怪」一致，應屬「八怪」；華喦、楊法等人風格與「八怪」主流作家不同，應予排除。其實無此必要。是否列入「八怪」，並不妨礙對其成就的評價。「揚州八怪」是個歷史名詞，今人沒有必要增損。

界定揚州學派，今人皆喜引張舜徽先生《揚州學記》。其實，張先生本自尹炎武，尹炎武本自李審言。梁啓超《中國近三百年學術史》亦本自李氏。

李審言（1859－1931）名詳，乃揚州學派的後期代表，入《清代學者像傳》。他精於選學，打破吳、揚界限，推崇阮元、錢大昕。光緒間王先謙即稱其「目光遠大」，「允爲不朽」。❺民初與胡適、魯迅、陳垣等人同被聘爲大學院（後改名爲中央研究院）特約著述員。劉師培稱他「著述甲江淮」。界定揚派，李氏之言，當爲旨歸。然張舜徽先生《揚州學記》未提李氏，人常不解。一九八三年張氏序《李審言文集》解開此謎：

> 揚州李審言先生，興於清季，精於選學，能爲沉博絕麗之
> 文，早蜚聲於士林，爲長老所推重。余早歲嘗於《國粹學

---

❺　李審言：《藥裹慵談·論揚州學派》，《李審言文集》，頁3。

報》中，讀其所撰論學之文，後又得見《學制齋駢文》及
《愧生叢錄》諸種，深服其學與文並淵雅精醇，非時流所能
逮。顧以未能讀全書爲憾，於先生學術，不能有所論述，故
余所撰《清人文集別錄》與《揚州學記》，皆不及先生，非
遺之也，以余於先生之學，所知不多，不敢妄加測也。先生
之學，承其鄉先輩遺規，而有志張大之。……先生於阮氏之
學，服膺無間；於汪氏之文，摩挲研繹，至數十年，淵源有
自，不可掩也。故先生之爲學爲文，博厚典重，卓然爲晚近
大師；世徒尊其爲文之美，故未足以知先生也。❻

　　李審言《論揚州學派》比梁啓超《中國近三百年學術史》早約
十年。他提出揚州學派主要成員有：顧九苞、任大椿、賈田祖、王
念孫、李惇、劉台拱、汪中、江德量、焦循、阮元、王引之、黃承
吉、鍾懷、李鍾泗、徐復、淩廷堪、江藩、淩曙、汪喜孫、薛傳
均、梅植之、劉寶楠、成蓉鏡、劉文淇、劉毓崧、劉壽曾、劉貴
曾、劉師培、田溥光、薛壽、陳立、劉恭冕、梅毓。寶應諸劉尚未
全列。可見這一學派綿延百年，傳承分明，陣容壯觀。
　　或曰某人應爲皖派，某人應爲吳派。吾言：世上萬物多相連，
劃界不必一刀切。猶如黃愼在閩爲閩派，金農在浙爲浙派，但到揚
州皆爲揚州派。將二王、江藩劃入揚州派，並不妨礙皖學專家研究
二王、吳學專家研究江藩。各學派界定應交叉並存。今人論揚派，

---

❻　張舜徽：〈李審言文集序〉，《李審言文集》。

可作宏觀研究，也可作個案研究，還可斷以時代（如「乾嘉」、「晚清」等）。總之，既要有框架定位，又可作靈活取捨。

畫、學二派之間亦有聯繫，如羅聘之《我信錄》即由江藩作序。但從總體而言，畫派稍前，學派稍後。畫派成員多非揚州籍，但皆在揚州賣畫。學派成員皆爲揚州籍，但多遊歷過各地。二者雖皆以地域爲名，實是領導全國、影響世界的藝術、學術流派。

揚州鹽商給二派學人提供良好環境

揚州城本同全國其他城市一樣，是地租集中地。但從清初以來，逐漸形成它的支柱產業──鹽運業。據同治《兩淮鹽法志》，乾隆間揚州每年食鹽吞吐量爲一百五十二萬五千九百餘引。每引四百斤，合約五億斤。又據《清史稿·食貨志》，在食鹽產地每引值銀零點六四兩，加上課稅和費用，共值壹點八八兩，運至內地可賣十餘兩銀。如是，揚州鹽商每年可賺銀一千五百萬兩以上，當天下租庸之半。鹽商財資百萬者還稱爲「小商」。

鹽業經濟和鹽商消費，帶動了其他各行經濟的發展。例如，鹽商好字畫，揚州成爲全國最大的藝術品市場（北京副之）。鹽商好觀戲，揚州便產生了四大徽班中的「春台班」。鹽商好聲色，香粉業便快速發展。各地經商之人，喜到茶樓洽談。於是揚州茶肆也甲於天下，漆器、玉器、木雕、竹刻皆很聞名。商貿旅遊、文化旅遊皆在全國獨樹一幟。商人以其雄厚資本，交通官吏，甚至接待天子，影響整個社會風氣。高宗南巡揚州時不得不驚嘆「鹽商之財力偉哉」。

揚州鹽商積累資財後積極支持文化事業，主要表現在如下四端：

第一、助建書院，培養人才。揚州有安定、梅花、敬亭、維揚、廣陵、虹橋等書院，皆靠鹽商助建，並由兩淮鹽運使延聘掌院，海內知名學者如姚鼎、厲鶚、趙翼、杭士駿、全祖望、蔣士銓等皆來講學。據《揚州畫舫錄》，馬秋玉於雍正十二年助建之梅花書院有講堂五間、號社六十四間。汪應庚捐資五萬金重修學舍，並以一萬三千金購置學田，歲入歸學官。「安定、梅花兩書院，四方來肄業者甚多，故能文通藝之士萃於兩者極盛。」❼在院正課諸生可得膏火銀三十六兩，高於府學教官俸銀（三十一兩多）。羅聘、顧九苞、任大椿、王念孫、汪中、焦循、阮元、劉台拱等，皆出於安定、梅花二書院。

第二、修築園林，貯藏圖書，延攬文士。鹽商喜築園林，如馬氏有小玲瓏山館、街南書屋、枝上村，賀氏有賀園，江氏有康山、江園、深莊、東園。據《南巡盛典》，乾隆臨幸之揚州園林就有黃、江、程、洪、張、汪，王、周、閔、吳、徐、鮑、田、鄭、巴、羅等十餘家。園內皆藏圖書，招納四方文士，提供食宿，任其閱讀。凡七略百家，二藏九部，無不羅致。有時稀見之書，必重價求之，以標風雅。乾隆三十七年四庫館開，馬氏家藏書被採者即達七百七十六種，佔《四庫全書》總數（三千四百五十七種）的百分之二十二點七，乾隆詔賞《古今圖書集成》一部，「以為好古之

---

❼ 〔清〕李斗：《揚州畫舫錄》（揚州：江蘇廣陵古籍刻印社，1984 年標點本），卷 3，頁 64。

勸」❽，足見鹽商藏書之巨。阮元題馬曰琯像云：「萬卷圖書三徑客，而今不復有斯人。」畫、學二派諸家幾乎沒有不得惠於鹽商園林者。鄭燮到焦山躲債，被馬曰琯發現，把他請到枝上村，供到讀書。他在此默寫《四書》一部，抄寫《易經》、《詩經》各一部，不久中舉人，接著中進士。阮元是江春的外甥，更從小游冶於江氏春康山草堂中，長成後猶常憶及。

第三、刻印圖書，傳播學術。鹽商資助學人刻書，往往傳為嘉話。《經義考》三百卷，已刻一百六十七卷，稽遲半個世紀，朱氏子孫無力續刻，馬氏抽千金成全其事。書家蔣衡花十二年時間寫成十三經八十餘萬言，馬氏費千金裝璜。字書《廣韻》、《字鑑》、許氏《說文》等皆在馬家刻成。有時請文人校勘，致以酬金。汪士慎、李勉等人詩文集的刊刻，皆得力於鹽商出資。江春在南河下築隨月讀書樓，專為學人刊行詩文集。黃晟出資刻《太平廣記》、《三才圖繪》，黃履出資刻《葉氏指南》、《聖濟總錄》等。除上交國家稅收外，揚州鹽商對政府的輸捐、報效和對學人的贊助，多達四千萬元之鉅。阮元成為封疆大吏後，更用各種手段刻印自己和其他學人之書。刻一部書往往需費數千上萬元，靠他自己的官俸，遠不夠刻書。於是，他不得不利用各類商人、市民的贊助款。

第四、提供文化市場，吸納文化產品。文化市場不斷發育，人們審美能力不斷提高，且向多樣化方向發展。鹽商酒足飯飽之後需大量字畫、圖書、戲劇、評話等文化產品和漆器、玉器、畫舫等文

---

❽ 〔清〕紀昀等：《四庫全書總目提要》（北京：中華書局，1964 年影印杭州本），卷首。

化含量較高的工藝品。在這文化產品的中心市場裡，文人的勞動成果可很快轉化爲價值。

文人業賈

乾嘉年間，社會經濟的發展從整體上提高了社會生活水平。士人爲了改善自己的生活狀況，維繫起碼的讀書條件和家人生活，不得不取「治生」之道。再者，士人讀書的目的本爲入仕，而不管官僚機構多龐大，官位總是有限。隨著社會經濟文化的發展，讀書人總是愈來愈多。學而優未必能仕，業賈經商，已成士人實現人生抱負、體現自身價值的途徑之一。

文人業賈，主要分兩種類型：

一是直接出賣自己的文化產品，即畫家賣畫，文人賣文。揚州八怪的成員，幾乎都身兼畫家與畫商兩種身分。鄭燮回顧乾隆十二年前後的畫家收入道：「王翁林澍，金壽門農，李復堂鱓，黃松石樹谷後名山，鄭板橋燮，高西唐翔，高鳳翰西園，皆以筆租墨稅，歲獲千金，少亦數百金，以此知吾揚之重士也。」❾《兩浙輶軒錄》記浙派詩的重要作家金農云：「金農寄居維揚幾二十年，賣文所得歲計千金。」賣文有時沒有賣畫價值高，金農在五十歲後又學畫，終於又成爲揚州畫派的領袖之一。畫家賣畫，文人則賣文。全祖望在揚州爲人作墓志、壽序，大獲其利落。筆潤的高低又與賣主身份有關。劉文淇爲阮元校《鎮江府志》，成《校勘記》四卷，替

---

❾　〔清〕鄭燮：《手書揚州雜記卷》，藏上海博物館。

岑建功校《舊唐書》和《輿地紀勝》，成《校勘記》分別為六十六卷和五十二卷。又應童濂之請，參注《南北史》。應儀徵知縣之請，主纂《儀徵縣志》。校勘的這些書，實際是一種高雅文化商品。

二是從事商賈販運。他們「分心貿易」，穿著儒衫，下到商海，或賣燈，或販書，或占卜。如晉商所云，諸生「家貧必兼逐末也」。汪中為稻粱謀，不得不當村塾勤雜和書販幫佣，後來獨立搞商業經營，研治《書》、《禮》、《春秋》、《爾雅》，終成揚州學派一大家，焦循一輩子占卜、行醫、做買賣，亦成揚州學派一通儒。凌曙（1775－1829）亦江都人，雜作佣保，續學不倦，成《左傳》一家，又教導外甥劉文淇亦讀亦商。文淇及其子毓崧、孫壽曾、曾孫師培被稱為「劉氏四葉」，將揚州學派從乾嘉衍緒到民初。

由於學人親身投入到商品大潮中，傳統的賤商心理已在悄悄變化，有時也學著商人討價還價。汪中業賈，變得很有經濟頭腦，精於計算。焦循要買一本《通志堂經解》，要價三十兩銀，最後以二十七兩成交。鄭燮公開張掛起他的筆榜，拒絕賒欠，聲明「任渠話舊論交接，只當秋風過耳邊」。

賈人士化

揚州鹽商在支持文化事業的同時，也接受儒家文化傳統的薰陶，甚至被士人同化。

鹽商大量收購字畫、圖書等文化產品，從自身利益考慮，必須具備識別、鑑賞能力。修築園林，雖延請高手，但主人須具有審美

能力、規劃管理能力，否則將物非所值。這就逼著商人讀書，了解經、史、子、集，通曉藝術、詩文。

商人在經營活動中深切體會到，文化品位不同，經濟效益迥異。市井屠沽，往往憑藉聯區新異，收益大增。「二馬」之鹽，包裝精美，播譽江淮鹽市；刻印圖書，選題得當，校刻精審，形成「馬版」風格，海內爭相購閱。又以蟬衣拓法模拓〈華山碑〉，世稱「馬拓」。

雖然若干鹽商富可敵國，並以自己的行動強烈改變整個社會的價值觀，但傳統的賤商心態畢竟根深蒂固。交際場上的失雅，有時使自己難堪。與士人交往，自己往往存在一種灰暗心理。交際檔次愈高，文化素質要求愈高。兩淮總商江春「以布衣上交天子」，請得乾隆到自家作客，若有財無文大概是不行的。商業經濟的發展，促使商人向士人靠攏，發奮讀書。即使自己成不了大器，也要培養子孫讀書入仕。

商人習儒，使若干商人的文化素養已如同士人。如馬氏兄弟積資巨萬，並以儒雅著稱。兄曰琯之詩纏綿清婉，格韻並高，沈德潛稱其「清風常在，悠然自遠」。他著有《沙河逸老小稿》、《嶰谷詞》，輯有《焦山紀遊集》、《林屋酬唱集》。弟曰璐之詩亦獲詩筆清削之譽，有《南齋集》、《南齋詞》。江春精戲曲，且亦工詩，有《水南花墅吟稿》、《隨月讀書樓時文》、《深莊秋詠》、《黃海游錄》。他們的初衷也許是「以儒飾賈」，可後來至少已「雖為賈者，咸近士風」。鄭鍾山、鄭鑑元弟兄本業鹽，與江春齊名，晚年在大虹橋西築室讀經，子孫中有數人中進士、舉人。尤其鑑元之孫兆玨，中舉人，好經術，門無雜賓，僅焦循、李道南等一

二有道之士會文講學其間。這類商人已完全被士人同化。

結論：士商互滲，推動社會進步

清代中葉，士商互滲、互轉，甚至同化，推動了社會進步。

對原有商人來說，儒家的人文傳統構築了他們的儒商倫理道德基礎和誠信不欺、公平守信的商德。同時提高了他們的經營水平，使他們從經營方略、經營核算到產品包裝、廣告宣傳，都顯得高於一般商人，加速資本積累的步伐。

對士人來說，改善了他們的生活讀書條件，讓他們的爲學之道得以維持與繼續，也改變了士人的價值觀，由恥言利到公開談利，更拓寬了士人學術視野。揚州鹽商來自皖、晉、陝、漢多處，且流轉各地，將皖文化、晉文化、秦文化的因子帶到揚州，從根本上擺脫了文化上「近親繁殖」的狀態，顯示出開放寬容的襟懷。揚州畫派兼採諸家之長，見詩、書、畫、印熔於一爐，創造出嶄新的風格。揚州學派諸家克服宋學之疆化，並糾正吳皖二派之拘隘褊狹，以融匯貫通的特色樹幟於學林。

我們還應看到，在士商互滲、合流過程中，文化產品的質量與文化市場的經營是被嚴格區分開來的。畫家賣畫，文人賣文，都時刻警惕從俗、媚俗。如鄭燮云：「學者當自樹其幟。凡米鹽船算之事聽氣候於商人，未聞文章學問亦聽氣候於商人也。」❿畫家利用

---

❿ 〔清〕鄭燮：〈與江賓谷江禹九書〉，《鄭板橋集》（上海：上海古籍出版社，1980 年），頁 191。

文化市場，「別關臨池路一條」，不斷探尋新的創作方法。學者經商，仍力圖登攀學術最高峰。儒商助學，也不要求士人降低文化品位。經濟浪潮之中，堅守文化品位，才能有立身之所，從而各人聰明才智盡情發揮。

　　總而言之，士人的勤謹與商人的才智結合，提高了社會的整體素質。士商互滲，促進了經濟發展，推動了文化繁榮。揚州畫派與揚州學派的形成，正是士商互滲結出的兩朵碩果。

揚州學派與戲劇曲藝關係述評

韋明鏵*

一

　　清代考據學大興，以戴震爲首的皖學和以惠棟爲首的吳學，如雙峰並峙。揚州學派，就是繼承發揚皖學餘緒而集吳、皖兩派之長的一個學術流派。

　　人們通常以爲揚州學派只是一群在故紙堆中討生活的訓詁家、學問家，他們同富有靈氣的戲曲家、藝術家屬於兩種人。一個白首窮經的學問家彷彿只能在書齋裏枯坐終日，而一個粉墨登場的藝術家又彷彿只能在舞臺上大顯身手。實際情況並不完全如此。

　　學術和藝術不過是以不同的方式去認識世界和詮釋世界罷了，在故紙堆與紅氍毹之間並沒有一道不可逾越的鴻溝。在治經方面以貫通、創新見長的揚州學派，在對待戲劇、曲藝這樣爲正統的學者所不屑一顧的「小道」方面，同樣表現了他們淵博的學識和獨到的

*　　韋明鏵，揚州市文化局。

見解。其標誌是，他們中的一些學者不但精于戲曲之學，而且寫出了至今在戲曲史上仍具有重大影響的著作。

首先是揚州學派的中堅人物焦循。焦循字理堂，一作里堂，揚州甘泉人。他著有《花部農譚》、《劇說》、《曲考》等戲曲論著，另有一部《續邯鄲夢》傳奇。

《花部農譚》一卷，是就清代花部所演的一些著名劇目如《兩狼山》、《清風亭》、《賽琵琶》等，敘其本事，並加以評論的一部專著。「花部」指清代中葉興起的各種地方戲。歷來文人談戲，只重南北曲，認爲地方戲鄙俚不足道，而焦循卻特別予以推崇表揚。這一方面說明十八世紀末葉民間戲曲已有相當的發展，一方面表明焦循在治學上視野極闊，並且勇於發表獨立的觀點。

《劇說》六卷，係輯錄散見於各書中的論曲、論劇之語而成。卷前所列引用書目多達一百六十六種，實際上還不止此數。其中有不少罕見的珍本，爲研究古典戲曲匯集了豐富的參考資料。焦循在輯錄資料的同時，也不時發表議論，如首卷在考證了「優」的來源後，議論道：「然則優之爲技也，善肖人之形容，動人之歡笑，與今無異耳。」❶寥寥數語卻道破了古優與今優的關係。

《曲考》一書已佚。據李斗《揚州畫舫錄》卷五載，黃文暘《曲海總目》共收元明清雜劇、傳奇一千一十三種，而「焦里堂《曲考》載此目，有所增益」，增益的劇目「共雜劇四十二種，傳

---

❶ 中國戲曲研究院編：《中國古典戲曲論著集成》（北京：中國戲劇出版社，1960年），第 8 冊，頁 81—82。

奇二十六種」。❷可見《曲考》是一部比《曲海總目》更完備的戲
曲目錄學著作。王國維先生在《錄曲餘談》中，爲此書的亡佚深感
痛惜：「焦里堂先生《曲考》一書，見於《揚州畫舫錄》，聞其手
稿爲日本辻君武雄所得。遺書索觀後，知焦氏後人自邵伯攜書至揚
州，中途覆舟，死三人，而稿亦失。里堂先生於此事用力頗深，一
旦湮沒，深可扼腕。」❸

　　《續邯鄲夢》傳奇，亦佚。焦循在《劇說》卷三中曾略述其劇
情，謂紹興人宋天保罷官過邯鄲，謁盧王廟，以詩題壁，有「要與
先生借枕頭」❹之句。時年羹堯徵青海過此見詩，曰：「吾當借以
枕頭。」❺後年羹堯以種種方法使得宋天保重溫當年盧生做過的黃
梁美夢，十餘年中，歷盡繁華，最後罷官還鄉。這可能是揚州學派
成員創作的唯一的劇本，其主旨似乎是揭露宦海生涯的無常，在乾
隆盛世不啻爲一貼清醒劑。

　　凌廷堪的《燕樂考原》六卷，是揚州學派成員所撰的一部關於
戲曲音樂的專著。凌廷堪，字次仲，安徽歙縣人，因長期住在揚
州，故也列入揚州學派之中。《燕樂考原》以論述琵琶調爲主，結
合當時俗樂宮調，考證唐宋以來燕樂調的演變。其卷一爲「總
論」，卷二至卷五分別是「宮聲七調」、「商聲七調」、「角聲七

---

❷　〔清〕李斗：《揚州畫舫錄》（北京：中華書局，1960 年），頁 120－
　　121。

❸　王國維著，中國戲劇出版社編輯部編：《王國維戲曲論文集》（北京：中
　　國戲劇出版社，1957 年），頁 280。

❹　《中國古典戲曲論著集成》，第 8 冊，頁 142。

❺　同前註。

調」、「羽聲七調」，卷六爲「後論」。每卷先列舉前人成說，再加以闡述，並列舉宋代大曲、曲破、小曲和金院本、元北曲等曲牌分屬各調，系統地總結了歷史上關於燕樂二十八調的研究。

劉熙載的《藝概》六卷，乃是清末揚州學者所寫的一部談文論藝的著作，其卷四「詞曲概」是關於詞曲的專論。劉熙載，字融齋，揚州興化人。《藝概》全書包括「文概」、「詩概」、「賦概」、「詞曲概」、「書概」、「經義概」等六個部分。「詞曲概」以十分概括的語言，討論了詞與曲的內容形式及歷史淵源，認爲詞、曲本是一家，「未有曲時，詞即是曲；既有曲時，曲可悟詞。苟曲理未明，詞亦恐難獨善矣」。❻說得非常精闢。

劉師培的《原戲》一卷，是揚州學派後期代表人物所寫的一部研究戲曲起源問題的專論。劉師培，字申叔，改名光漢，號左庵，揚州儀徵人。《原戲》運用文字訓詁的方法研究戲曲的發生學，認爲「戲曲者，導源於古代樂舞」❼，又認爲「儺雖古禮，然近於戲」。❽劉師培不但考證了戲曲的初始形態，而且指出它具有社會功用，即「爲勸戒人民之一助」❾，這即使在今天也仍是很有意義的。

揚州學派諸家的曲學專著，不止以上幾種。據《揚州畫舫錄》卷九，甘泉江藩著有《名優記》一書，惜未傳。焦循《易餘籥錄》

---

❻　〔清〕劉熙載：《藝概》（上海：上海古籍出版社，1978 年），頁 123。

❼　劉師培：《原戲》。

❽　同前註。

❾　同前註。

中論曲部分，任中敏先生曾輯爲《易餘曲錄》，收入《新曲苑》。
在其他各家著作中，也時有論及戲曲的，都很有學術價值。如：高
郵王念孫在《讀書雜志》中曾考證了「偶人」、「巫鬼」和「瞽
史」，對傀儡、儺戲和說書的研究極有裨益。儀徵阮元所編的《廣
陵詩事》、《淮海英靈集》等書記錄了許多戲劇家、曲藝家的生
平，爲我們今天的曲學研究提供了可貴資料。興化李詳在《藥裹傭
談》、《愧生叢錄》等著作中論及《桃花扇》、《白練裙》、《紅
拂記》諸劇，鉤玄發隱，足資參考。至於揚州學派殿軍的劉師培，
在他論文學史的一些著作裡多次強調戲曲在文學史上的地位，並以
此成爲他文學史觀的一個重要特色。

二

在揚州學派諸家的友人中，不但有一般的學者，也有許多戲劇
和曲藝的作家、理論家，甚至還有戲劇和曲藝的藝人。西方有格言
說，要了解一個人，最好去了解他交哪些朋友。這對於我們深入了
解揚州學派，也是完全適用的。這裡列舉數例，以見揚州學派與戲
劇曲藝關係之密切。

黃文暘，戲曲家。字時若，號秋平、煥亭，乃揚州甘泉（一作
丹徒）人。乾隆間清帝令兩淮鹽運史伊齡阿在揚州設局審訂戲曲，
黃文暘被聘爲總校。他本擬將所見雜劇傳奇的作者和劇情編成《曲
海》，現僅見目錄，即《曲海總目》。揚州學派諸家同黃文暘友情
甚篤。如凌廷堪曾與黃氏共同審訂戲曲，切磋學問。又如阮元對黃
氏夫婦極爲器重，《清朝野史大觀》卷十〈甘泉黃隱士〉條云：

「甘泉隱士黃文晹雄文俠氣，交遍人寰，淑配趙氏，世稱淨因道人。……阮文達公夙善隱士，嘗薦往曲阜爲衍聖公師，迎道人偕之魯。公撫浙，復邀至西湖，開別館居二老。」❿由此可見阮、黃之間交誼之深。

　　李斗，戲曲家。字北有，號艾塘，乃揚州儀徵人。所著《揚州畫舫錄》一書，詳載戲劇、曲藝史料，爲研治清代戲曲者所必備。又撰有傳奇《歲星記》、《奇酸記》，前者敘東方朔事，後者演《金瓶梅》事。揚州學派許多成員與之友善。如阮元爲《揚州畫舫錄》作序，說「元受讀而服其善，因序其略」。⓫如江藩作〈題畫舫錄〉詞，盛讚李氏的書「青未殺，洛陽紙貴，人間書名」。⓬焦循也有〈將之濟南留別李艾塘即題其《揚州畫舫錄》〉詩，囑咐李氏「十二卷成須寄我，挑燈聊作故鄉遊」。⓭

　　許鴻磐，戲劇作家。字漸逵，號雲嶠，山東濟州人。撰有雜劇《三釵夢》、《女雲臺》、《西遼記》、《雁帛書》、《孝女存孤》、《儒吏完城》等。又精於地理之學，曾著有《方輿考證》等書。揚州學派中的淩廷堪和江藩都極爲讚賞許氏之才。江藩在《漢學師承記》卷六裡說：「又有濟寧進士許君鴻磐字漸逵者，安徽候補同知，深於輿地之學，亡友淩君次仲亟稱之。後見所著《雪帆雜

---

❿　《清朝野史大觀》（上海：上海古籍出版社，1981年），卷10，頁29。

⓫　〔清〕李斗著，周光培點校：《揚州畫舫錄》（揚州：江蘇廣陵古籍刻印社，1984年），頁6。

⓬　〔清〕李斗著：《揚州畫舫錄》，頁14。

⓭　〔清〕李斗著：《揚州畫舫錄》，頁17。

著》一冊，皆辨駁地理之說，不在朏明、祖禹之下。其論內地及外裔山川，瞭如指掌，蓋四方經緯，洞徹胸中，故不爲皮傅之言也。」⑭

　　沈廷芳，戲劇作家。字椒園，一字畹叔，浙江仁和人。究心經學，有《隱拙齋集》，創作過雜劇。揚州八怪之一的鄭燮有〈御史沈椒園先生新修南池建少陵書院並作雜劇侑神令歲時歌舞以祀〉詩，其中云：「願從先生乞是劇，選伶遍譜琳琅宮。」⑮揚州學者與沈氏多有過從。如江藩《漢學師承記》卷七說，沈氏非常推許揚州學派重要成員汪中：「（汪中）君僑寓眞州，沈按察廷芳主樂儀講席，聞君議論，嘆曰：『吾弗逮也！』」⑯沈氏去世後，汪中特地爲之撰寫了〈沈公行狀〉。

　　蔣士銓，戲劇作家。字心餘、清容、苕生，號藏園，江西鉛山人。撰有雜劇、傳奇《一片石》、《康衢樂》、《四弦秋》、《香祖樓》等十六種。曾主講揚州安定書院，與揚州學派諸家關係甚密。《清朝野史大觀》卷十〈汪容甫之狂放〉條云：「汪容甫少狂放，肄業安定書院。每一山長至，輒挾經史疑難數事請質，或不能對，即大笑出。孫志祖、蔣士銓皆爲所窘。」⑰可見他們之間的關係不比尋常。阮元曾爲之撰寫〈蔣心餘先生傳〉，盛讚他「天稟英

⑭　〔清〕江藩：《漢學師承記》（上海：上海書店，1983 年），頁 108。

⑮　〔清〕鄭燮：《鄭板橋集》（上海：上海古籍出版社，1962 年），頁 105。

⑯　〔清〕江藩：《漢學師承記》，頁 114。

⑰　小橫香室主人編：《清朝野史大觀》（揚州：江蘇廣陵古籍刻印社，1994 年），卷 10，頁 1。

絕，有覽輒記」。❸

汪宗沂，戲劇作家。字仲伊，一字詠春，號韜廬，乃安徽歙縣人。汪氏認爲聲韻之精，必協律呂，因而著《管樂元音譜》、《聲譜》、《漢魏三調樂府詩譜》、《金元十五調南北曲譜》若干卷，括爲《五聲音韻論》一編。又別著《律譜》、《尺譜》及《旋宮四十九調譜》，以明樂律。劇本有傳奇《後緹縈》十齣。揚州學者劉師培曾爲汪氏作傳，稱讚「宗沂居園數年，手披口誦，以夜繼晝。學未成而亂起，轉徙浙江、江西，飢寒困頓，誦讀不輟。」❹傳載《皖志列傳稿》卷五。

此外，揚州學者焦循、阮元與秦腔名伶魏長生、揚州評話名家葉英的深厚友誼，尤其值得注意。焦循在《花部農譚》中特地提到魏長生（魏三）：「自西蜀魏三兒倡爲淫哇鄙諺之詞，市井中如樊八、郝天秀之輩，轉相效法，染及鄉隅。」❺後來魏氏去世，焦循又有〈哀魏三〉長詩，爲《雕菰樓集》所未載。焦循在詩序中說：「蜀伶人魏三兒者，善效婦人妝，名滿京師。丁未、戊申（1787－1788）余識其面於揚州，年已三十餘。壬戌（1802）春余入都，魏仍與諸伶伍。年五十三，猶效婦人。伶人少者多笑侮之。未一月，頓歿。」❻焦循對魏氏之死深爲感慨，詩中有「君不見，魏三兒，

❸　〔清〕阮元：《揅經室集》（北京：中華書局，1993 年），頁 443。

❹　金天翮：《皖志列傳稿》（民國 25 年刊本），卷 5。

❺　《中國古典戲曲論著集成》，第 8 冊，頁 225。

❻　轉引自黃裳：《黃裳論劇雜文》（成都：四川人民出版社，1984 年），
　　頁 36－37。

當年照耀長安道,此日風吹墓頭草」之句。㉒如果焦循沒有對伶人
際遇的深切瞭解與同情,是寫不出這樣沈痛的詩句的。葉英一名霜
林,是一位擅說《宗留守交印》的評話家,爲人慷慨有氣節。他和
阮元、焦循都是朋友,焦循還做過葉氏之子的老師。葉氏死後,阮
元、焦循分別爲之作傳。阮傳見《廣陵詩事》卷四,稱葉氏「善柳
敬亭之技,然性情孤傲,不易得而聞也。富貴人有慕其技者,請
之,每遭其詬辱。」㉓焦傳見《雕菰樓集》卷二十一,極寫葉氏引
焦循爲平生知己,曾「凝神說靖康南渡事,聲淚交下,座客無人
色。」㉔阮元、焦循對戲曲藝人的褒揚,完全出於對藝人人格與藝
術的尊重,同士大夫的「狎伶」是迥然不同的。這在當時頗爲難
得。

　　從上述交游情況可以看出,清代揚州學者並不是一群只知道埋
頭治經的儒生,而是一些關注社會人生的學者。他們的先導戴震一
貫抨擊程朱理學,並在《緒言》一書裡公開宣稱:「喜怒哀樂之
情、聲色臭味之欲、是非美戀之知,皆根於性而原於天。」㉕揚州
學者們同戲劇家、曲藝家的親密交往,正是對戴震反理學思想的一
種實踐,因爲戲劇和曲藝乃是最能表現「喜怒哀樂之情、聲色臭味
之欲、是非美戀之知」的人生藝術。

㉒　黃裳:《黃裳論劇雜文》,頁36—37。
㉓　轉引自葉德均;《戲曲小說叢考》(北京:中華書局,1979 年),頁
　　754。
㉔　葉德均;《戲曲小說叢考》,頁755。
㉕　〔清〕戴震:《緒言》。

三

揚州學派的戲曲觀，可以從三個方面來說。

第一，揚州學派肯定戲劇、曲藝同其他文學樣式一樣，都是社會文化財富的組成部分。這種觀點集中表現於焦循在《易餘籥錄》卷十五中寫的一段話：

> 夫一代有一代之所勝。捨其所勝，以就其所不勝，皆寄人籬下者耳。余嘗欲自楚騷以下至明八股撰爲一集；漢則專取其賦；魏晉六朝至隋則專錄其五言詩；唐則專錄其律詩；宋專錄其詞；元專錄其曲；明專錄其八股。一代選其一代之所勝。㉖

在焦循看來，曲與騷、賦、詩、詞乃至八股等並列毫不遜色，這種觀點在封建時代應該算是十分開明的。直到清末民初的劉師培，揚州學者一直堅持這種觀點。劉師培甚至說，曲劇其實是八股文的先導、破題、小講譬如曲劇中的引子，提比、中比、後比譬如曲劇中的套數，領題、出題、段落譬如曲劇中的賓白。這些比喻雖然未必恰當，但其對八股的貶抑，對戲曲的褒揚，卻顯示出反封建的鋒芒。在《劇說》卷六中，焦循曾經引用評話家葉英的話說：「古人往矣，而賴以傳者有四；一，敘事文；一，畫；一，評話；一，演

㉖ 〔清〕焦循：《易餘籥錄》，卷15。

劇。道雖不同，而所以摹神繪色、造微入妙者，實出一轍。」❷把
「評話」和「演劇」視為傳於後世的事業，在整個封建時代也許沒
有第二個人這麼說過。除了評話和演劇，揚州學者對於一切通俗的
藝術，都表現出濃厚的興趣。例如，阮元在《赤湖雜詩》裡熱情地
寫到農民唱的秧歌：「泱泱記聽插秧歌，到耳新聲《格垯多》」❷，
劉毓崧在〈古謠諺序〉中充分肯定民間謠諺的價值：「欲探風雅之
奧者，不妨先問謠諺之途」❷，江藩在《漢學師承記》裡稱讚經學
家王蘭泉四五歲時就能「為人演說楊用修《廿一史彈詞》，娓娓不
倦」。❸——秧歌、謠諺、彈詞這些下里巴人的藝術，同四書五經
一樣，均在揚州學派的廣闊視野之內，博大胸襟之中。

　　第二，揚州學派認為戲曲是不斷進化的，而戲曲的演進是有跡
可尋的。焦循的《花部農譚》力主花部勝於雅部，斷言「彼謂花部
不及崑腔者，鄙夫之見也」。❸這等於明確宣告，新興的戲曲必定
勝於陳舊的戲曲，戲曲的進化是不可逆轉的。凌廷堪在《校禮堂文
集》卷二十二〈與程時齋論曲書〉中，具體論述了從雜劇到傳奇的
演變歷程：

　　　　竊謂雜劇，蓋昉於金源。金章宗時有董解元者，始變詩餘為

---

❷　　《中國古典戲曲論著集成》，第 8 冊，卷 6，頁 211。

❷　　〔清〕阮元：《赤湖雜詩》（抄本）。

❷　　〔清〕杜文瀾：《古謠諺》（北京：中華書局，1958 年），頁 1。

❸　　〔清〕江藩：《漢學師承記》，卷 4，頁 53。

❸　　《中國古典戲曲論著集成》，第 8 冊，頁 229。

北曲，取唐小説張生事，撰絲索調數十段，其體如盲女彈詞
之類，非今之雜劇與傳奇也。且其調名，半屬後人所無者。
元興，關漢卿更爲雜劇，而馬東籬、白仁甫、鄭德輝、李直
夫諸君繼之。故有元百年，北曲之佳，僂指難數。然世所傳
雜劇大率以四折爲準，其最多則王實甫《西廂記》之二十折
也，其書潤色董本，亦頗可觀，今爲吳下妄人點竄，殆不堪
寓目。元之季也，又變爲南曲，則有施君美之《拜月》、柯
丹邱之《荊釵》、高東嘉之《琵琶》，始謂之爲傳奇。㉜

這種「戲曲進化論」的觀點，無疑是有進步意義的。而這一觀點，
在揚州學者的筆下一再得到表述。如李詳《學制齋駢文》卷二〈劉
蔥石參議四十壽序〉認爲，「傳奇」一詞的內涵是不斷變化的：
「傳奇者，唐人小説之名，漸移爲金元曲劇之目。」㉝劉師培《論
文雜記》則認爲戲曲的發展過程是：「中唐以還，由詩生詞，由詞
生曲，而曲劇之體以興。」㉞他們都不把戲曲看成是一成不變的。
他們的觀點雖不免帶著時代的局限性，卻大體符合戲曲發展的軌
跡。

　　第三，揚州學派看到戲劇和曲藝除了娛樂與消遣的功能之外，
還有道德和政治上的諷喻作用。例如清代花部戲《清風亭》中不孝

㉜　〔清〕凌廷堪：《校禮堂文集》，卷22。
㉝　李審言：《李審言文集》（南京：江蘇古籍出版社，1989 年），頁 840－
　　841。
㉞　劉師培：《論文雜記》。

之子張繼保原來是自盡而死的,後改爲被天雷打死,這更能表現人民對於醜惡行爲的憤怒譴責之情。焦循在《花部農譚》裡讚揚這部戲「改自縊爲雷殛,以悚懼觀者,眞巨手也」。❸這表明焦循是完全意識到戲劇所具有的道德諷喻作用的。至於焦循對葉英所說評話《宗留守交印》的肯定,則表明他看到了曲藝的政治諷刺作用。因爲《宗留守交印》反映宋金之間的民族鬥爭和宋朝內部主戰派與主和派之間的政治鬥爭,是一部政治色彩非常濃厚的評話。在這方面,還可以舉出劉師培怎樣讚王船山雜劇《龍舟會》的例子。王船山的雜劇《龍舟會》係據唐李公佐傳奇《謝小娥傳》改編,劇中以安史之亂爲背景,把謝小娥的英雄行爲同士大夫的失節行爲作對比,譴責了民族鬥爭中的投降派。很明顯,王船山是用此劇來影射明清之際的民族鬥爭的。劉師培在〈水調歌頭·書王船山先生《龍舟會》雜劇後〉一詞中慷慨地寫道:「子房椎,荊卿劍,伍胥簫。遐想中原豪俠,高義薄雲霄。太息大仇未恤,安得驊騮三百,慷慨策平遼!一洗腥膻恥,滄海斬虯蛟。」❸顯然,明末王夫之的反清復明意識,恰好引起了清末劉師培的排滿光漢意識的共鳴!

揚州學派在曲學方面取得突出的成就,有客觀因素,更有主觀因素。

從客觀上看,清代揚州是全國民間戲劇、曲藝的一個中心。許多最著名的戲劇家和曲藝家如孔尚任、蔣士銓、柳敬亭、王炳文等

---

❸　《中國古典戲曲論著集成》,第 8 冊,頁 228。

❸　轉引自《揚州學派研究》(揚州:揚州師院學報編輯部、古籍整理研究室編印,1987 年),頁 182。

均在揚州頻繁活動，南北最主要的劇種和曲種如昆腔、徽調、評
彈、鼓書等均來揚州競相演出；揚州城內的園林和街巷如棣園、容
園、大東門街、彌陀寺巷等都設有戲臺與書場；揚州城外的集鎮和
村莊如邵伯、宜陵、馬家橋、僧道橋等都有農民自發組織的戲班；
至於揚州鹽商私人養蓄的劇團如徐班、黃班、張班、汪班、程班、
大洪班、德音班、春臺班等，居然可以在皇帝面前一顯身手，從而
被稱爲「內班」。揚州曲壇這種高度繁榮的局面，給學者們提供了
無數觀劇品曲的機會，從而成爲他們認識和研究戲劇曲藝的外部條
件。

　　從主觀上看，因爲清代揚州學派從不視戲曲爲「小道」，所以
他們經常主動接觸或參與各類戲曲活動。例如，焦循常常和農民們
一起觀看鄉村的戲劇演出；阮元親耳聆聽過當地的小曲和秧歌；淩
廷堪參加過修改戲曲的工作；李詳校勘過《暖紅室匯刻傳奇》；至
於劉毓崧編輯的《古謠諺》，雖然〈凡例〉中規定「曲語、優伶戲
語不錄」❸，但書中卻不乏從戲劇中取材的例子，如卷五十「好男
不吃分時飯，好女不穿嫁時衣」條，注云：「亦見元曲《舉案齊
眉》劇」❸，「有麝自然香，何必當風立」條，注云：「亦見元人
《連環計》劇」❸，可見他在治經之餘讀了不少戲劇方面的書。

　　揚州學派把治學的範圍從傳統的經學、小學擴大到數學、史
學，乃至擴大到曲學，這是他們高出同時代其他考據學派的地方。

---

❸　〔清〕劉毓崧輯：《古謠諺》，頁7。
❸　同前註，頁633。
❸　同前註。

其意義，與其說是拓展了揚州諸儒的治學視野，不如說是象徵著他們對理學道統的一種蔑視，以及那個時代的正統士大夫所能達到的對於人生價值的某種覺悟。

鹽商群體的地域結構與
揚州文化的多元性

朱宗宙[*]

　　古代揚州文化深受周邊多種地域文化的影響，吸納而形成了一種多元性的文化，明清時期表現得特別明顯。古代揚州文化之所以形成爲一種多元性的文化，其歷史成因是多種的，有地理區位的優勢（長江和南北大運河的交匯點），也有社會經濟的發展（商業及鹽業經濟的發達、鹽商經濟實力的雄厚）和社會人口的變遷及流動性大（各地移民的湧入）等。研究和探討古代揚州文化的多元性，或許對於認識與理解清代揚州學派「會通」特點有所裨益。本文從揚州鹽商群體的形成及地域結構來探討古代揚州文化的多元性，以求教於專家學者。

---

*　　朱宗宙，揚州大學人文學院副教授。

揚州鹽商群體的地域結構

　　古代揚州東臨黃海，大海爲揚州人民提供了豐富的物質，鹽業經濟的發展有著得天獨厚的條件。自漢代以來，鹽業在揚州社會經濟中佔有重要的地位，成爲一種支柱產業。在鹽業龍頭經濟的帶動下，揚州商業經濟極爲興盛發達，成爲全國著名的商業城市。隨著鹽稅在國家財政中比重的上升以及封建政府鹽業政策的不斷調整，古代揚州鹽商由小到大，經濟實力不斷發展與提高。到明清時期，揚州鹽商形成爲擁有雄厚資金與經濟實力的商業群體，在全國所有的商幫中成爲一股不可小視的力量。

　　揚州鹽商，又稱淮商，它是由多個地域性商幫組成的群體。道光時兩江總督兼兩淮鹽政陶澍曾說：「至商人辦鹽雖寓揚州，實非揚產，如西商、徽商皆向來業鹽，他省亦不乏人。」❶在揚州經營鹽業貿易的，並不是揚州當地人，而是由外省人組成的，清道光時如此，在此之前，也是如此。萬曆《揚州府志》卷十一記載：

> 邊商，多沿邊土著，專輸米豆草束中鹽，……內商，多徽歙及山陝之寓籍淮揚者，專買邊引，下場支鹽，過橋壩，上堆候掣。……水商，係內商自解捆者什一，餘皆江湖行商，以內商不能自致，爲買引鹽代行。

---

❶　〔清〕陶澍：《陶文毅公全集》（道光庚子年淮北士民公刊本），卷14。

組成揚州鹽商的，有陝西、山西、徽州、湖廣、江西、浙江、江蘇等地的商人。

　　但是，在明代以前，我們從歷史文獻上所見到的揚州鹽商僅是個別的、零散的，尚未形成一個地域性的群體。揚州鹽商地域性群體的形成是伴隨著明代商品經濟的發展，與各地區的地域性商幫的形成有著密切的關係；同時，它又與明代封建政府的鹽業政策——開中制（商屯）的實施有關。

　　自明以來，我國的農業、手工業以及商品經濟獲得了較大的發展，商品流通領域也得到了發展，商業資本的積累空前巨大，各地商人形成了許多大大小小的地域性商幫，如晉商、陝西商、徽商、江西商、閩商、洞庭商、龍游商、廣東商、山東商、寧波商等等。商幫是我國古代商業資本集團，它們在商業資本的積累、活動範圍、經營行業、經營方式及特點上，都顯示出比單個商人具有更大的活動和能量。這些商幫中很多是以經營鹽業致富的。食鹽歷來是封建政府專賣的特殊商品。由於食鹽的專賣，它的市場價格遠遠高於其價值，利潤率高。明萬曆時，經營鹽的利潤和一般商品利潤之比為 5：3（顧炎武《天下郡國利病書》引耿橘《平洋策》），因而商人趨之若鶩，「凡商賈貿易，賤買貴賣，無過鹽斤」。❷據謝肇淛《五雜俎》卷四記載說：

　　富室之稱雄者，江南則推新安，江北則推山右，新安大賈，

---

❷　〔明〕譚希思：《明大政纂要》（臺南：莊嚴出版社，1996 年，《四庫全書存目叢書》本），卷35。

　　魚鹽爲業，藏鏹有至百萬者，其它二三十萬，則中賈耳。山
　　右或鹽，或絲，或轉販，或窖粟，其富甚於新安。

這一記載眞實地記錄了新安商人（徽商）、山右商人（晉商）雄厚
的經濟實力與商業資本，它們的興起與壯大，又無一不與鹽業的經
營有著極爲密切的關係。徽商、晉商經營鹽業的主要地點是在兩
淮。

　　明政府鹽業政策的調整又進一步壯大了這些地域性商幫的經濟
實力，使他紛紛聚集於兩淮，促成了揚州鹽商地域性群體的形成。
洪武元年（1368）八月，朱元璋的明軍攻佔元大都，元順帝率后
妃、太子北奔上都，至此，元朝滅亡。爲防元（蒙）殘餘力量的南
下侵擾，在西北、北部修築九個軍事重鎮（「九邊」），駐紮了大
批軍隊。爲了保證「九邊」重鎮士兵的口糧、馬匹的草料和軍需物
資的供給，朱元璋接受了山西行省的建議，於洪武三年（1370）實
施「開中制」。開中制是在宋代折中制基礎上發展而來的。所謂
「開中制」，「召商輸糧而與鹽，謂之開中。其後各行省邊境，多
召商中鹽以爲軍儲。鹽法邊計，相輔而行。」❸具體辦法是：先由
中央戶部出榜示召募商人，商人向指定的沽邊府州縣衛所輸納糧米
上倉。商人納米後，該處官府將商人輸納糧米數和應支鹽數，填寫
在勘合和底簿上，勘合發給商人，底簿由沿邊官府徑送至各處鹽運
司或鹽課提舉司。商人在出示勘合後，鹽運司或鹽課提舉司將勘合

---

❸　〔清〕張廷玉等撰：《明史·食貨志》（北京：中華書局標點本，1974
　　年4月），卷80。

與底簿對照，無誤後，付給商人鹽引（販賣食鹽許可證）。商人憑此鹽引到指定鹽場取鹽，然後到指定的行鹽地（出售食鹽許可地）販賣，並規定在一定期限內，將已使用過的鹽引繳還官府。商人販賣食鹽，必須持有鹽引，鹽與引離，或偽造鹽引，即以販私論處，罪至死。開中制是明政府利用國家所控制的食鹽專賣權，令商人運糧實邊，以解決北方、西北邊鎮軍隊糧餉的供給，而商人也以此來換取一定量鹽的經銷權執照（鹽引），販賣食鹽，從中獲取商業利潤。

　　鑑於運糧至邊倉耗費過大，有的商人為了獲取更多的利潤，他們「於三邊自出財力，自招遊民，自墾荒田，自藝粟菽，自築墩台，自立保伍，田日就熟，年穀屢豐。」❹商人把收獲來的糧食就地納倉，換取鹽引。這便是由開中制進一步發展形成的商屯。

　　開中制和商屯，是商人通過納米中鹽獲取厚利的重要途徑。他們借助於這一經濟政策，大顯身手，或往邊鎮販運糧食等物資，或在邊地屯田，從明政府手中換取鹽引，銷售食鹽，大獲其利。地臨邊境的陝商、晉商利用其優越的地理條件，成為納米中鹽的鹽商中的主體。與此同進，南方徽商中的一部份人，也在經濟利益的驅動下，挾資北上，開赴九邊，納糧中鹽。他們控制了兩淮、兩浙鹽引中的大部份（引為四百斤）為五十七萬二千四百餘引，佔到全國總鹽引數的二分之一。晉商、陝商、徽商從中得到大量勘合，都要到揚州的兩淮都轉運鹽使司和杭州的兩浙都轉運鹽使司換取鹽引，然

---

❹　〔明〕譚希思：《明大政纂要》，卷35。

後下場支取食鹽，販運到銷售地出賣。晉商、陝商、徽商與揚州的
鹽業貿易發生了極爲密切的關係。

　　食鹽的利潤太誘人了，開中制成爲王公勢要和內外官員覬覦的
一塊肥肉。他們憑藉手中的特權占中，明政府雖三令五申禁止占
中，法令徒具形式。在勢豪占中的情況下，商人正常報中十分困
難，往往要借助於王公勢要和內外官員來報中，故而「費多而中鹽
者少」。❺即使能夠報中，鹽商持引來場，卻支不到鹽，守支有達
數十年之久。明初，爲防行鹽舞弊，規定只准商人親自下場支鹽，
不能代支。但由於商人幾十年支不到鹽，本人身故，鹽仍要支取。
但實際上，子侄代支現象早就存在。鑑於此，明政府被迫從法律上
承認了這一現象。隨之而來的伙支與賣支現象也相繼產生：「客商
典當引自與人，名曰『伙支』；或典賣有勢之人，名曰『賣
支』。」❻這樣，鹽商如不能親自從事販鹽活動，可以委託別人代
理，或出售鹽引，從而坐食其利。鹽業經營方式的重大變化，具有
深遠的意義。另外，由於商人長期支不到鹽，明政府同意鹽商越場
支鹽，中淮鹽的可以到長蘆、山東鹽場支取，這稱之爲『兌支』。
兌支的出現，打破了支鹽的地域界限。代支、兌支的出現，給開中
制鹽商分化爲邊商、內商提供了必要性和可能性。《皇明世法錄》
卷二十九記載說：

　　　弘治元年間，各邊開中長蘆、山東運司鹽引，連年無商報

---

❺　〔明〕朱健：《治平略》（明崇禎12年刊本），卷10。
❻　《明會典》。

中，戶部議行搭派，南北兼支，以道里遠近，一商不能奔水陸運司，以故邊商漸次賣引於近淮富家，照引支鹽，相繼已久，而邊、內商之名，自茲始矣。

《清鹽法志》卷二八九也記載到了這一點：

> 一人兼支數處，道里不及親赴，輒貿引於近地富人，自是有邊、內商之分，於是各邊中引者，謂之邊商，於內地守支者，謂之內商。

據此，專以報中售引的商人，稱爲邊商，而專以下場守支販賣的商人，稱爲內商，前者已脫離了鹽業的直接運銷，而後者才眞正從事於食鹽的運銷活動。邊、內商的出現，在中國鹽業史上，具有深遠的意義，它對於揚州鹽商地域群體的形成，有著實際的推動作用。上述歷史文獻中的「近淮富人」、「近地富人」，其中包括了徽州商人。對於他們來說，不必親赴邊鎮納糧中鹽，只要從邊商手中購買鹽引，即可在兩淮鹽區守支，取得食鹽後，販運到銷售地，獲取鹽利。而此時的邊商雖仍以晉商、陝商爲主體，但處境維艱，其中一部份改業內商，開招向兩淮鹽等區轉移，使得內商勢力日漸增大。有的內商就把銷售食鹽的工作委託他人經營，或者轉售引鹽與別的鹽商，由他們去運銷。這樣一來，內商中又分化出一個新的商人——水商。前引萬曆《揚州府志》卷十一的記載說得非常明白。就兩淮鹽區而言，邊商、內商、水商是由不同地域的商人構成的，它們各自擔負著不同的食鹽認購、運輸、銷售職能。

明中葉以後，統治階級日趨腐敗，屯田制遭到破壞，邊防廢弛，國勢衰落。由於屯田制全面崩潰，爲解決北邊軍餉的問題，作爲明王朝財政收入重要來源的開中制，更引起了明統治者的重視。但此時納糧開中的開中制，卻是「內商之鹽不能速售，邊商之引又不能賤售，報中寢息。」❼因而，改革開中制已成爲必然的趨勢。明正統時，在商品貨幣經濟的推動下，白銀已沖破了明政府的禁令，成爲城鄉市場上通用的貨幣。明政府不得不承認了它的地位，並規定南畿、浙江、江西、湖廣等地四百多萬米麥田賦本色，可折成白銀百餘萬兩交納（所謂的「金花銀」）。這種折色制的產生與實施，爲開中折色制的推行奠定了基礎。早在明成化年間（1465－1487）的某些地區已出現開中折色制，而這一制度的正式實施是在弘治五年（1492）。據《明史》卷八十〈食貨志〉記載：

> 弘治五年，商人困守支，戶部尚書葉淇請召商納銀運司，類解太倉，分給各邊。每引輸銀三四錢有差，視國初米直加倍，而商無守支之苦，一時太倉銀累至百餘萬。然赴邊開中之法廢，商屯撤業，菽粟翔貴，邊儲日虛矣。

開中折色制的實施，帶來了重大影響，它直接導致了商屯的解體，因而邊儲空虛，糧價踊貴。許多在邊地募人屯田種糧，就地輸糧開中的西北晉、陝鹽商乃至徽商，紛紛內遷淮浙鹽區：「西北商亦徙

---

❼　《清鹽法志》，卷289。

家於淮，以便鹽」；❽「西北商或徙家於淮，以便鹽」；❾「今山陝富民，多爲中鹽，徙居淮浙，邊塞空虛」。❿西北鹽商隨著開中折色制的實施，他們沒有必要在邊地納糧中鹽，取得鹽引，而只要在各地的鹽運司或提舉司納銀，即可中鹽。因而，他們紛紛向內地淮、浙徙居，這就進一步加速已經出現的邊、內二商分離的現象，邊商改業內商的人越來越多，西北陝商、晉商以及徽商改業內商的人大量增多，內商的勢力越來越大。在兩淮鹽區，內商多爲西北商人和徽商寓居揚州者。

在邊商轉業內商的轉移初期，西北業鹽商人的勢力要超過徽商。明嘉靖時，「西北商賈在揚者有數百人」。⓫此後，徽商利用手中的經濟實力以及靠近淮、浙的有利的地理條件，紛紛徙居淮、浙，其勢力日漸增大。萬曆《徽志·傳》卷十記載說：

> 今之所謂大賈者，莫有甚至於邑，雖秦、晉間有來賈淮揚者，亦苦朋比而無多。

徽商的勢力逐漸超過了晉、陝商，成爲揚州鹽商中的主體力量。據統計，由明嘉靖到清乾隆時，移居揚州的客籍商人共有百分之八十，其中徽商佔百分之六十，山、陝商人各占百分之十。

---

❽　〔明〕譚希思：《明大政纂要》，卷35。

❾　《（萬曆）揚州府志》，卷11。

❿　〔明〕胡世寧：〈備邊十策疏〉，《明經世文編》，卷136。

⓫　嘉慶《重修揚州府志》，卷52。

　　綜上所述，邊商、內商、水商的產生，以及邊商向淮、浙鹽區轉移，改業內商，「邊商聽受直於內商」，「內商坐致富饒」，內商演變而成為鹽商中的主體。在兩淮鹽區，徙移而來的晉商、陝商、徽商，他們改業內商，或內、水商兼之一，控制了兩淮鹽區食鹽的運銷活動，構成了明代內商的主體，奠定了揚州鹽商地域群體的基礎。這一地域群體的格局一直延續到清代，沒有太大的變化。

　　揚州鹽商的這一地域群體的構成情況，又因明萬曆時期「鹽政綱法」（「綱鹽制」）的實施，穩固了鹽商的地位，保證了他們的既得利益，從而在體制上促使鹽商地域群體的最終確立。

　　鹽政綱法的實施，在中國鹽業史上的商專賣制或委託專賣制得以出現，使揚州鹽商成為封建政府特許的包銷商人，或稱之為「官商」。他們利用明政府的這一政策，幾乎壟斷了食鹽的運銷活動，積聚了巨額的商業資本。揚州鹽商自明後期起，直至清中葉，最終在中國的商界佔有重要的地位，其源即在此。

　　萬曆年間（1573－1620），由李汝華、袁世振、龍遇奇在兩淮鹽區提出了改革鹽法的措施——鹽政綱法（「綱鹽制」）。萬曆四十四年（1616），戶部尚書李汝華上戶部山東清吏司郎中袁世振所擬就的〈條陳十議〉。第二年，袁世振被任命為兩淮鹽法疏理道臣，他提出了〈綱冊凡例〉。〈綱冊凡例〉在〈條陳十議〉的基礎上，就鹽政綱法提出了具體的實施意見。〈綱冊凡例〉說：在淮南，已納過餘鹽銀兩尚未掣賣引鹽有二百萬引，為消化此二百萬引鹽，「本道刳心極慮，為眾商設為綱冊，遵照鹽字口字簿，挨資順序，刊定一冊，分為十綱，每綱扣定納過餘銀者，整二十萬引，以聖、德、超、千、古、皇、風、扇、九、圍十字編為冊號，每年以

一綱行舊引,九綱行新引。行舊引者,止於收舊引本息,而不令有新引拖累之苦。行新引者,止於速新引超掣,而更不貽舊引套搭之害,而不相涉,各得其利。」如萬曆四十五年（1617）是第一「聖」字綱,推行本綱舊引二十萬引,不行新引,其它九綱皆行新引。如此循環,直至舊引行完,然後逐漸增加新引,以補淮北暫停新引之數。〈綱冊凡例〉還說:「此十字綱冊,自今刊定以後,即留與眾商,永永百年,據爲窩本。每年照冊上舊數派行新引,其冊上無名者,又誰得鑽入而與之爭鶩哉?……昔求脫去而不得者,今惟恐窩本之有失也。」⓬根據歷史文獻資料,鹽政綱法的開始實施,是在萬曆四十六年（1618）,它由直隸巡按御史龍遇奇正式奏請批准。

鹽政綱法（綱鹽法）的實施,把納過餘鹽銀的鹽商都納入了商綱內,運銷食鹽,而不入商綱者就沒有運銷食鹽的權利與資格,從而保證了他們的利益,使得鹽商食鹽的權利與資格世襲化。這是我國鹽法制度史上的一次重大改革,它對於兩淮鹽區鹽商地域群體的最終確立起了至關重要的作用。自此,食鹽由官方專賣演變爲商專賣,鹽的承銷,由個體商人轉爲有組織的商人集團——納商。他們壟斷一個產鹽區食鹽的購買、運輸以及特定行鹽地區的銷售工作,至此,明代開中制消亡了,邊商、內商也隨之而退出了歷史舞臺,至清代,內商成爲場商,水商成爲運商。

⓬　〔明〕袁世振:〈綱冊凡例〉,《皇清兩淮鹽編》,卷4。

各地鹽商徙居和著籍揚州

在我國古代，兩淮鹽區最為著名，明清時期為我國最大的鹽產區。明政府開中制首先在兩淮鹽區施行。明政府把兩淮鹽運司所產的大部份鹽，劃為甘肅、延綏、寧夏、大同、遼東、山西神池堡的輸邊額數。當時，淮鹽的鹽利最厚，交通方便，至行鹽地交通便捷，行鹽地域廣大，人口稠密，易於銷售。對此，嘉靖十三年（1534）戶科給事中管懷中在一份奏疏中，分析得十分清楚：

> 天下之鹽利，莫大於兩淮，而浙江次之，山東、長蘆其下者也。故其價，兩淮最高，浙江稍次，山東、長蘆最下。所以然者，何也？兩淮當江河之衝，四通八達，水運甚易，浙江則稍僻遠，而山東、長蘆又深入東偏，陸路數百餘里，水路千里之遠，故商人報中只於兩淮，而浙江差少，長蘆全無。

在高額的鹽利驅動下，西北沿邊商人紛紛報中兩淮食鹽。他們常常奔波於邊地與揚州之間，既要在邊地籌糧輸納，換取勘合，又要趕到揚州鹽區的鹽場支取食鹽，然後再販運銷售，邊地與揚州成了他們的踐履之地。開中折色制施行後，作為邊商的西北商人，因「積粟無用」，改業內商，直接從事於在兩淮鹽區購取鹽引，在指定的銷鹽地界內銷售食鹽。他們紛紛來揚州業鹽。如晉商，「蒲人古賈者，唯淮揚為眾」。⑬他們中一部份人，除在原籍有田宅奴婢外，

---

⑬ 〔明〕張四維：《條麓堂集》，卷23。

在寄籍地的揚州，也有田宅奴婢。例如陝商，「田宅奴婢南北居半數，往來省視以爲常」，好似「鴻雁，而翔鶩南北」。這些鹽商，在揚州都置有園林別業與家產，所謂「美田與蘆蕩，娶揚州婦女爲妻妾，視廣陵猶別業也」。❶他們中的另一部份人，爲了認購鹽引，運輸與銷售食鹽的方便，便徙居揚州，著籍於此地：「山陝富民，多爲中鹽，徙居淮、浙，邊塞空虛」。❶明萬曆後期，鹽政綱法（綱鹽制）的實施，更進一步推動了各地域鹽商，徙居與著籍於揚州。有的商人世代在揚州經營鹽業，經過了同代人的努力，發家致富，在揚州成爲著名的鹽商世家，據嘉慶《江都縣續志》卷十二記載：

> 揚以流寓入籍者甚多，雖世居揚而仍繫故籍者亦不少。明中鹽法行，山陝之商靡至。三原之梁，山西之閻、李，科第歷二百餘年。至於河津、蘭州之劉，襄陵之喬、高，涇陽之張、郭，西安之申，臨潼之張，兼籍故土，實皆居揚。往往父子兄弟分屬兩地，若萊陽之戴，科名仕宦已閱四世，族盡在揚。

從上述記載看，陝西三原縣的梁家，涇陽縣的張家、郭家，西安的申家以及臨潼的張家，還有山西的閻、李、高、劉家，有的著籍於

---

❶ 〔清〕李楷：《河濱遺書鈔》（上海：上海書店，1994 年，《叢書集成續編》本）。

❶ 〔明〕陳子龍等輯：《明經世文編》，卷 136。

揚州，有的仍繫故籍而卻世居於揚州。隨著鹽商的到來，他們的親屬、宗族聚集在周圍，結成了一個個帶有地域性的宗族群體。

陝西與山西相鄰，風俗習慣相近，故明清時人，往往把陝西商人和山西商人合稱爲「西商」、「西客」、「山陝商人」、「秦晉大賈」。他們常常合資在某地修建供商人和同鄉活動的場所——會館。他們在揚州修建了山陝會館。

在明初開中制度實施過程中，徽州商人涉足邊商，經營鹽業的較少，眞正染指於兩淮鹽業，是在明中葉以後，鹽商的分化，內商的出現，徽州商人利用已經具有的經濟實力和靠近兩淮的有利地理優勢，紛紛插足於兩淮鹽業，勢力大增，「內商多徽歙及山陝之寓籍淮揚者」。❶排名上，徽州商人已居山陝商人之前，勢力超過了山陝商人。明弘治年間，開中折色制的推行，進一步促使徽州商人勢力的發展，萬曆《歙志·傳》卷十記載說：

> 今之所謂大賈者，莫有甚於吾邑，雖秦、晉商有來賈淮揚者，亦苦朋比而無多。

這說明徽州商人與山陝商人在人數上、經濟上發生了很大的變化，前者已超過後者。

在兩淮經營鹽業，成爲徽州商人最主要的行業：「吾鄉賈者，

---

❶ 《（萬曆）揚州府志》，卷11。

首魚鹽，次布帛」❶；「商賈之最大者舉鹺」❶；「而特舉其大，則莫如鹽筴之利，貢淮揚之間而已」。❶許多徽州商人通過在兩淮業鹽，家致巨富。在明代，徽州大鹽商資本額達上百萬，二三十萬只是中賈。至清代，大鹽商資本額上升至上千萬。千金之富，比比皆是，十萬、百萬之人也不在少數。大批徽州商人紛紛來到揚州，他們攜家帶口，有的徙居於此，有的則著籍於此。大量的文獻資料記載說：徽州商人「棲淮海」、「都淮南」、「都廣陵」，把揚州看作是自己的第二故鄉。他們「挈其家」而來，著籍於此，甚至於「輿其祖父骸骨葬」於此地，「不稍顧惜」。❷明萬曆鹽政綱法（綱鹽制）的實施，更加強了在揚州的業鹽徽州商人的實力與地位。據民國《歙縣志》卷一記載說：

> 邑中商業以鹽典茶木爲最著。在昔鹽業尤興盛焉。兩淮八總商，邑人恒佔其四。各姓代興，如江村之江，豐溪澄塘之吳，潭塘之黃，嶺山之程，稠墅潛口之汪，傅溪之徐，鄭村之鄭，唐模之許，雄村之曹，上豐之宋，棠樾之鮑，藍田之葉，皆是也。

---

❶ 〔明〕汪道昆：《太函集》（臺南：莊嚴出版社，1997 年，《四庫全書存目叢書》本），卷 54。

❶ 《（萬曆）休寧縣志》，卷 1。

❶ 《（萬曆）歙志·傳》，卷 10。

❷ 《（康熙）徽州府志》，卷 2。

又說：

> 彼時鹽業集中淮揚，全國金融幾可操縱。致富較易，故多以
> 此起家，席豐履厚，閭里相望。

在揚州業鹽的徽州商人的勢力可謂大矣。在明清時期，特別是清代出現上達天子名聞全國的大鹽商，如洪征治、汪應庚、鮑志道、江春、汪廷璋、鄭鑑元、馬曰琯、馬曰璐、黃晟、曹鏛、鄭子彥、程晉芳等等。

在中國鹽業史上，食鹽的行銷區域有著嚴格的規定，即行鹽地界制度，稱之爲引岸，或引地。某一鹽產區的食鹽，限定行銷於某區域內，有一定疆界，越界有禁，出境受罰。兩淮鹽區食鹽行銷區域，據《明史》卷八十〈食貨志〉記載，明代爲直隸之應天、寧國、太平、揚州、鳳陽、廬州、安慶、池州、淮安九府，滁、和二州，江西、湖廣二布政司，河南之河南、汝寧、南陽三府及陳州。後來，一度貴州也食淮鹽。至清代，淮鹽則行銷於江蘇、安徽、江西、湖北、湖南、河南等六省，其中，江西、湖廣二省爲淮鹽的最大行銷地。

前文引述的萬曆《揚州府志》中讀到「水商，係內商自解捆者什一，餘皆江湖行商，以內商不能自致，爲買引鹽代行」。水商即運商，百分之九十的食鹽運輸出由他們承擔。至清代，水商之名改爲運商。這些「江湖行商」是由江西、湖廣、浙江等地的商人所組成的。如《江西通志》記載，明成化年間，南昌鹽商謝昆業鹽於揚州，他往返揚州與南昌之間，有鹽船數條，謝昆乘一船，繼母與妻

李化（均爲揚州人）乘另一船。謝昆家父子兩代，都在揚州經營鹽業。

各個地域商，爲保證本地區商人在揚州的商業，鹽業經營活動、聯絡鄉誼、扶助貧困同鄉，他們在揚州都建有自己的活動場所——會館。在揚州的會館有：湖南會館、江西會館、湖北會館、安徽會館、浙紹會館、嘉興會館、山陝會館、旌德會館和嶺南會館。

揚州文化的多元性

大批陝商、晉商、徽商、湖廣商、江右商、浙商紛紛進入兩淮鹽區的中心地——揚州，運輸、銷售食鹽。他不僅帶來了雄厚的資金，經營方法、手段、理念，促使揚州社會經濟，特別是商業的繁榮與發展，他們也把各個地域的文化帶到了揚州，小至民俗、服飾、飲食，大至藝術、學術思想，融入了當地社會，注入了新的活力和樣式。徽州文化、三秦文化、吳越文化，乃至於湖湘、江漢文化都在「浸染」著揚州文化，其中特別是徽州文化，更是產生了重大影響。談明清時期的揚州文化，如果離開了徽州文化，是無法認識與理解的。揚州地域文化在繼承傳統文化的基礎上，揉進了各地區的文化，形成了一種新的文化樣式，呈現在世人面前。古代揚州地域文化寬容大度，開放而不排外，會通而不專守，進取而不保守，這種文化的氛圍，正是在這種社會條件下，獲得了很大的發展。

商業是工業與農業、城市與農村聯繫的橋樑與紐帶，承擔商品流通任務的商人在其間起著重要的作用。恩格斯在〈《資本論》第

三卷增補〉一文中說：「商人對於以前一切都停滯不變，可以說由於世襲而停滯不變的社會來說是一個革命的要素。」他又說：「現在商人來到了這個世界，他應當是這個世界發生變革的起點。」❹商人的思想與行為往往開社會風氣之先。他們在經商活動中，足迹遍於各地，在這個過程中，他們把一地的物質與精神產品帶到了另一地，傳布開來，而自己則首先使用，起著「示範」的作用，商人往往具有追求「新」、「異」、「奇」的觀念，而這種追求應該看作是人類社會文明進步的一種表現，而決不能簡單的斥之為「奢靡」。所以說，商人與文化有其相聯繫的一面。

揚州鹽商群體地域結構的多樣性，帶來了揚州地域文化的多元性。現從以下幾個方面作一剖析。

飲食文化——維揚菜（或稱淮揚菜）在全國八大菜系中佔有一席之地。據專家們研究，它的主要特點是：選料嚴格，製作精細；注重火工，擅長炖燜；清淡入味，鹹甜適中；造型優美，色澤艷麗。其中清淡入味，鹹甜適中這一特色，正是吸取了南方菜的鮮脆嫩甜的特色，又融進了北方菜的鹹、色濃的特色，其風味適合於南北人的不同口味。吸取各地之長，融合眾家之味，正是揚州人飲食上的擅長。據吳白匋先生的回憶：早年他在揚州富春茶社吃早茶，服務員把三種茶葉：浙江龍井、湖南湘潭家圓魁針和揚州窨製的珠蘭茶合在一起，龍井取其色，珠蘭取其香，魁針取其厚而後勁大，

---

❹　中共中央馬克思恩格斯列寧斯大林著作編譯局譯：《馬克思恩格斯全集》（北京：人民出版社，1965－1976 年），卷 25。

合在一起飲用，色香味俱全。㉒直至現在揚州商店裡仍有魁龍珠茶出售。不管魁龍珠茶最早出現是何時，它反映了揚州人擅長取各地物質或文化之長，吸取並用。

徽式飲食與徽菜對維揚飲食影響重大。乾隆初年，徽州人於河下街（鹽商集中居住地）賣松毛包子，名徽包店。店主人仿照安徽岩鎮街徐履安烹製的沒骨魚麵，以鯖魚作爲麵的澆頭，因而以魚麵出名，店名地改成「合鯖」。緊接著其它麵店也競起仿效，如槐葉樓的大腿麵，徐寧門問鶴樓的螃蟹麵，還有蝗魚蝲蝥、羊肉諸大連麵，一碗麵費中人一日之用，價格是很貴的。至今，揚州市面上有一種徽州餅，是由徽州傳入揚州的。

揚州的麵點很有名，左宗棠爲孝廉時，北上京師道經揚州，嚐了已開設兩世的左家麵舖的麵，「美不能忘」。後左任兩江總督，一次在揚州閱兵，要嚐左麵。從此以後，「左麵之名，膾炙人口」。㉓有一名叫「運絲糕」的點心，它是因兩淮鹽運使盧雅雨而得名的，故又名「運司糕」。據袁枚《隨園食單》稱：盧雅雨任兩淮鹽運使年已老矣，揚州店中作糕獻之，大加稱賞。從此，遂有運絲糕之名。其糕「色白如雪，點胭脂紅如桃花，微糖作餡，淡而彌旨」。性靈派詩人袁枚是一位老饕，他對儀徵縣蕭美人店的點心特別感興趣。蕭美人「善製點心，凡饅點、糕餃之類，小巧可愛，潔白如雪」。乾隆五十七年（1792）重九前，袁枚專門派人過江至儀徵，購買蕭美人點心三千件，用船運至南京，以其中一千件贈送給

㉒　吳白匋：〈我所知道的富春茶社〉，見《揚州文史資料》第10輯。

㉓　〔清〕徐珂：《清稗類鈔》（北京：中華書局，1984年）。

江蘇巡撫奇麗川。㉔關於揚州的麵點，李斗《揚州畫舫錄》、袁枚《隨園食單》、童岳荐（鹽商，浙江紹興人）《調鼎集》、梁章鉅《浪跡叢談》等書中都有詳細的記載。稻米，是揚州的主產糧食，而麵點卻如此有名，這不能不說與陝西、山西、徽州鹽商的飲食極有關係。著名徽州鹽商馬曰琯在北上途中嚐了一種餅，此餅「盈槃大可一尺強，入口饒饞二分弱。」「以潤沃焦理最宜，見色聞香饞口角。」「回南准擬載歸裝，預飭行廚再三學。」㉕無疑，此種北方麵食被馬曰琯帶回了揚州，很可能先模仿，後進一步推廣。關於揚州鹽商與揚州飲食的關係，此處不多贅言，可參見作者的專文。㉖

戲曲文化——清代揚州爲全國戲曲中心之一，其間以乾隆時爲最盛。當時人錢泳說：「梨園演戲，高宗南巡時爲最盛，而兩淮鹽務中尤爲絕出。」㉗相傳，清代中葉，全國各地戲曲先後會演於此。在揚州城內，從官府到一般士庶的尋常聚會，徵歌演劇，卜夜燒燈。官府公事演戲，主要是在每年的祝釐之日演出。據李斗《揚州畫舫錄》卷五記載：

　　　天寧寺本官商士民祝釐之地，殿上敬設經壇，殿前蓋松棚爲

㉔　〔清〕袁枚著，周本淳點校：《小倉山房詩文集》（上海：上海古籍出版社，1988 年），卷 34。

㉕　〔清〕馬曰琯：《沙河逸老小稿》（北京：中華書局，1985 年）。

㉖　拙著：〈兩淮鹽商與揚州飲食〉，見《中國烹飪》1991 年第 2 期；又見《中華食苑》，第 6 集。

㉗　〔清〕錢泳著，張偉點校：《履園叢話》（北京：中華書局，1979 年），卷 12。

戲臺，演仙佛、麟鳳、太平擊壤之劇，謂之大戲，事竣拆卸。迨重寧寺構大戲臺，遂移大戲於此。

演出的任務由兩淮鹽務衙門負責，他們要組織花、雅兩部以備演出大戲。實際上，承擔演出任務的戲班是由鹽商出資組成的「內班」。所謂花部、雅部戲，據錢泳記載說：兩淮鹽務衙門「例蓄花、雅兩部，以備演唱，雅部即昆腔，花部為京腔、秦腔、弋陽腔、梆子腔、羅羅腔、二簧調，統謂之亂彈班。」❷揚州城內演戲，重昆腔，稱為「堂戲」。亂彈的出現，先由當地人組班演唱，但也只在禱祀時演出，稱為「台戲」。後來，外來的山西梆子腔、安慶二簧調、江西弋陽腔、湖廣羅羅腔相繼進入揚州。最初，他們也只流行於城外四方，只在每年暑月昆腔散班後才入城演出，稱為「趕火班」。由於安慶二簧調等外地亂彈色藝最優，超過本地亂彈，故而本地亂彈間有聘請安慶二簧調等入班。徽州大鹽商江春在徽聘本地亂彈組成家班春臺班後，為了自立門戶，又徽聘四方名旦，如蘇州楊八官、安慶郝天秀加入春臺班，大大增強了春臺班的實力。楊八官、郝天秀又博採四川魏長生之京、秦二腔之優秀部分。於之，春臺班又合京、秦二腔。這樣，春臺班中的演員既擅昆腔，又擅二簧、京、秦諸腔，既能演雅部戲，又能演花部戲。

春臺班是徽州鹽商江春的家班。揚州的大鹽商為了迎接御駕「臨幸」招待中央及地方官員、士紳和商人，家庭娛樂與欣賞的需

---

❷ 〔清〕錢泳著，張偉點校：《履園叢話》，卷 12。

要，他們中的一些人都備有家庭戲班和樂隊，例如徐尙志的老徐班，洪充實的大洪班，江春的德音班（後歸洪箴遠）、春臺班（後歸羅榮泰），黃元德、張大安、洪啓源、程謙德、亢氏、黃瀠泰等也都備有家班，他們不僅聘請國內的一些名流演員，加盟充實家庭戲班，並且也誠邀一些製曲名家，製作劇目，如江春請蔣士銓，兩淮鹽運使盧見曾請金兆燕等。

乾隆五十五年（1790），爲慶祝乾隆八十壽誕，四大徽進入北京祝壽。這一年，二簧調藝人高朗亭率領徽班藝人進京。高朗亭，小名月官，揚州寶應人，寄籍於安徽。他擅演旦角，以「神韻」見長，演出生動逼眞，能使觀眾「忘乎其爲假婦人」，《傻子成親》一劇爲其代表作。《揚州畫舫錄》卷五說他「以安慶花部，合京、秦兩腔，名其班曰三慶。」徽班究從何處晉京，由何人組織，戲劇史家有不同看法。李斗在《揚州畫舫錄》一書中也未交待，只說高朗亭率領藝人進京後組成了三慶班。但我認爲高朗亭以徽班名從揚州晉京祝壽，可能性很大。因爲，揚州爲人文薈萃之地，歷來對各地的優秀文化能兼收並蓄，加以消化利用。江春春臺班集花、雅兩部諸腔就證明了這一點。揚州爲南北戲曲名流集中之地，一些名流在進京前都要在此做場（演出）。加之，揚州鹽商具有雄厚的經濟實力，他們決不會坐失邀寵乾隆的這一絕好機會。

正由於揚州戲曲的繁榮與發展，在乾隆四十二年（1777），兩淮巡鹽御史伊齡阿奉旨於揚州設局修改曲劇。此次修改，共刪編校勘了一千一百多種劇目，歷經四年完成。總校爲製曲名家黃文暘和李經，參加此項工作的共四十三人之多，其中就有揚州學派中人，徽州歙縣監生淩廷堪，他僑居兩淮鹽區淮北海州板浦鹽場，以修改

詞曲來到揚州。❷

　　關於揚州鹽商與戲曲的情況，限於篇幅，此處不多贅言，我有專文論述。❸

　　民俗文化──由於戰亂、地緣等因素，加上社會商業經濟的發達，揚州城市人口流動性大。「揚州為上下兩江適中之地，商民聚處，食指浩繁。」❸「四方豪商大賈，鱗集麇至，僑寄盧居者，不下數十萬。」❸在城市中，外地人佔了很大的比例，「揚以流寓入籍者甚多，雖世居揚而仍繫故籍亦不少」❸在明萬曆時，揚州「聚四方之民，新都最，關以西、山右次之。……土著較游寓二十分之一」❸，外地人口佔了全市人口的十分之九以上。這此外地人口中尤以鹽商及其家族居多。

　　在一個外來人口超過本地土著人口的城市裡，外地域的風尚習俗可說是四方雜處，異彩紛呈。「鹺客連檣擁巨貲，朱門河下鎖葳蕤；鄉音歡語兼秦語，不問人名但問旗。」❸操不同方言的外地人，總會在節日良辰展示他們的民風民俗。徽州民風民俗對揚州的影響甚大，大至婚喪嫁娶，小至街頭飲食愛好（如前文提到的徽州餅），無不如此，所以陳去病在《五石脂》一書中說「徽揚相

---

❷　〔清〕李斗：《揚州畫舫錄》，卷5。

❸　拙著：〈清代揚州鹽商與戲曲〉，《鹽業史研究》1999年第2期。

❸　《（嘉慶）兩淮鹽法志》，卷41。

❸　《（乾隆）淮安府志》，卷13。

❸　《（嘉慶）江都縣續志》，卷12。

❸　《（萬曆）揚州府志·序》。

❸　〔清〕何嘉延：《揚州竹枝詞》。

通」，不無道理。董偉業《揚州竹枝詞》中說：「徽州火把紅油刷，翰院燈籠紫紙糊。搶過花冠傳過袋，進房先看伴娘姑。」這是乾隆年間揚州婚俗中的徽式風俗。孔慶鎔的《揚州竹枝詞》中描述的家祭也提到了徽州風俗：「年來極盛徽揚祭，殘臘喪門吊客多。鼓吹沸天眞耐聽，將軍令與捉天鵝。」清末時，這種風俗還存在。惺庵居士《望江南百調》中說：「揚州好，家祭夾徽揚。鼓伐三通呼就位，燈持五色學跑方。亭設紙豬羊。」

江西來揚鹽商建有江西會館，在南河下，「首進爲戲臺，中進大廳三楹，規模宏大，屋宇華麗」。每年春初，「張燈作樂，任人瀏覽。大廳東西兩壁，懸水籙二十四幅，繪許眞人斬蛟故事」。**㊱**臧谷《續揚州竹枝詞》中也說到此一風俗：「正月街頭擠不開，遊人如蟻踏塵埃。紛紛都上江西館，飽看眞君水籙來」。山西鹽商在揚州也修建了會館（原址在南門，後遭焚毀，遷至東關街）。山西人最崇拜關羽，鹽商們爲了團結一致，在市場競爭中取勝，把這一習俗帶到了揚州。明嘉靖年間，移居揚州的山西鹽商，建起一座關壯繆侯廟，每年陽曆五月十三日，山西蒲州鹽商必定舉行盛大的祭祀活動。現今揚州有一「三義閣」的地名，據稱是山西鹽商修建的祭祀劉備、關羽、張飛場所而遺留下來的。鹽商們崇拜吳王劉濞，把他尊爲財神爺，也許是吳王劉濞首開在揚州煮鹽、鑄錢的緣故吧。祭拜財神也成了揚州的一種風俗。阮充《揚州竹枝詞》：「襟淮枕海水泱泱，煮得飴鹽白似霜，商賈自饒三倍利，家家豚酒祀吳

㊱ 王振世：《揚州覽勝錄》，卷6。

王。」董偉業《揚州竹枝詞》也說：「土地燈完二月中，年年思想做財翁。借銀又上邗溝廟，到底人窮鬼不窮」。

　　文學藝術——古代揚州有著較為濃郁的文化氛圍，在這種文化氛圍下，吸引了許多文人學者紛紛到此駐足。董偉業的《揚州竹枝詞》說「六一堂前車馬路，兩兩三三說詞賦。揚州滿地是詩人，顧萬峰來留不住。」一些鹽商人家也附庸風雅，作詩吟詞，林蘇門《續揚州竹枝詞》：「邗上時花二月中，商翁大半學詩翁。紅情綠意朱門滿，不盡詩工境便窮。」揚州一般人家都喜背詩記詞，家有藏書，費軒《羅香詞（調寄望江南）》中說：「揚州好，佳句記還無。名士總勝三斗酒，貧家都有五車書。領袖是鴻儒。」明清時期，揚州鹽商群體的形成，他們中不乏一些學有素養的文化人，如馬曰琯、馬曰璐、江春、江昉、汪楫、汪懋麟、許承宣、許承家、孫枝蔚、程夢星、程晉芳、鮑志通、鮑淑芳等等，他們利用自己手中的經濟實力，招致各地的文人學者到揚州，交流創作的心得體會，切磋思想。翻開一部《揚州畫舫錄》，來到揚州的名畫家詩人有八十多人，僅以卷十的篇章中就可舉出以下一些人，如梅文鼎、朱彝尊、朱筠、錢大昕、王昶、袁枚、王鳴盛、盧文弨、邵晉涵、紐玉、汪啓淑等等。阮元的《淮海英靈集》，記載的來揚學者有七百八十多人。

　　在揚州文化史上值得一提的文人「雅集」。雅集就是文人的詩文之會，它是文士們的一種高雅聚會，集遊鑑勝地與人文於一地，融自然景觀與人文景觀於一處的高品位的詩文創作集會，對推動詩文創作有著重大的作用與意義。顧公燮《丹午筆記》說：「詩流結社，自宋元以來代有之。」元顧瑛在自己的玉山草堂中舉行玉山草

堂雅集，並刻印雅集諸人的詩作。此後雅集蔚爲風尙，士大夫乃至商人蓄積書史，廣開壇坫。揚州文人雅集之盛名聞全國，在文士中一再傳爲佳話。正如孔尙任所說：

> 廣陵據南北之勝，文人寄迹，半於海內。自歐、蘇平山宴會以來，過其地者，俯仰今昔，穆然山色江聲之表，蓋不知幾觴幾詠。

他在詩中又稱：

> 雅會名流盡折巾，江南江北聚芳鄰。催詩浙瀝來山雨，剪燭蕭條獻水尊。痛恨須教肝膽露，堅留只有性情眞。滿囊珠玉輕帆去，從此邗關話一新。❸

清同治時江陰鹽商何蓮舫在一題襟館長聯中，對揚州文人雅集也有過描述，其上聯中說：「當年多士登龍，追陪雅集。溯漁澤修禊，賓谷題襟，招來濟濟英髦，翰墨壯山色。」

明清時期，揚州文壇上的雅集，時有精彩篇章，其中著名的有：鄭元勛影園，鄭俠如休園，王士禎紅橋，孔尙任紅橋、梅花嶺、瓊花觀、傍花村，淮泰東園，馬曰琯、馬曰璐小玲瓏山館，盧見曾蘇亭、紅橋，程夢星个園，曾燠南園，汪玉樞九峰園等等，其

---

❸ 〔清〕孔尙任：《孔尙任詩文集》，卷6、卷2。

中大部分是鹽商利用自己的園林別業舉行的雅集。「名士風流另一行，九峰園裡踞匡床。山尊作客能招客，但值論詩便與商。」❸便是真實的寫照。

揚州八怪（揚州畫派）是在揚州土地上產生的又一種地域文化，它突破了以「四五」為代表的官方正統派的束縛，既繼承了傳統，又有所創新。揚州八怪深受新安畫派的影響，這是藝術史家們的共識。揚州八怪中人物有揚州人，但大部分來自於各個地方，有福建的、江西的、浙江的、山東的，其中李葂、汪士慎、羅聘來自於安徽。揚州八怪與揚州鹽商及兩淮鹽務官員有著很深的交往，如鄭板橋與馬曰琯、馬曰璐和鹽運使盧見曾。前兩人還曾在經濟上支持鄭板橋，鄭板橋是二馬家的座上客。沒有鹽商們財力上的支持，來揚畫家就無法生存，更何況鹽商中確有些人對書畫藝術愛好與精通，如大鹽商安岐就是如此。鹽商們的倡導與支持，成就了揚州八怪，不管他們是附庸風雅還是有所喜好。

學術文化——濃郁的文化氛圍，雄厚的經濟條件，寬鬆的政治環境，孕育了清代的揚州學派。劉師培在《左盦外集》卷二十〈揚州前哲畫像記〉中說：「自漢學風靡天下，大江以北治經學者，以十百計。或守一先生之言，累世不能殫其業，或緣詞生訓，歧惑學者，惟焦、阮二公，力持學術之平，不主門戶之見。」張舜徽先生在評述「揚州學派」時說：「余嘗考論清代學術，以為吳學最專，徽學最精，揚州之學最通。無吳、皖之專精，則清學不能盛，無揚

---

❸ 〔清〕林蘇門：《續揚州竹枝詞》。

州之通學，則清學不能大。」「揚州諸儒，承二派以起，始由專精
匯爲通學，中正無弊。」❸揚州學派受吳、皖兩派的影響，但更多
的是皖派。如任大椿，「既與休寧戴震同舉於鄉，習文論說，究心
漢儒之學。」「戴震以其思銳而議堅，引鄭樵、毛奇齡賊經害道爲
戒，自是實事求是。所學淹通於禮，尤長名物。始欲薈萃全經，久
之知其浩博難罄，因思即類以求，一類即貫，乃更求他類。」❹實
事求是，不專主一家之說，正是皖派治學的特點。揚州學派中的阮
元，據蔡冠洛《清代七百名人傳》言：「其論學在實事求是，自經
史小說，以及金石詩文，鉅細無所不包，而尤以發明大義爲主。」
「在史館時，採諸爲〈儒林傳〉，合師儒異派而持其平，不稍存門
戶之見。」當初江藩著《漢學師承記》時，龔自珍「諍之，大旨謂
讀書者，實事求是而已。若以漢與宋爲對峙，恐成門戶之見。」❹
而阮元卻爲此書作序，他說：「讀此可知漢世儒林家法之承授，國
朝學者經學之淵源。」他爲了編纂一本大清經解，認爲對「國朝諸
儒說經之書甚多，以及文集論部皆有可採。」他欲「析縷分條，加
以翦裁，引繫於群經各條句之下。」不這樣做，恐「他多家新著之
書或不盡傳，奧義單辭淪替可惜，若之何哉。」從序中看不出他完
全贊同江藩之說，爲了保存多家之著作、一家之言，阮元爲江藩之
書作了序，這從另一面說明了阮元持平學術之態度。

　　不論是吳派還是皖派，都與揚州鹽商有著關係。戴震與惠棟是

❸　張舜徽：《清儒學記》（濟南：齊魯書社，1991 年）。

❹　蔡冠洛：《清代七百名人傳》（北京：中國書店，1984 年），下冊。

❹　同前註。

忘年之交，乾隆二十二年（1757），戴震來揚州，在兩淮鹽運使盧見曾處見到了惠棟，他們「交相推重」。❷他們都與鹽商汪棣熟悉，並參加了文酒之會。揚州學派中的汪中和淩廷堪都來自於安徽，而阮元則爲大鹽商江春的從甥孫，揚州學派從徽州學人那裡學到知識也就不難理解了。

---

❷　〔清〕王昶：《春融堂集》（清丁卯、戊辰年塾南書舍刊本），卷55。

全祖望與揚州學術

詹海雲*

　　全祖望一生經歷寧波、濟南、北京、杭州、揚州等地。他的學問是奠基於寧波，擴大眼界於北京，唱和於杭州，大成於揚州。濟南對他影響則是相對較小。

　　在北京，全祖望受到李穆堂（紱）的提拔，所有到北京欲拜訪李穆堂的學人都須通過他。因此他對當時的各方人才與能力所在，甚至祖宗八代，都瞭若指掌。因而，他編有《公車徵士錄》一書，詳述了九十九人的字號、排行、籍貫、專長學術領域、考試與仕宦之履歷。在這份人才資料檔中，只有「江祚」一位是揚州府江都人，他專治《易經》。但從現在全氏著述中，看不出他與全氏有一點深厚之友誼。倒是杭州府錢塘縣的厲鶚及仁和縣的藏書家——趙昱（功千）、趙信（辰垣）與經史學家的杭世駿與全祖望在北京結成好友，他們一行四人，後來於杭州成立詩社，最後都來往於揚州，而以厲鶚定居最久，他們與揚州的名士、儒商成立了韓江詩社，編了一本《韓江雅集》，在吟詩、繪畫、著述、藏書、刻書及

---

*　　詹海雲，交通大學共同科教授。

書院育才、表彰鄉賢上起了交流，同時也使其後著名的揚州學者阮元對全氏有相當全面的肯定。而在全氏臨卒，以《集》五十卷寄揚州馬氏叢書樓，由此亦可見全祖望對揚州的深厚感情。但此一因緣，前人很少言及，更遑論探討揚州學術與浙東學術或杭州學者的關係，因此不揣固陋，草此初稿，希望藉著此次到揚州參加討論會之便，就正博雅方家，以補個人學問的不足。

一、從《韓江雅集》看浙派詩對
揚州詩風的影響

　　全祖望與揚州人士交往，真正時間無法確考，可以推斷的是由於厲鶚、杭世駿的關係，他認識了揚州的儒商馬曰琯、馬曰璐二兄弟。具體的事跡是乾隆元年（1736），全氏入北京翰林院看到了院藏《永樂大典》的副本，馬氏兄弟立即極力慫恿他雇人抄寫其中重要的精華。於此，可見他們之間的交情。其後，透過馬氏兄弟的介紹，他與揚州的本地人士與寓公有了深厚的交往。約在乾隆八年（1743）到乾隆十三年（1748），他先後二次長時期到了揚州，與維揚詩社的朋友相互唱和，因而有《韓江雅集》的編纂。此書是他和厲鶚、馬曰琯三人合編，現藏揚州大學圖書館。

　　參加詩社的人物有畫家、詩人、學者、仕宦、刻印名家，可說是一次盛大的「雅集」。我大致算了一下，約有四十一人，他們是：胡期恒、唐建中、程夢星、馬曰琯、汪玉樞、厲鶚、王藻、方士庚、馬曰璐、陳章、閔華、楊述曾、陸鍾輝、全祖望、張四科、方士庶、洪振珂、劉師恕、王文充、高翔、姚世鈺、程士械、張世

進、團昇、陸錫疇、方正舉、鮑辛甫、釋明中、邵泰、杭世駿、樓
錡、趙一清、戴文燈、趙信、趙昱、丁敬、金農、陳祖范、查祥、
團冠霞、方西疇。

在此四十一人中，有西冷名家的丁敬，藏書家兼鹽商的馬氏兄
弟、趙氏兄弟，揚州八怪的高翔、金農，詩人的厲鶚，學者的杭世
駿，可謂是一件盛事。此一雅集不僅打破了學術的此疆彼界，同時
豐富了全祖望的題畫詩與文的質量。由於這群人多是杭州、揚州人
士，使得厲鶚所倡導的學人之詩扭轉了其前以唐為主的格律詩風。
沈德潛曾很具體地評述這種風格說：

> 《韓江雅集》，韓江諸詩人分題倡和作也。故里諸公，曁遠
> 方寓公咸在。略出處、忘年歲，凡稱同志、長風雅者與焉。
> 既久成秩，并繪雅集畫圖共一十六人，詩簡垂寄屬予序。予
> 惟古人倡和者，唐如王、裴倡和，賈、岑、杜、王倡和，
> 荊、潭、裴、楊倡和，元之與白，白之與劉，皮之與陸，並
> 以倡和稱。宋初西崑體有楊、劉之徒十餘人，元季玉山讌
> 集，有顧仲瑛、楊鐵崖諸人。明代如沈石田、文微仲、唐子
> 畏諸人次韻詩亦復斐然。而吾謂《韓江雅集》有不同於古人
> 者，蓋賈、岑、杜、王、楊、劉十餘人倡和於朝省館閣者
> 也。荊潭諸公倡和於政府官舍者也。王裴之於輞川，皮陸之
> 於松陵，同屬山林之詩，然此贈彼答，祇屬兩人，仲瑛草堂
> 讌集祇極聲伎宴遊之盛。沈、文數子會合素交，量才呈藝，
> 別于賈、岑以後詩家矣。然專詠落花，而此外又無聞焉。今
> 韓江詩人，不於朝而于野。不私兩人，而公乎同人。匪矜聲

譽，匪競豪華，而林園往復，迭爲賓主，寄興詠吟，聯結常
課，并異乎興高而集，興盡而止者。則今人倡和不必同于古
人，亦不得謂古今人之不相及也。昔王新城尚書官揚州，李
時招、林茂之、杜于皇、孫豹人諸名士修禊紅橋，各賦冶春
絕句，客俱屬和。迄今追憶，比於杜牧風流，付之夢寐矣。
乃八十餘年後，有好事者追前塵而從之。新城餘韻不仍在綠
楊城郭間也。予嘗經蜀岡，登平山堂弔歐陽公遺跡。遠山長
江，溶溶靉靉，如眉如練，嘗夢魂飛越于此，倘得廁名賢之
末，相與搜奇抉勝，較工拙于鏗鏘幽渺之間，亦江湖之至
樂，而留滯春明，有懷莫能遂也。書復諸公，以志我媿，且
爲他日息壤之券云。乾隆丁卯冬月，長洲沈德潛序。

這段話，無疑承認韓江諸公不同於以往者有三：

一是人數不是一二人之唱和，也不是唱和於政府官舍，聲伎宴
遊之處，而是「同人於野」；二是於山水林園，迭爲賓主，寄興詠
吟，結爲常課，不同於隨興而集的偶然聯咏；三是「相與搜奇抉
勝，較工拙于鏗鏘幽渺之間」。因此，他們是既有興寄，又復切
磋，可說是「性靈」與「學問」的合一。

二、揚州學界治學的方式對全祖望的啓發

全祖望曾批評揚州說：

揚州爲江北大都會，居民連甍接楹，笙歌與從，竟日喧聚，

其於清歌雅集，蓋罕矣。（《鮚埼亭集·九日行菴文讌圖序》，頁1014）

但自他遇到馬氏兄弟，就改變這種負面的看法。他說：

> 城北天寧寺爲晉謝公駐節時所遊息，其中有行菴吾友馬君嶰谷、半查兄弟之小築也。地不營五畝，而老樹古藤森蔚相望，皆千百年物，閒以修竹春鳥秋蟲更唱迭和，曲廊高榭，位置閒適。出門未數百步，即黃塵濁流，極目令人作惡。一至此閒，蕭然有山林之思。（同上）

此時，在他看來，能與馬氏兄弟及詩社中那一批「生逢太平之世，書淫墨癖是處留連。胸次中了無一事」的人做朋友，實爲「江湖之幸民」。

全氏所以有如此大的轉變，實因馬氏兄弟非一般之池中物。馬氏兄弟雖承祖上餘蔭，收入頗豐。由於他們的「有力」「有心」又生逢其時，所以，他們成爲著名的大藏書家。可是，他們藏書不在乎孤本、善本的問題，而看重的是書籍內容。同時，他們聚書之主要目的是讀書，同時把書籍開放給有心人去讀。他們對書相當痴情，每逢有人從外地來，就會好奇詢問，最近又讀甚麼書？此外，他們又相當地敬業，不僅校讎精細，同時還把他當一門事業做。全祖望說：

> 聚書之難，莫如讎校。嶰谷於樓上兩頭，各置一案以丹鉛爲

商榷。中宵風雨互相引申，真如邢子才思誤書爲適者。珠簾
十里，簫鼓不至夜分不息，而雙鐙炯炯，時聞雒誦。樓下過
者多竊笑之，以故其書精核，更無譌本，而架閣之沈沈者，
遂盡收之腹中矣。（《鮚埼亭集·蔡書樓記》，頁886）

又說：

半查語予，欲重編其書目，而稍附以所見。蓋仿昭德、直齋
二家之例。予謂鄱陽馬氏之攷經籍，專資二家而附益之。黃
氏《千頃樓書目》亦屬《明史·藝文志》底本，則是目也，
得與《石渠》、《天祿》相津逮，不僅大江南北之文獻已
也。馬氏昆弟其勉之矣。（同上）

將私人藏書，依類部居，這種「部次別居」，其實也是浙東學者所
說：「考證原流，辯章同異」的目錄學理念十分接近。而馬氏昆弟
更要使個人的著述，變成他日國史的底本，其志實是宏大。故全祖
望對馬氏昆仲佩服之至。

馬氏昆仲樂善助人，全祖望有惡疾，馬氏昆仲爲請醫生，將其
治好。據全祖望弟子董秉純所編《年譜》言：

先生自辛酉以後極貧，饔飧或至不給，冬仲尚衣袷衣，賴維
揚詩社，歲上庖廩，然典琴書，數券齒，日皇皇也。（《鮚埼
亭集》，卷首）

全祖望因鄞縣太守不敬而辭離教職，雖是個性使然，但如無維揚詩社的好朋友的支持，恐亦無法如此揮灑。

由於在揚州有好書、好友及林園之樂，故全祖望一生幾部大著作均成於揚州。如：《宋元學案》、《三箋困學紀聞》、《水經注》都是。

三、全祖望對揚州學風的影響

從全祖望的〈雙韭山房記〉、〈小山堂藏書記〉、〈叢書樓記〉、〈叢書樓書目序〉中，可知全氏的藏書多由手抄得致。這與一般藏書家專收寫本、稿本、善本、孤本不同。全氏很自豪自己的家風，並積極地鼓勵他人。這種重視書籍內容的生命影響了揚州藏書家的馬氏兄弟、仁和藏書家的趙氏兄弟。

全氏一生積極表彰氣節，他認為這是天地正氣之所在，維繫人類不亡的關鍵。歷來憑弔史可法的文章，少從這點著墨，全祖望從「理學」與文學的結合點上，提出「稱情而出，一往情深」的觀點，寫出史可法之所以不朽的價值及為何一百年後的他，登上揚州城，會覺得史可法事蹟就在眼前之因。全氏撰寫傳記的成就是眾所公認的，他的〈梅花嶺記〉不僅使史可法「正氣垂宇宙」，同時也使揚州增色不少。

全氏又是經史兼治的著名學者。揚州府儀徵縣的阮元即十分崇拜全祖望，他說：「經學、史才、詞科三者得一足以傳，而鄞縣全謝山先生兼之。」（〈經史問答序〉）阮元以後的《揅經室集》、《淮海英靈集》、《兩浙金石志》未嘗沒有全祖望治學途徑的影

子。

所以，全祖望在揚州不僅得到了安定的生活，也獲得心靈的喜樂。因而他很樂意把他的著作留在揚州，交給馬曰琯，這段因緣爲揚州的對外學術交流留下美好的佳話。

孫喬年對《古文尚書》的考辨

蔣秋華*

一、前言

　　有關《古文尚書》眞僞的問題，自從宋人啓疑以來，歷經元、明學者的接續議論，到了清初，引發學者激烈的爭辯，加入討論的學者非常多，對於清代考證學風的興盛，具有相當程度的影響。❶論辯的過程中，由於閻若璩（1636－1704）所撰的八卷《尚書古文疏證》，以號稱一百二十八條的證據❷，斷定《古文尚書》爲僞

─────────────────

* 　蔣秋華，中央研究院中國文哲研究所副研究員。

❶　有關清人對《古文尚書》眞僞的考辨，可參戴君仁：《閻毛古文尚書公案》（臺北：國立編譯館中華叢書編審委員會，1963 年）；古國順：《清代尚書學》（臺北：文史哲出版社，1981 年），頁 44－117；蔣善國：《尚書綜述》（上海：上海古籍出版社，1988 年），頁 282－301；劉起釪：《尚書學史》（北京：中華書局，1989 年），頁 344－370；林慶彰：《清初的群經辨僞學》（臺北：文津出版社，1990 年），頁 125－149。

❷　今日流傳的閻若璩《尚書古文疏證》，已逸闕 29 條，實際僅存 99 條。

作，此一結論雖然未能獲得學者一致的認可，但大多數的人已肯定
閻氏的成就，接納《古文尚書》為偽的說法。之後的相關研究，除
了糾正閻氏的部分疏失外，為其增益補充論據的，屢見不鮮。

　　清代揚州學者當中，專門針對《古文尚書》真偽問題而做考辨
的，並不多見，今日留存下來的撰著，也寥寥可數。在《古文尚
書》的考辨史上，揚州學者似乎較為沉寂，被稱頌的情形，遠不及
其他方面的成就。不過，有一位學者關於《古文尚書》的辨偽著
作，卻未受到注意，那就是高郵人孫喬年（？－1765）的《尚書古
文證疑》。

　　孫喬年所處的時代，略晚於閻若璩，主要的學術活動時期，大
約在乾隆初年。這時《古文尚書》的論辯高峰已過，進入學者為閻
氏修正、補益的階段，出現了一些聲援閻氏的著作。孫喬年的《尚
書古文證疑》就是屬於此類性質的作品。然而由於此書流傳不廣，
加上他本人沒有很大的名氣及顯赫的政治地位，其書始終沒有受到
世人的注意。因此，不僅在《尚書》學的辨偽史，甚至連清代的學
術史上，都沒有為他的成果，給予適當的評價。

　　清代揚州地區的學者有關《尚書》的著作，流傳的並不多，孫
喬年的書是少數仍可見到的著作，僅就資料價值而言，已屬可貴。
本文撰述的目的，希望能彰顯孫氏對於《古文尚書》辨偽的實際貢
獻，讓世人重新評估他的學術成就。

二、孫喬年的生平與著作

　　關於孫喬年生平事蹟的資料，相當貧乏，《高郵州志》有一篇

十分簡短的小傳，可以略知一二。其曰：

> 孫喬年字寶田，濩孫子。性至孝，八歲能文章，誦經史，必
> 求甚解。長入成均，應京兆試，擬元數日，以策語見擯。考
> 職授主簿，不就。授徒泜水，學益篤。作《大學補傳說》，
> 任鈞臺評爲《大學》功臣。著有《尚書古文證疑》四卷、
> 《華國編》、《文選》行世。《五經合解》二十卷，稿藏於
> 家。❸

又其子全巖所撰〈行傳摘錄〉，對其生平有較詳細的敘述，曰：

> 先子先大父刑部公季子，年十三，隨宦京師，援例入成均。
> 應順天鄉試，即叨房薦。後南北十入棘闈，屢薦不售，益發
> 憤窮經史，閉戶著書，手錄清副本，二尺有奇。乾隆乙酉，
> 復應試順天，卒歾于車。❹

據此可知他的仕途並不順遂，由於沒有科舉功名，他只能以教書度
日。然而他卻有不少撰述，尤其《大學補傳論》，更是受任啓運
（1670－1744）的推崇。孫喬年卒於乾隆三十年（1765），因爲不

---

❸ 見〔清〕夏之蓉：《高郵州志》（清乾隆 48 年刊本），卷 12，頁 12
下。

❹ 見〔清〕孫喬年：《七經讀法》（北京：北京出版社，1997 年《四庫未
收書輯刊》本），書末附錄頁 1 上。

知其生年，所以死時究竟幾歲，亦不得知。

　　由於資料的缺乏，無法獲得有關孫喬年更詳盡的生平事蹟，尤其他的交遊狀況，更是不明確，因而難以考察其學術淵源，這有待進一步的搜尋、探究。

　　孫喬年的著作，據《高郵州志》、《江蘇藝文志——揚州卷》、《續修四庫全書總目提要——經部》的著錄，有《尚書古文證疑》、《尚書今文集說》、《三正考》、《禹貢釋詁》、《孫氏七經讀法》、《五經合解》、〈大學補傳論〉、〈讀南北史〉、《華國編》、《文選》，其中末兩種，《高郵州志》又謂為其父潄孫所編，未知孰是。❺孫喬年《禹貢釋詁》中孫仝嚴的〈附記〉曰：

　　　　先子著述甚夥，《尚書古文證疑》已刊行世，至《五經論文》、《經囊》、《五經釋詁》、《尚書今文集說》、《三正考》等書，無力續刻。❻

據此可知孫喬年尚有《五經論文》、《經囊》、《五經釋詁》等著作。《七經全書》孫仝嚴的〈附記〉說：

---

❺　參見〔清〕夏之蓉：《高郵州志》，卷 12，頁 12 下；南京師範大學古籍整理研究所編：《江蘇藝文志——揚州卷》（南京：江蘇人民出版社，1995 年），頁 659－660；《續修四庫全書總目提要——經部》（北京：中華書局，1993 年），頁 276。

❻　見〔清〕孫喬年：《禹貢釋詁》（北京：北京出版社，1997 年《四庫未收書輯刊》本），卷首，頁 1 下。

先子七經全書皆有著述，既釋詁，又論文，講明義理，博引
群儒，發前人之所未發，總計數百萬言。❼

可見其著述相當宏富，竟達「數百萬言」。然而孫喬年逝世之後，
由於家道衰落，如此龐大的著作，想要全部刊行，實非易事。幸
好，在他兩個兒子全奭（？－1825）、全嚴的積極努力下，於嘉慶
十五年（1810），先刊印了《尚書古文證疑》與〈奏疏書後〉一
篇，道光五年（1825）又刊印了《七經讀法》、《禹貢釋詁》，後
一種還附有〈大學補傳論〉、〈讀南北史〉二篇文章。以上三書，
1997 年，北京出版社的《四庫未收書輯刊》均據以影印出版。
　　孫氏雖然有多種著作，不過成績似乎都不突出，前人的評價都
不太高。其《禹貢釋詁》，倫明評曰：

> 首有喬年〈自序〉，言「少讀蔡《傳》，不愜於心，因集諸
> 家之明白坦易，並數十年沈潛反復有得於心者，著為《釋
> 詁》一書」云云。其書詞意簡淨，惟於前人沿誤諸條，未見
> 訂正，即胡渭《錐指》，亦似未曾寓目者，不可解也。首有
> 〈九州田賦指掌圖〉、〈禹貢九州全圖〉，為其子全嚴所補
> 繪。〈自序〉作於乾隆庚午，越六十年而布於世，時道光五
> 年乙酉也。❽

---

❼　見〔清〕孫喬年：《七經讀法》，書末附錄頁 1 上。
❽　見《續修四庫全書總目提要──經部》，頁 276。

可見孫氏雖用心撰作，但於前人之誤失，仍舊沿襲未改。而胡渭（1633－1714）的《禹貢錐指》是當時備受贊揚的著作，對於〈禹貢〉的研究，有很大的貢獻，孫喬年卻沒有稱引，似乎不曾見過。如此看來，他的見聞未免過於狹隘。按：乾隆十五年（1750）七月，孫喬年撰〈禹貢釋詁自序〉曰：

> 寒門世治《尚書》，余髫年讀〈禹貢〉，蔡《傳》雖數遍成誦，覺煩且晦焉。少長，遍閱諸家訓詁，而蔡註愈不愜於心。庚午，授徒汊水，及門多習《尚書》，時取蔡《傳》講授，生徒每厭置之。因集諸家之明白坦易，其言簡而意該，并余數十年沈潛反復，有得於心者，著爲《釋詁》一書。門人取以誦習，每喟然曰：「有是哉！先生之善誘人也，且使聖經粲然於世。方諸蔡《傳》，必有別黑白而家弦戶誦者。」余聞之愧甚。昔大禹之治水也，乘四載，胼胝無胈，膚不生毛，導水導山，八年之聖蹟神功，具載於一千二百字之中，辭簡旨微，博大精深，豈淺學所能窺測，克發其肯綮哉？余之爲是書也，不過俾山川原委如指掌上，九州貢賦若數家珍，以作初學之津梁云爾。若曰詁經，則吾豈敢？❾

據其所述，可知此書乃不滿蔡沈（1167－1230）《書集傳》中有關〈禹貢〉部分的注釋，而於授徒時，裒集前人說解和一己之心得，

---

❾ 見〔清〕孫喬年：《禹貢釋詁》，卷首，頁1上。

編纂而成的著作。雖然他說「集諸家」的說解，但通覽其書，卻未
見其稱引何人何書。此書不過作爲授課講章，故「明白坦易」、
「言簡而意該」，似乎不必以嚴格的標準來看待、批評。

孫喬年的《七經讀法》，江瀚評曰：

> 是編有其子仝嚴〈附記〉，稱喬年「於七經皆有著述，既釋
> 詁，又論文，講明義理，博引群儒，總計數百萬言，此特其
> 七經卷首讀法、源流、綱領，全書尚待梓也」。其讀《周
> 易》，謂《易》學當以朱子《本義》爲主，而讀《毛詩》，
> 則亟取呂祖謙《家塾讀詩記》，不以《集傳》爲然。讀《禮
> 記》，謂《周禮》醇疵各半，《儀禮》枝葉繁瑣，未甚切日
> 用，惟《禮記》多名言微理，故《三禮》並行，而獨以
> 《記》爲粹。然《周禮》醇疵固有難言，《儀禮》豈可繁瑣
> 譏之？韓愈〈讀儀禮〉雖亦曰：「沿襲不同，復之無由，考
> 於今誠無所用之。」然未嘗不慕其進退揖讓之盛，是則可謂
> 知《儀禮》矣。喬年既以《記》爲粹，又云：「文多雜錄，
> 非出一手，眞贋相掩，瑕瑜互見。」得無自相衝突乎？其於
> 〈檀弓〉，純講論文法，《論語》、《孟子》亦復如是，蓋
> 制義之流毒也。惟讀《春秋》，論胡《傳》之失，較爲中肯
> 耳。❿

---

❿　見《續修四庫全書總目提要——經部》，頁1356。

此處扼要地介紹了孫氏對諸經的態度，可以約略知曉他的學術要
旨。孫氏解經，同時講求文章作法，大概仍不脫科舉考試的束縛，
使其成就受到限制，這是當時風氣使然，孫氏無法跳脫出來，確實
可惜。

然而孫喬年的作法也不是無人欣賞，如〈大學補傳論〉即受任
啓運的稱道。孫喬年〈大學補傳論〉曰：

> 《大學》一書，朱子因程子所定，而別爲序次，兼補傳之五
> 章，誠載籍之功臣也。喬年於其中，覺有未安者二條：一則
> 經文中知止二節，一則傳文中聽訟一章。蓄疑既久，後閱陸
> 氏稼書集，云：「先儒有言，格物致知傳未嘗亡，知止二節
> 合聽訟章，即其傳。」反復斯言，覺實有依據，而非鑿空立
> 論者，因推倣陸氏意而暢論之。……予因陸氏言而嘆古經之
> 未嘗亡也。知止二節在經爲贅設，聽訟一章於傳無所位置，
> 合二節一章，移補格致傳，或庶幾乎。❶

可知此文的撰作，乃因不滿意朱子的《大學》改定本，在閱讀了陸
隴其（1630－1692）的著作後，自己重新調整章次。此文賈田祖評
曰：

> 議論恢宏，足以驚天泣鬼，其實如玉律金科，一字不可動搖

---

❶　見〔清〕孫喬年：《禹貢釋詁》，卷末文集摘刻，頁1上－2上。

也。匠心獨運,聯合補綴,四面八方,毫無滲漏,亦可謂得
數千年不傳之秘矣。具此識力,真可閉戶著書。規規爰爰
者,見此尚有異議,亟以管輅醇酒飲之,以堅其胆,而作文
氣度,不至老死蠹蟫,為昔人所笑。⓬

所言雖有溢美之嫌,卻也表達了他對此文的推崇之意。《大學》的
改本,議者紛紛,莫衷一是,孫氏所作,亦眾家改本之一,自有其
移易的理由,至於是否合乎經文原貌,則不過夫子自道而已。孫喬
年的〈讀南北史〉一文,賈田祖評曰:

> 書二百年篡弒剿拉之事於紙上,令人毛髮灑浙。嗚呼!有國
> 有家,可以鑒也已。凡著議論處,皆英快絕倫。⓭

對於孫喬年的議論,再次表達了他的贊賞態度。由上舉之例,可見
孫喬年受稱賞的,為其時文一類的著作,而他的解經著作,「既釋
詁,又論文」,實未脫制義之習,也就難怪今人會對他的著述,有
所不滿了。

三、孫喬年撰述《尚書古文證疑》的態度

孫喬年的《尚書古文證疑》一共四卷,書前有乾隆二十九年

⓬ 見〔清〕孫喬年:《禹貢釋詁》,卷末文集摘刻,頁 5 上—5 下附錄。
⓭ 見〔清〕孫喬年:《禹貢釋詁》,卷末文集摘刻,頁 9 上附錄。

（1764）八月撰寫的〈自序〉，稱「凡七易藁焉」**⑭**，此書極可能撰成於此時。在他生前，此書未能付梓，一直到嘉慶十五年（1810），才由他的兒子全奭、全巖刊行，其間相隔了將近五十年。這也就是今日所見的天心閣刻本。然而其書似乎未受到世人的重視，在眾多的考辨偽古文的著作中，孫氏這部論著，與其他同類型的著述相較，實在是沉寂多了。其書的流傳不廣，知道的人更是鳳毛麟角。不僅當時的學者鮮有引述他的觀點，即便是後世的研究者，亦未予重視。研究清代考辨《古文尚書》的專著，多未言及此書，劉起釪《尚書學史》曾經提到，卻因未曾閱目，故不知其內容如何，而沒有任何的評介**⑮**；僅有古國順的《清代尚書學》，對其書的內容略作介紹。**⑯**

孫喬年〈尚書古文證疑自序〉曰：

> 《尚書》今、古文之說，由來舊矣！梅賾奏上孔《傳》，增多伏生今文二十五篇以來千餘年，儒者皆沿此誤。自宋吳才老，始發其覆，而朱子因致其疑。至元儒吳幼清、明儒歸震

---

⑭ 見〔清〕孫喬年：《尚書古文證疑》（北京：北京出版社，1997 年《四庫未收書輯刊》本），卷首，頁 2 上。

⑮ 劉起釪《尚書學史》曰：「此外陳廷桂《尚書質疑》八卷及《尚書古今文考證》二卷，還有不詳卷數的黃晃《尚書記疑》，孫喬年《古文尚書證疑》等。這幾部從書名上看，似是辨疑之作，但不詳其內容。」（頁358）

⑯ 參見古國順：《清代尚書學》（臺北：文史哲出版社，1981 年），頁 69－70。

川等，乃暢發其旨，而世或猶以疑經反古爲駭，則其説終未有以定也。夫詞旨之難易、格制之古今，昭然不同，雖以朱子及兩吳氏、歸氏諸儒，言複詞詳，而無徵不信，終不足以別黑白而定一尊。竊以爲詞旨之難易、格制之古今，此虛言也，無徵者也，學者或不之信也。**⑰**

宋代以來的學者，已經對梅賾所奏獻的《古文尚書》和孔《傳》有所疑惑，但因「疑經反古」的包袱過於沉重，所以始終未獲世人的採信。孫喬年認爲「詞旨之難易」、「格制之古今」雖然能夠加以區別，但俱屬「虛言」，前人縱然費盡心力，就此辨駁，仍是無法取信於人。因此，孫氏欲改變方法，主張以「實錄」來爭取學者的共信。他説：

> 若司馬氏之《史記》，班氏、范氏之兩《漢書》，此實錄也，學者之所共信也。余據以証晚出古文之僞，乃信前賢之所疑，爲確有憑依，而不患于反古之無徵矣。**⑱**

他所謂的「實錄」，即《史記》、《漢書》、《後漢書》，孫氏相信利用這些學者所熟悉的歷史資料，可以證成前人對《古文尚書》的懷疑，是確然有據的。孫氏接著説：

---

⑰ 見《尚書古文證疑》，卷首，頁1上。
⑱ 見《尚書古文證疑》，卷首，頁1上－1下。

又以孔氏《正義》所載鄭《註》之篇目卷軸，互相印証，而
二十五篇之乖戾謬異顯然矣。又以先秦、兩漢諸叢書証之，
而二十五篇之齟齬更多矣。夫而後以詞旨之難易、格制古
今，備列諸家發明朱子之說者，而二十五篇之不類伏生書，
可昭然共信矣！然後於各篇之下，依文立義，互證旁參，其
爲後人採輯成語，依《書序》篇題補綴而成，宛然可見。而
又以《論語》、《禮記》、《左》、《國》、《孟》、
《荀》，並東漢以前諸書，尋討二十五篇之所依附援引，並
其所不及依附援引者，而二十五篇之底裏盡露矣。❿

除了三正史外，再依據鄭玄著錄的古文篇目，拿來和後出的二十五
篇古文相較，可以發現兩者的差異。進一步以先秦、兩漢的書籍比
勘，可以發現更多的矛盾。至此，再羅列各家發明朱熹（1130－
1200）依「詞旨」與「格制」而致疑古文的說解，其與今文的差
異，自然清楚的呈顯出來。此外，再根據先秦、兩漢各家的著作，
找出被僞古文所引用的情況，以及未被引用的《尙書》逸文，則眞
僞可以明確判定。

以上根據孫喬年〈尙書古文證疑自序〉的自述，得知其撰作此
書所抱持的態度與運用的方法。其實他撰作此書，是費盡了心力，
一共七易其稿，足見其用心之勤苦。他在書中大量採用前賢及清初
諸儒之語，然而他的選擇是極爲愼重的，有三種情況是不予採納

---

❿　見《尙書古文證疑》，卷首，頁１下－２上。

的，他說：

> 考證不確者不錄；泛濫無據者不錄；毛舉細璅，無關體要者
> 不錄；議論雖正而氣不和平，攻詰太過者不錄。❷⓪

經過了如此精細的揀選，無非是「總期無得罪于先聖先賢而已」❷①，
可見傳統力量的強勁，仍使他不敢掉以輕心。至於書名何以標曰
「證疑」？他說：「朱子疑之，而余引伸而證之也。」❷②

四、《尚書古文證疑》的撰作方式

孫喬年在《尚書古文證疑》當中，援引眾家的說法，所提到的
學者包括：吳棫、朱熹、馬存、趙孟頫、吳澄、王充耘、朱升、鄭
瑗、鄭曉、郝敬、孫鑛、馮班、楊士雲、朱彝尊、閻若璩、姚際
恆、王懋竑、徐與喬、張彝歎等，幾乎將宋以來考辨古文的重要學
者的成果，都蒐羅在一起。不過，其中有不少人出現於閻若璩的
《尚書古文疏證》，而且根據孫喬年引錄的情形推斷，上述學者的
主張，絕大部分便是轉錄自閻氏之書。儘管孫氏書中所引用的文
字，與閻書有所出入，孫氏可能是摘錄，或為便於自己的論述而重
新編整，也可能他所根據的是不同的傳抄本，所以會有不同於今日

---

❷⓪　見《尚書古文證疑》，卷首，頁2上。
❷①　見《尚書古文證疑》，卷首，頁2上。
❷②　見《尚書古文證疑》，卷首，頁2下。

通行的閻書的文句。

《尚書古文證疑》的特色是輯錄了相當多的前人意見，在別人的基礎上，孫喬年再申說自己的觀點。以此之故，全書當中，眾家學者的言論，幾乎占了大半。相較之下，屬於孫氏自己的看法，似乎較少。這也許是其書未受世人重視的一大原因。

孫氏書中引錄了相當多的學者的論述，可是明代學者當中，他提得多的是郝敬（1558－1639），對於成就較大的梅鷟，反而隻字未提，不知是何緣故？因此，江瀚曾就此事，提出質疑，曰：

> 是書作於乾隆甲申，故於攻東晉《古文尚書》者，如惠棟、王鳴盛之書，皆未能見。於前代攻《古文尚書》，以梅鷟為最烈，亦未之及，而數數稱吳澄、歸有光，殊不可解。[23]

閻若璩《尚書古文疏證》中，即採錄了梅氏的一些說法，以孫氏參考閻書相當廣泛的情況，他不應該不知道梅氏其人其書。至於吳澄（1249－1333）、歸有光（1507－1571），是較早指出《古文尚書》為偽的人，雖然他們有些觀念是錯誤的，卻受到不少學者的推崇，孫喬年屢稱二人，蓋欲表彰其開風氣的功績。而未見惠棟（1697－1758）、王鳴盛（1722－1797）之書，可能是孫氏閱歷、交遊不廣所致。按：惠棟有《古文尚書考》二卷，約撰成於乾隆十七年（1752），刊行於乾隆五十七年（1792），距孫氏之卒，將近

---

[23] 見《續修四庫全書總目提要——經部》，頁 227。

三十年，對交遊不廣的孫氏而言，或許無緣看到惠氏尚未刊印的著作。王鳴盛撰有《尚書後案》三十卷，其書起草於乾隆十年（1745），撰成於乾隆四十四年（1779），孫喬年書成於乾隆二十九年（1764），卒於乾隆三十年（1765），應不及見王氏書之完成。

閻若璩書中未徵引的學者，而爲孫喬年所引錄的，有王懋竑（1668－1741）和徐與喬。按：王懋竑撰有〈論尚書敘錄〉❷、〈尚書雜考〉❷，前文評論吳澄、歸有光二人的〈尚書敘錄〉，後文則考辨數則與《古文尚書》相關的問題。孫喬年的二哥孫中娶王懋竑之女，生全轍（1720－？）、全啟，二兄弟曾佐外祖編輯《朱子年譜》及《朱子文集注》。❷或許因兩家的姻緣，孫喬年得以獲睹王懋竑的著作。徐與喬著有《七經讀法》、《經史辨體》❷，大抵以評點手法解說經史，和孫喬年解經的方式近似，或許因此而受到孫氏的注意。

孫喬年將《尚書》分成「《今文尚書》」、「眞《古文尚書》」、「梅賾奏上古文《尚書》」三種，先考明彼此的源流，他根據《史記》和《漢書》所載的資料，撰成〈今文尚書源流〉，接

---

❷ 見〔清〕王懋竑：《白田草堂存稿》（臺北：清華文化事業，1972年），卷1，頁8下－10下。

❷ 見《白田草堂存稿》，卷1，頁10下－18下。

❷ 參見《江蘇藝文志──揚州卷》，頁666。

❷ 有關《七經讀法》之簡介，參見《續修四庫全書總目提要──經部》，頁1328。有關《經史辨體》之簡介，參見《續修四庫全書總目提要稿本》（濟南：齊魯書社，1996年），第12冊，頁138－139。

著列出〈今文尚書篇目〉，並謂：「右四代書二十八篇，伏生授龜錯，用隸書，所謂《今文尚書》也。孔穎達曰：『《今文尚書》，劉向《五行傳》、蔡邕勒石經皆其本。』」❷又根據《史記》、《漢書》、荀悅（148－209）《漢紀》、《孔子家語》，撰成〈眞古文尚書源流〉。其次，根據孔穎達（574－678）《尚書正義》所引《晉書》，撰成〈梅賾奏上古文尚書源流〉，接著列出〈梅賾奏上古文尚書篇目〉，並謂：「右五十八篇，梅賾所奏上，今所傳《古文尚書》也。」❷接著他再摘錄朱熹、吳澄、歸有光等人的議論，撰〈朱子疑梅氏古文〉、〈元儒吳氏辨梅氏古文〉、〈明儒歸氏辨梅氏古文〉。以上是卷一的部分。

《古文尚書證疑》卷二分成：〈以史記證二十五篇之譌〉、〈以前後漢書晉書證二十五篇之譌〉、〈以忠經說文趙岐孟子注辨二十五篇〉、〈以陸氏釋文尚書大傳辨今文並序爲二十九篇〉、〈以史記漢書辨大序口授二字之非〉、〈辨二十五篇引用成語及篇名〉、〈辨二十五篇與伏書文辭格制不同〉、〈辨二十五篇得行于世之故〉、〈辨百篇小序爲孔壁之遺當列今文後〉、〈辨大序之譌〉等篇，根據前代資料，辨證古文之僞及《書序》之訛謬。

《古文尚書證疑》卷三參考眾家之說，指出僞古文各篇的不當處。

《古文尚書證疑》卷四則辨僞古文採摭經傳之辭，凡三百六條；辨經傳所有引書辭，而僞古文未及採者，凡七十二條。這一部

---

❷　見《尚書古文證疑》，卷1，頁3下。

❷　見《尚書古文證疑》，卷1，頁7上。

分的考證，江瀚認爲「頗爲詳密」。❸

《尚書古文證疑》書中，也有一些失誤，如孫喬年曰：

> 馬融所傳者，漆書古文，先儒皆言其未見今之二十五篇也。
> 然《忠經》馬融所作，其所引「惟精惟一，允執厥中」、
> 「作善降之百祥，作不善降之百殃」、「一人元良，萬邦以
> 貞」、「木從繩則正，后從諫則聖」、「旌別淑慝」，皆在
> 今之二十五篇內，可見所引《書》詞皆眞古文所有，而今之
> 二十五篇，爲附會此語而成之一大証也。且〈太甲〉、〈說
> 命〉、〈畢命〉皆在鄭《註》亡篇之內，而所引「一人元
> 良」以下三條，馬融從何見之而引之？然則二十五篇反襲用
> 《忠經》，而不顧矛盾若此，其闕不攻自破矣。❸

他以《忠經》爲漢代馬融（79－166）所撰，書中所引古文之語，
皆眞古文，遂據以證僞古文援引《忠經》而成其書。此事江瀚評
曰：

> 惟篇中以《忠經》爲漢馬融作，似尚失考。丁晏《尚書餘
> 論》曰：「馬融《忠經》乃別一馬融，是唐時居士撰《絳囊
> 經》者。故其〈序〉有云：『臣嚴野之臣。』又於『民』字
> 皆避作『人』、『治』字皆避作『理』，爲唐人無疑。所以

---

❸　見《續修四庫全書總目提要──經部》，頁227。
❸　見《尚書古文證疑》，卷2，頁13上－13下。

> 始著錄於《崇文總目》，非託名於漢之馬季長也。」丁氏是說曾爲吳光耀《古文尚書正辭》所駁，然《忠經》一書，雖《宋史·藝文志》及王應麟《玉海·藝文志》皆以屬漢馬融，而隋、唐志俱未著錄，其爲僞書何疑？迴護東晉《古文尚書》者，以其歷引晚書，故爭之甚力，實則其歷引晚書，爲漢儒所未有，即可證明非季長書矣。㉜

他的指謫甚有道理，此處孫喬年確是失察。有關《忠經》一書的作者，惠棟和錢大昕（1728－1804）均已指出爲後人僞託，丁晏則進一步考證乃唐代另一名馬融者所撰。㉝

江瀚又曰：

> 又丁以孔《傳》爲王肅僞作，則喬年之說已開其先。至謂經文亦出王肅一手，殆近武斷。雖閻若璩固嘗疑《傳》與古文出一手，然以臆測之辭，歸獄王肅，恐終非定讞耳。㉞

有關僞《古文尚書》及僞孔《傳》的作者，學者意見不一，以爲王肅（195－256）一手僞造的，頗有其人，孫氏應非惟一的，在他之後的丁晏，所撰《尚書餘論》，即據〈孔子家語後序〉及《經典釋

㉜ 見《續修四庫全書總目提要——經部》，頁 227。

㉝ 參見丁晏：《尚書餘論》（上海：上海古籍出版社，1995 年《續修四庫全書》本），頁 54 上－54 下，〈馬融忠經引古文尚書非漢之馬季長〉。

㉞ 見《續修四庫全書總目提要——經部》，頁 227。

文》、《尚書正義》諸書，斷定爲王肅所僞。不過，王肅僞撰《古文尚書》之說，已有人予以駁斥。❸然而孫喬年只是推測，並無明確的證據，所以問題尚未解決。

五、結語

閻若璩《尚書古文疏證》的考證所以能夠獲得眾人的採信，在於能夠自文獻當中，找出充分的證據，證明古文二十五篇爲僞。但是，他那龐雜的著作，缺乏一貫的條理，讓讀者不易掌握，同時也存有「前後互異」的缺失❸，以及錯誤的考辨。因此，後繼者得據以修正、補益。

孫喬年的《尚書古文證疑》與閻氏之書相較，可說是條目更清晰。閻書雖然羅列了一百多條的證據，但是全書在章節結構的安排，似乎並無系統，隨意發揮，前後並不連貫。孫書則條理清楚，雖然只有四卷，篇幅遠遜於閻書，卻能將相關的問題，以極有系統的方式呈顯出來，對於研究者而言，十分便利。

在孫喬年之前或同時的的學者當中，有關考辨《古文尚書》的著作，頗有成就的，如程廷祚（1691－1767）、惠棟、宋鑒，他均未言及，似乎未見過他們的書。程廷祚有《晚書訂疑》三卷，考辨

---

❸ 李振興：《王肅之經學》（臺北：嘉新水泥公司文化基金會，1980 年）根據王肅的《尚書注》佚文，考證出今傳僞古文並非出自其手。

❸ 參見許華峰：《閻若璩尚書古文疏證的辨僞方法》（中壢：中央大學中文所碩士論文，1994 年 6 月），頁 34－39。

古文之真僞。❸惠棟有《古文尚書考》❸，是與閻若璩《尚書古文疏證》，同受世人矚目之作。宋鑒著有《尚書考辨》四卷，刻成於嘉慶四年（1799），其書分成：〈今文古文尚書攷辨〉、〈今文尚書攷辨〉、〈古文尚書攷辨〉、〈真古文尚書三十一篇攷辨〉、〈僞古文尚書二十五篇攷辨上〉、〈僞古文尚書二十五篇攷辨下〉，在作法上，與孫喬年的《尚書古文證疑》十分相似。❸

---

❸ 江瀚曰：「《晚書訂疑》三卷，《經解續編本》，清程廷祚撰。……廷祚少時見毛奇齡《古文尚書冤詞》，作《冤冤詞》以攻之，其後乃著《晚書訂疑》，以推拓其說。是書在閻若璩、惠棟之後，其訂《古文尚書》之疑，猶能別出手眼。」見《續修四庫全書總目提要——經部》，頁224。

❸ 江瀚曰：「《古文尚書考》二卷，嘉慶間省吾堂本，清惠棟撰。……是書大旨謂孔壁中古文得多十六篇，內有〈九共〉九篇，析之爲二十四。鄭康成所傳之二十四篇，即孔壁真古文。東晉晚出之二十五篇，與《漢書》不合，可決其僞。唐人詆鄭所傳爲張霸僞造者，妄也。其他亦多與閻氏若璩說先後印合，故摘其《古文尚書疏證》附卷末。然於閻氏疑西漢〈大誓〉爲僞，則辨之云：西漢之〈大誓〉，博士習之，孔壁所出，與之符同，自東晉別有僞〈大誓〉三篇，唐、宋以來諸人，反以西漢之〈大誓〉爲僞。閻氏既知東晉之〈大誓〉是僞作，何并疑西漢之〈大誓〉亦僞邪？此其謬也。惠氏說經，抑可謂不苟同者矣。」見《續修四庫全書總目提要——經部》，頁226。

❸ 江瀚曰：「《尚書考辨》四卷，家刻本，清宋鑒撰。鑒字半塘，山西安邑人。乾隆十三年進士，授知縣。歷任浙江常山、鄞縣，擢廣東南雄府通判。是書一辨今文、古文、僞古文傳述源流，二辨古字異同，三辨僞《古文尚書》抄襲之本，四辨《論語》、《孟子》、《春秋》、《左》、《國語》、《禮記》、《書序》逸篇之與僞古文殊異，涇渭分明，有條不紊。鑒與閻若璩同里同時，而書之簡核過之。」見《續修四庫全書總目提要——經部》，頁224。

　　上舉三家與孫喬年的《尚書古文證疑》，都可以補充發明閻若璩《尚書古文疏證》的不足之處，然而卻無法完全取而代之，實因閻書確有其獨特的貢獻，未可輕易抹煞。至於諸家之作，亦是研求今古文時，可供參考的典籍，蓋彼此互有短長。

王氏父子校釋群書的
方法與成就

郭明道*

　　高郵王念孫、王引之父子校注群書，最稱精善。所著「王氏四種」在訓詁、校勘、虛詞研究方面所取得的卓著成果，贏得當時學者和後人的共同讚譽。阮元云：「高郵王氏一家之學，海內無匹。」❶「一字之證，博及萬卷，折心解頤，他人百思不能到。」❷郭沫若稱譽王念孫《讀書雜志》爲「考證學中之白眉，博治精審，至今尙無人能出其右者。」❸章太炎稱讚王引之《經義述聞》：「陳義精審，能道人所不能道。」❹本文試對《讀書雜志》、《經義述聞》二書進行簡要的分析例證，略述王氏父子的校書方法和成就。

　　校書工作主要有三個步驟，一是發現訛誤，二是改正訛誤，三

＊　　郭明道，揚州大學人文學院歷史系副教授。

❶　　〔清〕阮元：〈王石臞先生墓誌銘〉，《揅經室續二集》，卷2之下。

❷　　同前註。

❸　　郭沫若：《管子集校》，卷首。

❹　　章太炎：〈黃侃遺著序〉。

是證明所改不誤。這三項工作中，第一項是前提，如果不能發現古書之誤，自然談不上第二項和第三項工作。王氏父子之所以被稱爲校書高手，首先在於能準確地發現訛誤。他們的校勘實例爲後人提供了豐富的經驗。

如何發現問題？王氏父子至少從以下六個方面給後人以啓迪。

一、校版本

即以自己的工作底本校對同書其他版本。校對版本就會發現彼此之異同。不論哪個本子是正確的，總算發現了問題。有了問題，就可以進一步研究，決定是非，擇善而從。這種方法，王氏當然也採用了。例如，王念孫用功最勤的《淮南子》，先後用不同的版本校了多次，參以群書所引，共訂正九百餘條。

二、識文字

古書在傳抄、刻印的過程中，或因形近而誤，或因不識古字，以不誤爲誤，而憑臆妄改。因此，校書者必須有堅實的文字學素養，才能發現問題，糾正訛誤。

例1《淮南子·說林篇》：「設鼠者機動，釣魚者泛杭。」

王念孫指出，「杭」乃「扤」字之誤。泛，釣浮也。扤，動也。機動則得鼠，泛動則得魚。因字形相似，「各本扤乃誤爲杭矣」。

例2《淮南子·脩務篇》：「感而不應，攻而不動。」

引之案：攻當爲攷。攷，今迫字也。故《文子》作「迫而不動」。〈原道篇〉云：「感則能應，迫則能動。」〈精神篇〉云：「感而應，迫而動。」《莊子·刻意篇》云：「感而後應，迫而後動。」皆其證也。

按，「攷」是古「迫」字，抄書者不識，憑臆妄改爲「攻」。王引之還古書之本來面貌，又列本書和他書的證據三條，證明所改不誤。

例 3《淮南子·本經篇》：「山無峻欅，林無柘梓。」

念孫案：梓乃欅之誤。欅，古蘗字，伐木之更生者也。隸書欅或作欅，各本遂誤爲梓。

例 4《淮南子·齊俗篇》：「夫水積則生相食之魚，土積則生自穴之獸。」

念孫指出，「穴」乃「宍」字之誤。宍，古「肉」字之俗體。自肉，謂獸自相食。抄書者不識「宍」字，遂誤作「穴」。

三、審文義

看文義是否通順，遣詞造句是否合乎規範。古書出現訛誤後往往會造成文義不通，語句不合規範。對此種情況，王氏稱之爲「文不成義」或「義不相屬」。從語言的規範性發現問題，是王氏校讀古籍的重要方法。

(一)詞語不合規範

例 1《史記·秦始皇本紀》：「收天下之兵，聚之咸陽，銷以

為鍾鐻，金人十二，各重千石，置廷宮中。」

古書中只見「宮廷」一詞，不見「廷宮」。《太平御覽》、《文選·過秦論》李善注，《資治通鑑》引此均作「宮廷」。念孫云：「今本廷字誤在宮字上，則文不成義。」

例 2《史記·越王勾踐世家》：「允常之時，與吳王闔廬戰而相怨伐。」

念孫指出，「怨伐」二字義不相屬，諸書亦無以「怨伐」相連者。他根據《文選·鵩鳥賦》李善注引這段文字沒有「伐」字，斷定「伐」為衍文。

(二)詞語搭配不當

例 1《史記·田敬仲完世家》：「共收賦稅於民，以小斗受之，其粟予民以大斗。」

念孫案：「粟予民以大斗」文不成義，粟當為稟。《說文》：「稟，賜穀也。」《廣雅》：「稟，予也。」今本稟作粟者，稟、粟隸書相似，又涉下文「請粟」而誤耳。《太平御覽》引《史記》作廩，是其證。

例 2《墨子·親士》：「是故溪陝者速涸，逝淺者速竭。」

引之案：「逝淺」二字，義不相屬，逝當為游，俗書游作遊，與逝相似而誤。游即流字也。《漢書·項籍傳》：「必居上游。」文穎曰：「居水之上流也，游或作流。」……「流淺」與「溪陝」對文。

㈢句子不合規範

例1《晏子春秋・內篇》卷上:「乃令出裘發粟與飢寒。」

此句「粟」後缺「以」字,「飢寒」後缺「者」字,因而顯得不合規範。王念孫查各書所引,《群書治要》作「以與飢寒」,《文選・雪賦》作「以與飢人」,《藝文類聚》、《太平御覽》均作「以與飢者」,王氏從《藝文類聚》、《太平御覽》。

例2《史記・秦始皇本紀》:「若欲有學法令,以吏爲師。」

念孫案:「欲有」當爲「有欲」。「若有」二字連讀,「欲學法令」四字連讀。置「欲」字於「有」字之上,則文不成義。「法令」下當有「者」字,〈李斯傳〉作「若有欲學者」,是其證。《通鑑・秦紀二》正作「若有欲學法令者」。

㈣前後文義發生矛盾

例1《漢書・陳勝項籍列傳》:「且日,卒中往往指目勝、廣,勝、廣素愛人,士卒多爲用。」

王念孫指出,上文「魚腹中書」及「籌火狐鳴」之語皆曰「陳勝王」,故卒中往往指目陳勝,而吳廣不與焉;吳廣素得士卒心,故忿尉辱己以激怒其眾,而陳勝不與焉。今本「指目勝」下有「廣」字,「廣素愛人」上又有「勝」字,則與上下文不合,是衍字。《史記・陳涉世家》作「皆指目陳勝,吳廣素愛人」,是其證。

例2《逸周書・度訓篇》:「罰多則困,賞多則乏。」

引之案,「賞多則乏」當爲「賞少則乏」。困與乏皆謂民地,

民眾而罰多，則民必困；民眾而賞少，則民必乏。故上文曰：「人
眾罰多賞少，政之惡也。」不得言「賞多則乏」明矣。此「多」字
即涉上句「罰多」而誤。

四、諳音韻

　　古書在傳抄、刻印的過程中，常常因音同音近而致誤；另一方
面，古人多用假借字，後人讀古書時不通聲韻假借，往往望文生
訓，以不誤爲誤，憑臆妄改。針對這兩種情況，校勘者都必須通曉
古音通假，才能發現問題，糾正訛誤。研究古音韻學，並把這種研
究成果運用於校勘、訓詁，是清儒治學的一大特點。

　　王念孫指出：「字之聲同聲近者，經傳往往假借，學者以聲求
義，破其假借之字，而讀本字，則渙然冰釋。如其假借之字而強爲
之解，則詰鞠爲病矣。」❺這就明確地給後人閱讀研究古籍指出了
一個重要渠道和方法。《讀書雜志》、《經義述聞》運用音韻解決
疑難、校正訛誤的例子不勝枚舉。

(一)校正古書因音同音近而致誤者

　　例 1《史記·魯周公世家》：「魯懿公弟稱，肅恭明神，敬事
耆老。賦事行刑，必問於遺訓而咨於故實。不干所問，不犯所
知。」

---

❺　《經義述聞·序》。

念孫案：「知」當爲「咨」，聲之誤也。「所問」、「所咨」皆承上文而言。《周語》正作「所咨」。

例 2《墨子·雜守》：「吏各舉其步界中財物可以左守備者。」（原注：「左與佐同。」）

引之案：「步界」二字義不可通。「步」當爲「部」，吏各有部，部各有界，故曰部界。〈號令篇〉云：「因城中里爲八部，部一吏。」又云：「諸吏卒民，非其部界而擅入。」皆其證也。俗讀部、步聲相亂，故「部」訛作「步」。

(二)糾正因不通古音而誤校誤注者

例 1《文選·西都賦》：「圖皇基於億載，度宏規而大起。」李善注曰：「《小雅》曰：『羌，發聲也。』度與羌古字通。」

王念孫指出，度與羌聲不相近，絕無通用之理。李善本「度」字作「慶」，今本作「度」，是後人依五臣本及〈班固傳〉改之耳。慶，語訓宏規與大起相對爲文，言肇造都邑，先宏規之，而後大起之也。

例 2《漢書·高后紀》：「自尋陽浮江，親射蛟江中，獲之。」顏師古注：「蛟，龍屬也。」

王念孫指出，顏師古沒有破假借之字而讀以本字。蛟爲神物，不可得。蛟當爲鮫的假借字。「鮫謂江中大魚也」，並以《漢記·孝武紀》：「親射鮫魚於江中。」爲證。

例 3《左傳》昭公二十年：「鄭國多盜，取人於萑苻之澤。」杜注：「於澤中劫人。」

引之案：劫人而取其財，不得謂之「取人」。「取」讀爲

「聚」，「聚」古通作「取」。「人」即盜也，謂群盜皆聚於澤
中，非謂劫於澤中也。盜聚於澤中，則四出劫掠，又非徒於澤中劫
人也。下文云：「興徒兵以攻萑苻之盜」，則此澤爲盜之所聚，明
矣。《文選》、《藝文類聚》、《白帖》、《太平御覽》引此並作
「聚人於萑苻之澤」，蓋從服虔本也。杜本作「取」者，借字耳。
而云「於澤中劫人」，則誤讀爲取與之取矣。

例4《尚書·堯典》：「湯湯洪水方割。」傳曰：「言大水方
方爲害。」

王念孫指出傳文訓釋之誤，認爲「方」是「旁」的借字。他列
舉大量證據說明旁與方古字通。《說文》：「旁，溥也。」旁是普
通之義。「湯湯洪水方割」，言洪水遍害下民也。

例5《詩經·鴇羽》：「王事靡盬，不能蓺稷黍。」

毛《傳》、鄭《箋》都訓盬爲良鹽之鹽，鹽爲「不精致」之
義。王引之指出毛、鄭訓釋之誤。古代盬、苦音同義通，盬乃苦之
借字。《爾雅》：「苦，息也。」「王事靡盬」，是王事沒有止息
之義，故下句云，小民不能播種五穀。

例6《詩經·中谷有蓷》：「中谷有蓷，暵其濕矣。」

〈中谷有蓷〉是一首棄婦悲傷無告之詩，這位棄婦在荒年被丈
夫遺棄了。詩中以蓷傷於旱而枯焦，比喻女子被遺棄而憔悴。詩的
首章云：「中谷有蓷，暵其乾矣」，二章云「中谷有蓷，暵其脩
矣」（脩，乾肉，這裡引申爲乾枯），據《說文解字》，暵形容乾
燥之貌。三章云：「中谷有蓷，暵其濕矣。」毛《傳》、鄭《箋》
於「濕」字不得其解，云「蓷傷於水」，訓「濕」爲濕潤，這就與
一章之「乾」，二章之「脩」相矛盾了，又於「暵」義不合。

王引之認爲，嘆既爲狀乾之辭，可云「嘆其乾」，不可云「嘆其濕」，這裡的「濕」顯然不是水濕之義，「濕」乃「㬓」之借字。《廣雅》：「㬓，曝也。」《玉篇》：「㬓，欲乾也。」歲旱則草枯，菅「傷於旱，非傷於水也」。

王念孫云：「若夫入韻之字，若有訛誤，或經妄改，則其韻遂亡。」❻研究古書入韻之字是否合韻，並結合文義進行分析，往往發現訛誤，這是王氏常用的校勘方法。

例 7《淮南子·氾論篇》：「直躬其父攘羊，而子證之；尾生與婦人期而死之。直而證父，信而溺死，雖有直信，孰能貴之？」

念孫案：「信而溺死」本作「信而死女」，言信而爲女死，則信不足貴也。今本「死女」作「溺死」者，涉上注「水至溺死」而誤。「直而證父」與「信而死女」相對爲文。且女與父爲韻，若作「溺死」，則文既不對而韻又不諧矣。《文子·道德篇》正作「信而死女」。

例 8《荀子·勸學篇》：「蓬生麻中，不扶而直。」

王念孫指出，這兩句下脫「白沙在涅，與之俱黑」二句。王氏從文義和音韻兩方面作了分析：「此言善惡無常，唯人所習，故『白沙在涅』與『蓬生麻中』義正相反。且黑與直爲韻，若無此二句，則既失其義，而又失其韻矣。」

例 9《淮南子·原道篇》：「是故疾而不搖，遠而不勞，四支不動，聰明不損，而知八紘九野之形埒。」

---

❻ 《讀書雜志·讀淮南子雜志書後》。

王念孫指出，「四支不動」當爲「四支不勤」之誤，〈脩務篇〉「四肢不勤」即其證。「不勤」即「不勞」，意與「不損」相近；若作「不動」，則意與「不損」相遠矣。「且搖、勞爲韻，勤、損爲韻。若作動，則失其韻矣。」

五、明訓詁

清代著名校勘家盧文弨云：「不識訓詁，則不能通六藝之文而求其義。」❼訓詁與校勘有著密切的關係。校勘離不開對詞義的理解，缺乏訓詁知識，校勘也就無從著手。王氏父子憑其對古字古音的通曉和深厚的訓詁功底，糾正了不少著名學者校釋古書之誤，這裡略舉數例。

例 1《史記·十二諸侯年表》：「晉阻三河，齊負東海，楚介江淮。」《索隱》曰：「介音界，言楚以江淮爲界。一云介者，夾也。」

王念孫指出司馬貞訓釋之誤。「介」並不是「界」的假借字，也不是「夾」的意思。「阻」、「負」、「介」三字同義。《漢書·南粵傳》：「欲介使者權。」顏師古注：「介，恃也。」《左傳》襄公二十四年：「以陳國之介恃大國，而陵虐於敝邑。」「介」亦恃也。《漢書·五行志》：「虢介夏陽之阨，怙虞國之助。」「介」、「怙」皆恃也。《說文》：「負，恃也。」《左

---

❼ 〔清〕盧文弨：〈爾雅漢注序〉，《抱經堂文集》，卷6。

傳》隱公四年：「夫州吁阻兵而安忍。」杜預訓「阻」爲恃。

例 2《漢書·高帝紀》：「沛公及夜引軍還，遲明，圍宛城三匝。」

對於「遲明」一詞的訓釋，服虔釋爲「欲天明也」，文穎釋爲「未明」，顏師古曰：「此言圍城事畢，然後天明，明遲於事，故曰遲明。」

「遲明」一詞，《史記·高祖本紀》作「黎明」。《索隱》曰：「黎猶比也，謂比至天明也。」

王念孫指出，《漢書》三家注釋皆錯，只有《索隱》的訓釋是對的。黎、遲聲相近，黎明、遲明，皆謂「比及天明」之意。王氏列舉了大量例證：(1)《史記·呂后紀》：「黎孝惠還，趙王死。」綜廣曰：「黎猶比也。」《史記·南越傳》作「遲帝還，趙王死。」(2)《史記·南越傳》：「犁旦，城中皆降伏波。」「犁」一作「比」，《漢書》作「遲」。(3)《史記·衛將軍傳》：「遲明，行二百餘里。」「遲明」一作「黎明」，《漢書》作「會明」，「會」亦比及之意。(4)《魏志·張郃傳》：「帝問郃曰：『遲將軍到，亮得無得陳倉乎？』郃對曰：『比臣未到，亮已走矣。』」是「遲」與「比」同義。

例 3《詩經·碩鼠》：「樂國樂國，爰得我直。」毛《傳》：「直，得其直道。」

王引之認爲，「直」當讀爲「職」。〈碩鼠〉首章曰：「爰得我所」，二章曰「爰得我直」，「『直』、『職』古字通，『職』亦『所』也。此詩是國人刺其君之重斂，使民不得其所，非謂不得其直道也。」王氏並列舉例證，說明古代職與所同義。《左傳》哀

公十六年：「克則爲卿，不克則烹，固其所也。」《史記·伍子胥傳》作「固其職也」。故失職皆謂失所，如《管子·明法解》：「孤寡老弱，不失其職。」得所亦謂之得職，如《漢書·趙廣漢傳》：「廣漢爲京兆尹，廉明，威制豪強，小民得職。」顏注：「得職，各得其常所也。」

六、察義例

義例即某書所特有的用詞造句的規律，王氏很注意研究這些規律，並利用這些規律來發現問題，校正訛誤。

例 1《漢書·地理志》：「弘農郡，……熊耳山在東，伊水出，東北入雒。」

王念孫指出，「伊水出」應爲「伊水所出」，因爲根據此書義例，凡上言某山，下言某水所出，一定有「所」字，全篇有八十六處都是如此。

例 2《晏子春秋·內篇諫上》：「公被白狐裘，坐堂側陛。」

王念孫云：「凡經傳中言坐於某處者，『於』字皆不可省。」根據這一義例，他斷定，此句「坐」下脫「於」字，並舉大量例證，《群書治要》、《北堂書鈔》、《意林》、《文選·景福殿賦》注文，曹植〈贈丁儀詩〉注文、謝朓〈郡內登望詩〉注文徵引這段文字都有「於」字。

例 3《墨子·親士篇》：「昔者文公出走而正天下，桓公去國而霸諸侯。」

清代畢沅云：「正讀如征。」認爲「正」是「征」的假借字，

為「征伐」之義。王念孫指出畢說之誤,並從文義、訓詁、義例三方面來說明:「《爾雅》曰:『正,長也。』晉文公為諸侯盟主,故曰『正天下』,與下『霸諸侯』對文。又《廣雅》:『正,君也。』凡墨子書言『正天下』、『正諸侯』者,非訓為長,即訓為君,皆非征伐之謂。」

根據校書所用的材料和方法,陳垣《校勘學釋例》歸納為「校法四例」,即對校法、本校法、他校法、理校法,這種提法比較全面、系統,已為學術界普遍接受。對校法即以同書之祖本與其他版本相互對照,記其異同,擇善而從。本校法即以本書前後互證,發現問題,糾正訛誤。他校法是以他書校本書,凡其書有採自前人者,可以前人之書校之;有為後人所採用者,可以後人之書校之。理校法是在無版本可依據,或版本互異時,憑主觀判斷來解決問題,校書者必須有深厚的文字、音韻、訓詁功底才能為之,否則容易作出錯誤的判斷。王氏父子在校書時往往綜合運用幾種校法,而尤其擅長理校,從以上所舉若干例證即可看出。

王氏父子在校勘工作上具有自己的特點。其一,重證據,不空言。常常綜合運用各種知識旁徵博考,精闢分析,然後才下結論,決不搞孤證。其二,不迷信漢儒,不盲從古人。校勘實例中駁正毛《傳》、鄭《箋》、顏注等失誤之處,不在少數。王氏也敢於糾正自己的師友之誤說。如《尚書·堯典》:「光被四表,格於上下。」《戴震文集》認為「光」乃「橫」字之誤,「橫轉寫為桄,脫誤為光」,並從古書上找出「橫被四表」的例證。王引之指出:光、桄、橫古同聲而通用,非轉寫訛脫而為光也,三字皆充廣之

義，並列舉了大量實例從音韻、訓詁的角度證明己說。❽其三，王氏父子在學術上無門戶之見，唯求其是，擇善而從，也敢於承認自己校勘中的失誤之處。如王念孫以道藏本校《淮南子》一書，其校刻之本給顧廣圻看，顧氏以所持宋本再校，校訂出訛誤若干條，爲王氏家刻本所無。王氏稱讚顧氏「心之細、識之精密，爲近今所罕有」❾，並補刻顧校《淮南子》各條，附於家刻本後，以惠後學。

王氏父子校勘古書識見之精，實屬罕見。以《淮南子》一書爲例，王氏校勘時並未得見宋本，後來顧廣圻尋得宋本，對照王氏所校，往往不謀而合。茲舉數例：(1)《淮南子·本經訓》：「太清之始也，和順以寂寞，質眞而素樸。」王念孫指出，「太清之始」，文不成義。根據下文句意，「始」當爲「治」之誤。按：宋本正作「太清之治」。(2)《淮南子·主術訓》：「是故茅茨不翦，采椽不斷。」王念孫指出，「斷」當爲「斲」之誤。按：宋本正作「采椽不斲」。(3)《淮南子·時則訓》：「蟄閉晏開，以塞奸人，已得，執之必固。」王念孫指出，「塞」本作「索」，下句「奸人已得」，正謂索而得之。後人妄改爲「塞」，則與下句義不相屬。按：宋本正作「以索奸人」。

《讀書雜志》中，王氏提出的許多精闢的見解也被後來考古所發現的新材料所證實。略述如下：

1.《戰國策·趙策》：「左師觸讋願見太后，太后盛氣而揖之。」王念孫認爲，「讋」爲「龍」、「言」二字誤合爲一。

---

❽ 《經義述聞》卷3，〈光被四表〉條。

❾ 《讀書雜志·淮南內篇補》。

・王氏父子校釋群書的方法與成就・

「揖」當是「胥」字之誤。按：一九七三年馬王堆漢墓出土的帛書正作「觸龍言」，「揖」也正作「胥」。

2.《文選・東都賦》後附〈白雉詩〉：「啟靈篇兮披瑞圖，獲白雉兮效素烏，嘉祥阜兮集皇都。」王念孫從用詞、上下文義、章法三方面分析，斷定「嘉祥」句為後人所加，並列舉旁證兩條。按：日本保存的敦煌古抄本《文選・白雉詩》果然沒有這一句。

3.《史記・夏本紀》：「天下於是太平治。」念孫按：「太當作大」。「大、太字相近，後人又習聞『天下太平』之語，故大誤為太。」按：日本高山寺藏六朝古抄本《史記・夏本紀》正作「大平治」。

4.《晏子春秋・諫下》：「古者之為宮室也，足以便生，不以為奢侈也，故節於身，謂於民。」

孫星衍《晏子春秋音義》：「謂字疑誤。」王念孫云：「謂當作調，形相似而誤也。」後來其他學者對此也有考釋。劉師培認為當作「為」，于省吾認為讀若「惠」，吳則虞認為當作「誨」。按：據一九七二年銀雀山漢墓出土的《晏子春秋》殘簡，這個字作「調」，說明王念孫的推斷是對的。

《讀書雜志》校勘史、子、集部書計十七種，八十一卷，約六千三百餘條。《經義述聞》校釋經部書計十五種，三十二卷，二千零四十五條。此外，據《中國叢書綜錄》❿，王念孫所校其他字書、韻書等，尚有四十餘種。

---

❿　上海圖書館編（上海：上海古籍出版社，1986 年）。

・387・

　　綜上所述，王氏父子校勘之功甚巨，他們於恢復古書之本來面貌和糾正古儒對經義的誤釋作出了重大貢獻，他們的治學精神和校書方法也給後人以激勵和啓迪。

《廣雅疏證》與漢語詞族研究

趙中方*

語言中的詞彙是一個龐大的存在，對詞彙從不同角度加以歸類，就得出不同的詞群。其中，音近義同的具有同一來源的詞則稱爲同族詞，對它們進行排比綜合並探求其最初形式即所謂語根者，則成爲詞族的研究內容。

無疑，在漢語詞族研究方面，《廣雅疏證》起了導夫先路的作用。正如周祖謨先生所言：「王念孫作《廣雅疏證》，就古音以求古義，而又把古書中有關的聲近義通的字都聯繫起來解釋，『引申觸類，不限形體』，著重從語言的角度說明其間的音義相通和聲音相轉的關係，這種作法接近於詞族的研究，是前所未有的。」❶

有清中葉爲學術昌明時代，就語言文字而言，是從傳統語文學向近現代語言學的轉折期。這個時期的學者們講發展，即語言文字不是一成不變的，而是在不斷發展變化之中。講系統，他們初步認識到詞義是一個系統，組成這個系統諸多成分是相互聯繫的，尤其

---

*　趙中方，揚州大學人文學院中文系副教授。

❶　《中國大百科全書・語言文字分冊》（北京：中國大百科全書出版社，1988 年），頁 171 右欄，「漢語訓詁學」條。

是因音求義，既能劃清字、詞之界限，又充分重視字形之意義，打
破了孤立地研究某一詞義的格局。講方法，重視收集材料並辨別其
眞僞，著眼書面語也著眼口語，能運用假設、判斷、歸納推理等程
序。唯因如此，他們取得了前所未有的卓越成就，並一直給後世以
積極影響。

《廣雅疏證》（以下簡稱《疏證》）正是傑出代表之一。其
〈自序〉云：「竊以訓詁之旨，本於聲音。故有聲同字異、聲近義
同，雖或類聚群分，實亦同條共貫。譬如振裘必提其領，舉網必挈
其綱，故曰本立而道生，知天下之至賾而不可亂也。」《疏證》之
貢獻，「是歸納、繫聯同族詞。」❷《疏證》以語音爲紅線，以詞
義爲核心，以書證爲依據，從紛繁的漢語詞彙中串聯出眾多的音近
義同的同族詞。其方法和成果不但爲漢語語義學也爲普通語言學理
論提供了極有價值的借鑑和材料。具體而言，可分三項：一曰明義
類，二曰明類比，三曰明語源——三者聯繫密切，不可分割。本文
在敘述時只是各有所側重罷了。

一、明義類。「文類」一詞初見於東漢劉熙《釋名》，《釋
名·自序》稱：「名之於實，各有義類。」這實際上說的是漢族人
給物命名的一種原則。《疏證》屢有論及：

> 蓋凡物形之短者，其命名即相似，故屢變其物而不易其名
> 也。（卷2下）

---

❷ 劉又辛、李茂康：《訓詁學新論》（成都：巴蜀書社，1989 年），頁
206。

> 凡事理之相近者，其名即相同。（卷6下）
> 凡物之異類而同名者，其命名之意皆相近。（卷7下）
> 案草木鳥獸，同類者亦得同名。（卷10上）
> 凡此者，或同聲同字，或字小異而聲不異，蓋即一物之名，
> 而他物互相假借者，往往而有。（同上）

　　這種命名原則，先秦已有揭櫫。《荀子・正名》：「凡同類同情者，其天官之意物也同，故比方之，疑似而通，是所以共其約名以相期也。」沈兼士先生對此作了透徹解釋：「案荀子所謂意物也同者，意猶億也，言億度各物而領受之印象相同也。比方之疑似而通者，疑猶擬也，言當簿其類而造作之概念相似也。凡同類同情者共其約名以相期者，即劉氏『名之於實，各有義類』之說也。蓋領受之印象既相同，造作之概念自相似，其命名之稱呼必同類也宜矣。凡是皆緣天官感觸之異同而定。」❸晚近章炳麟亦云：「物之得名，大都由於觸受。」❹

　　按：天官即感覺器官。美國 George Lakoff 指出：「事物本身無所謂意義，意義不是一種事物，它是事物與我們所發生的一種聯繫。意義產生於在一定環境下對一類事物的體驗。」❺我們認為，

---

❸　沈兼士：〈聲訓論〉，《沈兼士學術論文集》（北京：中華書局，1986
　　年），頁258。

❹　章太炎：〈語言緣起說〉，《國故論衡上》（浙江圖書館校刊），頁
　　26。

❺　石毓智：〈《女人，火，危險事物——范疇揭示了思維的什麼奧秘》評
　　介〉，《國外語言學》第2期（1995年6月），頁19。

這種體驗，首先是基於感覺器官的感受，因爲「我們的一切知識，全都來自我們的感覺能力。」❻當客觀事物作用於人們的感官和大腦時，不同的人們所感受到的表象可能會有差異，但差異不會太遠，而用以表達的言語方式會有較大不同。相對言之，大致可分爲二，一類重在事物的外在表面性狀，強調事物的綜合同一，以意象（image）爲主；一類重在事物的內在屬性，強調事物的類屬區分，以觀念（concept）爲主。換言之，前者以直覺爲先，後者以抽象爲要。二者並不矛盾，亦無高下之分，實際上是相輔相成的。

在諸感官中，視覺佔有明顯的優勢。「在思維過程的一定階段，效果最大的是同視覺形象有關的活動。」❼我們在《疏證》中可以看到大量的有關視覺形象的詞群，包括大小、高低、長短、形狀等：

> 胡，大也；湖，大陂也；祜，大福也。
>
> 幋，覆衣大巾；鞶，大帶；磐，大石；伴，大貌。
>
> 獒，四尺犬；鰲，大龜。（以上卷1上）
>
> 長壯爲儴；長髮爲鬃，牦牛因其毛長稱爲犧牛。
>
> 狹而長曰桶；山旁隴間曰涌；長身曰侗。
>
> 禾芒爲秒；木細枝爲杪。（以上卷2上）

---

❻ 北京大學哲學系外國哲學史教研室編譯：達·芬奇《筆記》，《西方哲學原著選讀》（北京：商務印書館，1981年），頁308。

❼ 前蘇聯津欽科和維爾基列斯語，轉引自加勒羅夫《根據心理語言學和神經生理學材料討論深層結構和表層結構》，魯桓、俞約法摘譯，《國外語言學》第3期（1981年9月），頁18。

鳥獸之短尾者曰屈尾；山短高曰崛；短衣曰襦。（卷2下）

圓爲圖；圓倉爲篅；旋轉之水爲湍。（卷3上）

　　在國外，早在十九世紀三十年代，德國洪葆特就曾注意到這種命名方式，盡管不是漢語的。他說：「但在有些語言裡，我們會發現一種奇特的概念聯繫方式，我在這裡要講的正是這樣一種聯繫方式，它的特點在於並非總是使用跟具體物體相關的眞正的類屬概念，而是使用一種與該物體有著某種一般類同關係的事物或性質的名稱，比如說，刀、劍、矛、麵包、行列、繩索等詞可以與展延、伸長的概念聯繫起來，這樣，雖然是極不同的物體，由於它們共有某個屬性，就可以被劃歸一類。詞的這種組合方式表明語言具有邏輯秩序的感覺，但更大程度上則反映了語言中生動的想像力活動。例如在緬甸語裡，「手」充當了類屬概念，它概括起各種類型的工具，從火器一直到鑿子。整個說來，這種表達方式起著描繪對象的作用，或促進理解，或增強直觀印象。」❽

　　視覺形象中顏色類也是重要部分：

　　淺青曰蔥；馬青白雜毛曰驄。

　　老人白曰皤；白蒿曰蘩；白鼠曰鼶。

　　青黑謂之黸；皮腫起青黑謂之瘀；魚青黑色曰鮪。

　　黑子謂之黶：山桑之有點文者曰欜。（以上卷8上）

---

❽　〔德〕洪葆特著，姚小平譯：《論人類語言結構的差異及其對人類精神發展的影響》（北京：商務印書館，1997年），頁384－385。

其他感覺形象則有：

> 鐘聲爲鍠，玉聲爲瑝，小兒聲爲喤。（卷4下）
> 柔土曰壞；多肉曰䐃；肥大曰壤。（卷2上）

需要指出，人的各個感覺器宮是相通的，一個詞可以表達不同感覺；人的生理感覺和心理活動是共存的，表現在語言裡，常常見到它們共處於一詞中。如：

> 凡堅貌謂之硜；堅聲亦謂之硜。（卷1下）
> 凡聲之盛謂之鏘鏘；……凡貌之盛亦謂之鏘鏘。（卷6上）
> 盛光謂之赫戲；盛怒亦謂之赫戲。（卷2上）
> 憂思相牽，謂之嬋媛；樹枝相牽，亦謂之嬋媛。（卷6上）

以上爲較具體問語，以下爲較抽象詞語。卷三下舉㪍、憝、鷔、獒等詞，云「是凡言憝者皆惡之義也」。又舉厲、癘等詞，云「是凡言厲者皆惡之義也」。

英國 Palmer 說過：「一種語言的詞往往並不反映外部世界的全部實際情況，只是反映出操這種語言的人們注意到的地方。」如像 B.C. Whorf 所指出的，河皮語指稱飛行物體的詞只有一個，它可以用來表示「飛機」、「飛蟲」或「飛行員」等。❾

---

❾　B.C. Whorf 著，周紹珩譯述：《語義學·第一部分·研究語言意義的科學》，《國外語言學》第1期（1984年3月），頁6。

　　客觀事物具有多方面的特性，且以組塊形式出現在我們面前，語言具有線性特點，這就決定了用詞義表達它們的局限性，往往並不全面。用一個語言符號來反映多種不同的事物，這些事物在表象上往往有某點相似，這便是漢族人命名的依據。這既體現了漢族人表達方式的直觀性，又體現了漢語運用的經濟性。用《易經・繫辭下》的話來說，「其稱名也小，其取類也大」。

　　這種現象多少印證了美國謝信一的觀點，即漢語基本上是一種臨摹的語言，漢人的思維趨於著重對具體事物的感知。❿

　　二、明類比。類比，也稱類推，是人們認知世界的途徑之一，具有普遍意義。「因為獲得知識有兩種方法，即通過推理和經驗。」⓫就語言而言，「類推是語言史上的一種普遍的過程。」⓬從繁雜的漢語詞彙中，將若干聲義相關的詞加以類比，指出其對應性，是《疏證》的又一特色，這就從單純訓詁學走出，有點歷史比較語言學意味了。我們可從不同角度對這些類比進行分析。

　　從字音、字形分，可分字音、字形俱同和字音同字形不同。前者如：

---

❿　轉引自戴浩一著，黃河譯：〈時間的順序和漢語的語序〉，《國外語言學》第1期（1988年3月），頁19。

⓫　北京大學哲學系外國哲學史教研室編譯：羅吉爾・培根《大著作》，第6部分，《西方哲學原著選讀》（北京：商務印書館，1981年），上卷，頁287。

⓬　羅賓斯著，李振麟、胡偉民譯：《普通語言學概論》（上海：上海譯文出版社，1986年），頁391。

厚與大同義，故厚謂之敦，亦謂之厖；大謂之厖，亦謂之敦矣。（卷1上）

後者如：

寒謂之滄，亦謂之淒；悲謂之悷，亦謂之愴。義相近也。（卷4上）

從類比的項目分，可分雙項和多項。雙項如：

凡事之始即爲事之法，故始謂之方，亦謂之律；法謂之律，亦謂之方矣。（卷1上）

多項如：

大則無所不覆，無所不有，故大謂之憮，亦謂之奄；覆謂之奄，亦謂之憮；有謂之憮，亦謂之撫，亦謂之奄。（卷1上）

從詞義考慮，所比詞項之間大致有相近、相因和相反而實相因三類。

相近往往表明漢語詞族構成的平行性。如：

凡止與至義相近。止謂之閣，猶至謂之格也；止謂之底，猶至謂之抵也；止謂之訖，猶至謂之迄也。（卷3下）

閣、格，底、抵，訖、迄，分別各成一組。

有人提出詞義的同步引申，認爲一個詞的詞義引申時常帶動相關的詞產生類似引申的現象。同義詞最容易形成同步引申。按：在《疏證》的相近類比中常能體現出這一點。如：

> 相似謂之類，亦謂之肖；法謂之肖，亦謂之類。義並相近也。（卷1下）

可表達爲：類→相似→法，肖→相似→法。

相同則表明漢語詞族構成的承遞性。如：

> 黨謂之比，亦謂之頻；數謂之頻，亦謂之比。義相因也。
> （卷3下）

前面的「比」、「頻」指親比親密，後面的「比」、「頻」指稠密頻繁，意義不一，但有相應關係。有的則可能與文化有關係，如：

> 案凡物之大者皆有獨義。……獨謂之蜀，亦謂之介；大謂之介，亦謂之蜀。義相因也。（卷1上）

相反而實相因表明漢語詞族構成的對稱性。如：

> 枉謂之匡，故正框亦謂之匡。……義有相反而實相因者，皆此類也。（卷4下）

卷三下則云：「斂爲欲而又爲與，乞、丐爲求而又爲與，貸爲借而又爲與，稟爲受而又爲與，義有相反而實相因者，皆此類也。」這即《春秋公羊傳·隱公元年》所謂的「美惡不嫌同辭」，國外稱語義的異化。《疏證》僅舉了同一詞的兩極，茲舉章炳麟數例爲佐證：

> 故先言天，從聲以變則爲地。
>
> 先言陽，從聲以變則爲陰。
>
> 先言疏，從聲以變則爲數。
>
> 先言夫，從聲以變則爲婦。
>
> 先言腹，從聲以變則爲背。[13]

應該看到，相似也好，相因也好，表明漢語詞義界說範圍之不確定性，且無形態標志，是以意合之，從而使漢語詞族帶有某種程度的模糊性。

青年語法學派提出類推規律類似解比例方程式，《疏證》的類比也可作如是觀。如：

> 凡遠與大同義。遠謂之荒，猶大謂之荒也；遠謂之邈，猶大謂之假也；遠謂之迂，猶大謂之訏也。（卷1上）

比例式則爲：荒：荒＝邈：假＝迂：訏。

惜乎王氏未能上升到理論，總結出一套規律。不然，成就會更大。

---

[13]　章太炎：〈轉注假借說〉，《國故論衡上》（浙江圖書館校刊），頁32。

　　三、明語源。前蘇聯阿巴耶夫說：「人的智慧從不滿足於觀察和描寫周圍事物，它要探求對事物的解釋。解釋性科學的特點就在於提出所研究的現象或客體的起源問題。」⓮徐復先生評價《疏證》云：「其以聲音通訓詁，書中屢言『某之言某也』，探求詞源、詞族意。」⓯按明語源，訓詁學亦稱推因。黃侃云：「凡字不但求其義訓，且推其字義得聲之由來，謂之推因。」（即求語根）⓰齊佩瑢也提出：「蓋訓詁的最極目的，不僅在明其當然，還要明其所以然。」⓱這裡的詞源、語根，或指漢語書面語中某一同族詞群的較早音義形式，而非原始漢語的某詞族的語音形式；或指單個詞的音義由來，實即命名之由來，即該詞的理據。綜觀《疏證》全書，「某之言某也」之例，蓋可先分兩大類：一類有關字形，或聲轉，或聲不轉，字形有別，詞義無變，與詞族有關。如卷一上：「郎之言良也。……良與郎，聲之侈弇耳。猶古者婦稱夫曰良，而今謂之郎也。」又「隱之言意也。……意、隱古同聲。」屬於此類尚有「鼻之言自也」、「封之言豐也」、「或之言有也」、「類之言律也」、「昔之言夕也」等等。一類有關詞，即詞義之由來，屬詞義之孳衍，不但與詞源且與詞族有關。此類乃明語源之例，應特

⓮　〔蘇聯〕阿巴耶夫著，羅啓華譯：〈描寫語言學與解釋語言學——關於科學的分類〉，《國外語言學》第 2 期（1987 年 6 月），頁 56。

⓯　《中國大百科全書・語言文字分冊》「廣雅」條（北京：中國大百科全書出版社，1988 年），頁 115。

⓰　黃侃述，黃焯編：《文字聲韻訓詁筆記》（上海：上海古籍出版社，1983 年），頁 187。

⓱　齊佩瑢：《訓詁學概論》（北京：中華書局，1984 年），頁 208。

別留意。大致可分以下八項：

1.以功用釋名物。如：角之言觸也。棓之言掊擊也。廩之言斂也。寺之言止也。箄之言蔽也。梏之言鞠也，急繫之名也。桎之言窒、械之言碍，皆拘止之名也。勺之言酌也。案之言安也，所以安置食器也。幪之言蒙也，《方言》注云：「巾主覆者，故名幪。」

2.以特徵釋名物。如：梯之言次第也。除之言敘也，階梯有次敘也。隧之言遂也，遂，達也。阞之言伸也，直度之名也。輦之言連，連者，引也，引之以行，故曰輦。錘之言垂也，下垂，故重也。

3.以性狀釋名物。如盂之言迂曲也。椀之言宛曲也。榛之言辛，物小之稱也。楂之言酢也。腓之言肥也。樫之言槙也，《周南·汝墳篇》，《傳》云：「槙，赤也。河柳莖赤，因名為樫。」

4.以位置釋名物。如：脅之言夾也，在兩旁之名也。膀之言旁也。骶之言邸也，邸者，後也。廁之言側也，亦僻側也。

5.比況。訓釋詞和被訓釋詞具有某種共同的語義內容，用以比照。如觡之言格，櫳之言闌，娣之言弟，岡之言綱，嶺之言領也。骼之言垎也，《說文》：「垎，土干也。一曰堅也。」義與骼相近。暮之言冥漠也。

孫朝奮指出：「當某一詞第一次用來表示一個新概念時，實際上就是兩個概念通過比喻的手法被等同起來。本來不包含某一概念意義的詞語，通過比喻引申，取得了一個新的概念。」[18]本項情形

[18] 孫朝奮：〈《虛化論》評介〉，《國外語言學》第 4 期（1994 年 12 月），頁 20。

有似於此。

6.以通名釋散名。通名指通用之詞,一般來說,其出現時間較早,用法較多,詞義較抽象普通,且包容性強。散名指僅限於某一方面的詞,其出現時間較晚,用法單一,詞義較具體。在相同的語境裡,通名與散名可互用。許多情況下,散命是通名分化之結果。如:裸之言露也。期之言極也,……百年爲年數之極,故曰百年曰期。蛻之言脫也,《說文》:「蛻,蚊蟬所解皮也。」……今俗語猶謂蟲解皮爲蛻皮矣。臥之言委也,今俗語猶云僵臥矣。孚之言剖也。

7.以動作釋動作方式。如:撮之言最也,謂聚持之也。擘之言壓也,《說文》:「擘,一指按也。」潷之言逼也,謂逼取其汁也。

8.以重言釋狀詞。如:養之言陽陽也,晃之言煌煌也,卓之言灼灼也,較之言皎皎也。

以上僅是粗淺分析,容有脫誤。從詞彙學考慮,語源相當於源詞,由源詞派生出來的詞稱派生詞,文字學家則稱前者爲初文,後者爲孳乳字,即由初文孳乳分化而來。源詞也罷,初文也罷,這倒表明了英國亞當·斯密 1759 年提出的看法:「最初的詞都具有『總括』意義,即每一個最初的詞本身就表示一個完整的事件。」⑲正因爲最初詞的具有「總括」意義,也才能談得上以後的派生或孳乳等語言現象。尋求語根就某種意義來說,就是尋求它們。

---

⑲ 卡茲涅勒貢著,郭谷分譯:〈亞當·斯密的語言類型學觀念〉,《國外語言學》第 2 期(1986 年 6 月),頁 64。

上述僅限於語言意義，以下則爲文化意義，茲舉幾則，以見詞義之多面：

> 《白虎通義》云：「學之爲言覺也，以覺悟所不知也。」
>
> 壻之言胥也。鄭注《周官》云：「胥，有才知之稱也。」倩之言婧也，《說文》：「婧，有才也。」顏師古注《漢書·朱邑傳》云：「倩，士之美稱。」義與壻謂之倩相近。
>
> 糞之言肥饒也，〈月令〉云：「可以糞田疇。」
>
> 衖之言共也，《說文》云：「在邑中所共也。」
>
> 《賈子·大致篇》云：「夫民之爲言也冥也，萌之爲言也盲也。」

這種用聲音相同或相近的詞來作注釋推因，就是所謂的聲訓。對於聲訓，人們肯定的少，否定的多，現在看來是不公平的。其一，傳統語言學對詞義的認可以正確和錯誤爲標準，且限於語言範圍，甚至僅限於文本注釋範圍。現代語言學則認爲，詞義涉及人們方方面面，是人們認知和記錄客觀事物和經驗的途徑和成果。從理解文獻和運用詞語角度來說，需要咬文嚼字，詞義有正誤之分，從廣義的語言文化角度來說，只應有幼稚的詞義，不應有錯誤的詞義，畢竟，運用詞義進行交際與研究詞義是兩回事。對每一聲訓材料，作爲研究者，首先不應是規定正誤，而是分析其背景知識，看這個材料本身說明了什麼。其二，聲訓證明了語音的象徵作用，迄今爲止，我們對這種象徵作用的重視研究遠遠不夠。其三，漢語聲訓在不少情況下，是基於聯想由形式和意義同時進行的詞義聚合方

式，是通過表層語音的相近相同，深層隱喻實現的概念運動，與修辭構詞密切相關，也是詞族研究的重要方面，故而對它實有深入探討之必要。

王念孫的古音分部及其與
段玉裁韻學之比較

班吉慶*

徐士復先生嘗言：有清二百餘年學術，以乾嘉時期為鼎盛。吳、皖兩派為雙峰並峙，而揚州諸儒博能通精，成就更大。❶揚學所涉者廣，在文字音韻訓詁的研究方面也取得了令人矚目的成績，尤以高郵王氏念孫、引之父子為最精。段玉裁在為王念孫《廣雅疏證》作序時高度評價其「尤能以古音得經義，蓋天下一人而已矣。」❷研究揚州學派，必須重視他們在文字音韻訓詁方面的成績。本文所要談的是王念孫對古音分部的研究。

王念孫是清代古音分部研究的集大成者，其成果最早見於他給李方伯書。這封信寫於嘉慶二十一年（1816），載於王引之《經義述聞》卷三十一。李方伯，名賡芸，字許齋，曾寫信與王念孫討論

* 班吉慶，揚州大學人文學院中文系副教授。

❶ 趙航：《揚州學派新論》（南京：江蘇文藝出版社，1991 年），頁 191。

❷ 〔清〕王念孫：《廣雅疏證》（上海：上海古籍出版社，1983 年影印清嘉慶本），頁 2。

古音問題。在這篇著名的書信中，王念孫主張分古韻爲二十一部，他還針對顧炎武、江永和段玉裁的古韻分部，提出四條意見，集中反映了他對古音研究的卓越貢獻。其後，王念孫又吸取他人之長分古音爲二十二部，從而建立了一個比較完善的上古韻部體系。王國維盛讚其「古韻二十二部之目，遂令後世無可增損。」❸本文試從〈與李方伯書〉來看王念孫古音分部的貢獻，並將其與段玉裁古音分部進行比較，同時也從他的治學態度中得到啓發和教益。不當之處，敬請批評。

一

據有關記載，王念孫在二十三歲時就確立了古韻二十一部，當時他只看到顧炎武和江永的著作，後來才看到段玉裁《六書音均表》，發現自己分立「支」、「脂」、「之」爲三與段玉裁不約而同。在給李方伯寫信時，王念孫已經七十三歲了，所以信中看重談前人沒有談過的地方，他所提出的四條是：

第一，「緝」、「合」以下九部當分爲二部。在這封信中，王念孫一方面讚揚顧炎武「不用《切韻》以『屋』承『東』、以『德』承『登』之例，可稱卓識」（以下所引王念孫語，凡未另注出處者，均引自〈與李方伯書〉）；另一方面也指出顧炎武在安排二十六「緝」至三十四「乏」時，仍從《切韻》以「緝」承

---

❸　王國維：〈周代金石文韻讀序〉，《觀堂集林》（北京：中華書局，1959年），卷8，頁394。

「侵」、以「乏」承「凡」，實乃「兩歧之見」。王念孫在信中舉了兩個例證，一為〈小戎〉二章，顧炎武「以『驂合軜邑念』為韻」，一為〈常棣〉七章，「以『合琴翕湛』為韻」，這樣，「侵」和「緝」的界限就分不清了。由於顧炎武處理入聲「緝」、「合」以下九部不徹底，因而也就影響了他對具體韻例的認識。王念孫則不然，他指出：「〈小戎〉自以『中驂』為一韻，『合軜邑』為一韻，『期之』為一韻；〈常棣〉自以『合翕』為一韻，『琴湛』為一韻，不可強同也。」

今查《詩經・秦風・小戎》二章：「四牡孔阜，六轡在手。騏騮是中，騧驪是驂。龍盾之合，鋈以觼軜。言念君子，溫其在邑。方何為期，胡然我念之？」顧炎武《詩本音》認為：「此章以平去入通為一韻。『中』字不入韻。」❹故以「驂合軜邑念」為一韻。其實「中」是入韻的，本詩應屬較為常見的「一章四韻例」❺。江有誥《詩經韻讀》以「阜」「手」屬「幽」部，「中」「驂」為「中侵合韻」，「合」「軜」「邑」屬「緝」部，「期」「之」屬「之」部。❻王念孫的看法與江有誥相同。江、王的看法更為切合實際。

又《詩經・小雅・常棣》七章：「妻子好合，如鼓瑟琴。兄弟

---

❹　〔清〕顧炎武：《音學五書・詩本音》（北京：中華書局，1982 年影印觀稼樓仿刻本），頁 97。

❺　參見王力：《詩經韻讀》（上海：上海古籍出版社，1980 年），頁 68。

❻　〔清〕江有誥：《音學十書・詩經韻讀》（北京：中華書局，1993 年影印成都嚴氏重刻本），頁 46。

既翕，和樂且湛。」顧炎武《詩本音》云：「合與翕，琴與湛，各以平入相協；亦可通爲一韻。」❼既云各自相協，又說可爲一韻，似有牴牾之處。江有誥《詩經韻讀》謂：合，胡急反，與翕協，緝部；湛，都森反，與琴同爲侵部。❽王念孫的看法與江有誥同。

王念孫根據自己「遍考《三百篇》及群經、《楚辭》所用之韻」的研究所得，進而指出：「『緝』、『合』以下九部當分爲二部。」依王氏所說，「緝合盍葉帖洽狎業乏」九部當分爲二，只有入聲，而無平、上、去聲，就是他所列「盍第十五（入）」和「緝第十六（入）」兩部；「侵覃談鹽添咸銜嚴凡」九部亦當分立爲二，只有平、上、去聲而無入聲，就是他所列「侵第三（平上去）」和「談第四（平上去）」兩部。

第二，「至」部宜從「脂」部分出，自成一部。王念孫指出：「去聲之『至』『霽』二部及入聲之『質櫛黠屑薛』五部中，凡從至、從疐、從質、從吉、從七、從日、從疾、從悉、從栗、從黍、從畢、從乙、從失、從八、從必、從卪、從節、從血、從徹、從設之字，及『閉實逸一抑別』等字，皆以去、入同用，而不與平、上同用」，所以王念孫斷定它們既不是「脂」部的入聲，也不是「眞」部的入聲，而應當獨立成部，就是他所立「至第十二（去入）部」。他還批評段玉裁在《六書音均表》裡把「質櫛屑」作爲「眞」部的入聲，又把「術月」作爲「脂」部的入聲，而「諄元」二部均無入聲是「自亂其例」。

---

❼　〔清〕顧炎武：《音學五書·詩本音》，頁111。
❽　〔清〕江有誥：《音學十書·詩經韻讀》，頁52。

　　根據戴震〈廣韻同用獨用四聲表〉，眞軫震質，以質承眞；諄准稕術，以術承諄；文吻問物，以物承文；元阮願月，以月承元。但在段玉裁《六書音均表》中，第十二部「陸韻平聲眞臻先，上聲軫銑，去聲震霰，入聲質櫛屑」❾，以「質」爲「眞」之入；第十五部「陸韻平聲脂微齊皆灰，上聲旨尾薺駭賄，去聲至未霽祭泰怪夬隊廢，入聲術物迄月沒曷末黠鎋薛」❿，以「術」「物」「月」爲「脂」之入；而第十三部「諄文欣痕」與第十四部「元寒桓刪山仙」均無入聲，所以王念孫才批評段玉裁自亂其例。

　　王念孫在「至」部詳細列出字表，從《詩經》用韻看，「至」部獨立是符合實際情況的。例如《秦風·車鄰》二章：「阪有漆，隰有栗。既見君子，並坐鼓瑟。今者不樂，逝者其耋。」「漆栗瑟耋」爲韻；又如《齊風·東方之日》首章：「東方之日兮。彼姝者子，在我室兮。在我室兮，履我即兮。」「日室室即」爲韻。至如《豳風·鴟鴞》首章的「鴟鴞鴟鴞，既取我子，無毀我室。」段玉裁認爲「子」與「室」協，爲「古合韻」⓫；江有誥認爲「鴞」「鴞」協「宵部」，「取」「子」爲「之侯借韻」，「毀」「室」相協；⓬王力則認爲「無韻」。⓭諸說不同。但這種情況畢竟是少數，不影響「至」部獨立的科學性。

---

❾　〔清〕段玉裁：《六書音均表》（成都：成都古籍書店，1981 年影印崇文書局本），頁 26。

❿　〔清〕段玉裁：《六書音均表》，頁 29。

⓫　〔清〕段玉裁：《六書音均表》，頁 56。

⓬　〔清〕江有誥：《音學十書·詩經韻讀》，頁 50。

⓭　王力：《詩經韻讀》，頁 246。

「至」部獨立，應該說是王念孫在古音研究中的卓識，王力先生說：「王氏的獨見只在乎至部獨立而已。」⑭陳復華、何九盈先生也說：「讓『至部』獨立，那更是王念孫發前人之所未發了。」⑮

第三，「祭泰夬廢」也應從「脂」部分出，自成一部。王念孫通過對《詩經》、《楚辭》及群經的研究，指出「祭泰夬廢」「此四部文字皆與入聲之『月曷末黠鎋薛』同用，而不與『至未霽怪隊』及入聲之『術物迄沒』同用。且此四部有去、入而無平、上。」因此他主張「祭泰夬廢」宜與「月曷末黠鎋薛」合作一部而從「脂」部中獨立出來，就是他所立「祭第十四（去入）」部。他在信中批評了段玉裁《六書音均表》將「此四部與『至未』等部合爲一類，入聲之『月曷』等部亦與『術物』等部合爲一類」的做法，並指出段氏以「月曷」等部爲「脂」部之入聲，乃「沿顧氏之誤而未改」，因爲顧炎武《古音表》正是以「質術櫛昔（半）職物迄屑薛錫（半）月沒曷末黠鎋麥（半）德屋（半）」爲他所列第二部「脂」等之入的。⑯王念孫舉出《詩經·小雅·蓼莪》五章的「烈發害」與六章的「律弗卒」，《論語，微子》的「達適」與「突忽」等例，說明它們應分屬兩個不同的韻部而不是同韻。

《詩經·小雅·蓼莪》五章：「南山烈烈，飄風發發。民莫不谷，我獨何害。」又六章：「南山律律，飄風弗弗。民莫不谷，我

---

⑭　王力：《漢語音韻學》（北京：中華書局，1956 年），頁 369。

⑮　陳復華、何九盈：《古韻通曉》（北京：中國社會科學出版社，1987年），頁 31。

⑯　〔清〕顧炎武：《音學五書·古音表》，頁 546。

獨不卒。」段玉裁認爲應以「烈發害」、「律弗卒」爲韻，同押第
十五部之入聲。❶王念孫以爲不諧，認爲應是「烈發害」爲一韻，
屬「祭」部；「律弗卒」爲一韻，屬「脂」部。這一看法與江有誥
不謀而合。❶又《論語・微子》：「周有八士：伯達、伯適、仲
突、仲忽、叔夜、叔夏、季隨、季騧。」段玉裁認爲「《論語・微
子》篇」，「周八士凡用三韻」。「達適突忽」爲一韻，屬第十五
部之入聲。❶王念孫認爲應當分開，「達適」屬「祭」部，「突
忽」屬「脂」部，如果混爲一韻，則「音不諧矣」。這一看法又與
江有誥相同。❷這樣，相關的入聲隨「至」「祭」從「脂」部分出
後，「脂」部的入聲就只剩下「術物迄沒」了。

　　第四，「屋沃燭覺」四韻，應認作「侯」部的入聲。王念孫認
爲：「『屋沃燭覺』四部中，凡從屋、從谷、從木、從卜、從族、
從鹿、從賣、從粦、從彔、從束、從獄、從辱、從豕、從曲、從
玉、從蜀、從足、從局、從角、從岳、從屵之字，及『禿哭粟玨』
等字，皆『侯』部之入聲。」他不同意段玉裁《六書音均表》把它
們作爲「幽」部入聲的處理，因爲倘依段說，本來是同一個韻部的
字卻看成了「合韻」，如《詩經・秦風・小戎》首章：「小戎俴
收，五楘梁輈，游環脅驅，陰靷鋈續，文茵暢轂，駕我騏馵。言念
君子，溫其如玉。在其板屋，亂我心曲。」段玉裁以「驅續轂馵玉

---

❶　〔清〕段玉裁：《六書音均表》，頁 60。

❶　〔清〕江有誥：《音學十書・詩經韻讀》，頁 64。

❶　〔清〕段玉裁：《六書音均表》，頁 73。

❷　〔清〕江有誥：《音學十書・群經韻讀》，頁 127。

曲」爲韻，而「驅」古本音爲第四部「侯」部，餘爲第三部「尤幽」部字，故爲「合韻」。㉑而王念孫認爲「續穀」等字均係「侯」部之入聲字，此章爲本韻相押，非合韻。江有誥亦以「驅續穀鼻玉屋曲」同爲「侯」部字。㉒此外，《小雅·楚茨》六章的「奏」與「祿」，《小雅·角弓》三章的「愈」與「裕」等，段氏都認爲是「侯」「幽」合韻；王念孫皆以爲本韻相押，非合韻。反之，本來是「合韻」或非韻的字倒被看成是一個韻部了，如《小雅·角弓》六章：「毋教猱升木，如塗塗附。君子有徽猷，小人與屬。」段玉裁以「木附猷屬」爲韻，只是「附」的「本音在第四部，《角弓》與『木猷屬』合韻。」王念孫則認爲「猷」是「幽」部字，「屬」係「侯」部入聲字，不入韻。王力先生說：「段氏侯部獨立了。而入聲屋部沒有獨立出來，深爲惋惜！」㉓江有誥曾致函段玉裁，指出「角族屋獄足束賣辱曲玉壴蜀木彔粟羹豕卜局鹿谷等聲皆『侯』之入也。匪獨《詩》《易》如此分用，即周秦漢初之文皆少有出入者。」㉔段玉裁接受了他的意見，肯定「是說也，精確之極」。㉕可見此事已成定論。

上述四條，雖然第一、第三、第四三條不是王念孫個人獨有的見解，但是他提出這些問題的時候，並沒有了解到其他人的研究結

㉑　〔清〕段玉裁：《六書音均表》，頁 43。

㉒　〔清〕江有誥：《音學十書·詩經韻讀》，頁 46。

㉓　王力：《清代古音學》（北京：中華書局，1992 年），頁 119。

㉔　〔清〕江有誥：〈寄段茂堂先生原書〉，見《音學十書》，頁 3。

㉕　〔清〕段玉裁：〈答江晉三論韻〉，見江有誥：《音學十書》，頁 5。

論，因而這些都應該看成是王念孫對古音研究的貢獻。

二

章炳麟在《小學略說》裡概述了清代諸家的古音研究，他說：
「顧炎武爲《唐韻正》，始分十部；江永《古韻標準》分十三部；
段玉裁《六書音均表》分十七部；孔廣森《詩聲類》分十八部；王
念孫分二十一部。大柢前修未密，後出轉精。」王力先生也曾評價
說：「清代古音學到王念孫，已經是登峰造極。」❷當然，古音研
究的成就，主要不在於越分韻部越多，而在於越來越把語音系統弄
清楚了。

據王念孫〈寄江晉三書〉，乾隆五十四年（1789）即「己酉仲
秋，段君以事入都，始獲把晤，商訂古音。告以『侯』部自有入
聲，『月曷』以下非『脂』之入，當別爲一部，『質』亦非『眞』
之入；又『質』『月』二部皆有去而無平上，『緝』『盍』二部則
無平上而並無去。段君從者二（謂『侯』部有入聲及分『術』
『月』爲二部），不從者三。」❷把王念孫的古韻二十一部與段玉
裁的十七部比較，多了四部，這是由於他「眞」「至」分立，
「脂」「祭」分立，「侵」「緝」分立，「談」「盍」分立。二人
的不同還包括「侯」部有無入聲，現分別略加敘述。

「眞」「至」分立。段玉裁《六書音均表》中，「質櫛屑」等

---

❷　王力：《清代古音學》，頁199。

❷　〔清〕江有誥：《音學十書》，頁11。

為第十二部「眞」部的入聲，王念孫將其獨立出來，與段氏第十五部「脂」部的去聲韻「至」「霽」兩韻及入聲「黠」「薛」兩韻裡的一部分字，立為「至」部。因為在先秦韻語的押韻中，這些都是去、入同用，而不與平、上同用。例如《詩經‧周南‧桃夭》二章：「桃之夭夭，有蕡其實。之子于歸，宜其家室。」「實」「室」為韻；三章：「桃之夭夭，其葉蓁蓁。之子于歸，宜其家人。」「蓁」「人」為韻。又如《鄘風‧定之方中》首章：「定之方中，作於楚宮。揆之以日，作於楚室。樹之榛栗，椅桐梓漆，爰伐琴瑟。」「日室栗漆瑟」為韻；三章：「靈雨既零，命彼倌人。星言夙駕，說于桑田。匪直也人，秉心塞淵，騋牝三千。」「零人田淵千」為韻，概不相混。前面說過，王念孫分出一個「至」部，是他對古韻分部的獨特發現，雖然段玉裁沒有能接受他的意見，但是後來多數音韻學家都同意了。

　　「脂」「祭」分立。段玉裁的第十五部包括了《廣韻》「脂微齊皆灰」「旨尾薺駭賄」「至未霽祭泰怪夬隊廢」「術物迄月沒曷末黠鎋薛」諸韻，王念孫除從中分出「至」部外，又從中分出一個「祭」部。《廣韻》中的「祭泰夬廢」四韻不跟平、上聲相承，卻跟入聲「月曷末黠鎋薛」等韻相配，戴震早已注意到這個事實。但戴震僅僅說去、入相配而已，明確地提出去、入同韻的乃是王念孫。黃侃在《音略》中說：「曷（王念孫所立）」。黃侃「曷」部就是王念孫的「祭」部，黃侃說得是對的。例如《詩經‧召南‧甘棠》：「蔽芾甘棠，勿翦勿伐，召伯所茇。蔽芾甘棠，勿翦勿敗，召伯所憩。蔽芾甘棠，勿翦勿拜，召伯所說。」全詩三章，以「伐茇敗憩拜說」為韻，在《廣韻》中，此六字分屬「月（伐）」「末

（茇）」「夬（敗）」「祭（憩）」「怪（拜）」「薛（說）」各韻。在王念孫「祭第十四」所列字表中，此六字盡數收入（其中「愒」即「憩」❷❸）。王力先生曾說：「王氏看見祭泰夬廢四韻不與平上相承，從而悟出它們應獨立成部，這與戴氏暗合，值得讚揚。王氏以祭月合爲一部，則較戴氏分祭月爲兩部更符合客觀事實。」❷❾

「侵」「緝」分立與「談」「盍」分立。段玉裁第七部以入聲韻「緝葉帖」部承陽聲韻「侵鹽添」部，第八部以入聲韻「合盍洽狎業乏」部承陽聲韻「覃談咸銜嚴凡」部。王念孫認爲是不合適的。他把入聲「緝合盍葉帖洽狎業乏」九韻分立爲「盍」「緝」兩部，因爲「緝（葉帖）」及「盍（合洽狎業乏）」這兩個入聲韻部在古韻系統裡既不與「侵」「覃」兩部的平、上聲相押，又不與去聲通押。例如《詩經》，押「緝」部韻的有《周南・螽斯》三章：「螽斯羽揖揖兮。宜爾子孫蟄蟄兮。」「揖蟄」爲韻；又《邶風・燕燕》二章：「瞻望弗及，佇立以泣。」「及泣」爲韻；又《王風・中谷有蓷》三章：「中谷有蓷，暵其濕矣。有女仳離，啜其泣矣。啜其泣矣，何嗟及矣。」「濕泣泣及」爲韻等。押「盍」部韻的則有《邶風・匏有苦葉》首章：「匏有苦葉，濟有深涉。」「葉涉」爲韻；又《小雅・采薇》四章：「戎車既駕，四牡業業。豈敢定居，一月三捷。」「業捷」爲韻；又《商頌・長發》七章：「昔

---

❷❸　〔漢〕許慎：《説文解字》：「愒，息也。从心曷聲。」徐鉉注：「今別作憩。」（北京：中華書局，1963年影印陳昌治刻本），頁219。

❷❾　王力：《清代古音學》，頁197。

在中葉，有震且業。」「葉業」爲韻等。其區別是比較明顯的。

與段玉裁相比，王念孫將「至」「祭」二部獨立，又將「緝」「盍」二部獨立，故得二十一部。其後江有誥也分古韻爲二十一部，基本上與王念孫相同。所謂基本上相同，就是說還小有不同。王念孫的二十一部中沒有「冬」部但有「至」部；江有誥的二十一部中沒有「至」部但有「冬」部。雖然「王念孫至部之說還有許多應該補充的地方」[30]，但正如趙振鐸先生所說：「古韻的分部到了王念孫、江有誥，已經分得非常精細了，一般討論周秦古音的人，都以他們的研究作依據。」[31]

三

清代學者研究漢語音韻學，其成就主要在古音學方面。自顧炎武開始，江永、戴震、段玉裁、孔廣森、王念孫、江有誥等承先啓後，各有發明。讀〈與李方伯書〉，不僅使我們了解了王念孫古音研究的成果，還使我們從他的優良學風和治學態度中得到教益，可以概括爲下列兩個方面：

其一，實事求是，言之有據。許嘉璐先生曾經指出：「王氏父子之所以迄爲士林所欽仰者，一爲成就之大，一爲治學精神之可

---

[30] 王力：〈古韻脂微質物月五部的分野〉，《王力文集》（濟南：山東教育出版社，1990 年），卷 17，頁 277。

[31] 趙振鐸：《音韻學綱要》（成都：巴蜀書社，1990 年），頁 238。

貴。要言之，其所履行，『實事求是』四字而已。」❷這一點在
〈與李方伯書〉中也有體現。王念孫反覆強調，他的古韻二十一部
的結論是「遍考《三百篇》及群經、《楚辭》所用之韻」的結果，
「此皆以九經、《楚辭》用韻之文爲準」，他所提出的四條意見，
每一條都舉出若干例證，反覆考訂，最後才說「以上四條皆與某之
所考不合」，從而得出自己的結論。正因爲他能就所要研究的時代
的史料作客觀的歸納，也就是王國維所謂「因乎古人用韻之自然而
不容以後說私意參乎其間」❸，所以他才能有所發明。王力先生也
說過：「王氏古音學的最大貢獻是：他認爲至部、祭部、緝部、盍
部都應該獨立。……他把收 -t、收 -p 的入聲字都獨立起來了，而
收 -k 的入聲字沒有獨立起來，這是按《詩經》用韻和諧聲偏旁客
觀歸納的結果。」❹

　　前面說過，王念孫與段玉裁的不同還包括「侯」部有無入聲。
在這一點上，段玉裁雖然開始把「侯」部獨立起來，但卻沒有把入
聲「屋」部獨立出來，實在可惜。江有誥曾寫信給段玉裁，一方面
稱讚「《音均表》別尤於蕭，又別侯於尤，爲實事求是。」一方面
指出「平分而入未分」❺的不足。段玉裁後來接受了江有誥的意
見，段玉裁也是「實事求是」的。

---

❷　許嘉璐：〈經義述聞・弁言〉，《經義述聞》（南京：江蘇古籍出版社，
　　1985 年影印），頁 7。

❸　王國維：〈周代金石文韻讀序〉，《觀堂集林》，卷 8，頁 394。

❹　王力：《中國語言學史》（太原：山西人民出版社，1981 年），頁 150。

❺　〔清〕江有誥：《音學十書》，頁 5。

其二，廣綜博取，擇善而從。清代古音學者經過幾輩人的努力，在實踐中總結出了一套行之有效的研究方法，包括詩韻系聯法、諧聲類推法、離析《唐韻》法等。從〈與李方伯書〉中可以看出，王念孫的研究綜合運用了以上諸法，例如諧聲類推，這是段玉裁歸納古韻部的一個重要方法，王念孫也採用了，他在韻表中對於「至」「祭」兩部和「侯」部入聲特別羅列詳細字表，這三個字表，把《說文》屬於「至」「祭」兩部和「侯」部入聲的字都收進去了。在一些具體字歸去聲還是歸入聲的分派中，字表似乎是以諧聲偏旁爲準的。例如從「至」聲之「室」歸去聲，從「必」聲之「毖」歸入聲；從「祭」聲之「察」歸去聲，從「折」聲之「逝」「誓」歸入聲；從「谷」聲之「裕」、從「卜」聲之「赴」都歸入聲等。

王念孫在劃分古韻爲二十一部時，沒有採納孔廣森關於「東」「冬」分部的意見，其主要原因是對具體韻例認識不一。例如《詩經·小雅·蓼蕭》四章：「蓼彼蕭斯，零露濃濃。既見君子，鞗革沖沖。和鸞雍雍，萬福攸同。」「濃沖雍同」四字，王念孫看成一個韻部；孔廣森認爲「濃沖」是一個韻，「雍同」是另一個韻。後來的音韻學家大都採納孔氏的意見，就連比孔氏年長的段玉裁，儘管在他自己的分部中沒有來得及按「東」「冬」分部的意見修政，但對孔氏卓識給予了很高評價，並看成是對自己分部疏漏的糾正。段玉裁晚年在〈答江晉三論韻〉中說：「抑足下規《音均表》失處，尙有表誤而足下未能糾之，前人早有糾之者，則孔檢討之於東冬是也。」「此孔氏卓識」。❸❻值得一提的是，王念孫並沒有固執

---

❸❻　〔清〕段玉裁：〈答江晉三論韻〉，見江有誥：《音學十書》，頁9。

己見，在他晚年寫定的《合韻譜》中，終於增加一個「冬」部，共成古韻二十二部。❸王念孫擇善而從，其胸懷於此可見一斑。

王念孫關於古音研究的理論，除〈與李方伯書〉外，另有《詩經群經楚辭韻譜》（見於《高郵王氏遺書》），又有《韻譜》與《合韻譜》（未刊行）。當然，王念孫的古音理論還有一些值得探討之處，例如某些具體字的歸部問題，又如「至部」「缺乏系統性」❸的問題等等。我們今天學習〈與李方伯書〉，既要研究王念孫關於古音學的傑出成果，也要學習他勇於辯論、實事求是的優良學風。我們要依據當時的歷史條件，正確評價王念孫的得失，進一步做好古音研究工作。

---

❸　參見陸宗達：〈王石臞先生《韻譜》《合韻譜》遺稿跋〉，《北京大學百年國學文粹・語言文獻卷》（北京：北京大學出版社，1998 年），頁129。

❸　王力：〈古韻脂微質物月五部的分野〉，《王力文集》，卷17，頁277。